本书受到陕西师范大学优秀著作出版基金资助

The Asia-Pacific Policy of Russia
(2012-2021)

俄罗斯的亚太政策
（2012~2021）

王海滨 著

社会科学文献出版社
SOCIAL SCIENCES ACADEMIC PRESS (CHINA)

自 序

在当前百年未有之大变局下,世界经济与战略重心正在加速由欧洲大西洋地区向亚洲太平洋地区转移。近年来,亚太地区经济高速发展,已经成为世界经济发展的主要"火车头";不仅如此,亚太地区还是世界大国及地区大国汇聚之所,一系列国际力量的战略利益在这里交集与碰撞,各种力量之间的合作斗争与纵横捭阖,不仅决定着亚太地区自身的战略走势与地区国家的命运沉浮,而且在很大程度上影响着整个世界的未来面貌。这使世界大国及地区大国竞相加强对亚太地区的战略关注与力量投入。

俄罗斯作为当今世界具有重要地缘政治和安全影响力的国际力量,近年来对亚太地区日益重视。自2012年开启普京第三总统任期以来,特别是在2014年乌克兰危机爆发后,面对世界及亚太地区形势的深刻变化,俄罗斯积极调整亚太政策,其中包括不断加大实施"向东转"战略的决心与力度,力图以此促进俄罗斯特别是其远东地区的经济发展,积极维护俄在亚太方向的安全和利益,巩固和提高俄在亚太地区的国际地位,并破解以美国为首的西方对俄罗斯的地缘遏制与全面围堵。俄罗斯在亚太地区奉行的政策不仅对亚太地区形势的发展以及地区力量的对比具有直接作用,而且对亚太国家的战略环境与地区政策以及中俄关系具有重要战略影响。因此,对2012~2021年俄罗斯的亚太政策进行分析和研究具有重要意义。

目前,国内外学术界关于这一主题的专著类成果并不多。2014年4月中国社会科学出版社出版的由俄罗斯学者米·列·季塔连科撰写的《俄罗斯的亚洲战略》一书，对俄罗斯亚洲政策的调整，即俄罗斯"正在改变长期以来注重西方关系的战略传统，开始'向东看'"，①从新欧亚主义的理论视角进行了解读，也从现实情境加以了分析。季塔连科认为，在"太平洋时代"来临的背景下，俄罗斯的复兴、避免沦为"西方的小伙伴"、成为欧亚强国以及推进西伯利亚和远东地区开发等一系列目标的实现，都需要与远东国家首先是中国加强合作；与此同时，中国出于一系列战略需求，也需要密切与俄罗斯的合作。②季塔连科指出，俄中友好合作是俄罗斯亚太政策的基石与核心。2014年由莫斯科"环球"出版社出版的亚历山大·卢金撰写的论文集形式的专著《转向亚洲：世纪之交的俄罗斯外交政策及其在东方的积极化》，重点对2012年之前的俄罗斯亚洲政策的战略和战术进行了分析。卢金指出，为了加强俄罗斯在亚太地区的影响，俄罗斯需要单独或与亚太国家合作捍卫俄罗斯的利益。③社会科学文献出版社2013年12月出版的吉林大学行政学院刘清才先生等著《21世纪初俄罗斯亚太政策研究》一书（笔者参与此书第一章和第八章的撰写工作），从俄罗斯世界大国地位和亚太地缘战略出发，深入系统研究了21世纪初期俄罗斯亚太政策的发展演变、俄罗斯与亚太地区主要国家的关系，以及俄罗斯与亚太地区各类国际组织的多边对话与合作，分析了俄罗斯亚太政策的特点及影响。社会科学文献出版社2014年12月出版的吉林大学东北亚研究院徐博教授的《冷战后俄罗斯亚太地缘战略》一书，以冷战后俄罗斯经典地缘政治、地缘战略思想为主要分析工具，对冷战后俄罗斯亚太地缘战略进行了多角度、多层次的研究。在俄罗斯亚太地缘战略演变的纵向维度上，该书作者以大西洋主义、新斯拉夫主义和新欧亚主义为分析视角，在俄罗斯亚太地缘战略演变的横向维度上，又提出了地缘安全、地缘经济、地缘文化三个考察方向，通过对这几个层次

---

① 邓之湄：《季塔连科谈俄罗斯的亚洲战略》，http：//ex.cssn.cn/zx/bwyc/201405/t20140520_1177217.shtml，最后访问日期：2014年6月20日。
② 〔俄〕米·列·季塔连科：《俄罗斯的亚洲战略》，李延龄、李蔷薇等译，中国社会科学出版社，2014。
③ Лукин А. В. Поворот к Азии. Российская внешняя политика на рубеже веков и ее активизация на восточном направлении. М.: Весь мир, 2014.

和维度的交叉对比分析，从三维结构和立体空间展现俄罗斯亚太地缘战略的全貌。此外，该书还阐述了冷战后俄罗斯亚太地缘战略的实施路径，并对该战略中存在的历史和现实问题、该战略的未来前景以及对中俄关系的影响做出了分析和预测。

除了著作类成果之外，在《国际生活》《全球政治中的俄罗斯》《远东问题》等俄罗斯期刊，以及《现代国际关系》《国际问题研究》《俄罗斯研究》《俄罗斯东欧中亚研究》等中国国内期刊上发表有大量关于俄罗斯亚太政策的文章，其中涉及：俄罗斯宏观总体亚太政策，例如俄罗斯亚太政策的调整——"向东转"战略、俄罗斯亚太政策的特点与影响等；俄罗斯各领域的亚太政策，例如俄罗斯的亚太安全政策、经济政策、能源政策等；俄罗斯与中国、日本、蒙古国、印度、越南等国的双边关系；俄罗斯与亚太经合组织、上合组织以及东盟之间的合作；俄罗斯对亚太地区热点问题及领土争端的态度，例如俄罗斯的朝鲜半岛政策、俄罗斯对南海问题的立场等。

上述相关研究成果为本书的撰写提供了宝贵的基础、支撑和启迪。然而，还应看到的是，现有关于俄罗斯亚太政策的研究较为欠缺对2012年以来，特别是2014年乌克兰危机爆发后俄罗斯亚太政策的全面、系统研究，既有的关于2012年以来的俄罗斯在亚太地区某些领域或方面的政策认识虽然已经在纵向上非常深入，但是，仍然有待加强横向相互联系的整体认知。

作为一名长期研究以上相关问题的高校教师，笔者认为有义务对上述学术研究加以继承、深入和拓展，从而推进对俄罗斯外交政策特别是其亚太政策的研究，以最终有利于中国制定和实施更加合理的亚太政策以及更好地推进中俄友好合作。因此，笔者对2012年普京开启第三总统任期至2021年即2022年俄乌冲突爆发前的俄罗斯亚太政策进行了较为系统的梳理和研究。由于笔者学术水平有限，文中恐有不当、纰漏甚至谬误之处，敬请各位专家、同仁和读者不吝赐教，多多批评斧正！

目 录

第一章　多维视角中的俄罗斯亚太政策 / 1

　一　俄罗斯整体外交政策中的亚太政策 / 1

　二　俄罗斯东方战略中的亚太政策 / 7

　三　俄罗斯国家利益视角中的亚太政策 / 7

第二章　俄罗斯亚太政策的演变与成熟 / 24

　一　俄罗斯亚太政策的发展与演变 / 24

　二　俄罗斯亚太政策的日益成熟 / 59

第三章　2012年以来俄罗斯亚太政策的调整与总体框架 / 65

　一　2012年以来俄罗斯亚太政策调整的背景 / 65

　二　2012年以来俄罗斯亚太政策调整的主要内容 / 74

　三　2012年以来俄罗斯亚太政策的总体框架 / 84

第四章　俄罗斯的东北亚政策 / 109

　一　俄罗斯东北亚政策的总体框架 / 109

　二　俄罗斯与东北亚国家的关系 / 116

第五章　俄罗斯的东南亚政策 / 197

　　一　俄罗斯东南亚政策的总体框架 / 197
　　二　俄罗斯与东盟的关系 / 203
　　三　俄罗斯与东南亚国家的关系 / 213

第六章　俄罗斯的南亚政策 / 245

　　一　俄罗斯南亚政策的总体框架 / 245
　　二　俄罗斯与南亚国家的关系 / 251

第七章　俄罗斯与亚太地区多边对话与合作 / 293

　　一　俄罗斯与亚太经合组织 / 293
　　二　俄罗斯与东亚峰会 / 303
　　三　中俄蒙三边对话与合作 / 307
　　四　中俄印战略三角合作 / 314

结　语 / 320

参考文献 / 323

第一章
多维视角中的俄罗斯亚太政策

俄罗斯远东处于亚太地区的地缘政治现实决定了亚太地区是俄罗斯直接面对的一个重要地缘政治方向,因此,俄罗斯的亚太政策是俄罗斯整体外交政策的重要方面之一。俄罗斯的亚太政策,主要可以从三个维度——俄罗斯的整体外交政策、俄罗斯的东方战略和俄罗斯国家利益——加以理解和分析。

一 俄罗斯整体外交政策中的亚太政策

第一,在俄罗斯整体外交政策中,除了作为其传统"势力范围"的独联体地区之外,无论从历史还是现实角度来看,欧洲大西洋地区对俄罗斯的影响都是世界其他地区包括亚太地区所无法比拟的。普京在 2012 年 2 月发表的题为《俄罗斯与不断变化的世界》一文中指出,"俄罗斯是大欧洲以及广义欧洲文明的不可分割的有机组成部分。我国公民认为自己是欧洲人"。① 时任俄总理梅德韦杰夫强调,"无论从经济上、政治上,还是心理上,俄罗斯都不打算离开欧洲大陆","任何人都不该指望把我们与文化多元的欧洲文明割开。我们与西方的关系也许在将来会发生变化,但合作与伙伴关系的战略

---

① Россия и меняющийся мир, https://rg.ru/2012/02/27/putin-politika.html,最后访问日期:2012 年 2 月 27 日。

方向不会改变"。① 俄罗斯外长拉夫罗夫指出,"从其深层意义来说,俄罗斯是欧洲文明的分支之一"。② 因此,进入21世纪以来,尽管俄罗斯对亚太地区的重视程度在提高,但整体而言,亚太地区在俄罗斯外交中的战略地位仍然无法与欧洲大西洋地区相比。俄罗斯"瓦尔代"俱乐部俄方专家组2012年指出,"尽管最近这些年俄罗斯对于参与亚太地区政治日趋积极,但该地区对于俄罗斯而言仍属于战术性及半边缘化的方向。这在很大程度上源于俄罗斯仍然生活在20世纪(如果不是19世纪的话)的'欧洲中心'体系中,尽管世界力量均衡已经发生了根本变化。俄罗斯仍将是一个拥有大片亚洲领土的欧洲国家。在实施亚太政策时,俄罗斯面临着各种关于地缘政治思想的限制"。③ 一言以蔽之,俄罗斯的对外政策仍是以欧洲及西方为战略重心。

第二,进入21世纪以来,亚洲-太平洋地区在俄罗斯对外政策中的重要性正在不断提高。这主要是由以下两方面因素决定的。其一,在经济全球化进程中,亚太地区一直保持着经济的高速发展,经济实力迅速增强,随着亚太地区以及一系列亚太新兴国家的崛起,亚太地区在全球政治中的影响力正在日益提高,事实上,在冷战后的国际体系变迁中,全球经济及政治中心正在向亚太地区转移。据统计,从1989年亚太经合组织建立到21世纪最初10年,该组织经济体国内生产总值年平均增长速度为7%,远超过世界其他国家5%的增长速度。④ 目前,亚太经济体已经占到了全世界生产总值的

---

① Дмитрий Медведев. Новая реальность: Россия и глобальные вызовы, http://rg.ru/2015/09/23/statiya-site.html, 最后访问日期:2015年9月24日。

② Статья Министра иностранных дел России С. В. Лаврова «Историческая перспектива внешней политики России», опубликованная в журнале «Россия в глобальной политике» 3 марта 2016 года, http://www.mid.ru/web/guest/foreign_policy/news/-/asset_publisher/cKNonkJE02Bw/content/id/2124391, 最后访问日期:2016年3月3日。

③ 华东师范大学俄罗斯研究中心、俄罗斯国防与外交政策委员会:《21世纪的中国与俄罗斯:地区挑战与机遇——"瓦尔代"国际辩论俱乐部俄中分组讨论提纲》,《俄罗斯研究》2012年第1期,第22页。

④ Г. Н. Саришвили. АТЭС в системе внешнеэкономических интересов России//Российский внешнеэкономический вестник, №3, (март) 2011, с. 28-29.

55%、世界商品及服务贸易的49%以及世界直接投资的40%。① 这里集中了世界经济总量排名前三的国家，半数的"二十国集团"成员，以及重要的政治、军事大国，其中包括数个核国家。这一地区正在对世界当前事务以及未来发展产生越来越大的影响。俄罗斯前外长伊万诺夫指出："居住着半数以上人口的亚洲，如今集中着世界经济和技术发展的强大中心，世界上最大的金融资源也在此地积累。亚洲经济中发生的一体化进程，意义远远超出了亚洲的界限。""俄罗斯对亚洲格外关注，不仅因为它的三分之二国土在地理上直接属于亚洲，还因为这里是拥有巨大核潜力、在军事和经济关系领域中的大国利益交汇地。地球上总的政治气候，世界在已经降临的新世纪的面貌，一定程度上取决于世界上这部分地区的国际关系如何发展，选择何种方式协调居住在亚洲大陆的各国人民的利益。"② 因此，亚太地区自身实力的迅速增强及其在全球政治、经济中的地位和影响力的迅速上升，使俄罗斯越来越重视亚太方向的外交。

其二，亚太地区对俄罗斯特别是其东部地区实现经济发展与现代化目标正在变得日益重要。俄罗斯远东地区自20世纪90年代以来持续的消极发展趋势不仅严重威胁到俄罗斯东部地区的国家安全，而且给俄罗斯特别是其东部地区经济现代化目标的实现提出了严峻挑战。据统计，俄罗斯远东联邦区占俄罗斯领土总面积的36.4%，但是，只有不到5%的俄罗斯居民生活在这里。③ 从1991年开始的20年内，远东联邦区的人口减少了四分之一，④ 2010年，其居民数量只有700万左右。⑤ 时任俄罗斯总统梅德韦杰夫指出：

---

① Глеб Ивашенцов. Самит АТЭС - 2012: Тихоокеанские горизонты России//Международная жизнь, февраль, 2012, с. 22.
② 〔俄〕伊·伊万诺夫：《俄罗斯新外交——对外政策十年》，陈凤翔等译，当代世界出版社，2002，第107页。
③ Михаил Николаев. АТР и национальная безопасность России//Международная жизнь, №4, 2010, с. 10.
④ Стенографический отчёт о совещании по социально-экономическому развитию Дальнего Востока и сотрудничеству со странами Азиатско - Тихоокеанского региона, http://www.kremlin.ru/transcripts/8234, 最后访问日期：2017年10月9日。
⑤ Михаил Николаев. АТР и национальная безопасность России//Международная жизнь, №4, 2010, с. 10.

"这是最令人忧虑的、最危险的趋势。"① 事实上，这一状况对俄罗斯东部地区的国家安全构成了严重的威胁。而造成当地人口外流的一个重要因素就是当地的贫穷，据统计，这一地区有五分之一居民的收入低于俄罗斯最低生活标准。② 此外，该地区基础设施严重落后，经济形势极为严峻，2013 年远东地区仅占俄罗斯制造业的 1.6%，农业产品的 3%，对外贸易的 4.6%，外国对俄投资的 2.7%；③ 2010 年第四季度失业率为 8.4%，而俄平均水平为 6.9%；人均预期寿命为 72 岁，比全国平均水平低 3 岁；④ 这一地区生产的创新产品还不到俄罗斯所有创新产品的 1%。⑤ 以上消极状况，严重制约了当地经济的发展与现代化目标的实现，也给整个俄罗斯经济现代化任务的完成提出了重大挑战。而改变以上状况的根本出路在于大力发展俄罗斯东部地区与亚太地区的经济合作，并使其融入亚太地区经济一体化进程，从而利用亚太地区经济蓬勃发展的机遇和条件，为俄罗斯东部乃至整个俄罗斯经济的发展创造有利条件。

第三，俄罗斯亚太外交政策作为俄罗斯整体外交政策的组成部分，受到一系列因素的影响和制约，其中俄罗斯与西方的关系对俄罗斯亚太外交政策具有重大影响。历史证明，西方国家对俄罗斯的"排斥"与"遏制"，使俄罗斯在融入"西方大家庭"的幻想一次次破灭后，越来越坚定了发展与东

---

① Стенографический отчёт о совещании по социально-экономическому развитию Дальнего Востока и сотрудничеству со странами Азиатско-Тихоокеанского региона, http://www.kremlin.ru/transcripts/8234，最后访问日期：2017 年 10 月 9 日。

② Стенографический отчёт о совещании по социально-экономическому развитию Дальнего Востока и сотрудничеству со странами Азиатско-Тихоокеанского региона, http://www.kremlin.ru/transcripts/8234，最后访问日期：2017 年 10 月 9 日。

③ социально-экономическое положение Дальневосточного федерального округа в 2013 году, ФЕДЕРАЛЬНАЯ СЛУЖБА ГОСУДАРСТВЕННОЙ СТАТИСТИКИ, МОСКВА, 2014, с. 6-7.

④ Владивосток - 2012：АТЭС и новые возможности России：［сборник］/МГУ имени М. В. Ломоносова, Ин-т стран Азии и Африки. М.：Университетская книга；МГУ им. М. В. Ломоносова；ИСАА, 2011, с. 194.

⑤ Стенографический отчёт о совещании по социально-экономическому развитию Дальнего Востока и сотрудничеству со странами Азиатско-Тихоокеанского региона, http://www.kremlin.ru/transcripts/8234，最后访问日期：2017 年 10 月 9 日。

方国家紧密合作的意志。从20世纪90年代俄罗斯独立伊始，在俄罗斯国内就一直存在"欧洲大西洋主义"与"欧亚主义"外交思想的争论。前者认为，"从历史传统、文化背景和价值取向来看，俄罗斯一直是欧洲的一部分"，主张"俄罗斯应该与西方建立同盟关系"，并"回归西方文明世界"；后者认为，"俄罗斯在历史和文化上不属于欧洲"，"俄罗斯应该立足欧亚，建立由俄罗斯领导的与欧洲和亚洲并存的欧亚共同体"，"俄罗斯应该奉行重视周边国家、在西方与东方之间保持平衡、做欧亚桥梁的外交政策"，强调俄罗斯在国际社会中的特殊地位，并主张俄罗斯应该奉行独立自主的外交方针。① 自俄联邦独立以来，这两种思想就一直影响着俄罗斯的外交政策与外交实践。

从20世纪90年代到21世纪初期，俄罗斯外交政策的发展经历了亲西方外交政策、兼顾东方与西方的"双头鹰"外交政策，以及全方位外交政策等不同阶段，并逐渐趋于成熟。在这一过程中，"欧亚主义"逐渐取代了"欧洲大西洋主义"，在俄罗斯的外交政策与实践中居于优势地位。然而，"欧洲大西洋主义"对俄罗斯外交政策的影响一直没有消失，甚至在特定阶段还发挥着重要作用并具有明显的体现。事实上，俄罗斯与西方的关系在很大程度上影响着俄罗斯的亚太外交政策。

自独立以来，俄罗斯有三次向西方积极靠拢的努力尝试。第一次是在20世纪90年代俄罗斯独立初期，以俄罗斯奉行亲西方外交政策为标志；第二次是2001年"9·11"事件之后到普京第一总统任期结束，以俄罗斯尝试与美国及整个西方建立"反恐战略联盟"为标志；第三次是2009年至2012年梅德韦杰夫担任俄罗斯总统期间，以俄罗斯和美国外交关系的"重启"以及俄罗斯欲同整个西方世界建立"现代化联盟"为标志。然而，俄罗斯这三次向西方靠拢的努力均以失败告终。

俄罗斯与西方的关系对俄罗斯的亚太政策产生了直接的影响。例如，20世纪90年代初期，俄罗斯在亲西方外交政策指导下第一次向西方"靠

---

① 参见学刚、姜毅主编《叶利钦时代的俄罗斯·外交卷》，人民出版社，2001，第7~15页。

拢"时，几乎完全忽略了亚太地区；而在 21 世纪第一个 10 年初期，俄罗斯第二次向西方"靠拢"时，则在一定程度上降低了对亚太地区的关注度并在一定程度上减弱了亚太方向的外交积极性。而每当俄罗斯向西方"靠拢"失利，在"欧亚主义"外交思想的主导下，俄罗斯会"转过头来"大力加强与"东方"的合作。这在俄罗斯三次向西方"靠拢"失利后都得到了明显体现。特别是在第三次"靠拢"失败以及 2014 年乌克兰危机爆发后，俄罗斯与西方走向了更为激烈的敌视与对抗，俄罗斯也由此彻底放弃了融入西方的幻想，并更加重视发展与亚太国家的合作，开始实施"向东转"战略，这使俄罗斯的亚太政策进入了一个新的历史阶段。正如俄罗斯学者罗伊·麦德维杰夫所指出的那样，"俄罗斯对外政策在东方所取得的明显进展，在某种程度上却正是西方国家本身的自私政策的结果"。①

第四，俄罗斯亚太外交政策受到的俄罗斯与西方关系的影响正在呈现越来越小的趋势。这主要是由以下两个因素决定的。其一，俄联邦独立以来外交实践的经验使俄罗斯外交政策逐渐成熟，并在 21 世纪初期确立了以"多向性"和"平衡性"为重要特点的全方位外交政策。俄罗斯认为西方的欧洲大西洋地区和东方的亚洲太平洋地区对俄罗斯都具有特定的战略影响和意义，两大战略方向是不能彼此替代的。其二，亚太地区的快速崛起及其对俄罗斯特别是其东部地区战略意义的不断提高，使这一地区的战略价值越来越大，如果说过去这一地区对俄罗斯的影响是有限的，那么，在今天，俄罗斯正在将自己的命运与这一快速崛起的地区日益紧密地联系在一起。因此，俄罗斯的亚太政策受到其他因素，包括俄罗斯与西方关系的影响正在变得越来越小。这在俄罗斯第三次向西方靠拢的同时没有减少对亚太地区的关注以及在亚太方向的外交积极性中得到了鲜明体现。

---

① 参见〔俄〕罗伊·麦德维杰夫《普京总统的第二任期》，王尊贤译，社会科学文献出版社，2007，第 237~238 页。

二 俄罗斯东方战略中的亚太政策

21世纪初期俄罗斯的亚太政策，是俄罗斯东方战略——"向太平洋的新一轮跃进战略"的重要组成部分。这一战略包括两方面：一是促进俄罗斯东部地区的发展；二是俄罗斯在亚太地区的对外战略与地区政策。这两者是互为条件、互相依托的关系。一方面，俄罗斯在亚太地区的对外战略与地区政策将为俄罗斯东部地区的发展创造有利的外部条件；另一方面，俄罗斯东部地区的发展情况将在很大程度上决定俄罗斯在亚太地区对外战略与地区政策的成败。俄罗斯外长拉夫罗夫指出："我们的亚洲政策直接取决于西伯利亚和远东地区社会经济和基础设施等领域的发展。""外交努力应当与我们在西伯利亚和远东地区推进明智的社会、经济、能源、移民和生态政策相辅相成。这一战略可以称为'向太平洋的新一轮跃进'。"[①] 因此，俄罗斯整体的东方战略是观察和分析俄罗斯亚太政策的一个重要视角。

同时应当看到的是，21世纪初期俄罗斯实施亚太政策，绝不仅仅是为了实现俄罗斯东部地区的发展，事实上，作为国家整体对外战略的组成部分，俄罗斯希望通过亚太政策的实施，有效维护俄罗斯在远东地区的国家安全利益、政治与外交利益以及经济利益，使俄罗斯特别是东部地区融入亚太一体化进程，巩固并提高俄罗斯在亚太地区的国际地位和国际影响力，从而为实现国家的创新发展与全面现代化，以及建立多极世界秩序的目标打下坚实的基础。

三 俄罗斯国家利益视角中的亚太政策

俄罗斯在亚太地区的国家利益，从根本上直接决定了俄罗斯亚太政策的形成和调整，因此，俄罗斯在亚太地区的国家利益是分析和认识俄罗斯亚太

---

① Сергей Лавров. Подъем Азии и восточный вектор внешней политики России//Россия в глобальной политике, №2, 2006, с. 139-140.

政策的一个主要视角。在地理上，俄罗斯是一个横跨欧亚大陆的国家，其领土的三分之二位于亚洲，东部直抵太平洋。在陆地上，俄罗斯与中国、蒙古国和朝鲜具有漫长的边界；在海洋上，俄罗斯与日本、韩国、美国隔海相望。这一独特的地缘状况从根本上决定了俄罗斯在亚洲-太平洋地区有着一系列重大而现实的战略利益。

（一）俄罗斯在亚太地区的国家安全利益

俄罗斯东部地区的领土属于亚洲的地缘政治现实，直接决定了俄罗斯在东部地区面临着一系列外部安全威胁，也同时决定了俄罗斯在这一地区有着一系列切身的国家安全利益。

冷战结束后，随着全球化的发展，与全球整体形势一致，和平、发展与合作成为亚太地区的主流趋势。在俄罗斯看来，在亚太方向，俄罗斯没有任何大规模入侵以及战争的现实危险。但是，在传统安全领域，俄罗斯还是面临一些潜在的风险和挑战。

第一，在远东地区，俄罗斯的常规军事力量与潜在对手——主要是美日军事同盟之间存在巨大差距。冷战结束后，美日同盟不但没有解散，反而不断强化并仍然保留遏制俄罗斯的传统战略职能。自安倍晋三 2012 年再次上台执政后，日本不断强化军事力量建设，日益走向军事大国；而自奥巴马政府实施"重返亚太"战略以及特朗普政府实施"印太"战略以来，美国开始不断加强在亚太/印太地区的军事力量。2018 年 4 月，俄罗斯总参谋部情报总局第一副局长伊戈尔·科斯秋科夫指出，美国在亚太地区部署了 40 多万人的军队、50 多个大型军事基地、200 多个军事设施。"至少 6 架 B-52、B-1 和 B-2 战略轰炸机长期驻扎在马里亚纳群岛南部关岛的安德森空军基地。某些情况下，在太平洋上空执行长期巡逻任务的战略轰炸机数量可达 15 架。"① 而与之相对的是，冷战后，出于各种原因，俄罗斯远东军事力量

---

① Выступление заместителя начальника Главного управления Генштаба ВС РФ вице-адмирала Игоря Костюкова на Ⅶ Московской конференции по международной безопасности, http://mil.ru/mcis/news/more.htm？id=12169992%40cmsArticle#txt，最后访问日期：2018 年 4 月 25 日。

持续萎缩。时任俄联邦议会上院副主席米哈伊尔·尼古拉耶夫指出："俄罗斯远东地区的武装力量近年来削减为原来的三分之一左右，而同期，中、日、韩增强了自己的武装力量。根据某些俄罗斯专家的观点，俄罗斯逊色于这些国家，甚至日本的武装力量——30万人——也在人数上超过了远东军区。而如果将俄罗斯的海军、空军与美国在太平洋地区部署的力量相比，那么敌人占有绝对优势。在潜艇数量上，美国多出 1.5 倍，登陆舰多出 4 倍，航母多 12 倍。"① 在质量上，俄罗斯与美、日的差距更为巨大，美、日海空军绝大部分使用的是新式现代化武器装备，而俄罗斯太平洋舰队大部分主力舰艇的服役时间已超过了 20 年。

俄罗斯学者亚历山大·沙尔科夫斯基指出，俄罗斯远东地区的防御面临不容忽视的问题。"日本是美国的盟友，境内部署 130 处美军基地。该国各岛上常驻美军士兵多达 5 万人。"在详细对比日本自卫队与俄罗斯东部军区和太平洋舰队的实力后，沙尔科夫斯基认为，尽管俄罗斯军事政治领导层近年来为巩固俄罗斯远东边界的防御确实下了很大力气，但是，俄罗斯在南千岛群岛（日称北方四岛）的防御力量依然薄弱。日本近年来一直在有条不紊地扩大自己的军费开支，其舰队装备了现代化高精度武器和火力。"俄罗斯南千岛群岛防卫力量薄弱，面对日本舰队的现代化高精度武器和火力，英勇精神在这里无济于事。""俄罗斯无法迅速向岛上调集必要的后备部队。由于远东地区运输系统欠发达，从大陆纵深向沿海地区大规模调兵将十分困难。"美国在俄日冲突中的选择和立场只会对日本有利。②

显然，相对美日军事同盟的常规力量而言，俄罗斯处于明显弱势，这使俄罗斯在远东方向感受到了较大的安全压力与风险。

第二，美国正在亚太地区打造战略反导系统，其中包括在韩国、日本北

---

① Михаил Николаев. АТР и национальная безопасность России//Международная жизнь，№4，2010，с. 14.
② Александр Шарковский. Проблемы обороны Дальнего Востока по-прежнему существуют：Передача южных островов Курильской гряды Японии чревата далеко идущими последствиями，https：//nvo. ng. ru/nvo/2019-01-18/1_1030_islands. html，最后访问日期：2019 年 1 月 18 日。

部和南部地区，以及澳大利亚部署多个陆基雷达系统，增加陆基战区高空导弹防御系统的数量，并将增加装备反导系统的军舰数量。截至2018年，美国在亚太地区的反导力量包括19艘能够完成反导任务的军舰，两套"萨德"系统，3个"爱国者-3"陆基导弹营，以及5个移动雷达站。① 美国扩大了与日本和韩国的合作，旨在使上述国家的侦察和打击手段与美国太平洋地区的全球反导系统实现一体化。这些举措并非仅仅针对朝鲜和中国，对俄罗斯也构成了重大威胁。2017年3月，俄罗斯外长拉夫罗夫指出，"我们被告知，美国的反导导弹是专门针对朝鲜的导弹，但是，当谈到属于反导系统这样的全球战略系统组成部分的武器装备，需要考虑的不是意图，而是潜力。美国包括'萨德'系统在内的反导系统的潜力，毫无疑问会损害我们的战略力量"，所以，"我们反对美国的这一图谋"。② 2017年6月，俄罗斯总统普京表示，美国在亚太地区"反导系统组件的建立，使我们非常担心"，"这破坏了世界战略平衡"，"正在发生严重的、令人焦虑的进程：（原先在）阿拉斯加，现在韩国出现反导系统组件。我们对此应该像在俄罗斯西部那样坐以待毙吗？不，当然不。我们在想，我们应当如何应对这一挑战。这对我们来说是挑战"。③

第三，俄罗斯与亚洲国家存在的边界与领土纠纷，是俄罗斯国家安全面临的重要威胁之一。21世纪初期，俄罗斯与中国已经彻底解决了边界与领土问题。在此情况下，俄罗斯在亚太地区只与日本存在南千岛群岛的领土争端问题。在俄日领土问题上，日本的传统官方立场是，"北方四岛"是日本固有领土，现被俄非法占领，要求俄方归还"北方四岛"。而美国则公开支

---

① Выступление заместителя начальника Главного управления Генштаба ВС РФ вице-адмирала Игоря Костюкова на VII Московской конференции по международной безопасности, http://mil.ru/mcis/news/more.htm?id=12169992%40cmsArticle#txt，最后访问日期：2018年4月25日。

② Ответы Министра иностранных дел России С. В. Лаврова на вопросы читателей газеты «Аргументы и факты», http://www.mid.ru/ru/foreign_policy/news/-/asset_publisher/cKNonkJE02Bw/content/id/2709721，最后访问日期：2017年3月29日。

③ Встреча с руководителями международных информационных агентств, http://kremlin.ru/events/president/news/54650，最后访问日期：2017年6月1日。

持日本的主权要求，例如，2010年11月，美国国务院发言人克劳利发表声明称，"美国认为日本拥有其主权"。① 在俄罗斯看来，日本提出的领土要求以及美国对日本的支持，是国家安全面临的重大挑战。2014年12月发布的《俄罗斯联邦军事学说》指出，"对俄联邦及其盟友提出领土要求"，是俄罗斯面临的主要外部军事危险之一。②

第四，亚太地区一系列热点问题带来的挑战。在亚太地区的所有热点问题中，朝鲜半岛问题具有高度的风险，并与俄罗斯远东地区的安全密切相关。朝鲜与俄罗斯远东地区直接接壤，一旦朝鲜半岛爆发大规模的武装冲突，将有可能导致难民涌入俄罗斯境内以及环境污染问题，并将给包括俄远东地区在内的整个东北亚地区的政治和安全局势带来深远影响。而朝核问题使地区安全形势更加复杂，给俄远东地区带来了更大的战争与生态威胁。2018年3月，俄罗斯外长拉夫罗夫指出，"我们与朝鲜接壤，我们的若干居民点和工业设施距离朝鲜很近。如果发生什么，开始军事行动，这绝对不符合我们的意愿"。③

除了朝鲜半岛问题外，在亚太地区还存在台海、南海以及东海等其他问题，虽然这些问题并不直接威胁俄罗斯远东地区的领土安全，但是，由于这些潜在冲突将影响到亚太地区力量对比的变化以及亚太地区未来的整体发展态势，因此，将会对俄罗斯远东地区的国家安全造成深远的间接影响。

第五，美国积极介入地区传统安全问题并加剧地区紧张局势，给包括俄罗斯和中国在内的亚太国家造成了重大安全风险。2018年4月，俄罗斯武装力量总参谋部情报总局第一副局长伊戈尔·科斯秋科夫指出，

---

① Philip J. Crowley, "Daily Press Briefing," http://www.state.gov/r/pa/prs/dpb/2010/11/150291.htm, 2010-11-03.
② Военная доктрина Российской Федерации, https://rg.ru/2014/12/30/doktrina-dok.html, 最后访问日期：2014年12月30日。
③ Интервью Министра иностранных дел России С. В. Лаврова вьетнамским и японским СМИ, Москва, 16 марта 2018 года, https://www.mid.ru/ru/maps/vn/-/asset_publisher/a6q3L9Hzzxu2/content/id/3126672，最后访问日期：2018年3月16日。

美国"试图使中国与日本、越南和菲律宾的领土争端国际化，从而巩固自己貌似公正的裁判员角色，获得对北京施压的额外杠杆，同时促进盟友和伙伴与华盛顿在军事领域进行更紧密的合作"。"华盛顿周期性地刺激台湾问题，给亚太地区局势造成了消极影响。施加政治压力以及炫耀军事实力不止一次地被证明是毫无希望的，并且只会导致武装冲突的发生。""如果美国在亚太地区奉行这样的立场，那么在可预见的未来，在南海和东海的争议水域发生武装对抗、台湾海峡紧张程度的升级，以及在朝鲜半岛展开军事行动的可能性将会提高。这使地区和世界和平面临后果难以预测的长期危机的威胁。"①

需要指出的是，除了以上挑战外，在俄罗斯一部分精英看来，亚太地区国家的迅速发展也给俄罗斯的安全带来了一定的隐患。时任俄联邦议会上院副主席米哈伊尔·尼古拉耶夫指出："军事实力的下降、经济的虚弱、社会的不稳定，以及远东人口危机，将有可能引来祸患。"② 因此，未来在亚太方向，俄罗斯在传统安全领域仍然面临一系列难以预知的风险。

除传统安全威胁外，亚太地区还存在一系列非传统安全威胁，如恐怖主义、分离主义、贩毒、有组织犯罪、生态与自然灾害、流行病等，对俄罗斯的国家安全也构成了新的挑战。例如，东南亚恐怖组织与俄罗斯及中亚恐怖分子的勾结，跨境贩毒，2011年日本福岛核电站事故给包括俄罗斯在内的周边邻国造成的放射性物质污染，2020年年初发生的新冠疫情，等等。

因此，俄罗斯在远东地区的安全利益主要包括两方面。在传统安全领域，巩固国防，防止外敌入侵，维护边界与领土安全，消除潜在对手入侵或者忽视俄罗斯安全利益的诱惑，维护地区和平与稳定。2010年7月，时任俄罗斯总统梅德韦杰夫指出，"我国的亚太政策首先应保证我国东部地区的

---

① Выступление заместителя начальника Главного управления Генштаба ВС РФ вице-адмирала Игоря Костюкова на VII Московской конференции по международной безопасности, http://mil.ru/mcis/news/more.htm?id=12169992%40cmsArticle#txt，最后访问日期：2018年4月25日。

② Михаил Николаев. АТР и национальная безопасность России//Международная жизнь, №4, 2010, с.15.

安全，而且要促进该地区的和平与稳定"。① 在非传统安全领域，与亚太国家共同合作，建立有效机制，将非传统安全威胁给俄罗斯带来的风险与挑战降到最低程度。

（二）俄罗斯在亚太地区的政治-外交利益

近年来，随着亚太地区经济的快速发展，这一地区在全球政治体系与国际事务中的地位和影响力也在不断提升。亚太地区集中了5个安理会常任理事国中的3个，将近一半的二十国集团成员，以及世界GDP排名前三的国家；这里还集中了一些具有重要影响的国际组织与论坛，如上海合作组织、东盟、亚太经合组织、东盟地区安全论坛以及东亚峰会等。这里不仅直接决定了地区内的议事日程，如亚太地区一体化进程、朝核问题等，而且对全球事务，如国际政治权力的重新分配、应对全球共同安全问题与全球经济问题等，正在发挥越来越大的影响力。

因此，俄罗斯在亚太地区的政治-外交利益在于以下几个方面。第一，全面发展与亚太地区各国及各组织的关系，与亚太地区各国保持良好的政治与外交关系；第二，保持并扩大俄罗斯在亚太地区的政治与外交影响，保证俄罗斯参与亚太地区政治与外交的议事日程，并使其向着有利于自己的方向发展；第三，借助亚太地区在全球政治中日益上升的影响力，提高俄罗斯在世界舞台上的地位和作用；第四，通过发展与亚太国家的友好合作，逐步摆脱西方的外交孤立与地缘遏制。

（三）俄罗斯在亚太地区的经济利益

进入21世纪以来，俄罗斯与亚太地区的经济联系日益紧密。据统计，2000年、2011年、2018年，俄罗斯与亚太经合组织成员的贸易额分别为

---

① Д. МЕДВЕДЕВ. Выступление на совещании с российскими послами и постоянными представителями в международных организациях, http://president.kremlin.ru/transcripts/8325，最后访问日期：2015年7月9日。

209.33亿美元①、1965.03亿美元②和2132亿美元③，在18年内，双方的贸易额增长了9倍多。20世纪90年代初，亚太经合组织国家与俄罗斯的贸易额仅占俄罗斯贸易总量的12%~13%，④而到了2011年和2018年，这一指标快速上升到23.9%和31%。⑤随着俄罗斯与亚太地区经济联系的日益紧密，俄罗斯在这一地区的经济利益正在不断增加。具体而言，俄罗斯在亚太地区的经济利益在于以下几个方面。

第一，参与亚太地区经济一体化进程，是俄罗斯融入经济全球化的重要战略通道与依托。首先，从全球层面来看，在多哈多边贸易谈判陷入僵局后，当前经济全球化遭遇"逆风"，主要是一些国家，特别是美国在特朗普政府上台后大肆推行贸易保护主义政策，其中包括公然无视世界贸易组织规则以及极力破坏世界贸易组织上诉机构等举措，使全球层面以世界贸易组织为平台推进的经济全球化面临严峻挑战。上述现实，以及西方在2014年乌克兰危机后对俄罗斯实施的制裁，使俄罗斯通过加入世界贸易组织融入经济全球化的前景充满了多重障碍与不确定性。在此背景下，通过加入地区经济一体化融入经济全球化的重要性明显提升。2016年11月，俄罗斯外长拉夫罗夫指出，"多哈多边贸易谈判回合尚未取得进展，在很大程度上使得当前

---

① Г. Н. Саришвили. АТЭС в системе внешнеэкономических интересов России//Российский внешнеэкономический вестник, №3（март）, 2011, с. 36.
② Внешняя торговля Российской Федерации по основным странам за январь–декабрь 2011 г., http：//www.customs.ru/index2.php？option＝com_content&view＝article&id＝15604&Itemid＝1976，最后访问日期：2014年10月9日。
③ Внешнеторговый оборот России по итогам 2018 года вырос на 17,5%，https：//www.finam.ru/analysis/newsitem/vneshnetorgovyiy-oborot-rossii-po-itogam-2018-goda-vyros-17-5-20190219-102924/，最后访问日期：2019年2月19日。
④ Островская Е. Я., Фиросова И. С.. Россия и АТЭС：основные векторы экономического сотрудничества// Международная экономика, №5, 2010, с.4.
⑤ 2011年的数据参见Внешняя торговля Российской Федерации по основным странам за январь–декабрь 2011 г., http：//www.customs.ru/index2.php？option＝com_content&view＝article&id＝15604&Itemid＝1976；2018年的数据参见Внешнеторговый оборот России по итогам 2018 года вырос на 17,5%，https：//www.finam.ru/analysis/newsitem/vneshnetorgovyiy-oborot-rossii-po-itogam-2018-goda-vyros-17-5-20190219-102924/，最后访问日期：2019年2月19日。

世界经济不稳定的情况雪上加霜。因此，世界贸易的重心已经从全球性的管理转移到了地区贸易机制上，并在很多情况下，这种地区机制包括了远超出世界贸易组织范围的调控内容"。① 其次，从地缘经济的视角来看，俄罗斯加入欧洲-大西洋地区以及亚洲-太平洋地区的区域经济一体化进程，对俄罗斯融入经济全球化具有重大意义，因此，俄罗斯在21世纪初期一直致力于实现以上目标。然而，长期以来，欧盟将俄罗斯排斥在外，俄罗斯加入欧洲-大西洋地区的经济一体化进程并不顺利，俄罗斯通过欧洲渠道加入经济全球化的过程充满困难与阻碍。2014年乌克兰危机后，美国及其欧洲盟友对俄罗斯实施的经济制裁以及更广泛的"系统性"遏制政策，进一步封闭了俄罗斯的欧洲"战略通道"。在以上背景下，参与亚太地区的经济一体化进程，成为俄罗斯融入经济全球化的重要地缘战略通道与依托。因此，俄罗斯高度重视参与亚太地区的一体化进程，强调亚太地区自由贸易协定应该对地区所有国家开放和透明，避免被排斥于亚太地区一体化进程之外。2013年10月，俄罗斯外长拉夫罗夫撰文指出："俄罗斯在区域全面经济伙伴关系、跨太平洋伙伴关系和其他格局框架内，密切关注此方向的合作进展。我们认为重要的是，确保这些协议符合WTO的原则，并最大限度地向各方开放。而建立无视其他国家（尤其是位于该地区的邻国）利益的自由贸易区这种做法只能适得其反。"② 因而，俄罗斯将参与亚太地区经济一体化进程视为俄罗斯在亚太地区的重要经济利益所在。这正是俄罗斯总统普京所宣示的亚太政策之一——"发展（与亚太）地区经济一体化是俄罗斯

---

① Статья Министра иностранных дел России С. В. Лаврова «АТЭС: отношения подлинного коллективизма и эффективной взаимосвязанности », http://www.mid.ru/ru/foreign_policy/news/-/asset_publisher/cKNonkJE02Bw/content/id/2524925，最后访问日期：2016年11月16日。
② Статья С. В. Лаврова к саммиту АТЭС " К миру, стабильности и устойчивому экономическому развитию в Азиатско‐Тихоокеанском регионе", http://www.russia.org.cn/ru/news/statya-s-v-lavrova-k-sammitu-ates-quot-k-miru-stabilnosti-i-ustojchivomu-ekonomicheskomu-razvitiyu-v-aziatsko-tihookeanskom-regione-quot/，最后访问日期：2013年10月4日。

的战略选择"——的一个重要原因。①

第二,参与亚太地区密切的经济合作与一体化进程,参与制定和实施有利于自己的地区贸易规则,吸引亚太地区的投资,引进先进的科学技术与管理经验,充分利用亚太地区经济合作与一体化进程带来的合作机遇,以加速俄罗斯经济的整体发展与现代化。俄罗斯积极参与亚太地区经济合作与一体化进程,其中包括成为亚太经合组织成员并与其密切合作,这可以使俄罗斯在地区经济合作与一体化议题、合作条款和规则的拟定上施加有利于本国利益的积极影响,同时也将促进亚太经济合作与一体化朝着有利于自己的方向发展。俄罗斯学者季塔连科就指出,"在亚太经合组织框架内积极开展活动可使俄罗斯结合自身利益参与制定地区经贸合作的基本规则,为本地区政治新秩序的构建打下物质和经济基础"。② 而且,在这一进程中,俄罗斯将从亚太地区获得促进本国经济发展的宝贵机遇和条件,包括从亚太地区获得必要的资金、技术、商品与服务,从而有利于促进俄罗斯的经济发展与崛起。仅以投资为例,亚太国家对俄罗斯的投资显然有助于俄罗斯经济的发展。截至2014年,亚太国家对俄罗斯的直接投资相比2009年已经增长了一倍,达到约90亿美元。③ 而来自亚太国家的先进技术、管理经验与优质服务等,也无疑有助于俄罗斯经济的发展。鉴于以上积极因素,2010年7月,时任俄罗斯总统梅德韦杰夫指出,与亚太国家的一体化是"远东与整个俄罗斯经济崛起的重要资源"。④

第三,在亚太地区,俄罗斯在能源、运输、高科技产品、农业及粮食领域拥有巨大的潜力与优势,充分发挥这些潜力和优势,将使俄罗斯在亚太地

---

① Пресс-конференция по итогам форума АТЭС, http://president.kremlin.ru/transcripts/16432,最后访问日期:2012年9月9日。
② 〔俄〕米·季塔连科:《俄罗斯新欧亚思想及亚太政策》,杜艳钧译,《现代国际关系》2005年第8期,第43页。
③ Деловой саммит форума АТЭС, http://kremlin.ru/events/president/news/46988,最后访问日期:2014年11月10日。
④ Стенографический отчёт о совещании по социально-экономическому развитию Дальнего Востока и сотрудничеству со странами Азиатско-Тихоокеанского региона, http://www.kremlin.ru/transcripts/8234,最后访问日期:2017年10月9日。

区的经济分工中扮演重要角色,使俄罗斯成为亚太市场上一个强有力的竞争者,并获得亚太地区庞大的商品销售市场。2017年11月,俄罗斯总统普京指出,在亚太地区,"我们看到了实际的利益,以及在迅速发展的亚太地区市场中巩固地位的机会"。①

首先,俄罗斯在亚太地区拥有巨大的能源优势,充分发挥这一优势,不仅将使俄罗斯获得亚太地区巨大的能源市场,而且将使俄罗斯有望成为在亚太地区重要的能源提供者甚至是亚太地区新的能源体系的支配者。一方面,俄罗斯是当今世界上最主要的能源出口国家之一;而另一方面,亚太地区恰好是全球经济增长最快的地区,对传统能源需求巨大。俄罗斯学者谢尔盖·卢贾宁2012年撰文指出,亚太地区和美国西太平洋地区约占全球石油需求的35%、天然气和液化气需求的23%,但是,俄罗斯在亚太地区的石油天然气能源市场上仅占1.5%的份额。② 因此,俄罗斯希望大力发展与亚太国家在传统能源领域的合作,籍此实现能源出口的多元化,增加能源收入并提高在亚太地区的经济和战略影响力。俄总统普京指出,"俄罗斯主要的碳氢化合物的出口在西方。但是,欧洲需求增长缓慢,而且,政治、监管以及过境的风险在增长。所有这一切都发生在亚洲经济迅猛增长的背景下。所以,我们致力于能源出口的多元化是非常自然的"。③ "俄罗斯作为世界上一个主要的、可靠的能源供应者,能够在这里(亚太地区)扮演一种关键角色。"④ 俄罗斯2009年出台的《2030年前能源战略》计划于2030年前使出口到亚太地区的石油及其制品占到俄同类产品出口总量的22%~25%,而天然气则达到19%~20%。⑤ 随着形

---

① 《亚太经合组织第二十五次领导人非正式会议:共同走向繁荣与和谐发展》,http://www.xinhuanet.com//world/2017-11/09/c_129736754.htm,最后访问日期:2017年11月9日。
② С. Г. ЛУЗЯНИН. Владивосток—2012:ИЗМЕРЕНИЯ АТЭС//АЗИЯ И АФРИКА сегодня, №11, 2012, с. 5-6.
③ Интервью индийскому информационному агентству PTI, http://kremlin.ru/events/president/news/47209,最后访问日期:2014年12月9日。
④ Владимир Путин принял участие в работе Делового саммита АТЭС, http://president.kremlin.ru/transcripts/16410,最后访问日期:2012年9月7日。
⑤ Энергетическая стратегия России на период до 2030 года, http://www.energosber.74.ru/Vestnik/2009/09_07.htm,最后访问日期:2010年10月6日。

势的发展，2014年出台的《俄罗斯2035年前能源战略》提出，对亚太地区的石油出口量在2035年前翻倍，俄生产的32%的原油和31%的天然气出口至亚太地区。① 能源是一个国家工业以及国民经济的重要命脉，具有重要的战略意义。俄罗斯作为亚太地区主要能源供应者角色的不断巩固和增强，带给俄罗斯的不仅仅是能源销售收入的不断增加，同时也意味着亚太国家对俄罗斯能源依赖的持续增强，这将转化为俄罗斯日益有力的国际政治战略工具，并由此使俄罗斯在亚太地区获得更大的影响力。除此之外，俄罗斯加强与亚太国家的能源合作，还可以增强俄罗斯能源出口的多向性，使俄罗斯摆脱对西方特别是欧洲能源市场需求的过度依赖。

其次，在与亚太国家的经济合作中，俄罗斯在希望成为亚太地区新型能源体系关键角色的同时，更谋求在亚太地区的经济布局和产业链条上成为亚太地区先进技术的重要来源国，以及亚太地区富有经济竞争力的强大"主体"。俄罗斯2010年年底批准的关于加强在亚太地区存在的构想指出："俄罗斯不能扮演屈辱的亚洲原料附庸的角色，而应该有更高的诉求，应该在那里建造基础设施，给亚洲人带去先进的俄罗斯技术。"② 2014年11月，俄罗斯总统普京指出，在对亚太国家出口方面，俄罗斯将"提高非原料以及高技术商品的比重"。③ 因此，俄罗斯希望凭借雄厚的科技实力，成为亚太地区高科技产品的提供者。这主要涉及航天、航空、民用核能等尖端科技领域。俄罗斯充分发挥这一优势，不仅将使俄罗斯获得高科技产品所带来的高附加值收入，而且将使俄罗斯获得对特定国家相关产业的影响力，并由此使俄罗斯在亚太地区获得科技领先者的崇高威望。

再次，充分发挥俄罗斯独特的地理优势，成为连接欧亚的"运输走廊"，是俄罗斯在亚太地区的又一重要战略利益所在。2012年11月，时任

---

① 《俄罗斯出台新版能源战略》，http://news.youth.cn/gj/202006/t20200622_12378694.htm，最后访问日期：2020年6月22日。

② Знать свое место, http://www.kommersant.ru/doc/2009574，最后访问日期：2014年8月1日。

③ Деловой саммит форума АТЭС, http://kremlin.ru/events/president/news/46988，最后访问日期：2014年11月10日。

俄罗斯总理梅德韦杰夫指出，"作为一个连接欧亚两洲的国家，俄罗斯肩负特殊使命，很多贸易往来和通道倘若途经俄罗斯，过程将会优化许多，这样既能降低支出，也能让各国企业挣到更多利润，为国家预算增收，我认为，这正是俄罗斯参与亚太地区合作的特殊价值所在"。① 2015年11月，俄罗斯总统普京撰文指出，"远东港口、北方海路、俄罗斯铁路干线现代化……这些都应当成为加强亚太地区相互关联的要素，以及亚太地区和欧洲之间重要的连接基础设施"。② 在陆地运输线路上，普京指出，俄罗斯对跨西伯利亚大铁路、贝加尔—阿穆尔铁路以及远东海港现代化改造措施，"将在2020年前使过境俄罗斯的欧洲与亚太地区之间的运输量增加到原来的至少5倍。同时，与传统的经马六甲海峡和苏伊士运河的线路相比，这种跨境运输具有价格优势，并在运输货物的速度和安全方面具有显著优势"。③ 在海洋运输线路上，俄罗斯着力与亚太国家共同提升北方海路的运输潜力，并利用该线路在东亚、北美太平洋沿岸和北欧之间进行跨境运输合作。专家认为，沿北极航道从横滨市到鹿特丹仅是原来路程的三分之一。④

俄罗斯作为连接欧亚的"运输走廊"的潜力的发挥，不仅意味着过境运输将为俄罗斯带来大量的财政收入，并带动沿线能源、工业、运输行业以及服务业的兴起，还将使俄罗斯掌握至关重要的战略运输通道的控制权。因此，对俄罗斯而言，这不仅意味着经济利益，还有更为重要的地缘战略利益。

最后，俄罗斯还希望成为亚太地区粮食安全的保障者。全球10亿饥饿

---

① Дмитрий Медведев：Россия будет делать все для укрепления позиций в Азиатско - Тихоокеанском регионе，https：//www.amic.ru/news/198116/，最后访问日期：2012年11月5日。
② АТЭС：к открытому，равноправному сотрудничеству в интересах развития，http：//www.kremlin.ru/events/president/transcripts/articles/50706，最后访问日期：2015年11月17日。
③ Президент России принял участие в работе Делового саммита АТЭС，http：//president.kremlin.ru/news/19375，最后访问日期：2013年10月7日。
④《俄罗斯为APEC准备的大型交通运输项目》，http：//radiovr.com.cn/2012_09_04/87174443/，最后访问日期：2012年9月4日。

人口，有四分之一在亚太地区。① 随着亚太经济的迅速发展，该地区对食品的需求也在快速增长。近年来，俄罗斯在农业领域取得了显著进步，以年均约3.5%的增速快速发展，② 并仍有巨大的发展潜力。2015年，俄总统普京指出，俄罗斯粮食的出口潜力在1500万吨至2000万吨，据专家评估，2020年前俄罗斯粮食出口能力将扩大到3000万~3500万吨，也可能达到4000万吨。③ 在东西伯利亚和远东地区，50%的耕地尚未得到利用。④ 2012年11月，时任俄罗斯总理梅德韦杰夫指出，俄罗斯的农业生产潜力巨大，俄罗斯计划参与亚洲地区粮食安全问题的解决。⑤ 粮食或食品并非普通商品，而是关系国计民生的特殊商品，具有战略意义。对俄而言，发展与亚太国家的农业与粮食合作，不仅是一项有利可图的长期生意，而且能提高俄罗斯对亚太国家安全与稳定的影响力，从而提高俄罗斯在亚太地区的战略地位。

俄罗斯发展与亚太地区国家的经济合作，不仅有助于俄罗斯在亚太地区经济分工与体系中占据重要的控制和影响地位，还将获得亚太地区庞大的市场。⑥ 2017年11月，俄罗斯总统普京指出，在过去的5年中，APEC经济体在俄罗斯出口份额中所占的比例从17%增加到24%。⑦ 2018年，俄罗斯与亚

---

① 《APEC峰会在符拉迪沃斯托克闭幕》，http：//radiovr. com. cn/2012_ 09_ 09/87662238/，最后访问日期：2012年9月9日。

② Статья Министра иностранных дел России С. В. Лаврова «АТЭС： отношения подлинного коллективизма и эффективной взаимосвязанности »，http：//www. mid. ru/ru/foreign _ policy/news/-/asset_ publisher/cKNonkJE02Bw/content/id/2524925，最后访问日期：2016年11月16日。

③ Владимир Путин принял участие в работе Делового саммита АТЭС，http：//president. kremlin. ru/transcripts/16410，最后访问日期：2015年9月7日。

④ Саммит советских долгостроев，http：//www. gazeta. ru/business/2012/09/03/4750245. shtml，最后访问日期：2016年9月3日。

⑤ Дмитрий Медведев： Россия будет делать все для укрепления позиций в Азиатско - Тихоокеанском регионе，https：//www. amic. ru/news/198116/，最后访问日期：2012年11月5日。

⑥ Ответы на вопросы российских журналистов，http：//kremlin. ru/events/president/news/59131，最后访问日期：2018年11月15日。

⑦ 《亚太经合组织第二十五次领导人非正式会议：共同走向繁荣与和谐发展》，http：//www. xinhuanet. com/world/2017-11/09/c_ 129736754. htm，最后访问日期：2017年11月9日。

太经合组织国家的贸易额达到 2132 亿美元，占俄罗斯对外贸易总量的 31%，其中，俄罗斯对亚太经合组织国家的出口达到了 1163 亿美元，比 2017 年（863 亿美元）增长了 34.8%。① 这对俄罗斯而言不仅意味着出口创收和财政收入等巨大经济利益，也使俄罗斯获得相应的地缘政治影响力。

第四，大力发展俄罗斯东部地区与亚太国家的经济合作。这将有利于开发远东地区的资源，加速当地基础设施的建设，增加居民就业与地方财政收入，从而有利于改变俄罗斯东部地区的消极发展趋势，并使其走上现代化发展的道路。

苏联解体后，由于俄罗斯东部地区远离国家的政治与经济中心，因此，与其他地区相比，俄罗斯东部地区衰落的幅度更大，消极状况最为严重，其经济及社会发展水平不仅严重落后于其他地区，而且这种差距还呈现日益扩大之势。统计表明，俄罗斯远东及西伯利亚地区的人均劳动生产率远低于全俄平均水平，单位 GDP 的初级能耗是全俄平均水平的 2.5 倍；这里基础设施落后，虽然这一地区的面积占俄罗斯国土总面积的 45.2%，但是营运铁路的长度仅为俄罗斯营运铁路总长度的 13.8%，硬面公路长度仅占全国的 9.5%，营运铁路网密度仅为全俄平均水平的 1/3.6，硬面公路网密度仅为全俄平均水平的 1/5.6。② 在俄罗斯 20 个实际收入最低的地区中，俄罗斯远东及西伯利亚地区就占据了其中的 14 个，这里的生活费用比俄罗斯欧洲地区（不算莫斯科与圣彼得堡）高出 1.5~2 倍，而人均寿命却比俄罗斯平均水平短 5~7 年。③ 1991 年，俄罗斯远东地区的人口为 810 万，而到了 2002 年年初，其人口锐减为 703.81 万。时任俄罗斯总统梅德韦杰夫就指出："需

---

① внешнеэкономической деятельности России в 2018 году, https://www.economy.gov.ru/material/file/12e8578a1aabe043f2b59f2d585e4478/ItogiTorgovli2018.pdf, 最后访问日期：2019 年 10 月 5 日。
② Стратегия социально-экономического развития Дальнего Востока и Байкальского региона на период до 2025 года, http://www.minregion.ru/activities/territorial_planning/strategy/federal_development/34, 最后访问日期：2010 年 8 月 9 日。
③ Михаил Николаев. АТР и национальная безопасность России//Международная жизнь, №4, 2010, с. 16~17.

要在人口计划框架内发展远东及西伯利亚,因为如果我们只聚集在欧洲地区,那么等待我们的将是悲惨的未来。"①"如果我们(在发展远东地区方面)不积极工作,那么最后我们将失去一切。我现在没有暗示任何东西,虽然苏联解体是最典型的例子。"②

以上事实表明,发展远东地区是实现维护俄罗斯国家安全以及俄罗斯经济整体发展目标中的一项艰巨任务。俄罗斯科学院经济学博士 A. 费多洛夫斯基指出:"远东地区自身的潜力以及企业家、组织和财政能力不足以支持该地区的创新活动,以及同太平洋其他国家进行科学技术竞争。"③时任俄罗斯亚太经合组织研究中心副主任格列布·伊瓦申佐夫指出,为了促进远东及西伯利亚地区的经济增长,"要求大量的资本投入,而俄罗斯目前无法单独做到这一点。这一状况的出路在于国际合作"。④当然,这方面的国际合作主要是指发展俄罗斯远东地区与亚太地区国家的合作,其中包括俄罗斯参与亚太经济一体化进程。因此,发展与亚太地区国家的经济合作来振兴俄罗斯远东及西伯利亚地区,以阻止俄罗斯远东及西伯利亚地区的消极发展趋势,不仅是俄罗斯重大的经济利益所在,也是其重大的政治及安全利益所在。

第五,发展与亚太地区国家的经济合作,加强俄罗斯对外经济联系的多元性与平衡性。长期以来,俄罗斯与欧洲的经济联系远远超过了与其他地区的经济联系,这对俄罗斯的经济发展与安全具有一定弊端。为此,俄罗斯一直力图实现对外经济联系多元性与平衡性的目标,而积极发展与亚太地区国家的经济合作,则是俄罗斯实现这一目标的重要途径和保障。2008年国际金融危机爆发以来,欧洲经济的长期低迷,与亚太地区日益成为全球经济增

---

① Михаил Николаев. АТР и национальная безопасность России//Международная жизнь, №4, 2010, с.16.

② Михаил Николаев. АТР и национальная безопасность России //Международная жизнь, №4, 2010, с.14.

③ А. Федоровский. Эволюция АТЭС и перспективы региональных интеграционных процессов// Мировая экономика и международные отношения, №1, 2012, с.49.

④ Глеб Ивашенцов. Саммит АТЭС–2012: Тихоокеанские горизонты России//Международная жизнь, №2, 2012, с.25.

长"引擎"的趋势形成鲜明对比，这进一步强化了俄罗斯的上述认识。

为了实现对外经济联系的多元性与平衡性，俄罗斯努力争取使自己与亚太地区的经济联系同自己与欧洲地区的经济联系达到大致平衡。事实上，俄罗斯早在 2000 年批准的《俄罗斯加入 APEC 构想》中就提出，俄在亚太方向的战略任务是，"将与亚太地区的政治及经济合作提高到此前俄罗斯与欧洲合作的水平"。[①] 2014 年 11 月，俄罗斯总统普京指出，"现在俄罗斯与亚太国家的贸易额超过俄罗斯对外贸易总量的 1/4。我们计划未来将这一份额提高到 40%，并采取具体措施扩大我国出口的地理范围"。[②] 所以，加强与亚太地区国家的经济联系，以促进俄罗斯对外经济合作的合理布局，实现俄罗斯对外经济联系的多元性与平衡性，是俄罗斯发展与亚太地区国家经济合作的又一经济利益所在。

俄罗斯在亚太地区的上述国家利益，从根本上决定了俄罗斯在这一地区奉行的安全、外交与经济政策的根本方向和主要内容；同时，这也是理解俄罗斯亚太政策的主要视角之一。

---

① Концепция участия России в Форуме "Азиатско – Тихоокеанское экономическое сотрудничество"（АТЭС），http：//www.economy.gov.ru/wps/wcm/connect/6491d680409c512981b8e92c73e16b99/sm_ takdge_ o_ kontceptcii_ uchastiya_ rossii_ v_ forume_ ates.doc? MOD = AJPERES&CACHEID = 6491d680409c512981b8e92c73e16b99，最后访问日期：2010 年 10 月 5 日。

② Деловой саммит форума АТЭС，http：//kremlin.ru/events/president/news/46988，最后访问日期：2014 年 11 月 10 日。

第二章
俄罗斯亚太政策的演变与成熟

自 20 世纪 90 年代初俄罗斯联邦独立以来，伴随着国际体系与国际格局的变迁、俄罗斯与西方及亚太国家关系的变化、俄罗斯整体外交政策的调整、俄罗斯对亚太政策认知过程的不断深化，俄罗斯亚太政策经历了不断发展和演变的进程，并在这一进程中不断走向成熟和系统。

一　俄罗斯亚太政策的发展与演变

（一）叶利钦时期俄罗斯的亚太政策（1991~1999）

在 20 世纪 90 年代独立初期，俄罗斯在对外政策上曾存在大西洋主义和欧亚主义的激烈争论。在两种思想的最初较量中，叶利钦总统曾实行基于"欧洲大西洋主义"的亲西方外交政策，希望在共同价值基础上建立俄罗斯与西欧和美国的新型国家关系，在西方的支持下克服经济危机，有效地维护俄罗斯的世界大国地位。但是，俄罗斯很快发现这种单方面的亲西方政策严重削弱了俄罗斯的国际地位，不符合俄罗斯的国家利益。在完全倒向西方的政策受挫后，俄罗斯开始重新思考其对外政策问题。

在"欧亚主义"思想的指导下，俄罗斯从 1992 年下半年开始调整外交政策，并逐渐确立了欧亚平衡的"双头鹰"外交政策。1992 年 10 月，时任

第二章　俄罗斯亚太政策的演变与成熟

俄罗斯总统叶利钦在俄罗斯外交部工作会议上指出："在发展同西方国家——美国、德国、英国、意大利关系的同时，也应不懈地在东方——日本、中国、印度、蒙古国开展工作。"① 1992年年末和1993年年初，叶利钦先后访问了韩国、中国和日本，这是俄罗斯重新走向东方的重要一步。它表明俄罗斯开始从亲西方政策转向欧亚平衡的所谓"双头鹰"政策。

1993年4月，俄罗斯发表了第一个《俄罗斯联邦外交政策构想》，它标志着俄罗斯欧亚平衡外交政策的初步形成。该政策的核心在于：一方面，俄罗斯积极开展对欧洲地区的外交，应对北约和欧盟东扩进程，努力构建没有分界线的新欧洲；另一方面，积极开展与亚太地区的外交，发展与亚太地区国家关系，参加亚太地区一体化进程。

在亚太政策上，1993年版《俄罗斯联邦外交政策构想》指出："在与大西洋相比较正在变成世界政治经济中心的地区获得稳固的地位，既有利于俄罗斯国内改革，也有利于大大提高它在世界政治经济总进程中的影响力，还有利于发挥它独一无二的横跨欧亚的潜力。"②

在欧亚平衡的"双头鹰"外交政策指导下，俄罗斯越来越重视开展与东方国家的合作。叶利钦总统在1994年的国情咨文中指出："俄罗斯独一无二的欧亚地位决定了它与世界的关系。在1994年必须利用新的可能来开展与亚洲主要国家印度、中国、日本，以及新的伙伴韩国、东盟和波斯湾各国的合作。"③

在叶利钦第二总统任期，特别是1996年普里马科夫出任外长后，俄罗斯的外交政策逐步由欧亚平衡的"双头鹰"政策发展到以"多极化"为主

---

① 薛君度、陆南泉：《新俄罗斯：政治·经济·外交》，中国社会科学出版社，1997，第309页。
② Концепция Внешней политики Российской федерации. "Внешняя политика и Безопасность современной России" 1991-2002 том 4. Москва. РОССПЭН. 2002.
③ ПОСЛАНИЕ ПРЕЗИДЕНТА РОССИЙСКОЙ ФЕДЕРАЦИИ ФЕДЕРАЛЬНОМУ СОБРАНИЮ ОБ УКРЕПЛЕНИИ РОССИЙСКОГО ГОСУДАРСТВА（ОСНОВНЫЕ НАПРАВЛЕНИЯ ВНУТРЕННЕЙ И ВНЕШНЕЙ ПОЛИТИКИ）, https://rulaws.ru/president/Poslanie-Prezidenta-RF-Federalnomu-Sobraniyu-ot-24.02.1994/?ysclid=lakfb1ltli172751897，最后访问日期：2022年11月16日。

要宗旨的全方位外交政策。叶利钦在1995年的国情咨文中指出："俄罗斯今后几年的最佳战略将是全方位的伙伴关系战略。我们将同美国、欧洲各国、中国、印度、日本、拉美国家，以及世界其他各国发展关系，同所有愿意在平等互利基础上同俄罗斯对话的国家发展关系。"①

在全方位外交政策框架内，俄罗斯更加重视发展与亚太地区国家的友好合作关系。1996年，时任俄罗斯外长的普里马科夫强调："俄罗斯对亚太地区有明确的方针，它包括同亚太地区各国发展互利关系，而且在可能的地方发展伙伴关系，保障俄罗斯远东边界的可靠安全，为国家的经济改革以及加快远东的经济发展创造有利条件。"② 在该方针指导下，俄罗斯在20世纪90年代后半期进一步恢复和加强了与亚太国家的关系。

总体而言，从"双头鹰"外交政策到全方位外交政策，俄罗斯不断加强亚太外交工作，并取得了一系列积极进展，主要包括：俄中关系得到积极发展，确定了"面向21世纪的俄中战略协作伙伴关系"；俄日关系明显改善；俄韩经济合作快速发展；俄罗斯与印度的友好和互利合作关系得以恢复和加强。此外，俄罗斯还积极参加了亚太地区的多边机制，例如，俄罗斯在1998年正式加入了亚太经济合作组织。

因此，在叶利钦时期，俄罗斯开启了独立后"走向亚太"的进程，为恢复和巩固俄罗斯在亚太地区的地位和影响打下了重要的基础。

（二）普京第一及第二总统任期的俄罗斯亚太政策（2000~2008）

2000~2008年，俄罗斯亚太外交政策的发展经历了三个阶段。第一个阶段是从普京2000年5月正式就任俄罗斯总统到2001年"9·11"事件发生。在这一阶段，普京继承了叶利钦第二总统任期内奉行的全方位外交政策，进一步确认了欧亚平衡的外交思想，并继续实行积极的亚太政策。第二阶段是从2001年"9·11"事件发生到普京第一总统任期结束。在

---

① Послание Президента Российской Федерации от 16.02.1995 г. 6/н, http://www.kremlin.ru/acts/bank/7521，最后访问日期：2012年6月19日。
② 参见学刚、姜毅主编《叶利钦时代的俄罗斯·外交卷》，人民出版社，2001，第179页。

这一阶段，俄罗斯外交政策的优先目标是通过与西方建立"反恐战略联盟"发展与西方的密切关系，从而为俄罗斯的国家安全与国内发展创造有利的外部环境，因此，俄罗斯暂时减少了对亚太地区的关注，在亚太方向的外交积极性相对有所降低。第三阶段基本上与普京第二总统任期吻合，由于向西方靠拢的失利，俄罗斯转而再一次大力加强与亚太地区国家的合作。

1. 第一阶段（2000年5月至2001年9月）俄罗斯的亚太政策

在普京2000年5月继任总统之初，俄罗斯在国家安全领域面临一系列挑战：首先，北约1999年启动的第一轮战略东扩大大恶化了俄罗斯在欧洲方向的地缘安全形势；其次，美国执意打破1972年美苏《限制反弹道导弹系统条约》（以下简称《反导条约》）并进行国家反导系统的试验与准备工作，使俄罗斯在战略平衡领域受到严峻的挑战；再次，车臣分裂活动以及西方国家对俄罗斯第二次车臣战争的指责与干涉，使俄罗斯的国家统一受到国内外的严重威胁；最后，以美国为首的北约国家未经联合国批准悍然发动科索沃战争，使包括俄罗斯在内的国际社会的和平与稳定，以及国际法制度与联合国权威受到严重挑衅。以上严重的安全挑战使俄罗斯与西方的战略关系在普京继任总统到2001年"9·11"事件发生之前，延续了20世纪90年代后期以来的紧张局势。为了维护俄罗斯的国家安全与世界大国地位，俄罗斯进一步确认了以"欧亚平衡"为核心内容的全方位外交政策。2000年6月，俄罗斯发表了第二个《俄罗斯联邦外交政策构想》，该文件指出："俄罗斯外交政策的特点在于平衡性，这是由俄罗斯作为一个欧亚大国的地缘政治地位决定的，这种地位要求最合理地分配各方面的努力。"[①]

俄罗斯奉行该政策的现实原因在于它在欧洲大西洋方向以及亚洲太平洋方向同时面临深刻的挑战。在欧洲地区，北约和欧盟不断东扩，俄罗斯面对的是不断扩大和深化的欧洲一体化进程。在亚太地区，俄罗斯看到的是各国

---

① КОНЦЕПЦИЯ ВНЕШНЕЙ ПОЛИТИКИ РОССИЙСКОЙ ФЕДЕРАЦИИ, http://www.ln.mid.ru/ns-osndoc.nsf/0e9272befa34209743256c630042d1aa/fd86620b371b0cf7432569 fb004872a7?OpenDocument，最后访问日期：2003年4月19日。

经济迅速发展，正在加快经济一体化的步伐。在历史上，俄罗斯面对的是先进的欧洲和落后的亚洲；今天，俄罗斯面对的是一体化的欧洲和迅速发展的亚洲。俄罗斯的地缘战略地位削弱了，面临着被欧亚快速发展列车淘汰的危险。为了把面临的挑战转变成一种独一无二的地缘优势，俄罗斯制定了东西方平衡的地缘战略。该战略的主要内容在于：一方面，俄罗斯极力推动建设具有共同政治、经济、安全、文化空间的没有分界线的大欧洲，成为欧洲新秩序的建设者；另一方面，加强与亚太地区的经济合作，成为亚洲经济发展和安全合作的重要角色。通过该战略，俄罗斯致力于发挥自身横跨欧亚的地缘优势，并提升其世界大国的国际地位。普京指出："基于我们的地缘政治位置（部分俄罗斯领土在东方，部分在欧洲），我们一贯推行平衡的对外政策。……我们将一如既往地既同东方，也同西方发展我们的关系。"①

在这一政策框架内，俄罗斯高度重视亚太地区。2000 年版《俄罗斯联邦外交政策构想》指出："亚洲在俄罗斯外交政策中具有越来越重要的意义，这是因为俄罗斯直接属于这个飞速发展的地区以及必须发展西伯利亚和远东地区的经济。"② 这一时期，俄罗斯亚太外交政策的核心在于：第一，将亚太地区的主要大国、传统盟友、邻近国家以及多边机构视为俄罗斯亚太外交的重点对象，并奉行积极的外交政策；第二，通过与重点对象国家建立或者恢复友好以及信任的政治关系，实现和巩固俄罗斯欧亚平衡的全方位外交政策，以此扩展俄罗斯的国际战略空间并提升其国际地位；第三，俄罗斯在欧洲大西洋方向的地缘政治与安全形势因为北约第一轮战略东扩以及美国坚持突破《反导条约》并发展国家反导系统等因素而严重恶化之际，通过发展与东方国家的友好合作关系，保障亚洲太平洋方向的安全与稳定，为俄罗斯的国家安全打造一个安全可靠的"战略后方"；第四，借助亚太地区经济快速发展的有利形势，推动俄罗斯东部地区的经济发展；第五，在国际舞

---

① 《普京文集：文章和讲话选集》，中国社会科学出版社，2002，第 674 页。
② КОНЦЕПЦИЯ ВНЕШНЕЙ ПОЛИТИКИ РОССИЙСКОЙ ФЕДЕРАЦИИ，http：//www. ln. mid. ru/ns-osndoc. nsf/0e9272befa34209743256c630042d1aa/fd86620b371b0cf7432569 fb004872a7? OpenDocument，最后访问日期：2003 年 4 月 19 日。

台上，积极借重亚太国家的外交支持，在涉及俄罗斯切身利益的一系列国际问题上牵制西方国家，并提升俄罗斯的国际影响力。为此，俄罗斯确定了两项重点工作：一是努力发展与亚太地区主要国家的友好关系；二是积极参与亚太地区主要的一体化机构的工作。2001 年 1 月，俄罗斯总统普京在俄联邦外交部会议上指出，"亚洲方向具有越来越重要的意义"，"我们需要牢固地在所有亚洲事务中扎下根。要达到这种状态就要加紧参加亚太地区的各种主要的一体化机构，而且并非次要的是要彻底扩大和主要亚洲国家，首先是和我们的邻国的友好关系和实际合作"。①

在以上方针指导下，俄罗斯在这一时期高度重视发展与中国及印度的关系。俄罗斯与中国进行了一系列富有成果的合作：在政治及安全领域，2001 年 7 月《中俄睦邻友好合作条约》的签署以及 2001 年 6 月俄中牵头的上海合作组织的正式成立，使俄罗斯与中国建立了高度的政治互信，而且在俄罗斯东部地区建立了一个安全与稳定的战略空间；在外交领域，俄中两国在一系列国际问题上进行了外交协作，例如，2000 年 7 月两国发表了《中俄关于反导问题的联合声明》，2000 年 11 月俄罗斯与中国等其他国家共同向联合国大会提交的关于遵守和维护反导条约的决议得到通过，表明了俄中两国反对美国破坏 1972 年《反导条约》的共同外交立场，加大了俄罗斯就反导问题向美国施压的外交力度；俄中两国还通过总理定期会晤等形式大力推进俄中经济合作。除中国外，俄罗斯还积极恢复与其在亚太地区的传统伙伴——印度的关系。2000 年 10 月，俄罗斯总统普京首次访问印度，两国签署了《战略伙伴关系宣言》，将双方关系提升到一个崭新的高度，拓宽了俄罗斯外交活动的战略空间，加强了俄罗斯在亚太地区以及全球的战略地位。

这一时期，俄罗斯还积极加强与蒙古国、朝鲜、韩国以及日本等亚太邻近国家的关系。2000 年 11 月普京对蒙古国的访问，开启了新世纪初期俄罗斯积极、主动以及全面加强与蒙古国关系的进程，此后，俄蒙关系积极发展，俄罗斯在蒙古国的外交地位和影响力得到了加强和巩固。

---

① 《普京文集：文章和讲话选集》，中国社会科学出版社，2002，第 254 页。

在朝鲜半岛地区，普京上任后，俄罗斯纠正了20世纪90年代"重南轻北"的政策，转而奉行"平衡"的外交政策。2000年2月，俄朝签署了新的睦邻友好合作条约，2000年7月以及2001年8月，俄朝两国最高领导人实现了互访，俄朝两国的政治关系与经济合作由此得到显著加强；与此同时，俄罗斯还继续保持并加强与韩国的友好合作关系，新世纪初期俄罗斯奉行新的朝鲜半岛政策并大大加强了俄罗斯对朝鲜半岛事务的影响力。应当指出的是，俄罗斯关于反导问题的立场还得到了朝韩两国的明确支持。

这一时期，俄罗斯还积极发展与日本的关系，除了重点发展经贸合作之外，还谋求与日方妥善解决南千岛群岛问题。在2001年3月与森喜朗的会晤中，普京提出在1956年《苏日联合宣言》的基础上解决两国领土问题，这充分反映出这一时期俄罗斯发展与日本关系的意愿。这一时期，俄日两国的政治关系得到了改善和加强，经贸合作得到了进一步开展。

在东南亚地区，俄罗斯总统普京于2001年2月对越南进行了访问，这是俄罗斯独立以来俄罗斯总统对这一地区传统盟友的首次正式访问，两国建立起战略伙伴关系并开始在各领域进行紧密的合作，这标志着俄罗斯开始致力于恢复在东南亚地区的外交影响力。

此外，俄罗斯还开始以更为务实、主动的态度积极参与亚太经合组织等多边机构与平台的各项活动。总体而言，从2000年5月普京就任总统至2001年"9·11"事件发生之前的第一阶段，俄罗斯继承并再次确立了20世纪90年代后半期以来的全方位外交政策，并在亚太地区实行积极的外交政策。

2. 第二阶段（2001年9月至2004年5月）俄罗斯的亚太政策

2001年"9·11"事件发生后，面对新的国际形势，俄罗斯对本国的外交政策进行了重大调整，其重点在于：抓住美国全球战略调整的契机，力图与以美国为首的西方世界建立"反恐战略联盟"，以此改变20世纪90年代后半期以来西方对俄罗斯的"遏制"与"削弱"的政策，从而为俄罗斯国家安全形势的根本改善以及国内发展创造有利的国际环境。早在2001年1月，俄罗斯总统普京在外交部的讲话中就指出："要优先考虑的任务是，在俄罗斯周围建立稳定的、安全的环境，建立能够让我们最大限度地集中力量

第二章　俄罗斯亚太政策的演变与成熟

和资源解决国家的社会经济发展任务的条件。"① 2002年6月，时任俄罗斯外长的伊万诺夫在《俄罗斯对外政策方向》一文中指出："我们的（外交）方针有效的主要标准是，为俄罗斯国内的顺利发展创造良好的外部条件，其中最主要的是保障国家的可靠安全。"② 2002年4月，普京在向俄罗斯联邦会议提交的国情咨文中明确指出："我国外交政策的最重要目标是保障世界的战略稳定。为此我们参与建立新的安全体系，与美国保持经常性对话，做工作改进与北约的关系。"③

在以上外交方针指导下，俄罗斯将积极改善和发展与以美国为首的西方世界的关系列为这一阶段俄罗斯对外政策的首要方面。2001年10月，俄罗斯总统普京在与美国总统小布什会晤后指出："在业已进入的新世纪中，我们的战略优先点就是（与美国）建立长期的伙伴关系。"④ 2002年7月，普京在外交部扩大会议上指出，"俄罗斯和美国对巩固全球局势的稳定无疑负有特殊责任"，"俄罗斯和美国相互信任的伙伴关系不仅有益于我们两国人民，而且会对整个国际关系体系产生积极作用，因而无疑将是我们要优先考虑的方面之一"。⑤

为了改善与以美国为首的西方国家的关系，俄罗斯做出了一系列积极努力，甚至在一些战略领域做出了重大让步。例如，俄罗斯对美国和北约进行的阿富汗战争给予了大力支持，甚至允许美国等北约国家在中亚地区建立军事基地，为美国和北约提供关于阿富汗的重要情报，实际上默认了美国退出《反导条约》以及发展国家反导系统等。俄罗斯的外交努力在改善其与西方关系方面取得了一些积极成果。例如，俄罗斯与美国的战略关系得到了缓和，俄美在2002年5月达成了《关于削减进攻性战略力量条约》（以下简称《莫斯科条约》）。同年5月，北约与俄罗斯建立了北约-俄罗斯理事会，

---

① 《普京文集：文章和讲话选集》，中国社会科学出版社，2002，第251页。
② Игорь Иванов, Ориентиры внешней политики России, http://www.kommersant.ru/doc/326735，最后访问日期：2011年6月25日。
③ 《普京文集：文章和讲话选集》，中国社会科学出版社，2002，第622页。
④ 《普京文集：文章和讲话选集》，中国社会科学出版社，2002，第453页。
⑤ 《普京文集（2002~2008）》，中国社会科学出版社，2008，第3页。

用"20 国机制"取代了"19+1"机制。2002 年，美国和欧盟相继正式承认了俄罗斯的市场经济地位。

在俄罗斯第二次向西方"靠拢"的这一阶段，俄罗斯的亚太政策发生了微妙的变化：由于俄罗斯首先致力于改善与美国及其他西方国家的关系，因此，俄罗斯暂时减少了对亚太地区的关注，在亚太方向的外交积极性相对有所减弱。其主要表现为以下三点。第一，2002 年 7 月，俄罗斯总统普京在外交部扩大会议上的讲话中，重点强调改善和发展与美国及欧洲的关系，甚至没有专门谈及亚太地区，这与 2001 年 1 月普京在外交部会议上的讲话中专门强调亚洲的重要意义以及亚洲方向的外交重点形成了鲜明对比。第二，在这一阶段，由于向西方"靠拢"，俄罗斯对亚太特别是对中国在安全和外交上的借重下降。第三，2002 年，俄罗斯撤离了位于越南金兰湾的海军基地，虽然经济问题是俄罗斯撤离的一个主要因素，但是，俄罗斯缓和与西方关系的考虑，以及亚太地区在俄罗斯安全战略以及整体对外政策中的地位的暂时下降，也是俄罗斯撤离该基地的一个主要原因，《全球政治中的俄罗斯》主编卢基扬诺夫指出，在普京第一总统任期，俄罗斯为了迎合美国而关闭了驻越南和古巴的设施。[①] 但不可否认的是，俄罗斯撤离这一基地，使俄罗斯在亚太地区特别是在东南亚地区的政治影响力有所下降。

而在另一方面，在全方位外交政策框架内，俄罗斯仍将亚太地区视为其外交政策的一个重要方向。虽然俄罗斯与西方关系的缓和使亚太地区作为俄罗斯可靠"战略后方"的安全意义，以及对俄罗斯"抗衡西方"的借重意义不再那么突出，但是，在以美国为首的西方国家没有根本改变"遏俄、弱俄"政策以及双方在传统安全问题上的矛盾没有得到彻底解决的情况下，这些意义仍具有重大的现实与潜在价值。同时，亚太地区对发展俄罗斯东部地区经济的意义正在变得日益重要。

因此，俄罗斯在这一时期仍在继续发展与亚太地区的友好合作关系，其

---

① Ф. А. Лукьянов, Китайский ключик, http://globalaffairs.ru/redcol/Kitaiskii-klyuchik-15347, 最后访问日期：2011 年 7 月 9 日。

核心在于：继续将亚太地区的主要大国、传统盟友及伙伴、邻近国家以及亚太地区一体化机构作为俄罗斯亚太外交的主要对象；在政治方面，维持前一阶段与主要对象国家的政治友好关系；在安全方面，通过保持与中国等周边国家的良好政治关系以及借助上海合作组织等多边机构维护俄罗斯东部地区的安全，同时，与亚太国家和组织积极开展在非传统安全领域的合作；在经济方面，积极采取各种措施进一步大力开展与亚太国家和多边组织及机构的经济合作。相对政治与外交合作而言，经济合作是这一阶段俄罗斯亚太政策更为积极的方面。时任俄罗斯外长的伊万诺夫指出："考虑到西伯利亚和远东地区的利益，亚太地区是我们对外政策中的一个重点。"①"需要亚洲各国有分量地参与俄罗斯东部的经济，也需要使俄罗斯经济融入亚洲正在形成的新的经济空间。这是我们今后几年的战略任务，这一任务的完成不仅只是推动东部地区的发展，而且会大大推动整个俄罗斯经济的发展。"②

这一阶段，在以上外交方针指导下，俄罗斯继续与亚太地区的主要大国——中国、印度，其他亚太国家以及传统伙伴保持密切的政治接触以及总体友好的政治关系。在中俄双边关系方面，2002 年 12 月、2003 年 5 月和 2004 年 6 月，中俄两国元首举行了多次会晤，双方一致表示要加强战略协作伙伴关系。2003 年 12 月，俄罗斯外交部就台湾"公投"问题发表了俄罗斯反对任何形式台湾"独立"的声明，表明了俄罗斯对中国政府的政治支持。中俄两国的政治合作还表现在上海合作组织的建设上：在中俄两国的共同推动下，2002 年 6 月上海合作组织成员国元首签署了《上海合作组织宪章》；2003 年 5 月，上合组织成员国元首峰会通过了一系列该组织机制运作的法规和决定；2004 年 1 月，上合组织秘书处在北京成立，至此，上合组织初始阶段的机制化建设基本完成。此外，中俄两国在反对太空军事化以及

---

① Игорь Иванов, Ориентиры внешней политики России, http://www.kommersant.ru/doc/326735，最后访问日期：2012 年 6 月 11 日。

② СТАТЬЯ МИНИСТРА ИНОСТРАННЫХ ДЕЛ РОССИИ И. С. ИВАНОВА В ЖУРНАЛЕ «АЗИЯ И АФРИКА СЕГОДНЯ», ОПУБЛИКОВАННАЯ В №1 2004 ГОДА ПОД ЗАГОЛОВКОМ «РОССИЯ В АЗИИ И АЗИЯ В РОССИИ», https://www.mid.ru/ru/foreign_policy/news/1606783/，最后访问日期：2023 年 10 月 3 日。

美国发动伊拉克战争问题上进行了外交协作。

在俄印双边关系上，2002年12月以及2003年11月，俄罗斯总统普京与印度总理瓦杰帕伊进行了互访，双方签署了一系列政治、安全、经济以及外交领域的文件，这些措施进一步加强和巩固了俄印战略伙伴关系。

这一时期，俄日两国受"铃木事件"以及日本小泉纯一郎政府在领土问题上的强硬立场的影响，在政治关系上没有取得进展，仍处于僵持状态，但是，双方仍在保持政治接触和协商。2003年1月，小泉纯一郎对俄罗斯进行了访问，双方签署了《俄日行动计划》，为两国关系的未来发展指明了具体方向和路线。

在朝鲜半岛问题上，俄罗斯在这一阶段继续致力于扩大在这一地区的政治影响并积极参与朝核问题的解决。2002年8月，普京与朝鲜领导人金正日举行了会晤，加深了两国的信任与合作，也加强了俄罗斯对朝鲜半岛问题的政治影响力。

在安全领域，俄罗斯在这一时期积极致力于通过与亚太地区国家以及多边组织和机构的合作，加强在传统安全领域的合作，并积极致力于开展在非传统安全领域的合作。

俄罗斯首先重视上海合作组织在维护安全方面的重要作用。时任俄罗斯外长的伊万诺夫指出："为了加强亚太地区的自卫能力，将最大限度地利用诸如上海合作组织这样的机制。"[①] 为此，俄罗斯与中国积极推动上海合作组织的机制建设，使该组织在2004年完成了初始阶段的机制化建设。上合组织的建设大大加强了各成员国之间的政治与安全互信，保障了整个地区的边境安全与稳定。此外，上合组织还着重加强了在反恐领域的合作。2002年6月，在中俄的共同推动下，上合组织各成员国签署了《关于地区反恐怖机构的协定》，并决定建立常设地区反恐怖机构。

在朝鲜半岛问题上，在2002年10月发生第二次朝核危机之后，俄罗斯为了维护自己的安全利益以及维持对这一地区的政治影响力，采取了积极的建设性

---

① Игорь Иванов, Ориентиры внешней политики России, http://www.kommersant.ru/doc/326735, 最后访问日期：2012年6月11日。

方针。为此，俄罗斯在 2003 年 1 月提出了解决朝核危机的一揽子建议，阐明了俄罗斯关于朝鲜半岛"无核化"以及政治解决朝核危机的基本立场，而且还积极加入六方会谈。俄罗斯力图通过双边框架内对朝韩两国的影响以及六方会谈机制，积极维护毗邻俄罗斯远东地区的安全与稳定。

在应对非传统安全威胁挑战方面，俄罗斯这一时期还积极推动亚太经合组织在这一领域的合作。2001 年在上海亚太经合组织工商领导人峰会上，俄罗斯总统普京指出："我们没有权利不去关心同政治领域、同反对恐怖主义的斗争有关的事件，同今天世界上的热点地区，其中包括阿富汗发生的一切有关事件。"[①] 在俄罗斯与亚太经合组织其他成员的共同努力下，该组织通过了多份《反恐声明》，提出了一系列反恐建议。在 2003 年亚太经合组织峰会上，俄罗斯提出了关于完善亚太经合组织反恐协调机制的建议，在俄罗斯等国的共同推动下，亚太经合组织在 2003 年成立了"反恐任务组"，此举大大加强了亚太经合组织各成员的反恐合作。

此外，这一时期，俄罗斯还与中国、印度等亚太国家在双边框架内建立反恐工作组以及举行反恐工作组会议，开展密切的反恐合作。

这一阶段，俄罗斯重点开展与亚太国家以及多边组织和机构的经济合作。在对象上，重点是开展与中国、日本、韩国等俄罗斯邻近亚太国家以及印度、越南等俄罗斯传统伙伴之间的经济合作，同时积极融入亚太经合组织并推进上合组织的经济合作；在合作的领域上，重点是大力推进能源合作、科技合作、军事技术合作以及贸易合作。

在与亚太国家的双边经济合作中，俄罗斯通过与亚太国家建立的双边经济合作机制与平台（例如俄中经贸与科技委员会，俄中总理定期会晤机制，俄印经贸、科技与文化合作政府间委员会，俄韩经济与科技合作联合委员会，俄日政府间经贸委员会等），大力推进俄罗斯与亚太国家的双边经济合作。这一时期，俄罗斯与中国、日本和韩国等主要亚太国家的贸易发展非常之快，从 2001 年到 2004 年，俄罗斯与中国的贸易额从 56.32 亿美元增至

---

① 《普京文集：文章和讲话选集》，中国社会科学出版社，2002，第 445 页。

147.53亿美元，与日本的贸易额从32.51亿美元增至74.08亿美元，与韩国的贸易额从16.24亿美元增至39.88亿美元。①

在与多边组织及机构的经济合作中，俄罗斯首先重视参与亚太经合组织的重要意义。俄罗斯总统普京于2003年指出，"俄罗斯视亚太经合组织为亚太地区一体化的火车头"，"我们渴望利用APEC成员的身份积极促进我国东部地区融入该组织框架内已在发挥作用的经济一体化机制，这已不算秘密。本着理性的实用主义原则，我们一方面力求越来越广泛地参与解决APEC所面临的问题，另一方面，我们努力利用地区多边合作手段拉动西伯利亚和俄远东地区的发展"。② 这一时期，俄罗斯积极参与亚太经合组织的活动，例如，2002年5月在俄罗斯举办了创新企业家商务合作论坛，2002年8月在莫斯科举办了亚太经合组织电信工作组会议，2002年9月在符拉迪沃斯托克（海参崴）举办了亚太经合组织投资研讨会与投资洽谈会，等等。这些举措大大加强了俄罗斯与亚太经合组织的经济合作。据统计，2001年俄罗斯与亚太国家的贸易额达到232亿美元，③ 到2004年，这一数字增长到449.3亿美元，④ 换言之，在三年的时间内，增长了将近一倍。

除了亚太经合组织外，俄罗斯还与中国等上合组织成员国共同推动上合组织的经济合作。2001年9月14日，上合组织各成员国总理签署了《上海合作组织成员国政府间关于区域经济合作的基本目标和方向及启动贸易和投资便利化进程的备忘录》，2003年，上合组织成员国通过了《上海合作组织成员国多边经贸合作纲要》，这些文件对推进上合组织成员国的经济合作发挥了重要作用。

---

① И. С. Троекурова, ПОИСКИ ПУТЕЙ И ОПРЕДЕЛЕНИЕ МЕСТА РОССИИ В ТОРГОВЛЕ СО СТРАНАМИ АТЭС, http://economicarggu.ru/2008_ 3/17.shtm, 最后访问日期：2008年3月18日。
② ВладимирПутин. Россия – АТЭС: проблемы и перспективы сотрудничества, http://archive.kremlin.ru/text/appears/2003/10/54198.shtml, 最后访问日期：2003年12月29日。
③ Илья Клебанов отметил активизацию сотрудничества России со странами АТЭС, http://finance.rambler.ru/news/index.html?id=4405475, 最后访问日期：2013年11月8日。
④ И. С. Троекурова, ПОИСКИ ПУТЕЙ И ОПРЕДЕЛЕНИЕ МЕСТА РОССИИ В ТОРГОВЛЕ СО СТРАНАМИ АТЭС, http://economicarggu.ru/2008_ 3/17.shtm, 最后访问日期：2008年3月18日。

因此，从总体上来说，这一阶段，虽然俄罗斯外交政策的首要方面是改善和发展与西方国家的关系，俄罗斯亚太外交政策的积极性也因此而有所减弱，但是，俄罗斯仍将亚太地区视为俄罗斯外交政策的一个优先方向。在俄罗斯与亚太地区国家和多边组织及机构的合作中，尽管还存在许多问题、摩擦和不足之处，但是，各方在政治、安全以及经济领域的合作中仍然取得了一系列实际成果。

3. 第三阶段（2004年5月至2008年5月）俄罗斯的亚太政策

虽然在前一阶段，俄罗斯将发展与美国及其他西方国家的关系置于对外政策的首要方面，并付出了大量努力，甚至在一些重大问题上做出了让步，但是西方并未改变"遏俄、弱俄"政策。2004年3月，北约进行了冷战结束以来的第二轮东扩，包括波罗的海三国在内的7个国家加入了北约，此次北约东扩进一步压缩了俄罗斯的安全战略空间，并对俄罗斯形成了地缘包围的态势。而2004年5月欧盟的东扩，则使俄罗斯在欧洲的经济空间被大大压缩。美国继2002年5月正式退出《反导条约》之后，又试图在中东欧地区部署反导系统以谋求在未来打破俄美战略力量平衡。不仅如此，美国等西方国家打着"反恐"的旗号，在中亚地区建立军事基地，扩大在原苏联地区国家的影响，在格鲁吉亚和乌克兰等国家策划和煽动"颜色革命"以排挤俄罗斯的影响。美国等西方国家还就俄罗斯的所谓"民主"问题大肆干涉其内政；包庇车臣分裂分子，并在俄罗斯"别斯兰人质事件"中奉行反恐双重标准；等等。事实表明，西方并未接纳俄罗斯第二次向西方的"靠拢"，而俄罗斯的国家安全利益却受到了极大的损害和威胁。

俄罗斯向西方第二次"靠拢"的失败，迫使俄罗斯在普京第二总统任期不得不改变外交政策。正如俄罗斯学者德米特里·特列宁指出的："俄罗斯的领导人已经放弃了作为西方一部分的政策，开始创建以莫斯科为中心的新体系。"[①] 在普京第二总统任期内，俄罗斯对外交政策进行了重大调整，其

---

① 〔俄〕德米特里·特列宁：《俄罗斯与西方渐行渐远》，刘国锋、钮菊生译，《俄罗斯东欧中亚研究》2007年第2期，第92页。

重点在于以下三方面。第一，坚决维护俄罗斯的独立、主权、国家安全和世界大国地位。第二，停止向西方的"第二次靠拢"，对西方损害俄罗斯国家利益的行为给予积极回击，但不主动与西方对抗。第三，全面推行"全方位外交政策"。巩固俄罗斯在独联体地区的主导地位和影响力，反对美国等西方国家通过发动"颜色革命""输出民主""军力渗透"等手段，将这一地区从俄罗斯的"势力范围"内分裂出去，是俄罗斯外交政策的重中之重。在对待西方的态度上，既不奉行亲西方政策，也不奉行反西方政策；在西方尊重俄罗斯国家利益的前提下与其发展伙伴关系；重点是发展与欧盟的关系，特别是经济关系，主张建立没有分界线的真正的大欧洲，积极实施建立统一空间（经济空间，自由、安全与法治空间，外部安全空间，教科文空间）的"路线图"构想，同时与德国、法国、意大利、西班牙等欧盟主要国家发展互利的经济关系，扩大科学和文化联系；在与美国的关系中，希望提高双边关系的稳定性和可预测性，在平等、相互尊重以及考虑对方利益的基础上建立真正的伙伴关系，并在安全领域进行合作。在亚太方向上，以更加积极的态度发展与亚太地区国家、多边组织和机构的友好合作关系。

由于俄罗斯向西方"第二次靠拢"的外交构想破灭，俄罗斯与美国和北约的战略关系趋于紧张，北约和欧盟的东扩使俄罗斯在欧洲的战略空间被大大压缩，因此，在普京第二总统任期内，俄罗斯不得不"重返东方"。在全方位外交政策框架内，亚太地区对俄罗斯的安全与外交的借重意义再次凸显，亚太地区在俄罗斯外交政策中的地位进一步上升，俄罗斯亚太外交政策的积极性和主动性显著增强。2006年2月，俄罗斯外长拉夫罗夫在对俄罗斯外交政策进行总结时明确指出："安全、稳定和发展是我们亚洲外交的三个不可分割的目标。"[①] 他在《全球政治中的俄罗斯》2006年第2期上发表的《亚洲的崛起和俄罗斯对东方的政策》一文中，首次较为系统地阐述了21世纪初期俄罗斯的亚太政策。拉夫罗夫指出，多向性是俄罗斯外交政策

---

① ВНЕШНЕПОЛИТИЧЕСКИЕ ИТОГИ 2005 ГОДА： РАЗМЫШЛЕНИЯ И ВЫВОДЫ，http：//www.ln.mid.ru/brp_4.nsf/76bbf733e3936d4543256999005bcbb7/536f92f350618842c32570ce00278dd0? OpenDocument，最后访问日期：2006年3月1日。

的一个重要特点，每一个外交方向对俄罗斯都有自身的价值，任何将其相互排斥或者让其"此消彼长"的模式都是不可取的，因此，俄罗斯的亚洲政策并不带有反西方、反美国的色彩；俄罗斯希望扮演东西方不同文化与文明之间"桥梁"的角色；俄罗斯认为，中国的崛起不会导致危机的产生，亚洲的变化带来的将是机遇；俄罗斯赞同在不破坏主权的前提下，通过共同合作维护亚洲的安全，同时，俄罗斯需要经济上充满活力、政治上保持稳定的亚洲；俄罗斯认识到，只有通过振兴西伯利亚和远东地区的经济，才能融入亚太地区经济一体化进程；俄罗斯亚太政策的核心在于继续扩大近年来建立起来的双边睦邻关系，同时也应继续参与亚太地区那些有发展前景的多边合作机构。① 以上论述表明，在经历冷战结束以来多年的外交实践后，俄罗斯的亚太外交政策逐渐趋于成熟和系统。

这一时期，俄罗斯亚太外交政策的核心在于：第一，以更大的力度深化与亚太地区主要大国、传统盟友与伙伴的政治互信和友好关系，进一步夯实俄罗斯全方位外交政策的基础；第二，在合作的重点对象上，由原来的亚太主要大国、传统盟友与伙伴、邻近地区以及一体化机构，扩展到东盟及东南亚国家；第三，进一步维护和巩固亚太方向的传统安全，继续发展应对"非传统安全威胁"的国际合作；第四，借助亚太地区的主要大国和国际组织的力量，维护中亚地区的安全与稳定，力图将美国的势力排挤出这一地区；第五，继续发展与亚太地区的经济合作。

在以上方针指导下，在政治领域，俄罗斯加强了和亚太国家的政治互信与友好关系，重点是进一步加强与中国的政治友好关系。正如俄罗斯总统普京所指出的，"俄罗斯高度重视同中国保持密切的、真正的伙伴关系"，"我们将全力发展我们两国各领域的关系"，两国的战略伙伴关系"既是国际秩序中的积极因素，也有利于实现两国共同追求的现代化目标"。② 2004 年 10 月，中俄两国签署了《关于中俄国界东段的补充协定》，2005 年该协定正式

---

① СЕРГЕЙ ЛАВРОВ. Подъем Азии и восточный вектор внешней политики России//РОССИЯ В ГЛОБАЛЬНОЙ ПОЛИТИКЕ, №2, 2006.
② 《普京文集（2002~2008）》，中国社会科学出版社，2008，第 253~254 页。

生效，中俄两国的边界问题由此得到彻底解决。这为加深中俄两国的政治互信，以及开展紧密的政治合作创造了良好条件。2004年10月，中俄两国还批准了《〈中华人民共和国和俄罗斯联邦睦邻友好合作条约〉实施纲要（2005年至2008年）》，这一纲要的制定和实施大大巩固了俄中战略协作伙伴关系。同期，中俄两国还建立了国家安全磋商机制，这不仅标志着中俄两国的安全合作层次的提升，也意味着两国政治友好关系的进一步加强和巩固。中俄两国政治互信的加深与政治关系的加强，还表现在这一时期中俄两国共同推进上合组织的扩大、组织自身机制的建设以及成员国之间的经济合作等方面。

在美国积极扩展在南亚地区影响的背景下，为了平衡美国在这一地区的影响，并防止自己的传统伙伴——印度完全"落入"美国手中，俄罗斯加强了对南亚特别是印度的外交工作。这一时期，俄印两国保持着密切的高层互访与政治往来，签署了一大批合作文件，涵盖了政治、安全、经贸与科技合作、军事技术合作、石油天然气、民用核能等多个领域。这些措施巩固了两国战略伙伴关系的基础，深化了两国的政治互信与友好关系。2007年，俄印发表的联合声明进一步强调了两国保持密切的战略伙伴关系的重要性和共同意志。

除了进一步巩固和发展与中、印两国的双边政治关系，这一时期，俄罗斯还积极推动俄-中-印战略三角关系的合作。2006年7月，中、俄、印三国领导人在圣彼得堡举行了首次会晤。此后，三方建立了外长级定期会晤机制，2007年2月，中、俄、印三国外长在印度首都新德里首次举行会晤，就地区和全球事务进行磋商并协调立场。这一合作机制不仅增强了俄罗斯在亚太地区的影响力，也提升了俄罗斯在世界舞台上的地位。

除了上文提到的中国和印度两个亚太大国之外，俄罗斯还一如既往地重视其他的亚太近邻地区。如果说，在普京第一总统任期俄罗斯与朝鲜政治关系的发展更为突出的话，那么，在普京第二总统任期，俄罗斯加强了与韩国的政治关系。2004年9月，在俄韩领导人的莫斯科会晤中，双方将两国的关系由"建设性互补伙伴关系"提升为"全面合作伙伴关系"。这进一步增强了俄罗斯对朝韩两国的政治影响力。

在对日关系方面，尽管这一时期俄日双方在领土问题上仍然僵持不下，并时常出现摩擦，但是双方都认识到发展两国关系的重要性。为此，2005年普京总统在几经推迟后对日本进行了正式访问。在此次访问中，俄日两国表示要以"俄日行动计划"为基础发展双边关系，表示要在伙伴关系、相互尊重及信任的基础上寻求解决和平条约的问题。两国在开展政治对话、加强国防与护法机构的联系、开展经贸合作以及在国际舞台上相互协作等方面达成了广泛共识和一系列协议。此次普京访日推动了两国在多个领域的合作。2007年，俄日两国还启动了战略对话机制，双方借助这一平台就双边、地区以及全球问题及时沟通和协调，对促进俄日关系的发展具有重要意义。

在普京第二总统任期，俄罗斯将恢复和扩大在东南亚地区的影响列为这一时期亚太政策的一项重要目标，同时，这也是这一时期俄罗斯"重返东方"的一个重要标志。21世纪初期，东盟在亚太地区的政治、安全以及经济一体化事务中正在发挥越来越大的作用，因此，俄罗斯非常重视与东盟建立和发展密切的合作关系，希望通过与东盟的合作，扩大其在东南亚地区的影响力，并借助东盟的支持全面参与亚太事务，从而进一步巩固和提高俄罗斯在亚太地区的地位。

为此，2004年7月，普京总统签署了俄罗斯加入《东南亚友好合作条约》的联邦法律，为双方关系的发展奠定了重要的政治法律基础；2005年12月举行了第一届俄罗斯—东盟峰会，双方由此致力于发展全面伙伴关系。在俄罗斯与东盟对话伙伴关系框架内安排每年一次的俄罗斯—东盟外长会议，而且又设立了政治问题（副部长级）高官会议，就双边和地区重要问题进行磋商，这标志着俄罗斯与东盟已经建立了制度性合作关系，双方关系的发展由此掀开了新的一页。

除东盟外，俄罗斯还积极发展与东南亚国家的双边关系，重点是自己的传统盟友——越南，以及东南亚地区最大国家——印度尼西亚。2007年，俄罗斯总统普京作为俄罗斯国家元首第一次访问印尼，双方签署了一系列重要协议。两国由此在政治、安全、经贸与科技领域进行了一系列日益密切的合作。

在安全领域，俄罗斯继续与上合组织、亚太经合组织开展密切的安全合作。为了维护在亚太地区的安全利益，俄罗斯继续与中国一道推进上海合作组织的发展。继 2004 年 6 月蒙古国成为上合组织观察员之后，2005 年 7 月巴基斯坦、印度和伊朗又成为上合组织的观察员，这标志着上合组织的安全合作空间与地区影响力进一步扩大。2007 年 8 月，在比什凯克峰会上，上合组织各国元首签署了《上海合作组织成员国长期睦邻友好合作条约》，将"世代友好、永葆和平"的理念以法律形式固定下来，该条约对促进成员国之间的政治互信和友好合作，以及维护地区的和平与稳定具有重大意义。

在应对非传统安全威胁方面，2006 年 5 月，上合组织成员国签署了《上海合作组织成员国打击恐怖主义、分裂主义和极端主义 2007 年至 2009 年合作纲要》，为成员国共同打击"三股势力"制定了具体的合作蓝图，进一步提高了成员国之间的安全合作水平。此外，在上合组织框架内，从 2005 年开始的代号为"和平使命"的系列军事演习，大大加强了成员国之间在包括反恐以及维护地区稳定在内的防务合作，提高了上合组织的防务行动能力、凝聚力和地区影响力。

中俄边境问题的彻底解决、中俄友好关系的不断深化，以及上合组织的发展和壮大，使俄罗斯在西方安全形势不断恶化之际，在东方获得了安全、稳定的"战略后方"，以及大国的尊严和自豪感。

除上合组织外，俄罗斯继续与亚太经合组织开展安全合作。在合作的领域上，由主要进行反恐合作，逐步扩展到应对其他非传统安全挑战。例如，亚太经合组织于 2005 年通过了《紧急情况及自然灾害应对与防备战略》，并根据俄罗斯的建议设立了亚太经合组织应对紧急情况的专门工作组；在 2006 年亚太经合组织峰会上，根据 2005 年俄罗斯提出的关于利用应对"非典"疫情的经验防止流感疫情的建议，通过了《APEC 防控禽流感行动计划》，这对促进包括俄罗斯在内的亚太国家共同应对禽流感疫情发挥了重要作用。

在外交协作领域，俄罗斯与亚太地区国家，特别是与中国进行了一系列密切的合作。2005年7月,在中国国家主席胡锦涛访问莫斯科期间,中俄两国签署了《中华人民共和国和俄罗斯联邦关于21世纪国际秩序的联合声明》,它表达了中俄两国关于尊重国际法,维护联合国权威,主张和平解决分歧与争端,反对使用武力或武力威胁,反对从外部强加政治社会制度模式,保护人权应建立在维护国家主权以及不干涉内政的原则基础上等一系列共同主张。① 该声明表达了中俄两国对21世纪国际秩序的原则共识,它表明中俄两国在重大国际问题上高度一致的立场,是中俄两国在国际舞台上进行外交协作的重要思想基础。

这一时期,中俄两国在多边外交方面的协作,重点体现在2005年7月召开的上海合作组织阿斯塔纳峰会上。俄罗斯为了维护在独联体地区的主导地位,希望借助上合组织的实力和影响力,遏制以美国为首的西方势力在独联体地区的扩张。2005年7月阿斯塔纳峰会上通过的《上海合作组织成员国元首宣言》,明确写入了要求反恐联盟国家确定在该组织成员国所使用的军事基地的期限问题,实际表明了上合组织成员国要求美国撤出在中亚军事基地的共同立场。这是俄罗斯借重上合组织的力量和影响力,维护俄罗斯在独联体地区的主导地位和影响力的重要措施,对以美国为首的西方势力构成了强大的制约和牵制。

在经济合作方面,俄罗斯在融入欧洲经济一体化遇到一系列障碍的情况下,加入亚太经济一体化的愿望更加强烈。因此,俄罗斯在这一时期进一步加大了与亚太地区经济合作的力度,希望在亚太地区的经济分工中扮演重要角色。

在与中国的经济合作中,2005年7月3日发表的《中俄联合公报》指出,"努力使双边贸易额到2010年达到600亿至800亿美元","双方将继续落实在投资、科技、运输、航天、民用航空、通讯及信息技术、和平利用核能及银行间合作的项目"。② 根据2004年10月批准的《〈中华人民共和国

---

① 参见《中俄关于21世纪国际秩序的联合声明(全文)》,http://news.xinhuanet.com/world/2005-07/01/content_ 3164594.htm,最后访问日期:2005年7月1日。
② 《中俄联合公报》,《人民日报》2005年7月4日,第1版。

和俄罗斯联邦睦邻友好合作条约〉实施纲要（2005年至2008年）》以及中俄总理定期会晤所确定的目标与任务，中俄两国将在改善双边贸易结构、规范贸易秩序、扩大投资合作、中企参与俄西伯利亚和远东开发以及俄企参与中国西部大开发和东北振兴、高科技领域等方面开展密切的合作。①

这一时期，集中代表俄罗斯加强与亚太地区特别是与中国经济合作的重大项目，莫过于最终确定的太平洋石油管道方案。2004年12月，俄罗斯政府正式批准了铺设从泰舍特到纳霍德卡的石油管道计划。根据计划，一期工程是从泰舍特至斯科沃罗季诺（距离中国边境60公里），然后从这里修建一条通向中国的石油管道支线。俄罗斯最终确定的石油管道计划，既坚持了将石油管道铺设到太平洋港口以实现石油出口多元化的既定目标，同时又从政治和经济角度出发，优先照顾中国的石油需求。2006年4月，俄罗斯太平洋石油管道计划一期工程（从泰舍特到斯科沃罗季诺）正式开工。这不仅标志着俄罗斯向着成为亚太地区能源重要供应者迈出了关键的步伐，同时，这也是俄罗斯加强与中国经济合作的战略举措。

中俄两国还在天然气管道项目合作、电力合作、军事技术合作、高科技合作等领域达成了许多重要协议，并进行了一系列富有成果的合作。在中俄两国的共同努力下，从2005年到2008年，中俄两国的贸易额从203.123亿美元迅速提高到559.015亿美元，② 增长了近2倍。

这一时期，俄罗斯与日本、韩国的经济合作也快速推进，并主要集中在能源和高科技领域。据统计，从2005年到2008年，俄罗斯与日本的贸易额从95.738亿美元增长到290.187亿美元，与韩国的贸易额从63.644亿美元增至183.059亿美元。③

在与亚太地区多边组织和机构的经济合作方面，俄罗斯一直高度重视与亚

---

① 参见刘清才主编《俄罗斯东北亚政策研究——地缘政治与国家关系》，吉林人民出版社，2006，第115~116页。

② Г. Н. Саришвили. АТЭС в системе внешнеэкономических интересов России//Российский внешнеэкономический вестник，№3，（март）2011，с.36.

③ Г. Н. Саришвили. АТЭС в системе внешнеэкономических интересов России//Российский внешнеэкономический вестник，№3，（март）2011，с.36.

太经合组织的合作。俄罗斯总统普京在 2007 年亚太经合组织领导人非正式会议召开之前指出,"积极地、多层次地参加亚洲太平洋经济合作组织的活动,如今成了俄罗斯东线外交十分重要的方向","我们的主要任务是——利用亚洲太平洋经济合作组织的条件最有效、最积极地进入亚太一体化进程"。①

为此,俄罗斯在这一时期积极参与亚太经合组织的各项工作,并在俄罗斯举办了一系列活动。例如,俄罗斯 2004 年 10 月举办了"亚洲经济论坛",2005 年举办了亚太经合组织运输工作组会议,2006 年举办了能源工作组会议,2007 年举办了工业科技小组会议。2005 年,亚太经合组织批准了俄罗斯提出的提高经济能源效率的计划。根据俄罗斯的倡议,亚太经合组织还建立了采矿与冶金工业特别小组等。

在与上合组织以及东盟的经济合作方面,俄罗斯致力于通过长期经济合作计划来推动经济合作的开展。例如,2004 年,上海合作组织通过了《关于〈上海合作组织成员国多边经贸合作纲要〉落实措施计划》,为推进成员国的经济合作制定了具体的方向、步骤和措施。2005 年,俄罗斯与东盟制定了《2005~2015 年俄罗斯-东盟发展合作的综合行动计划》以及《在经济与发展领域的合作协定》,这些协议对加强俄罗斯与东盟在贸易和投资领域的合作具有重要的指导意义。

在俄罗斯的积极努力下,俄罗斯与亚太国家的经济合作取得了长足进步,双方的贸易额从 2005 年的 552.307 亿美元增长至 2008 年的 1495.845 亿美元,② 增长了近 2 倍;与此同时,双方经济合作的范围也在不断扩大。

总体而言,这一时期,俄罗斯的亚太政策取得了丰硕的成果:俄罗斯与亚太地区多数主要国家以及多边组织的政治信任与友好关系得到了加强;俄罗斯在亚太方向的国家安全得到了巩固;俄罗斯进一步融入亚太地区的经济生活,与亚太地区的经济合作取得了巨大进展;俄罗斯更多地参与亚太地区的事务,在亚太地区的地位得到了进一步巩固。

---

① 《普京文集(2002~2008)》,中国社会科学出版社,2008,第 522 页。
② Г. Н. Саришвили. АТЭС в системе внешнеэкономических интересов России//Российский внешнеэкономический вестник,№3,(март)2011,с.36.

(三)梅德韦杰夫总统时期的俄罗斯亚太政策(2008~2012)

2008年5月,梅德韦杰夫继任俄罗斯总统,俄罗斯进入了一个崭新的历史时期。为了解决国家发展中存在的各种战略问题,加速克服危机、腐败与落后,梅德韦杰夫当局提出了全面"现代化"以及建立"新的俄罗斯"的国家战略目标。

这一新的战略目标要求俄罗斯外交政策必须为国家现代化创造有利的外部环境。为此,俄罗斯在新的历史时期对外交政策做出了重大调整。俄罗斯外长拉夫罗夫指出,新时期俄罗斯外交政策的重要目标是"与可能成为我国现代化外部源泉的所有伙伴搞好关系",为此,"我们全面展开了启动现代化外部源头的工作","今天,我们整个外交行为都要为这一目标工作"。①

在这一外交思想指导下,俄罗斯积极寻求与包括美国在内的西方国家改善普京第二总统任期以来一直持续的、因2008年8月的俄格战争而进一步加剧的紧张关系。事实上,在双方关系因俄格战争而最为紧张的时候,梅德韦杰夫在2008年8月底阐述的俄罗斯外交政策五项原则中就包括了"不与任何一国对抗"的思想,其中也包括了不与美国和北约对抗。梅德韦杰夫指出:"俄罗斯不打算与世隔绝。我们将尽可能地与欧洲、美国和世界其他国家发展友好关系。"②

2009年1月,美国奥巴马政府上台后对美国全球战略进行了大幅调整,将"亚太地区"置于美国新的全球战略的重心,开始奉行"巧实力"外交。在这一背景下,美国奥巴马政府改变了小布什政府时期对俄罗斯的强硬政策。继2009年3月美国国务卿希拉里与俄罗斯外长拉夫罗夫共同按下象征"重启"的按钮之后,2009年9月,美国奥巴马政府宣布放弃在波兰和捷克部署

---

① Стенограмма выступления Министра иностранных дел России С. В. Лаврова в МГИМО (У) МИД России, 1 сентября 2010 года, http://www.mid.ru/brp_ 4.nsf/newsline/171A2B0B1288F4AEC3257791005406A9,最后访问日期:2012年3月1日。
② Интервью Дмитрия Медведева российским телеканалам, http://president.kremlin.ru/transcripts/1276,最后访问日期:2008年3月1日。

导弹防御系统的计划。这为美俄关系的改善创造了必要条件。

俄罗斯梅德韦杰夫当局抓住了美国全球战略调整以及美俄关系"重启"的契机，试图与美国和整个西方世界建立起"现代化联盟"。梅德韦杰夫指出："我们需要与我国的主要国际伙伴建立特殊的现代化联盟。与谁建立联盟呢？首先是德国、法国、意大利、整个欧盟以及美国。"① 俄罗斯的目的在于：首先，通过与西方建立"现代化联盟"，进一步改变西方对俄罗斯的政策，缓解及消除西方对俄罗斯的政治与外交压力，使俄罗斯与西方保持"正常"和"稳定"的战略关系，从而改善俄罗斯在欧洲大西洋方向的安全环境；其次，借助这一特殊的"联盟"关系，为俄罗斯现代化所需的技术、资金以及其他先进经验提供外部源泉。梅德韦杰夫指出，"扩大与欧盟和美国的合作是实现这些（技术现代化）目标的重要手段"，"应利用俄美伙伴关系机制开展大规模经济合作，改善投资环境，增加高科技领域的互动"。②

因此，在梅德韦杰夫担任总统期间，俄罗斯积极致力于改善与西方的关系，开始了向西方的第三次"靠拢"，并取得了一系列成果，其中包括俄美签署了《第三阶段削减战略武器条约》、与欧盟就俄罗斯"入世"问题达成一致、俄罗斯与欧洲启动了"现代伙伴关系倡议"并制定了俄欧"现代伙伴关系"的具体实施计划等。

然而，应当指出的是，在俄罗斯第三次向西方"靠拢"的背景下，俄罗斯并没有减少对亚太地区的关注，也没有降低亚太方向外交的积极性，亚太地区在俄罗斯整体外交政策中的地位没有下降，而是进一步巩固和提高，其主要原因有以下几个方面。

第一，在新的"现代化"外交方针指导下，俄罗斯虽然将西方视为俄罗斯"现代化"最重要的外部源泉，但同时也重视亚太地区对俄罗斯"现

---

① Выступление на совещании с российскими послами и постоянными представителями в международных организациях, http://president.kremlin.ru/transcripts/8325，最后访问日期：2010 年 7 月 12 日。
② Послание Президента Федеральному Собранию, http://president.kremlin.ru/news/9637，最后访问日期：2010 年 11 月 30 日。

代化"的重要意义。梅德韦杰夫指出："为了改善俄罗斯经济而利用亚太地区的潜力是特别重要的任务。在辽阔的亚太地区集中了取之不尽的资源，包括确保远东和西伯利亚的正常生活，以及使我国经济走上创新之路特别需要的投资和科技等资源。"①

第二，俄罗斯认为，西方的外交政策仍然存在"冷战思维"，在西方对俄政策中一直存在对俄罗斯进行战略遏制、技术与贸易限制的因素和倾向，因此，俄罗斯与西方的关系始终具有一定程度的"不确定性"。而且，在俄罗斯与美国的关系中一直存在"悬而未决"的、足以影响两国战略关系走向的反导问题。因此，俄罗斯吸取了前两次向西方"靠拢"的教训，仍然坚持发展与亚太地区的友好合作关系。这也是俄罗斯"多向性"外交政策几经锤炼后最终成熟的标志。

第三，亚太地区经济地位的日益上升，提高了这一地区对俄罗斯特别是对西伯利亚和远东地区经济发展的重要意义。2007 年在美国爆发的"次贷危机"引发了自 20 世纪 30 年代"大萧条"以来最严重的一轮经济危机。在这次危机中，美国和欧洲的经济遭受"重创"，而亚太地区则相对表现良好，成为全球危机背景下为数不多的经济继续保持快速增长的地区。这不仅提升了亚太地区在全球经济中的地位，也提高了对俄罗斯经济的吸引力和影响力。2009 年 7 月，俄罗斯外长拉夫罗夫在主题为"俄罗斯东部与亚太地区一体化：挑战与机遇"的会议上指出，亚太地区在世界经济中的作用一直在增长。即使是在金融危机的背景下，这一地区的经济仍然呈现出生机勃勃的增长态势，而地区一体化进程不仅没有倒退，反而正在加强。这为加强俄罗斯与亚太地区经济联系提供了有利的和难得的机遇。② 2010 年 7 月，梅

---

① Д. МЕДВЕДЕВ. Выступление на совещании с российскими послами и постоянными представителями в международных организациях, http://president.kremlin.ru/transcripts/8325，最后访问日期：2010 年 7 月 12 日。
② Выступление Министра иностранных дел России С. В. Лаврова на совещании «Восток России и интеграция в Азиатско‐Тихоокеанском регионе: вызовы и возможности», Москва, 3 июля 2009 года, http://www.chile.mid.ru/rus/mre09/r09_513.html，最后访问日期：2010 年 10 月 6 日。

德韦杰夫在远东问题会议上指出,"亚太方向已经以超前的速度发展了 20 多年。甚至是在世界经济最严峻的全球衰退时期,该地区生产总值的增长速度也不低于 3.5%","加强在太平洋方向的联系将带来巨大的发展机遇"。①

因此,出于以上考虑,在梅德韦杰夫担任总统时期,俄罗斯仍然高度重视亚太地区,将其视为整体外交政策中一个十分重要的优先方向。这一时期,俄罗斯继续致力于在亚太地区"站稳脚跟",全面参与亚太事务,以及更为广泛地参与亚太地区多边组织和机构的活动。在政治领域,继续保持和发展与亚太地区主要大国、传统伙伴以及近邻国家的政治友好关系。在安全领域,俄罗斯优先重视保障其东部地区的安全,并致力于促进亚太地区的和平与稳定。② 俄罗斯主张在亚太地区建立多中心的、不结盟的地区安全与合作结构。③ 此外,俄罗斯还积极与亚太国家和组织开展在非传统安全领域的合作。

在经济领域,继续深入开展与亚太地区的经济合作,并将其置于这一时期俄罗斯亚太政策最为突出的位置,其重点在于:积极促进俄罗斯特别是东部地区加入亚太地区一体化进程;与亚太地区一系列技术先进国家建立"现代化联盟";进一步融入亚太地区贸易与投资自由化进程,对自由贸易区协定给予特别关注;积极开展与亚太国家在高技术领域的合作,并继续大力开展在能源、核能、运输等俄罗斯具有传统竞争优势领域的合作。在亚太经济政策上,俄罗斯有两个主要经济目标。第一个经济目标是充分利用亚太地区的经济潜力和机遇,促进西伯利亚和远东以及整个俄罗斯经济的发展。

---

① Стенографический отчёт о совещании по социально-экономическому развитию Дальнего Востока и сотрудничеству со странами Азиатско-Тихоокеанского региона, http://www.kremlin.ru/transcripts/8234,最后访问日期:2010 年 7 月 2 日。
② Д. МЕДВЕДЕВ. Выступление на совещании с российскими послами и постоянными представителями в международных организациях, http://president.kremlin.ru/transcripts/8325,最后访问日期:2010 年 7 月 12 日。
③ Стенографический отчёт о совещании по социально-экономическому развитию Дальнего Востока и сотрудничеству со странами Азиатско-Тихоокеанского региона, http://www.kremlin.ru/transcripts/8234,最后访问日期:2010 年 7 月 2 日。

长期以来，俄罗斯一直渴望利用与亚太地区的一体化促进西伯利亚和远东地区的发展。为此，在梅德韦杰夫担任总统之前，俄罗斯已经做了大量工作并取得了一些成果，但是，这些地区贫穷、落后的消极状况仍没有得到根本扭转。因此，在梅德韦杰夫担任总统后，俄罗斯希望通过进一步加强与亚太地区的经济合作，促进俄罗斯东部地区以及整个俄罗斯经济的发展。2010年7月，梅德韦杰夫在关于远东问题的会议上指出，与亚太国家的一体化是"远东与整个俄罗斯经济崛起的重要资源"。①

第二个经济目标是使俄罗斯进一步融入亚太经济一体化进程，在亚太地区的经济分工中扮演重要的角色，并使俄罗斯在亚太市场上成为一个强有力的竞争者。2009年，梅德韦杰夫在亚太经合组织领导人非正式会议召开前指出，"俄罗斯准备继续参与地区经济一体化"，"希望西伯利亚和远东直接参与地区一体化"。俄罗斯一直渴望在亚太地区的经济分工中扮演重要角色，梅德韦杰夫在2008年11月发表的题为《巩固亚太地区蓬勃发展的平等伙伴关系》的文章中指出："作为全球最大的石油天然气供应国之一，俄罗斯将推动亚太地区能源保障安全体系的建立"；"俄罗斯拥有独一无二的农业潜力"，"我们渴望协助有效解决像粮食问题这样的尖锐问题"；"我们很重视加强工业合作、先进技术领域的合作和落实运输项目方面的合作，其中包括建设在亚太地区与欧洲之间运输物资的'大陆桥'"。② 事实上，俄罗斯一直希望在亚太地区成为重要的能源供应者、粮食提供者、先进技术提供者、"运输桥梁"，此外，俄罗斯还希望成为保障亚太地区生态与信息安全的重要参与者。

需要指出的是，俄罗斯已经非常清楚地认识到完成这两个经济目标的有机内在联系。一方面，俄罗斯将有效利用自身，特别是东部地区的竞争优势，其中包括自然资源与能源潜力、科学技术潜力、生产与智力潜力等，参

---

① Стенографический отчёт о совещании по социально-экономическому развитию Дальнего Востока и сотрудничеству со странами Азиатско-Тихоокеанского региона, http://www.kremlin.ru/transcripts/8234，最后访问日期：2010年7月2日。

② Статья Дмитрий Медведева «К упрочению динамичного равноправного партнёрства в Азиатско-Тихоокеанском регионе», http://kremlin.ru/events/president/news/2143，最后访问日期：2012年1月15日。

与亚太地区的经济一体化进程,并依靠这些优势使俄罗斯在亚太地区的经济格局中扮演重要角色;另一方面,利用亚太国家对俄罗斯以上具有竞争潜力的各种资源和优势的需求,促进亚太国家与俄罗斯特别是东部地区的合作,从而达到促进俄罗斯东部地区经济发展的目的。

2009年7月,俄罗斯外长拉夫罗夫指出,西伯利亚与远东地区最有竞争力的优势在于其丰富的自然资源。这种原料商品对经济正在飞速发展的亚太国家有着巨大的吸引力。邻国对于俄罗斯的石油、天然气、煤炭、电能以及森林等其他自然资源永远都会有巨大的需求。"这就找到了解决一个双重任务的突破口:利用远东和西伯利亚的竞争优势和亚太地区所提供的良好机会发展国家,同时加强俄罗斯在正在形成的地区经济格局中的优势地位。"[1]他强调,俄罗斯东部地区不仅应该在地理意义上成为亚太地区的一部分,在经济上也应当拥有同样的地位。这将使西伯利亚和远东地区能够全方位利用"外部资源"以获得其自身的发展。

在以上方针指导下,俄罗斯在梅德韦杰夫担任总统期间,除了积极发展与亚太国家的双边关系外,还将重点放在更加广泛地参与亚太地区多边组织和机构的活动,以及与其开展合作上。为此,俄罗斯进一步加强了与亚太地区一体化核心推动力量——东盟的关系。2010年10月在河内举行了俄罗斯-东盟第二次峰会,此次峰会加强了双方的对话伙伴关系,具有重要阶段性意义,大大推进了双方在各领域的合作。东亚峰会是亚太地区就地区安全与经济发展问题进行讨论和协商的最重要的多边机构,但长期以来,俄罗斯一直未能参加这一机构的活动。2011年,在中国和东盟等支持下,俄罗斯成为东亚峰会的正式成员国。

俄罗斯与亚太国家、多边组织和机构在政治、安全和经济等领域进行了一系列密切合作。在政治领域,俄罗斯和中国继续保持着频繁的高层往来与

---

[1] Выступление Министра иностранных дел России С. В. Лаврова на совещании «Восток России и интеграция в Азиатско‐Тихоокеанском регионе: вызовы и возможности», Москва, 3 июля 2009 года, http://www.chile.mid.ru/rus/mre09/r09_513.html,最后访问日期:2009年7月3日。

政治交往，中俄总理定期会晤机制以及其他合作机制进一步发展和完善，各种机构之间与各个级别之间的交往与合作不断增加，签署并履行了一系列具有重要意义的官方文件。2008年11月中俄两国批准的《〈中华人民共和国和俄罗斯联邦睦邻友好合作条约〉实施纲要（2009年至2012年）》为这一阶段双方在各领域的合作制定了具体规划，进一步巩固了两国的睦邻友好合作关系。中俄两国2010年9月发表的《中俄关于全面深化战略协作伙伴关系的联合声明》和2011年6月发表的《中国国家主席胡锦涛和俄罗斯总统梅德韦杰夫关于〈中俄睦邻友好合作条约〉签署10周年的联合声明》，强调了双方将继续深化和发展全面战略协作伙伴关系。2011年6月，中俄两国共同发表的《中国和俄罗斯关于当前国际形势和重大国际问题的联合声明》，阐述了双方在国际问题上的共同立场，表示将在包括亚太地区的国际舞台上进一步加强合作。这一时期，中俄两国彻底完成了边界的实际勘定与划分工作。2008年7月，中俄两国签署了《中华人民共和国政府和俄罗斯联邦政府关于中俄国界线东段补充叙述议定书》及其附件；2008年10月，中俄两国外交部通过换文确认《中华人民共和国政府和俄罗斯联邦政府关于中俄国界线东段补充叙述议定书》及其附件，并在黑瞎子岛举行了"中华人民共和国与俄罗斯联邦国界东段界桩揭幕仪式"，至此，中俄长达4300公里的边界全线勘定。这为中俄两国战略协作伙伴关系的进一步发展扫除了领土问题这一最为复杂、最难以解决的障碍。

为了在与美国对印度的竞争中获得优势，俄罗斯继续加强与印度的战略伙伴关系。2010年12月，在俄罗斯总统梅德韦杰夫访问印度期间，双方领导人表示，两国之间的关系是"特殊的战略伙伴关系"，俄罗斯明确表示支持印度成为联合国安理会常任理事国，支持印度成为上海合作组织的正式成员国。俄印两国在军事技术合作以及民用核能等领域达成了一系列广泛的合作协议。这些措施进一步密切了两国的战略关系。

俄、中、印三国合作进一步开展，通过三国外长会晤等机制，三国就重要的地区问题以及国际问题相互协调与合作。

俄罗斯继续重视发展与朝韩两国的关系。2008 年 9 月，俄韩两国将双边关系提升至"战略伙伴关系"，同时，两国还启动了战略对话机制，这标志着两国政治关系取得了积极进展。与此同时，俄朝关系也在继续发展。2011 年 8 月，俄罗斯总统梅德韦杰夫与到访的朝鲜最高领导人金正日举行了会谈，双方就双边及地区问题进行了广泛的磋商，这次两国元首会晤进一步密切了俄罗斯与朝鲜的关系。俄罗斯在"平衡发展"与韩朝关系的过程中，既重视推进政治合作与安全磋商，也积极推进包括三国运输与能源合作在内的经济合作，这使俄罗斯在朝鲜半岛的影响力逐步得到加强。

在东南亚地区，除了积极发展与东盟的合作关系之外，俄罗斯还进一步发展与自己的传统盟友——越南的关系。2010 年 10 月，俄罗斯与越南将两国的战略伙伴关系正式升级为全面战略伙伴关系。此外，俄罗斯还大力发展与印度尼西亚以及新加坡等其他东南亚国家的双边关系。

在安全领域，这一时期，朝鲜半岛地区接连发生了一系列引发地区紧张的事件，例如 2009 年 5 月朝鲜第二次核试验所引发的新一轮"朝核危机"，2010 年 3 月"天安舰"事件以及同年 11 月的延坪岛炮击事件。为了维护自身的安全利益，俄罗斯积极致力于维护朝鲜半岛的和平与稳定，并为此展开了一系列外交斡旋。俄罗斯的立场是，应该通过"六方会谈"的机制，在国际原子能机构的帮助下，通过政治和外交方式解决朝核问题，主张遵守国际法原则，反对使用武力，同时，主张建立一种可以确保包括朝鲜在内的所有东北亚国家安全的机制，维护地区安全与稳定。[①] 俄罗斯一方面与包括中国在内的其他国家进行共同的外交努力；另一方面，利用自身影响力，直接与朝鲜和韩国进行对话和协商，力图使朝鲜重回"六方会谈"，并缓和朝鲜半岛的紧张局势，防止双方严重的军事—政治危机演变为大规模的军事冲突。

---

① 参见 Азиатский вектор политики России и модернизация страны//Международная жизнь，№8，2010，с.17。

这一时期，俄罗斯继续致力于重点在上海合作组织以及亚太经合组织框架内开展安全合作。在上合组织框架内，在2008年俄格战争后召开的上合组织杜尚别峰会通过的《上海合作组织成员国元首杜尚别宣言》强调，"欢迎2008年8月12日在莫斯科就解决南奥塞梯冲突通过六点原则，并支持俄罗斯在促进该地区和平与合作中发挥积极作用"，① 这实际在某种程度上表达了上合组织对俄罗斯的外交支持。从2008年到2011年，上合组织制定并批准了《上海合作组织反恐怖主义公约》《上海合作组织关于应对威胁本地区和平、安全与稳定事态的政治外交措施及机制条例》《打击恐怖主义、分裂主义和极端主义2010年至2012年合作纲要》《2011~2016年上海合作组织成员国禁毒战略》及其落实行动计划等一系列文件。除了成员国元首理事会议之外，还举行了安全会议秘书会议、总检察长会议、公安内务部长会议（2009年首次召开）、国防部长会议、总参谋长会议、禁毒部门领导人会议等一系列安全合作会议，并举行了一系列军事演习。在相关文件指导下以及在相关机构配合下，俄罗斯与其他成员国在共同打击恐怖主义、分裂主义和极端主义，打击非法贩运毒品、武器和其他形式的跨国犯罪，以及非法移民方面的合作达到了一个更高的水平。这一时期，上合组织各成员国之间的安全合作得到了极大加强，这对巩固包括俄罗斯在内的地区的安全具有重要意义。

随着俄罗斯与东盟关系的日益密切，俄罗斯在这一时期积极开展与东盟的安全合作。2009年建立了俄罗斯-东盟反恐怖主义与跨国犯罪工作组，并从2010年开始举行俄罗斯-东盟紧急反应磋商会议，这些措施加强了俄罗斯与东盟在反恐以及应对紧急情况方面的安全合作。

此外，俄罗斯还在亚太经合组织框架内与其他成员共同推进应对恐怖主义、生态灾难、传染病流行、有组织犯罪、贩卖毒品、海盗等安全威胁的合作，并通过与中国、印度、印尼等亚太国家建立的反恐合作机构或者联络机

---

① 《上海合作组织成员国元首杜尚别宣言（全文）》，http://www.fmprc.gov.cn/chn/gxh/wzb/zxxx/t509742.htm，最后访问日期：2009年12月2日。

制在双边框架内开展安全合作。

在梅德韦杰夫担任总统时期，为了推进俄罗斯的经济现代化进程，以及克服 2008 年国际金融危机造成的严重影响，俄罗斯大力推进与亚太地区国家和多边组织的经济合作，主要有以下几个重点方向。

第一，为了推进俄罗斯的经济现代化进程，俄罗斯在这一时期开始同一系列亚太国家建立"现代化联盟"。2009 年 11 月，俄韩两国签署了《俄罗斯经济发展部与韩国创新经济部在经济现代化领域合作相互谅解备忘录》；2011 年 10 月，中俄两国签署了《中华人民共和国政府和俄罗斯联邦政府关于经济现代化领域合作备忘录》；2011 年 11 月，俄日两国签署了《俄日在经济现代化领域合作备忘录》；2010 年 12 月，俄印两国签署了《俄印政府间在科学、技术和创新领域综合长期合作计划》以及在信息技术、民用核能、制药与生物技术、航天与军事技术等多个领域合作的具体计划。这些合作计划不仅强有力地推动了俄罗斯与亚太国家在科学技术以及经济创新领域的合作，而且意味着俄罗斯将亚太国家视为西方国家之外俄罗斯经济现代化的另一个重要源泉。

第二，为了加速融入亚太地区贸易与投资自由化进程，俄罗斯与亚太国家在双边框架内就签署自由贸易协定开展了相关工作。这一时期，俄罗斯启动了关税同盟（俄、白俄、哈）与新西兰、越南等亚太国家在签署自由贸易协定方面的相关工作。

第三，俄罗斯继续在自己具有传统优势的领域与亚太国家实施大规模的经济合作计划。重点是在能源领域的合作。2009 年 12 月，俄罗斯东西伯利亚至太平洋石油管道一期（泰舍特—斯科沃罗季诺）工程正式竣工并投入运营，这对扩展俄罗斯在亚太地区的石油市场具有重大战略意义。2010 年 9 月，第一条俄中石油管道支线（斯科沃罗季诺—大庆）工程正式竣工，俄罗斯从 2011 年起的 20 年内将向中国输出 3 亿吨石油。2010 年 1 月，俄罗斯东西伯利亚至太平洋石油管道二期——斯科沃罗季诺到科济米诺海湾的石油管道工程正式启动。2009 年年底，俄罗斯在东西伯利亚—太平洋石油运输管道的终点站即科济米诺港建设了石油储藏和海上出口系统，该港口系统已经投入使用，每年可出口1500万吨石油，① 二期工程于2012年12月竣工并投入运营，年运输能力为3000万吨，随后将增加到5000万吨。② 这意味着，俄罗斯在亚太能源市场中的地位将大大提高，并将在很大程度上改变亚太地区的能源供应格局。

除石油外，俄罗斯与亚太国家在天然气领域也进行了积极合作。2009年6月，俄中两国元首签署了《关于天然气领域合作的谅解备忘录》，此后，两国政府又签署了一系列后续协议，这表明，俄中两国政府做出了修建俄中天然气管线的决定。2011年，俄罗斯与朝鲜和韩国就修建跨朝鲜半岛天然气管道项目基本达成一致意见。2009年，俄罗斯开始建设萨哈林—哈巴罗夫斯克（伯力）—符拉迪沃斯托克（海参崴）天然气管道项目，天然气年输送量可达300亿立方米，除满足自身需要外可向亚太国家供应天然气。2009年2月，年产量达到960万吨的俄罗斯第一座生产液化天然气的工厂在萨哈林投产，此前，俄罗斯与其他国家的企业已经签署了超过20年的长期供应合同，产品的65%将销往日本，其余销售给韩国和美国。③ 2010年11月，俄罗斯与韩国签署了为期20年，每年向韩国出口150万吨液化天然气的合同。在亚太地区，俄罗斯的天然气大量输往日本、韩国、中国、泰国、菲律宾和美国等国家和地区。

除了石油、天然气之外，俄罗斯还在民用核能领域进一步扩展与中国、印度、越南、蒙古国、澳大利亚和日本等亚太国家的合作。

这一时期，为了发挥俄罗斯作为欧亚"大陆桥"的优势，俄罗斯还在交通运输领域与亚太国家展开了密切合作。2008年8月，俄罗斯与朝鲜签署了"哈桑—罗津"铁路项目协议，2011年10月，该铁路首次开通运行。这标志着俄罗斯跨西伯利亚大铁路与跨朝鲜半岛铁路已经连接

---

① 《东线石油管道将在12月最后一周启用》，http://rusnews.cn/eguoxinwen/eluosi_caijing/20091218/42663253.html，最后访问日期：2009年12月19日。

② "Транснефть" ввела в эксплуатацию вторую очередь ВСТО, https://ria.ru/20121225/916099633.html?ysclid=lanbx9vbrh28507594，最后访问日期：2022年11月18日。

③ На Сахалине начал работу первый в России завод СПГ, http://www.gazprom.ru/press/news/2009/february/article56940/，最后访问日期：2009年2月18日。

起来。

为了发展与中国以及东南亚国家的贸易关系，俄罗斯还积极开展与中国在交通运输领域的合作。2008年10月，俄中两国政府签署了关于联合修建和使用跨阿穆尔河（黑龙江）铁路桥的协议，这将使俄罗斯远东与东南亚国家之间的运输距离大大缩短。2009年8月，中俄正式开通了"七台河—乌苏里斯克（双城子）"国际客货运输线路。2011年5月，中国黑龙江宁安至俄罗斯乌苏里斯克（双城子）的国际道路客货运输线路正式开通。此外，俄罗斯还在上合组织的框架内，与其他成员国共同修建边境基础设施，以及现代化铁路、公路和桥梁等。

第四，2008年国际金融危机爆发后，为了保障金融市场与贸易秩序的稳定，俄罗斯还在金融领域与亚太国家展开了密切合作。例如，为了降低对美元的依赖，在莫斯科银行间外汇交易所以及上海证券交易所开始进行卢布—人民币交易，其允许在双边贸易结算中越过中间环节而以本币结算。

这一时期，俄罗斯与亚太国家和多边组织在双边和多边框架内进行了积极合作。

在双边经济合作领域，俄罗斯与中国、日本、韩国、印度以及东南亚国家达成了一系列旨在推进双方经济稳定合作的中长期协议和计划，如中俄两国2008年11月批准的《〈中华人民共和国和俄罗斯联邦睦邻友好合作条约〉实施纲要（2009年至2012年）》、2009年6月批准的《中俄投资合作规划纲要》，2009年11月俄韩两国签署的《在经济现代化领域合作相互谅解备忘录》，2010年12月俄印两国签署的《俄罗斯联邦政府与印度政府关于2020年前在科学、技术与投资领域合作的长期综合计划》以及在能源、运输、核能、航天、经贸等具体领域合作的一系列文件。在俄罗斯与亚太国家双边经济合作机构以及双方对口部门的努力下，俄罗斯与亚太国家双边经济合作范围日益扩大、经济合作层次不断提高、经济合作规模持续扩大。在双边贸易额经历2008年到2009年因国际金融危机而导致的大幅下降之后，从2009年开始，俄罗斯与亚太地区国家的双边贸易额大幅增加，据统计，2009年到2011年，俄罗斯与中国、日本、韩国的贸易规模分别从395.05

亿美元、145.156 亿美元、105.542 亿美元增至 835.05 亿美元、297.05 亿美元、249.796 亿美元，① 其增长幅度都超过了一倍，充分证明了这一时期俄罗斯与亚太国家经济合作的快速推进。

除了与亚太国家的双边经济合作外，俄罗斯还在亚太经合组织与上合组织框架内积极推动多边经济合作，并持续推进俄罗斯与东盟的经济合作。

这一时期，俄罗斯在亚太经合组织框架内提出了一系列旨在尽快消除经济危机的消极影响，以及进一步促进亚太经济合作的积极建议，主要包括：在亚太经合组织内建立起更灵活、更现代化的国际贸易体系；强化地区货币的地位；进一步促进贸易体制自由化和开展投资合作；在亚太地区建立能源安全保障体系，确保粮食安全，积极开展运输合作；保障贸易安全，反对贸易保护主义；制定反危机措施；在创新性发展、采用先进技术和信息化方面加强与亚太国家的合作；促进俄罗斯与亚太地区的经济一体化；等等。② 这些建议不仅符合俄罗斯自身的利益，同时也有利于整个地区的经济发展。在俄罗斯与亚太经合组织其他成员的共同努力下，俄罗斯提出的很多建议被采纳。例如，亚太经合组织出台了一系列措施和计划，继续推进亚太区域经济一体化；制定亚太地区的长期增长战略，推动亚太经济实现平衡、包容、可持续、创新、安全增长；抵制保护主义，支持多边贸易体制；加强经济技术合作；支持亚太经合组织成员为应对亚太粮食安全挑战所做的努力；支持通过建立可促进公平开放的能源贸易与投资、运行良好的能源市场来保障本地区经济体的能源需求；等等。此外，俄罗斯这一时期还积极参加亚太经合组织的各项活动，积极扩大与亚太经合组织经济合作的领域和规模，据统计，

---

① 参见 Г. Н. Саришвили. АТЭС в системе внешнеэкономических интересов России // Российский внешнеэкономический вестник, №3, (март) 2011, с. 36; Внешняя торговля Российской Федерации по основным странам за январь – декабрь 2011 г., http://www.customs.ru/index2.php? option = com _ content&view = article&id = 15604&Itemid = 1976, 最后访问日期: 2013 年 1 月 13 日。

② 参见《巩固亚太地区蓬勃发展的平等伙伴关系》, http://rusnews.cn/xinwentoushi/20081121/42341180.html; Статья Дмитрия Медведева «АТЭС: на пути к стабильному, безопасному и процветающему сообществу», http://president.kremlin.ru/news/5981, 最后访问日期: 2008 年 11 月 23 日。

俄罗斯与亚太经合组织（20 个主要经济体）的贸易额从 2009 年的 972.428 亿美元增长至 2011 年的 1965.035 亿美元，① 涨幅超过一倍。

除了亚太经合组织外，俄罗斯还在上海合作组织框架内有序推进该组织的经济合作。这一时期，俄罗斯与其他成员国共同制定了新修订的《〈上海合作组织成员国多边经贸合作纲要〉落实措施计划》（2008 年 10 月）、《上海合作组织成员国关于加强多边经济合作、应对全球金融经济危机、保障经济持续发展的共同倡议》（2009 年 10 月）等一系列指导经济合作的重要文件，并在贸易与投资便利化、科技创新、能源、节能、基础设施与国际运输走廊、粮食与农业生产、信息技术、通信、旅游等领域展开了一系列合作。

这一时期，俄罗斯还积极开展与东盟的经济合作，2010 年俄罗斯与东盟举行了第二次峰会，对促进包括经济领域在内的广泛合作发挥了积极作用。为了更好地落实此前双方签署的《2005～2015 年发展合作的综合行动计划》，俄罗斯与东盟从 2010 年开始制定俄罗斯—东盟经贸与投资合作"路线图"。双方还建立了专业部门之间的合作机制，2010 年 8 月启动了俄罗斯与东盟经济部长会晤机制。在俄罗斯与东盟共同努力下，双方近年来在能源、航天、旅游等方面进行了有效合作。②

二 俄罗斯亚太政策的日益成熟

从 20 世纪 90 年代的叶利钦总统时期到 21 世纪第一个 10 年的梅德韦杰夫总统时期，历经 20 年左右，俄罗斯的亚太政策日渐成熟和系统。

---

① 参见 Г. Н. Саришвили. АТЭС в системе внешнеэкономических интересов России//Российский внешнеэкономический вестник，№3，（март）2011，с. 36；Внешняя торговля Российской Федерации по основным странам за январь - декабрь 2011 г.，http：//www. customs. ru/index2. php？option＝com＿ content&view＝article&id＝15604&Itemid＝1976，最后访问日期：2013 年 1 月 13 日。

② 参见 Тезисы выступления заместителя директора Департамента Азии и Африки Н. Н. Стригуновой "О торгово-экономическом и инвестиционном сотрудничестве России и АСЕАН и о проекте «дорожной карты» торгово-экономических связей Россия－АСЕАН"，http：//gosman. ru/economics？news＝14156，最后访问日期：2013 年 2 月 6 日。

（一）亚太方向在俄罗斯多向性整体外交政策中的地位更加明确

俄罗斯的整体对外政策具有多向性特点，即俄罗斯在地缘政治上需要面对欧洲-大西洋地区、高加索和中亚地区以及广阔的亚太地区。每一个战略方向对俄罗斯而言都有自己特定的战略价值与利益，并且不能被其他战略方向所取代。俄罗斯认为中国及亚太地区的崛起带给俄罗斯的是机遇。如前所述，俄罗斯外长拉夫罗夫指出，"多向性是俄罗斯外交政策的一个重要特点，每一个外交方向对俄罗斯都有自身的价值……俄罗斯认为，中国的崛起不会导致危机的产生，亚洲的变化带来的将是机遇"。①

（二）21世纪初期俄罗斯在亚太地区明确奉行"平衡"战略

这一战略的核心思想是：在亚太地区，俄罗斯在将中国视为首要合作重点的同时，也积极发展与其他国家的友好合作关系，既不与任何大国结盟，也不与任何国家为敌或者对抗，而是使自己在亚太国家之间保持一种"平衡"关系，并积极在亚太地区构建平衡的安全与合作结构。美国俄文版《新闻周刊》2010年5月11日刊登的俄罗斯外交部发表的《在系统基础上有效利用外交因素推动俄罗斯联邦长期发展的计划》明确指出，要"同该（亚太）地区的国家平衡发展双边和多边合作，不对任何个别伙伴产生依赖"。② 俄外长拉夫罗夫在2011年出版的著作中明确指出，"俄罗斯认为，在自己的政策中具有首要意义的是发展与（亚太）地区所有国家的平衡双边关系体系"。③ 正是在上述方针指导下，俄罗斯在梅德韦杰夫担任总统时期，面对美国在"重返亚太"战略框架下对中国实施的战略遏制以及由此

---

① Сергей Лавров. Подъем Азии и восточный вектор внешней политики России//Россия в глобальной политике，№2，2006，с.130.

② О Программе эффективного использования на системной основе внешнеполитических факторов в целях долгосрочного развития Российской Федерации，http://perevodika.ru/articles/13590.html，最后访问日期：2020年3月12日。

③ Лавров С. В. Между прошлым и будущем. Российская дипломатия в меняющемся мире. М.：ОЛМА Медила Групп，2011，с.759.

引发的中美摩擦加剧的局面,俄罗斯既没有联合中国抗衡美国,也拒绝加入美国等国家遏制中国的行列。普京于2011年10月指出,"我多次对企图用'中国威胁论'吓唬我们的人说,在当今世界,无论东西伯利亚和远东的矿产资源有多吸引人,这都不是争夺的主要目标"。① 俄外长拉夫罗夫于2012年2月进一步明确指出,"中国是我们的睦邻和战略伙伴,我们不会参加以遏制中国为目的的架构"。② 从俄罗斯的角度来看,俄罗斯希望避免在中美之间做出战略选择,进而与一方结盟反对另一方,并由此走向结盟与对抗,甚至卷入中美矛盾或摩擦中,这将有悖于俄罗斯的国家利益。俄罗斯学者亚历山大·卢金指出,"美中摩擦对俄罗斯极其不利,这种摩擦置俄罗斯于做出选择的境地"。③ 俄罗斯学者德米特里·叶弗列缅科指出,"中俄关系整体上是非常好的。寻求俄罗斯与美国在亚太地区的利益平衡和新的合作机制的尝试,将达成进一步的平衡,避免对中国的单方面依赖。莫斯科同样担心被拉入反中或者反美阵营"。④ 俄罗斯学者达维多夫指出,"重要的是,俄罗斯不能卷入这种对抗,结果简直是陷入'锤砧之间'"。"首先,损害与中国关系的行为是不被允许的,但是,与中国建立有力的联盟,同时挑战美国,也是不合理的。""在任何情况下,俄罗斯偏重(偏向于)寻求与(中美)两国开放、平等对话,在发展与美国伙伴关系的同时,维持与中国的战略协作。"⑤ 在以上战略考量下,在奥巴马政府的"亚太再平衡"战略中,俄罗

---

① Путин, отказавшийся бороться с Китаем за мировое господство, смутил Пекин и заставил объясняться, http://komprinfo.ru/main/1927-1030.html, 最后访问日期:2011年10月18日。

② Выступление Министра иностранных дел России С. В. Лаврова на 48 - й Мюнхенской конференции по вопросам безопасности, Мюнхен, 4 февраля 2012 года, http://www.mid.ru/brp_4.nsf/newsline/45D5CC6F7F1EACF04425799A005B12EC, 最后访问日期:2012年2月4日。

③ Алксандр ЛУКИН. Внешняя политика России: необходим курс на сосредоточение. // Международная жизнь, №9, 2012, c. 67.

④ Дмитрий Ефременко. В ожидании штормовых порывов: Российская внешняя политика в эпоху перемён. // Россия в глобальной политике, №2, 2012, c. 17-18.

⑤ Фактор Китая во взаимоотношениях РФ и США: Заочный круглый стол российских и американских китаеведов. //Проблемы Дальнего Востока, №2, 2012, c. 121.

斯在中美的亚洲政治关系中基本保持了"战略中立"。

这一战略对俄罗斯的安全是极为有利的，俄罗斯可以利用对中国以及美、日两国的"双向制衡"，保持俄罗斯相对任何一方的力量平衡，防止任何一方取得亚太主宰地位，从而确保俄罗斯的安全。不仅如此，俄罗斯在亚太地区奉行"平衡"战略，有助于俄罗斯在亚太地区成为一支具有独立立场的、能够对该地区的政治与安全局势，特别是对竞争双方力量对比产生决定性影响的关键力量。俄罗斯的这一战略将使竞争各国努力发展与俄罗斯的友好合作关系，以争取俄罗斯站在自己一边，或者是牵制俄罗斯的潜在对手发展密切关系。这不仅有利于巩固及提高俄罗斯在亚太地区的战略地位，而且有利于俄罗斯获取最大限度的战略利益。

（三）俄罗斯对亚太地区的政策目标日益清晰

俄罗斯认为，安全、稳定和发展是俄罗斯亚太政策的三个不可分割的目标。[1] 首先，在安全与稳定方面，俄罗斯希望维护俄罗斯远东地区以及整个亚太地区的和平与稳定。2010年，时任俄罗斯总统梅德韦杰夫指出："我国亚洲政策首先应保证我国东部地区的安全，而且要促进该地区的和平与稳定。"[2] 其次，俄罗斯反对在亚太地区的分裂、对抗与冲突，反对以军事手段解决安全问题，反对亚太地区的任何军事同盟、势力范围以及政治及军事"分界线"。俄罗斯外长拉夫罗夫指出，"我们认为，必须放弃作为'冷战'残余的联盟立场。今天，在全球化时代，它已经成为有害的、不符合时代的东西"。[3] "旨在团结封闭的双边军事政治同盟，以及在亚太地区建立新的

---

[1] ВНЕШНЕПОЛИТИЧЕСКИЕ ИТОГИ 2005 ГОДА: РАЗМЫШЛЕНИЯ И ВЫВОДЫ, http://www. ln. mid. ru/brp_4. nsf/76bbf733e3936d4543256999005bcbb7/536f92f350618842c32570ce00278dd0? OpenDocument, 最后访问日期: 2016 年 5 月 3 日。

[2] Д. МЕДВЕДЕВ. Выступление на совещании с российскими послами и постоянными представителями в международных организациях, http://president. kremlin. ru/transcripts/8325, 最后访问日期: 2010 年 7 月 12 日。

[3] Лавров С. В. Между прошлым и будущем. Российская дипломатия в меняющемся мире. М.: ОЛМА Медила Групп, 2011, c. 757-758.

第二章　俄罗斯亚太政策的演变与成熟

'多边形'防御合作的路线，与我们时代的当务之急不和谐，在我看来，这将导致相互疏远，加强旧的并划出或者至少是试图划出新的'分界线'。"① 俄罗斯"需要亚太地区的和平与稳定。俄罗斯不谋求军事优势，将不会提出依靠削弱其他国家的安全而保障自己东部边境地区安全的任务。我们在亚太地区没有建立军事基地的计划。我们不会同（亚太）地区国家建立封闭性的防御联盟。不会同任何国家竞争势力范围"。② 最后，在亚太地区安全架构上，俄罗斯主张在亚太地区建立多中心的、不结盟的地区安全与合作结构。2010年9月，俄罗斯在与中国共同发表的《中俄关于全面深化战略协作伙伴关系的联合声明》中表示，俄罗斯愿意与中国共同在亚太地区倡导互信、互利、平等、协作的新安全观，主张在尊重国际法的最高地位、不结盟和"安全不可分割"原则的基础上，在亚太地区建立开放、透明和平等的安全与合作格局。③ 2010年10月，俄罗斯在与东盟共同发表的《关于俄罗斯-东盟第二次峰会成果的联合声明》中进一步确认，"（亚太）地区结构应该以集体、多边、平等以及公认的国际法原则为基础"。④

在发展方面，俄罗斯需要经济上充满活力的亚太地区，渴望利用与亚太地区的一体化促进西伯利亚和远东地区的发展。俄罗斯认为，与亚太国家的一体化是"远东与整个俄罗斯经济崛起的重要资源"；⑤ 与此同时，俄罗斯也认识到，"只有通过振兴西伯利亚和远东地区的经济，才能融入亚太地区

---

① Лавров С. В. Между прошлым и будущем. Российская дипломатия в меняющемся мире. М. : ОЛМА Медила Групп, 2011, с. 756.
② Сергей Лавров. Россия и АСЕАН могут многое сделать вместе//Международная Жизнь, №10, 2010, с. 13.
③ 参见《中俄关于全面深化战略协作伙伴关系的联合声明》，《人民日报》2010年9月29日，第3版。
④ Совместное заявление по итогам второго саммита Российская Федерация – АСЕАН, http://news.kremlin.ru/ref_notes/761，最后访问日期：2010年11月30日。
⑤ Стенографический отчёт о совещании по социально-экономическому развитию Дальнего Востока и сотрудничеству со странами Азиатско-Тихоокеанского региона, http://www.kremlin.ru/transcripts/8234，最后访问日期：2010年7月2日。

经济一体化进程"。①

俄罗斯亚太政策的核心一方面在于积极发展与中国、日本、韩国、蒙古国、印度、越南等亚太国家特别是中国的双边关系,另一方面在于广泛参与亚太经合组织、东盟及以其为核心的一系列亚太地区多边组织和机构的活动,并与其开展合作。2011年,俄罗斯成为东亚峰会的正式成员国并参加了当年11月在印尼举行的第六届东亚峰会,这标志着俄罗斯已经参加了亚太地区所有重要的多边机构,在亚太地区已经"站稳了脚跟"。21世纪初期,俄罗斯通过广泛参与亚太地区政治、安全和经济事务,在亚太地区积极维持和巩固自己的战略影响力。

---

① С. В. Лавров. Подъем Азии и восточный вектор внешней политики России,http://www.globalaffairs.ru/numbers/19/5570.html,最后访问日期:2013年3月12日。

第三章
2012年以来俄罗斯亚太政策的调整与总体框架

自2012年5月普京开启第三总统任期以来,世界整体形势,俄罗斯与西方的战略关系,以及俄罗斯周边地缘政治、安全和经济环境发生了一系列重大而深刻的变化,这使俄罗斯为了应对新的变化以及有效维护自己的国家安全和战略利益不得不调整其外交政策。俄罗斯亚太政策作为俄罗斯整体外交政策的组成部分,也随之进行了相应调整。

一 2012年以来俄罗斯亚太政策调整的背景

2012年以来特别是2014年乌克兰危机爆发后,国际体系变迁中包括俄罗斯在内的非西方国家与西方国家权力斗争的加剧,以2014年乌克兰危机爆发为标志的西方与俄罗斯地缘政治斗争的急剧尖锐,亚太地区形势的变化以及该地区对俄罗斯战略重要性的显著加强,使俄罗斯在普京第三总统任期特别是2014年乌克兰危机爆发后对亚太政策进行了积极调整。

(一)在国际体系变迁以及世界向多极格局演进中,以美国为首的西方竭力维护自己的世界霸权或统治地位,加剧了世界政治中的权力斗争

当今世界,包括俄罗斯和中国在内的一大批非西方国家、新兴市场国家

和发展中国家群体性崛起，这不仅加速了国际体系的变迁以及世界向多极格局方向的发展，使国际力量对比更趋均衡，也在改变几百年来以西方为中心的国际体系，"这是不以人的意志为转移的客观趋势"。①

然而，正如俄罗斯外长拉夫罗夫指出的，"以美国为首的一些西方国家执意不愿接受正在形成的多极世界的客观现实"，② 想与多极世界的现实抗争，"努力维护自己在最近500年来所享有的统治地位"。③ 自普京第三总统任期以来，美国奥巴马政府、特朗普政府和拜登政府实际都致力于维护美国在世界上的领导地位，这与冷战结束以来美国历届政府在本质上是一样的，不同之处在于，美国这几届政府面对俄罗斯和中国等国家的快速崛起和发展更加焦虑，更加处心积虑地想要遏制战略竞争对手，维护美国霸权的欲望更加强烈。事实表明，在世界多极化加速发展的背景下，美国及其西方国家追随者仍然继续追求世界领导地位，它们为了维护其世界霸权，积极遏制包括俄罗斯在内的战略竞争对手或新的世界经济政治中心，明显强化了单边主义、霸权主义和武力政策。这不可避免地导致了以美国为首的西方与包括俄罗斯在内的其他非西方力量中心矛盾的尖锐化，并由此加剧了世界政治中的权力之争。2018年9月，俄外长拉夫罗夫在第73届联合国大会发言中指出，由于两种背道而驰的趋势，国际关系处于相当复杂且矛盾重重的阶段，"一方面，多中心的趋势日益巩固，驱动全球经济增长的新发源地正稳步发展；另一方面，若干西方国家仍企图维系其'自诩的全球领袖地位'"。④

---

① 《杨洁篪在瓦尔代国际辩论俱乐部年会外交议题讨论会上的讲话》，https://www.fmprc.gov.cn/web/zyxw/t1605124.shtml，最后访问日期：2018年10月18日。

② Выступление и ответы на вопросы СМИ Министра иностранных дел России С. В. Лаврова в ходе пресс-конференции по итогам деятельности российской дипломатии в 2018 году, Москва, 16 января 2019 года, http://www.mid.ru/ru/foreign_policy/news/-/asset_publisher/cKNonkJE02Bw/content/id/3476729，最后访问日期：2019年1月16日。

③ Интервью Министра иностранных дел России С. В. Лаврова МИЦ «Известия», Владивосток, 4 сентября 2019 года, http://www.mid.ru/ru/foreign_policy/news/-/asset_publisher/cKNonkJE02Bw/content/id/3772511，最后访问日期：2019年9月5日。

④ Роман Шимаев. «Мир платит высокую цену за корыстные амбиции узкой группы стран»: о чём говорил Лавров на Генассамблее ООН, https://russian.rt.com/world/article/559237-lavrov-vystuplenie-ga-oon-politika，最后访问日期：2018年9月29日。

时任俄罗斯武装力量总参谋长瓦列里·格拉西莫夫指出,"世界局势的主要破坏性因素之一是美国致力于维持主导地位并竭力将别国挤出竞争"。①

因此,在国际体系变迁和世界格局的变动中,以美国为首的西方与俄罗斯权力斗争的加剧,要求俄罗斯的整体外交政策必须做出相应的调整。

(二)以美国为首的西方与俄罗斯战略矛盾的加剧,特别是双方在欧洲-大西洋地区矛盾斗争的尖锐化,使俄罗斯不得不调整包括亚太政策在内的整体外交政策

冷战结束后,美国作为世界唯一超级大国,一直竭力维护自己的全球霸主地位,为此,美国积极防范和遏制俄罗斯和中国等任何国家或势力崛起为美国霸权的挑战者。在2014年乌克兰危机爆发后,美国奥巴马政府认为,俄罗斯是美国的主要威胁之一。奥巴马政府在2015年2月发布的《国家安全战略》报告中将俄罗斯、"伊斯兰国"和埃博拉病毒视为美国及全球面临的"三大主要威胁"。该报告指出,"俄罗斯的侵略"使人们对全球安全感到忧虑,"俄罗斯侵犯乌克兰的主权和领土完整,对其他邻国采取好战姿态……,我们可重申我们对盟友和伙伴的安全承诺,帮助他们建立承受胁迫的能力,让威胁其邻国或违反基本规则的国家付出代价"。② 特朗普就任美国总统后,美国政府明确将大国竞争而不是恐怖主义视为美国安全的首要关切,同时认定,俄罗斯是美国主要的安全威胁与战略竞争对手之一。特朗普在2018年1月发表的国情咨文中指出,"综观世界,我们面临着无赖政权、恐怖组织以及中国与俄罗斯等对手挑战我们的利益、我们的经济和我们的价值观"。③ 美国2017年版《国家安全战略》报告指出,三种主要挑战者"正

---

① Герасимов Валерий. «Кинжал» станет острее: В войска поступят новые образцы высокоточного оружия, беспилотных летательных аппаратов и роботизированных комплексов, https://www.vpk-news.ru/articles/47234,最后访问日期:2018年12月26日。

② The White House, *National Security Strategy*, Feb. 2015, https://www.whitehouse.gov/sites/default/files/docs/2015_national_security_strategy.pdf,最后访问日期:2015年2月7日。

③ *President Donald J. Trump's State of the Union Address*, https://www.whitehouse.gov/briefings-statements/president-donald-j-trumps-state-union-address/,最后访问日期:2018年1月31日。

积极与美国以及我们的盟友和伙伴竞争","作为被忽略的上世纪现象,大国竞争再次复归。中国与俄罗斯开始重新施展其地区和国际影响力。今天,他们在部署军力,以便在危机时对美国加以区域拒止,在和平时对我们在重要商业地区自由活动的能力施以限制"。总之,"他们正在挑战我们的地缘政治利益并努力使国际秩序发生对其有利的改变","中国和俄罗斯挑战美国的权力、影响与利益,试图侵蚀美国的安全与繁荣","意图构建与美国的价值观和利益相对立的世界"。① 《2018年美国国防战略概要》指出,"国家间战略竞争,而非恐怖主义,现在是美国安全的首要关切","这些竞争来自《国家安全战略》所确定的修正主义大国。中国和俄罗斯想要塑造一个与其集权模式相一致的世界"。②

2014年乌克兰危机后,以美国为首的西方为了进一步加强对俄罗斯的战略遏制,对俄罗斯实施系统性遏制政策。在这一政策下,美国联合其欧洲盟友不断加强战略协作,将俄罗斯塑造为西方共同的威胁,积极在政治和外交上孤立俄罗斯,大力加强对俄罗斯的地缘政治与安全遏制。欧洲-大西洋地区是以美国为首的西方对俄罗斯实施地缘政治与安全遏制的重点地区。在东欧地区,美国将乌克兰视为抗俄最前沿。以美国为首的西方要求俄罗斯尊重乌克兰的领土完整,并多次要求俄罗斯将克里米亚归还给乌克兰,例如,美国总统特朗普呼吁"俄罗斯政府开始减缓乌克兰冲突并归还克里米亚"。③ 美国还帮助乌克兰增强自卫能力,并不断加大武装乌克兰的力度。特朗普政府2017年批准向乌提供210枚"标枪"反坦克导弹与35个导弹发射器等装备,这是美国政府首次向乌提供致命性武器,而此前奥巴马政府一直拒绝向乌出

---

① *National Security Strategy of the United States of America*,https://www.whitehouse.gov/wp-content/uploads/2017/12/NSS-Final-12-18-2017-0905-2.pdf,最后访问日期:2018年2月6日。

② *Summary of the 2018 National Defense Strategy of the United States of America*,https://www.defense.gov/Portals/1/Documents/pubs/2018-National-Defense-Strategy-Summary.pdf,最后访问日期:2018年2月20日。

③ Белый дом: Трамп ожидает, что Россия вернет Крым Украине, https://www.bbc.com/russian/news-38975868,最后访问日期:2017年2月15日。

售此类武器,可见特朗普政府对乌军援力度超过了奥巴马政府;美国 2017 年还开始在乌建设海军作战指挥中心;在 2017 年至 2020 年特朗普政府时期,美国向乌克兰提供了价值 20.6 亿美元的武器装备。① 美国还支持乌克兰向北约靠拢。2018 年 3 月,北约正式承认乌克兰"北约申请国"身份。美国国务院乌克兰事务特别代表沃尔克指出,美国赞成向乌克兰"提供'联盟成员国行动计划',乌克兰本应在 2008 年布加勒斯特峰会得到这一切"。② 虽然这不意味着乌克兰一定会成为北约国家,但这无疑是美国将乌克兰拉向自己并远离俄罗斯,以及支持其继续抗俄的重要措施。此外,美国还与欧洲北约盟国不断增强威慑俄罗斯的军事力量,其中包括将北约的军事力量和军事设施向俄罗斯的边境方向前移。为此,美国不断加强在东欧的军事力量。从 2017 年年初开始,在加强北约"东部侧翼"框架下,美国第三装甲旅和北约作战力量部署在波兰及波罗的海国家,美国还在欧洲部署了第 10 山地师第 10 航空旅的一部分。美国还与其他国家在靠近俄边界地区频繁举行军演。除了地缘政治与安全遏制外,美国与其欧洲盟友还对俄罗斯实施持续的经济制裁,并且不断扩大对俄制裁的对象范围。这不仅给俄罗斯与美国及欧洲的相互贸易带来了严重的消极影响,而且使俄罗斯无法从美国和欧洲获得重要的资金和技术。美国及其欧洲盟友对俄罗斯实施的遏制政策,大大加深了俄罗斯在欧洲的战略孤立,使俄罗斯在欧洲-大西洋地区的安全形势更加恶化,同时也使俄罗斯发展与欧洲经济一体化合作以及建立统一经济合作空间的梦想破灭。

俄罗斯与美国及西方战略关系的恶化,双方在欧洲-大西洋地区战略矛盾的尖锐化,以及俄罗斯在欧洲-大西洋地区面临的战略困境,必然要求俄罗斯对国家整体对外政策包括亚太政策进行调整,以有效应对俄罗斯面临的上述挑战。

---

① Объем военной помощи США Украине с начала спецоперации составил $16,8 млрд, https://www.vedomosti.ru/politics/news/2022/10/12/945161-obem-voennoi-pomoschi-ssha?ysclid=lan7pk9akx180018649,最后访问日期:2022 年 11 月 19 日。

② В США заявили о неготовности Украины вступить в НАТО, https://lenta.ru/news/2018/03/11/nato/,最后访问日期:2018 年 3 月 11 日。

（三）亚太地区形势的变化要求俄罗斯调整亚太政策

自普京第三总统任期以来，亚太地区形势发生了一系列重大变化，其中，美国亚太政策的调整和变化，以及亚太地区本身战略意义和世界地位的持续提高，对俄罗斯的亚太政策产生了重要影响。

其一，近年来美国对亚太（印太）政策进行了大幅调整，这对俄罗斯战略利益构成了威胁和挑战。在战略和地缘政治方面，从奥巴马政府到特朗普政府，美国将其全球战略的重心置于东方，逐步将中国锁定为世界范围内美国霸权的头号挑战者。在奥巴马总统任期内，美国实施了"重返亚太"战略或"亚太再平衡"战略，即美国将亚太地区作为其全球战略的重点，将美国战略重心转向亚太地区，全面加强对亚太地区的战略投入：在政治上以各种手段笼络"老朋友"并结交"新朋友"，以巩固美国在亚太地区基于盟友与伙伴关系网络的政治主导地位；在军事上通过加强美国在亚太地区的军事力量，强化美国与盟友及地区安全伙伴的防务合作，以巩固美国在亚太地区的军事优势；在经济上通过主导《跨太平洋战略经济伙伴关系协定》（TPP）谈判进程，以主导亚太地区经济合作格局。奥巴马政府"重返亚太"战略的主要目标在于防范及遏制"中国崛起"，避免出现亚太地区倒向中国的战略失衡局面，并最终维护美国在亚太地区的主导地位或霸权地位。

特朗普就任总统后，美国新政府采取了比奥巴马政府更为强硬的对华政策。虽然美国新政府不再沿用奥巴马政府"亚太再平衡"战略，但是，鉴于亚太地区对美国安全与经济利益持续扩大的战略影响，特朗普政府不得不继续加强对亚太地区的战略关注与投入，美国战略重心向亚太地区转移的趋势仍在继续。奥巴马政府"亚太再平衡"战略中地缘政治与安全方面的主要内容得以保留和延续；与此同时，特朗普政府对其加以调整和延伸，为了进一步加强对中国的战略遏制，特朗普政府将印度洋地区与亚太地区视为遏制中国的统一整体区域，并在这一所谓"印太"地区进行总体战略布局。美国在亚太或"印太"地区奉行的战略的主要遏制目标是中国，但与此同时，由于美国这一时期开始对俄实施公开的敌视与遏制政策，因此，美国强化其在亚太或"印太"地区的主导地位与优势，实际对俄罗斯也具有战略遏制的功能，并成为美国对俄罗斯全面地缘遏制战略的组成部分。

近年来，美国在亚太或"印太"地区为了遏制和孤立中国，努力强化与日本、澳大利亚以及菲律宾等地区盟友的同盟纽带；改善和加强与越南以及印度等地区国家的战略关系。奥巴马政府还积极扩展美日韩、美日澳等三边同盟合作，并大力将传统的"美国+盟友"的"轮毂－轮辐"状传统关系架构，转变为"美国+盟友+伙伴"的新的网络关系架构。特朗普政府不仅延续了以上措施，还积极打造美日澳印四国集团，从而使亚太或"印太"地区的地缘政治格局向着分裂与对抗的方向演变。在亚太或"印太"地缘政治格局的重绘中，俄罗斯面临被排挤、被边缘化的战略挑战。其原因一方面在于，美国加强在上述地区的主导地位必然造成俄罗斯在该地区战略地位、作用和影响力的相对弱化；另一方面，美国积极改善和加强与越南和印度等俄罗斯在亚太或"印太"地区传统盟友的战略关系，其实质是美国在上述地区国家对俄罗斯的排挤，从而使俄罗斯也面临被美国边缘化以及遏制的战略挑战。

在安全方面，从奥巴马政府到特朗普政府，美国为了保持在亚太或"印太"地区的军事优势，大力增加在该地区的军事力量、推动武器装备的升级换代、优化军事部署；同时，积极开展与地区盟国以及安全伙伴在联演联训、情报、后勤等方面的军事合作。奥巴马政府时期，美国计划在2020年前将60%的海军舰只、11艘航母中的6艘，以及60%本土以外的空军力量集中到亚太地区，以强化美国在亚太地区的军事优势。[①] 美国一方面在亚太地区大力加强常规军事力量，另一方面在这一地区主要是在关岛地区增加海基和空基战略力量，从而在亚太地区大大强化了针对中国以及俄罗斯的战略威慑能力。

美国还积极加强与日本、韩国、澳大利亚等亚太地区传统盟友，以及越南和印度等与中国存在领土或海洋权益争端国家的安全与军事合作。考虑到

[①] "U. S. to Strengthen 'Power Projection' in the Asian-Pacific," *The Wall Street Journal*, June 2, 2012；《美军宣称60%军舰和本土外60%空军部署亚太》，http://mil.huanqiu.com/world/2013-06/3993479.html，最后访问日期：2014年9月23日。

美国在"印太"地区的军事基地占所有海外军事基地数量的一半,[①] 加之美国可以广泛使用日、韩、澳和印度的情报,以及利用其军事基地进行补给和维修等后勤作业,因此,美国在亚太或"印太"地区的情报能力、作战能力、补给能力以及动员能力得以大幅提升。这进一步强化和巩固了美国与俄中两国的常规力量对比优势,使俄中两国在亚太或"印太"战略方向面临美国的巨大军事压力或威胁。

另外一个严重事态是,美国在2019年8月2日正式退出《中导条约》后,有可能在中俄两国周边地区部署原来这一条约所禁止的中短程导弹。美国国防部部长马克·埃斯珀在《中导条约》正式瓦解后的第二天表示,支持尽快在亚洲部署陆基中程导弹。[②] 俄罗斯驻美国大使阿纳托利·安东诺夫于2019年10月指出,"美国可能在亚太地区部署地基型中程导弹直接触及我国安全利益"。"问题在于,该地区位于俄罗斯边境、太平洋舰队设施和基地附近,俄罗斯的水下战略力量部署在那里。在那里部署新的美国导弹系统将威胁我们的核威慑潜力,而且不能保证华盛顿下一阶段不会在欧洲部署类似的系统。"[③] 上述事实表明,美国退出《中导条约》以及在亚太地区部署中程导弹,对俄罗斯和中国的安全构成了共同的威胁与挑战。正如俄罗斯国防部部长绍伊古于2019年10月所指出的,"我确信,促使华盛顿单方面退出《中导条约》的真正原因是遏制中国和俄罗斯"。[④]

为了追求单方面战略力量优势,美国奥巴马政府和特朗普政府特别是后者积极发展反导系统。在亚太或"印太"地区,美国除了将最大浮动雷达站部署在阿留申群岛的埃达克岛外,还于2014年在日本京都府附近部署了

---

① 转引自张亚庆、刘子奎《论特朗普政府的"印太战略"》,《当代美国评论》2018年第2期,第108页。
② 《中国外长:美国单方面退出〈中导条约〉之举后患无穷》,http://sputniknews.cn/china/201909281029682208/,最后访问日期:2019年9月28日。
③ 《俄驻美大使:美在亚太部署中导威胁俄核威慑潜力》,https://mil.huanqiu.com/article/7R71BExoDyo,最后访问日期:2019年10月27日。
④ Глава российского военного ведомства указал на дестабилизирующий характер так называемой Индо-Тихоокеанской инициативы США, https://function.mil.ru/news_page/person/more.htm?id=12257850@egNews,最后访问日期:2019年10月21日。

X 波段反导预警雷达，而其在澳大利亚部署的一部 C 波段空间目标探测与跟踪雷达已经在 2017 年 3 月具备全面运行能力，这大大增强了美国监督西太平洋及印度洋地区的航天发射与导弹发射的探测与跟踪能力。根据特朗普 2017 年 12 月签署的《2018 财年国防授权法案》，美国还计划在阿拉斯加和夏威夷新建 2 个 S 波段雷达。此外，美国还以朝鲜问题为借口，于 2016 年 7 月正式宣布将在韩国部署"萨德"反导系统，至 2018 年 1 月，该系统的全部组件已在韩国部署完毕。美国在亚太地区部署的反导系统不仅针对中国，也针对俄罗斯。从全局来看，美国在亚太地区部署的反导系统，与美国在欧洲地区部署的反导系统共同组成了对俄罗斯的反导系统"包围圈"。

上述事实表明，美国在亚太地区正在对俄罗斯构成越来越大的军事威胁与挑战。

在经济领域，奥巴马政府时期，美国在亚太地区积极推进《跨太平洋战略经济伙伴关系协定》（TPP）。它是封闭性的，并将中国与俄罗斯排除在外。特朗普就任美国总统后，美国新政府出于贸易保护主义退出了 TPP。但是，在日本牵头下，参与 TPP 谈判的其他 11 个成员对原协定进行了修改，并在 2018 年 3 月签署了没有美国参加的《全面与进步跨太平洋伙伴关系协定》（CPTPP）。该协议于 2018 年 12 月 30 日生效。这给中国与俄罗斯等非 CPTPP 成员开展对 CPTPP 成员的投资、贸易与服务合作带来歧视性的消极影响，削弱了中国和俄罗斯在亚太经济一体化进程中的地位和作用。因此，亚太一体化进程中出现的以上消极趋势是对中俄两国在亚太地区利益的共同挑战。

美国与俄罗斯战略关系的严重恶化，以及美国亚太政策发展演变给俄罗斯带来的挑战，使俄罗斯不得不相应调整自己的亚太政策。

其二，亚太地区在全球战略地位和影响力的日益提高，客观上也要求俄罗斯加强对亚太地区的重视并对其亚太政策做出相应调整。亚太地区是世界上经济发展最快的地区。当前，世界重心正在加速向亚太或"印太"地区转移，该地区"是连接印度次大陆、澳大利亚、东南亚、东北亚、大洋洲和美国的经济生命线"，"有超过全球一半的 GDP，有世界最大的三个经济体（美国、中国和日本），有世界发展最快的六大经济体（柬埔寨、印度、老挝、缅甸、尼泊尔和菲律宾），有世界上人数最多的民主国家（印度）和穆斯林人口比例最大的国家（印度尼西亚），同时也是 1/4 美国商品出口地。此外，全球前 15 名军事大国中的 11 个都在印太地区，全球 9 个拥核国中的 6 个也在这一地区"。① 这一地区是世界大国战略利益汇聚之所，未来世界的安全、繁荣与整体面貌将在很大程度上取决于这一地区的发展态势。这一趋势要求俄罗斯不得不高度关注亚太地区的发展态势以及自身在亚太地区的利益。俄罗斯外长拉夫罗夫撰文指出，"亚太地区是一个至关重要的经济发展中心，政治影响力不断增加，同时，这里还是一个极具吸引力的合作舞台，在这个舞台上，相互交织着许多重要的国家和多边机构的利益"。"作为亚太地区一个不可分割的有机组成部分，俄罗斯一直也在这个地区不断扩大着自己的存在。对于我们来说，这具有非常重要的意义。俄罗斯增加对该地区事务的参与——是确保国家持续发展，以及西伯利亚和远东地区社会经济提升的重要前提。"②

二 2012 年以来俄罗斯亚太政策调整的主要内容

自 2012 年普京开启第三总统任期以来，面对国际体系的加速变迁、俄罗斯与西方战略关系的持续恶化以及亚太地区形势的深刻变化，俄罗斯对亚太政策进行了积极调整，主要包括：俄罗斯在整体外交政策中更加重视亚太地区，开始着力实施"向东转"战略；改变原来在中美亚太竞争中奉行的"平衡"政策，转而朝着有利于中国的方向倾斜；全面加强和深化与亚太国家的双边关系，同时更加积极和深入地参与亚太事务。

（一）俄罗斯实施"向东转"战略

自普京第三总统任期以来，亚太地区在俄罗斯外交政策中的地位持续提

---

① "Defining Our Relationship with India for the Next Century," https：//www.state.gov/secretary/remarks/2017/10/274913.htm，最后访问日期：2018 年 5 月 10 日。转引自刘富贵《特朗普政府的印太战略》，《国际研究参考》2018 年第 6 期，第 36 页。
② 《俄外长拉夫罗夫为 APEC 会议撰文》，http：//ru.people.com.cn/n/2013/1008/c355954-23121125.html，最后访问日期：2013 年 10 月 3 日。

第三章　2012年以来俄罗斯亚太政策的调整与总体框架

高，俄罗斯对亚太地区的外交积极性日益加强，开始逐步实施"向东转"战略。俄罗斯总统普京在2012年7月的驻外使节会议上以及在同年11月亚太经合组织领导人非正式会议期间指出，"我们将继续强化在亚太地区的阵地"，① "我们将完全融入亚太空间视为俄罗斯未来成功，以及西伯利亚和远东地区发展的最重要保证"。② 2013年2月颁布的《俄罗斯联邦外交政策构想》指出，"加强俄罗斯在亚太地区地位的意义与日俱增，这是由我国从属于这一发展最为迅猛的地缘政治地区所决定的，世界经济政治重心正不断向该地区转移"。③

2014年乌克兰危机爆发后，俄罗斯的外部环境发生了急剧变化，美国主导的西方将俄罗斯视为主要威胁，对俄罗斯实施公然的"敌视"与"系统性"遏制政策。特朗普政府上台后，将俄罗斯视作美国主要战略竞争对手之一，并进一步加强了对俄罗斯的战略遏制，俄罗斯与美国及西方的关系更加恶化和复杂。这些新的变化，与欧洲的停滞不前或发展缓慢、西亚北非局势的动荡、亚太地区在全球舞台地位的不断提升、俄罗斯发展国家经济特别是西伯利亚与远东地区经济的战略需要等因素叠加在一起，对俄罗斯的亚太政策产生了重要影响，使俄罗斯更加致力于全面加强与亚太国家的关系，强化在亚太地区的战略存在与影响，进一步加大了实施"向东转"战略的决心与力度。④ 俄罗斯总统普京在2016年12月发表的国情咨文中指出，"俄罗斯奉行积极的东方政策，绝非出于一时考虑，也不是因为与美国或欧

---

① Совещание послов и постоянных представителей России, http://president.kremlin.ru/transcripts/15902，最后访问日期：2012年7月9日。

② Статья Владимира Путина, размещённая в азиатском издании ведущей американской деловой газеты «Уолл-стрит джорнэл», http://president.kremlin.ru/news/16390，最后访问日期：2020年7月9日。

③ Концепция внешней политики Российской Федерации, http://www.mid.ru/brp_4.nsf/0/6D84DDEDEDBF7DA644257B160051BF7F，最后访问日期：2013年2月16日。

④ 俄罗斯驻华大使杰尼索夫2015年12月就俄罗斯"向东转"战略指出，"转向东方——这首先是俄罗斯的战略选择，总体上与制裁政策无关。它在我们遭受一系列制裁前就已启动。我们的政府在大约三年前就开始严肃谈论转向东方，当时还没有人用制裁来威胁我们。但如果深入发掘，转向东方更早就开始了，至少从21世纪初期"。参见Посол РФ в КНР: разворот экономики России на Восток состоялся, https://ria.ru/interview/20151208/1338111769.html，最后访问日期：2015年12月9日。

盟的关系转冷，而是出于长期国家利益和世界发展趋势"。① 俄罗斯总统普京 2015 年亲自倡议和参加远东经济论坛被视为俄罗斯实施"向东转"战略的重要标志之一。

2016 年 11 月颁布的最新版《俄罗斯联邦外交政策构想》指出，"实力与发展潜力逐步分化，且朝着亚太地区转移。令老西方得以在全球经济和政治中占据主导地位的机会式微"。"俄罗斯把巩固在亚太地区地位和加强与亚太国家关系视为重要的外交战略方向。"② 俄罗斯外长拉夫罗夫 2015 年 1 月指出，"将我们的国家转向太平洋是我国在 21 世纪的一项重要任务"。③

需要在此指出的是，实施"向东转"战略是俄罗斯为了应对与西方关系的严重恶化以及摆脱在欧洲-大西洋地区战略困局的一项重要战略举措，但是俄罗斯在实施"向东转"战略的同时，仍在致力于改善并发展与西方特别是欧洲的关系。俄罗斯外长拉夫罗夫指出，2012 年 7 月俄罗斯总统普京在驻外使节会议上的讲话的实质可以归结为，"我们的方针是在融入亚太地区的同时不给我们的欧洲属性造成任何损害，因为俄罗斯是个欧洲大国，向东传播的是欧洲文化和基督教文化"。④ "我们更愿意在采取这一举措（'向东转'）的同时加强我们与欧洲的联系，而不只是致力于前者。"⑤ 这是由俄罗斯整体外交政策中一贯秉承的"多向性"与"平衡性"外交方针决定的。

---

① Послание Президента Федеральному Собранию, http://kremlin.ru/events/president/news/53379, 最后访问日期：2016 年 12 月 1 日。

② Концепция внешней политики Российской Федерации (утверждена Президентом Российской Федерации В. В. Путиным 30 ноября 2016 г), http://www.mid.ru/ru/foreign_policy/news/-/asset_publisher/cKNonkJE02Bw/content/id/2542248, 最后访问日期：2016 年 12 月 1 日。

③ Minister of Foreign Affairs of the Russian Federation Sergey Lavrov, How Does Russia See the World? http://www.huffingtonpost.com/sergey-lavrov/russia-lavrov-worldview_b_6551562.html, 最后访问日期：2015 年 1 月 28 日。

④ Интервью Министра иностранных дел России С. В. Лаврова на радиостанции «Голос России», https://www.mid.ru/ru/foreign_policy/news/-/asset_publisher/cKNonkJE02Bw/content/id/149922, 最后访问日期：2018 年 7 月 2 日。

⑤ Minister of Foreign Affairs of the Russian Federation Sergey Lavrov, How Does Russia See the World? http://www.huffingtonpost.com/sergey-lavrov/russia-lavrov-worldview_b_6551562.html, 最后访问日期：2015 年 1 月 28 日。

（二）俄罗斯使原来在中美亚太竞争中奉行的平衡政策朝着有利于中国的方向倾斜

鉴于2014年乌克兰危机爆发后俄美关系全面恶化，特别是特朗普政府上台后美国明确将俄罗斯视为主要威胁、战略竞争对手与潜在敌人，并对俄罗斯实施更大力度的战略遏制，因此，自普京第三总统任期以来，俄罗斯在其周边各地缘政治方向上，包括在亚太地区或"印太"地区逐步加强了对美国的战略反制。相对于梅德韦杰夫总统任期俄罗斯在中美亚太竞争中选择中立的立场而言，自普京第三总统任期以来，特别是在特朗普政府上台后，面对美国与中国在亚太或"印太"地区的战略竞争，俄罗斯逐步表现出向中国立场的靠拢与倾斜，日益具有明显的反制美国的色彩，这是俄罗斯亚太政策发生的最显著的变化。

俄罗斯在亚太或"印太"地区对美国的战略反制，主要表现为俄罗斯积极反对美国巩固在亚太或"印太"地区霸权的图谋，其中包括俄罗斯反对奥巴马政府在亚太地区推进跨太平洋伙伴关系协定计划，反对特朗普政府及拜登政府的"印太"战略或构想，反对建立美日澳印四国集团，反对美国干预南海地区事务，反对美国在亚太地区发展反导系统，等等。俄罗斯的上述立场与中国的战略立场基本一致，并形成了对中国的战略支持。然而，俄罗斯从自身利益出发并不希望与美国走向全面对抗，其中包括在亚太地区与美国走向对抗。在与中国加强战略协作而不结盟的情况下，俄罗斯在亚太或"印太"地区对美国的战略反制，不仅可以巩固俄罗斯与中国的友好合作关系，而且有助于阻止美国在亚太或"印太"地区获得主宰地位。

1. 俄罗斯反对美国在亚太或"印太"地区巩固霸权，公开批评美国的"印太战略"，反对组建美日澳印四国集团，并特别反对和牵制印度加入这一集团

俄罗斯官方对美国"印太战略"总体持否定、批判及反对的认知与立场：俄罗斯反对美国在亚太或"印太"地区建立类似北约的军事政治集团；[①] 批评美国"印太战略"服务于美国霸权，不具有团结性，而是具有破坏性，不仅反中而且反俄，[②] 将在亚太地区"制造分界线，破坏东盟中心作用，以及引发对抗其中包括军事对抗"。[③]

俄罗斯外长拉夫罗夫 2019 年 2 月指出，人为推广的"印太构想"，属于通过非自然方式重构地缘政治图景的企图，美、日、澳共同推进的这一构想具有明显的遏制中国的背景，并试图将印度纳入进程，目的在于服务某一大国的地缘政治利益。[④] 俄罗斯国防部部长绍伊古 2019 年 10 月指出，"美国推动的'印太'倡议并未涵盖所有地区国家，这将导致形成所谓利益联盟。这不符合建立统一不可分割的安全空间的任务，会动摇有效运行的亚太多边合作机制"。"将合作范围人为扩大至所谓'印太'地区旨在划出分界线、制造亚太国家冲突并最终遏制地区发展。"[⑤] 2019 年 10 月，俄罗斯总统普京就美国提出的以遏制中国为目的的"印太构想"指出，"我们的观点是不要效仿第二次世界大战后的欧洲或北大西洋而创建新的集团"，"如果企图建立某一集团组织，我认为，这首先与整个亚洲以及亚洲现状是格格不入的。其次，这未必能够建立起来，因

---

① Заседание дискуссионного клуба «Валдай», http://kremlin.ru/events/president/news/61719，最后访问日期：2019 年 10 月 3 日。

② Интервью Министра иностранных дел Российской Федерации С. В. Лаврова ланкийской газете «Дэйли ньюс», опубликованное 13 января 2020 года, https://mid.ru/ru/foreign_policy/news/1424683/，最后访问日期：2020 年 1 月 13 日。

③ Выступление и ответы на вопросы СМИ Министра иностранных дел Российской Федерации С. В. Лаврова в ходе пресс-конференции по итогам деятельности российской дипломатии в 2021 году, Москва, 14 января 2022 года, https://mid.ru/ru/foreign_policy/news/1794396/，最后访问日期：2022 年 1 月 14 日。

④ Выступление и ответы на вопросы Министра иностранных дел России С. В. Лаврова на Российско-вьетнамской конференции Международного дискуссионного клуба «Валдай», г. Хошимин, 25 февраля 2019 года, http://www.mid.ru/ru/foreign_policy/news/-/asset_publisher/cKNonkJE02Bw/content/id/3541050，最后访问日期：2019 年 2 月 25 日。

⑤ Глава российского военного ведомства указал на дестабилизирующий характер так называемой Индо-Тихоокеанской инициативы США, https://function.mil.ru/news_page/person/more.htm?id=12257850@egNews，最后访问日期：2019 年 10 月 21 日。

为我知道，我们许多亚洲朋友的意向：他们不想加入旨在反对任何其他国家的任何集团"，"他们不想卷入国家之间的对抗，同时也不想加入集团"。"关于遏制中国，我认为这在原则上是不可能的。如果有人想要尝试，那么将要这么做的人会意识到，这是不可能的。在此过程中，他一定会令自己遭受损失。""我认为，在任何情况下，局势的这种可能发展都是非建设性的和有害的，而团结努力创造睦邻合作的局面以及追寻所有人的共同安全体系，这是我们应该共同努力的，当然，这包括我们在亚洲以及整个世界上最亲密的国家——印度。"①

俄方领导人的上述立场清晰表明：俄罗斯反对美国提出的"印太战略"构想，反对组建遏制中国的地区集团，特别对印度加入这一集团的潜在可能性表示反对，并加以牵制。

2. 俄罗斯在发展与印度和越南等国的双边关系中，共同确认建立以非集团或安全不可分割原则为基础的地区安全架构，以牵制有关国家加入美国主导的"印太战略"及其组建的地区集团

俄罗斯外长拉夫罗夫在 2017 年 12 月指出，"加强俄印合作可以帮助找到应对亚太地区众多挑战的最佳方案。我们相信，在孤立的集团内部不能建立稳定的亚太安全架构。安全不可分割、国际法至上、和平解决争端、不使用武力或威胁使用武力的原则的开放的集体基础，是必要的先决条件"。② 2019 年 9 月，俄印两国发表联合声明指出，"双方确认致力于在亚太地区建立平等的和不可分割的安全架构"，"旨在加强地区秩序的倡议，应该以多边、开放、包容和相互尊重原则为基础，不应该用于反对他国"。③ 俄罗斯

---

① Заседание дискуссионного клуба «Валдай», http：//kremlin.ru/events/president/news/61719，最后访问日期：2019 年 10 月 3 日。
② Выступление и ответы на вопросы Министра иностранных дел России С. В. Лаврова в Международном фонде им. Свами Вивекананды, Нью - Дели, 11 декабря 2017 года, https：//www.mid.ru/ru/foreign_policy/news/-/asset_publisher/cKNonkJE02Bw/content/id/2984577，最后访问日期：2017 年 12 月 11 日。
③ Совместное заявление по итогам XX российско - индийского саммита «Через доверие и партнёрство - к новым вершинам сотрудничества »，http：//kremlin.ru/supplement/5438，最后访问日期：2019 年 9 月 4 日。

与越南在2018年9月发表的联合声明中指出,"俄罗斯与越南认为,国际安全是不可分割的以及全面的","不允许一些国家通过牺牲其他国家的安全来保障自己的安全,特别是通过扩大全球及地区军事政治联盟的方式"。两国赞成通过集体努力,"在地区建立开放的、全面的、透明的、平等的以及安全不可分割的架构","双方赞成加强东盟在亚太地区事务中的中心作用"。① 俄罗斯分别与印度、越南共同确认的上述立场,是对美国企图将印度和越南拉入美国"印太战略"以及怂恿地区国家分裂与对抗的根本否定。

3. 俄罗斯在南海问题上给予了中国外交支持,明确反对南海争端的国际化,反对美国等域外势力介入南海问题,反对美国在南海问题上对中国的片面指责和施压

2016年9月,俄罗斯总统普京表示,俄方赞同并支持中方不承认"南海仲裁案"及其裁决结果的立场。② 普京还指出,"我们认为,任何域外大国的干预只会有损于问题的解决","我认为,这是有害及无效的"。③ 俄罗斯外长拉夫罗夫在2016年4月和2019年2月就该问题表示,"非争端当事国应当立即停止任何干涉以及使争端国际化的企图"。④ "我们的出发点是,任何争端都应当在当事国之间解决。""现在正在拟定有法律义务的南海行为准则。""需要努力'搭建桥梁',并寻找相互接受的解决办法。"⑤ "不要

---

① Совместное заявление по итогам официального визита Генерального секретаря Центрального комитета Коммунистической партии Вьетнама Нгуен Фу Чонга в Российскую Федерацию, http://kremlin.ru/supplement/5338, 最后访问日期:2018年9月8日。

② Ответы на вопросы журналистов, http://kremlin.ru/events/president/news/52834, 最后访问日期:2016年9月6日。

③ Ответы на вопросы журналистов, http://kremlin.ru/events/president/news/52834, 最后访问日期:2016年9月6日。

④ Интервью Министра иностранных дел России С. В. Лаврова СМИ Монголии, Японии и КНР в преддверии визитов в эти страны, Москва, 12 апреля 2016 года, http://www.mid.ru/ru/foreign_policy/news/-/asset_publisher/cKNonkJE02Bw/content/id/2227965, 最后访问日期:2016年4月13日。

⑤ Выступление и ответы на вопросы Министра иностранных дел России С. В. Лаврова на Российско-вьетнамской конференции Международного дискуссионного клуба «Валдай», г. Хошимин, 25 февраля 2019 года, http://www.mid.ru/ru/foreign_policy/news/-/asset_publisher/cKNonkJE02Bw/content/id/3541050, 最后访问日期:2019年2月25日。

试图从外部来干预。"①

显然，俄罗斯的上述立场是对中国不承认"南海仲裁"结果以及反对美国等域外势力介入南海问题的明确支持，同时也是对美国介入南海问题的公开否定与反对。

同时，俄罗斯也反对美国在南海问题上对中国不公正的指责和施压。俄罗斯外长拉夫罗夫2019年2月指出，"我们的美国同事在每一次类似的情况下，在有中国和东盟在场的情况下，要求中国让步以解决争端，这是再一次在中国与其邻国之间打入楔子的、清晰的、毫不掩饰的企图"。②

中国外交部认为，"俄方有关表态客观公正地反映了当前南海态势和问题所在，代表了国际社会正义声音。中方对此表示赞赏。一段时期以来，个别域外国家为一己之私插手南海事务，挑动地区国家矛盾，制造南海紧张局势，推动南海'军事化'。中方敦促有关国家，切实尊重地区国家维护南海和平稳定努力，并为此发挥建设性作用"。③

还应当看到的是，俄罗斯反对第三方介入南海问题的立场针对所有域外国家，自然也包括印度。这与印度莫迪政府越发积极介入南海问题的立场是不同的，俄罗斯的这一立场在一定程度上也是对印度卷入南海问题政策的否定。与此同时，俄罗斯的这一立场也与越南希望拉拢美国介入亚太特别是南海问题的立场正好是相反的。2016年10月，越南国防部副部长阮志咏在与美国负责南亚和东南亚事务的助理国防部长帮办卡拉·阿伯克龙比会晤时表示，越南支持美国在亚太地区发挥积极作用，

---

① Выступление и ответы на вопросы Министра иностранных дел России С. В. Лаврова на Российско-вьетнамской конференции Международного дискуссионного клуба «Валдай», г. Хошимин, 25 февраля 2019 года, http://www.mid.ru/ru/foreign_policy/news/-/asset_publisher/cKNonkJE02Bw/content/id/3541050, 最后访问日期：2019年2月25日。

② Выступление и ответы на вопросы Министра иностранных дел России С. В. Лаврова на Российско-вьетнамской конференции Международного дискуссионного клуба «Валдай», г. Хошимин, 25 февраля 2019 года, http://www.mid.ru/ru/foreign_policy/news/-/asset_publisher/cKNonkJE02Bw/content/id/3541050, 最后访问日期：2019年2月25日。

③ 《外交部：俄方表态客观公正反映南海态势和问题所在（全文）》，http://www.chinanews.com/gn/2016/06-23/7915313.shtml，最后访问日期：2016年6月23日。

并重申"越南将支持美国及其他伙伴介入亚太地区,只要这能带来和平、稳定与繁荣"。① 显然,越南拉拢美国介入亚太地区的目的,主要是希望美国介入南海问题,并借助美国在南海地区对中国的遏制来维护越南在南海地区的既得非法利益。而俄罗斯明确反对包括美国在内的第三方介入南海问题的立场,当然也是对越南企图怂恿美国介入南海问题这一立场的否定与牵制。

俄罗斯领导人在公开场合批评及反对美国提出的"印太战略"构想及其组建美日澳印四国集团的图谋,俄罗斯先后与印度、越南在联合声明中对开放、平等、非集团的地区政治与安全秩序和架构的多次确认,以及俄罗斯公开反对美国等域外势力介入南海问题,无疑对牵制越南和印度等国加入美国以遏制中国为目的的"印太战略"具有正面的积极意义。这些举措也反映或证明了俄罗斯在2014年乌克兰危机后逐渐使自己在亚太地区原来奉行的中美平衡政策朝着有利于中国的方向倾斜。

(三)俄罗斯积极致力于全面加强和深化与亚太国家的双边关系,同时更加积极和深入地参与亚太地区事务

自普京第三总统任期以来,特别是在2014年乌克兰危机爆发后,俄罗斯积极致力于加强和深化与亚太国家的战略关系与合作。

其一,俄罗斯更加重视并优先发展与中国的全面战略协作伙伴关系。2012年7月,普京在谈到亚太政策时指出:"同中国之间的战略与务实协作具有最重要的意义。我们准备深化同中国伙伴之间各种形式的合作,包括在国际议题方面协调行动。"② 2013年2月颁布的《俄罗斯联邦外交政策构想》指出,发展与中国的友好关系"是俄罗斯外交政策的一个最为重要的

---

① 《中越第九次防务安全磋商举行 曾中断3年》,http://m.haiwainet.cn/middle/3541083/2016/1108/content_ 30484237_ 1.html,最后访问日期:2016年11月8日。
② Совещание послов и постоянных представителей России, http://president.kremlin.ru/transcripts/15902,最后访问日期:2012年7月9日。

方面"。① 在 2014 年乌克兰危机后，伴随着以美国为首的西方对俄罗斯实施"系统性"遏制，俄罗斯进一步强化了与中国的战略友好与全面协作关系。2016 年版《俄罗斯联邦外交政策构想》强调，"俄罗斯将继续扩大与中国的全面和平等互信的伙伴关系和战略协作"。② 2017 年 12 月，俄罗斯总统普京在年度记者会上指出，"俄罗斯对发展与华关系具有全国性共识，并且无论选举结果如何，中俄在未来的长期历史阶段中都将是战略伙伴"。③ 在以上方针指导下，俄罗斯在普京第三总统任期以来继续致力于发展与中国的全面友好合作，优先发展与中国的全面战略协作伙伴关系。

其二，俄罗斯全面发展与亚太其他国家的友好关系。俄罗斯在将中国视为亚太地区首要战略合作对象以反制或平衡美国的同时，也注重平衡发展与亚太其他国家的双边关系。俄罗斯的战略目的一方面在于削弱美国的战略影响力，防止更多地区国家被美国纳入"亚太再平衡"战略及"印太战略"，由此投入美国"怀抱"并强化美国的世界及地区霸权；另一方面俄罗斯也希望以其独立的第三方的身份巩固并发展与一系列亚太国家的友好合作关系，从而最终为俄罗斯在亚太地区赢得有利的战略地位，并获取最大的战略利益。

自普京第三总统任期以来，俄罗斯通过全面加强和深化与亚太国家的战略关系与合作，积极参与解决朝鲜半岛问题以及参加诸如 APEC、东亚峰会、东盟与对话伙伴国国防高官会议等亚太地区的多边组织与活动，全面加强了对亚太地区政治、安全和经济事务的参与。

---

① Концепция внешней политики Российской Федерации，http：//www.mid.ru/brp_ 4. nsf/0/6D84DDEDEDBF7DA644257B160051BF7F，最后访问日期：2013 年 2 月 16 日。

② Концепция внешней политики Российской Федерации（утверждена Президентом Российской Федерации В. В. Путиным 30 ноября 2016 г），http：//www.mid.ru/ru/foreign_ policy/news/-/asset_ publisher/cKNonkJE02Bw/content/id/2542248，最后访问日期：2016 年 12 月 1 日。

③ Большая пресс - конференция Владимира Путина，http：//kremlin.ru/events/president/news/56378，最后访问日期：2017 年 12 月 14 日。

三　2012年以来俄罗斯亚太政策的总体框架

作为俄罗斯整体外交政策组成部分的亚太政策，要求服务于俄罗斯国家发展以及对外战略的总目标。这从根本上决定了俄罗斯希望保持亚太地区的和平、稳定与繁荣，反对亚太地区的分裂与对抗。俄罗斯总统普京于2017年11月指出，"俄罗斯希望看到的是亚太地区成功的未来以及确保整个地区全面可持续的发展"。① 事实上，俄罗斯渴望不断融入亚太地区并从其飞速发展中获得"红利"，即推进俄罗斯特别是其远东和西伯利亚地区经济与社会的发展；与此同时，不断提高俄罗斯在整个亚太地区的战略地位和影响力，从而挫败以美国为首的西方对俄罗斯实施的"系统性"遏制政策，以最终实现国家发展的既定目标，并巩固俄罗斯的世界大国地位。

（一）普京第三总统任期以来俄罗斯亚太政策的主要目标

1. 积极参与亚太地区一体化进程，以促进俄罗斯西伯利亚和远东地区的发展

长期以来，俄罗斯东部地区不仅在社会经济的发展水平上严重落后于其他地区，而且与其他地区的经济联系也非常薄弱。从俄罗斯东部地区到欧洲地区之间高额的运输费用，严重影响了两者之间的经贸与社会联系，两者之间的贸易量只占俄罗斯东部地区贸易总量的4%,② 其余贸易则是在该地区内进行或者是对外贸易，这不仅使俄罗斯东部地区与欧洲地区的联系越来越弱，而且造成了俄罗斯东部地区社会经济发展的落

---

① 《亚太经合组织第二十五次领导人非正式会议：共同走向繁荣与和谐发展》，http://www.xinhuanet.com/world/2017-11/09/c_129736754.htm，最后访问日期：2017年11月9日。

② Михаил Николаев. АТР и национальная безопасность России//Международная жизнь，№4，2010，с.16.

后、离心倾向的加强以及人口的大量外迁。俄罗斯学者米哈伊尔·尼古拉耶夫指出："军事实力的下降、经济的虚弱、社会的不稳定，以及远东人口危机，这种情况将有可能引来祸患。"① 俄罗斯学者季塔连科认为："在我们邻国面前出现了忽视弱国利益或通过给予弱国压力，包括强力压力，使其为自己利益服务的诱惑。"② 21 世纪初，俄罗斯总统普京在视察远东地区时忧心忡忡地指出："如果近期我们不做出现实的努力，那么，要不了几十年，甚至自古以来就生活在这里的俄罗斯居民就基本上说日语、汉语和朝鲜语了。""远东和后贝加尔湖地区发展的前景问题对国家来说是很尖锐的，我甚至想说是悲剧的。从实质上看，这里说的是，这个作为俄罗斯不可分割的一部分地区能否存在的问题。"③ 虽然在普京第一和第二总统任期以及梅德韦杰夫担任总统时期，俄罗斯采取了一系列措施促进以上地区的社会经济发展，但是这一地区的形势并未从根本上得到扭转。

鉴于以上形势，自普京第三总统任期以来，俄罗斯希望通过加入亚太经济一体化进程，借力亚太地区经济的蓬勃发展，促进俄罗斯远东及西伯利亚地区的社会经济发展，以扭转上述地区的消极发展趋势，并维护俄罗斯东部地区的安全。俄罗斯总统普京于 2012 年 5 月 7 日签署的《关于落实俄罗斯联邦外交方针措施的命令》指出，俄罗斯亚太政策的核心目标之一在于，"更广泛地参与地区一体化进程，以促进俄联邦东西伯利亚和远东地区社会经济的加速发展"。④ 2013 年版《俄罗斯联邦外交政策构想》指出，"俄罗斯希望积极参与亚太地区的一体化进程，利用其能力来实施西伯利亚和远东

---

① Михаил Николаев. АТР и национальная безопасность России//Международная жизнь, №4, 2010, с. 14.
② Михаил Николаев. АТР и национальная безопасность России//Международная жизнь, №4, 2010, с. 14.
③ 《普京文集：文章和讲话选集》，中国社会科学出版社，2002，第 121 页。
④ Подписан Указ о мерах по реализации внешнеполитического курса, http://president.kremlin.ru/acts/15256，最后访问日期：2019 年 8 月 12 日。

的经济振兴计划"。① 2016 年版《俄罗斯联邦外交政策构想》重申了上述政策。②

普京在其第三总统任期内指出:"我们非常重视将西伯利亚和远东地区融入亚太地区经济合作体系。这方面的工作包括采取旨在提高我国这些地区的投资吸引力、让俄罗斯企业融入国际生产链的一系列措施。""对俄罗斯来说,远东地区的发展是 21 世纪国家的优先任务。"③ "最近几十年里亚太地区的发展惊人。俄罗斯作为一个亚太地区大国,应全面利用这一巨大的潜能。"④ "我们必须强化我国外交的东部方向,更加积极地利用亚太地区的内在潜力,从而有利于进一步发展我国,当然,首先是西伯利亚和远东地区。"⑤

2. 保护俄罗斯东部地区的安全

俄罗斯在普京第三总统任期将保护国家东部地区的安全作为亚太政策的重要目标之一。2014 年 7 月,俄罗斯总统普京指出,"俄罗斯的亚太政策应当继续致力于保障我国东部边境的安全"。⑥ 对于俄罗斯而言,保障俄罗斯东部地区的安全,是维护俄罗斯整体安全的重要战略方向,只有在首先保护俄罗斯东部地区安全的基础上,才能谈及东部地区的建设与发展。

然而,在普京第三总统任期,亚太地区形势发生了一系列快速而深刻的

---

① Концепция внешней политики Российской Федерации, http://www.mid.ru/brp_4.nsf/0/6D84DDEDEDBF7DA644257B160051BF7F,最后访问日期:2013 年 2 月 16 日。
② Концепция внешней политики Российской Федерации (утверждена Президентом Российской Федерации В. В. Путиным 30 ноября 2016 г), http://www.mid.ru/ru/foreign_policy/news/-/asset_publisher/cKNonkJE02Bw/content/id/2542248,最后访问日期:2016 年 12 月 1 日。
③ 《亚太经合组织第二十五次领导人非正式会议:共同走向繁荣与和谐发展》, http://www.xinhuanet.com/world/2017-11/09/c_129736754.htm,最后访问日期:2017 年 11 月 9 日。
④ Послание Президента Федеральному Собранию, http://president.kremlin.ru/news/47173,最后访问日期:2014 年 12 月 5 日。
⑤ Совещание послов и постоянных представителей России, http://president.kremlin.ru/news/46131,最后访问日期:2014 年 7 月 2 日。
⑥ Совещание послов и постоянных представителей России, http://president.kremlin.ru/news/46131,最后访问日期:2014 年 7 月 2 日。

变化，这使俄罗斯对国家东部地区的安全感到担忧。其中，俄罗斯主要对来自美国和日本特别是美国的安全威胁感到担忧，其重点是美国在亚太地区构筑的全球反导系统对俄罗斯战略核力量的威胁。2014 年 11 月，俄罗斯国防部部长绍伊古指出，"亚太地区、北非地区和整个世界的形势一年比一年复杂"，①"我们都对美国企图加强在亚太地区的军事政治影响感到担忧"。②他在 2017 年 10 月第 4 届东盟国防部长扩大会上指出，"亚太地区军事潜力增长的不均衡，削弱了这一地区的安全"，"我特别强调地区军力增长不均衡的问题，其中包括美国在亚太地区部署全球反导系统的坚定方针"。③2017 年 6 月，俄罗斯国防部副部长亚历山大·福明中将在"香格里拉"亚太地区安全问题国际会议上指出，"东京有关加大自身反导潜力的想法也不能不使人警觉"。④

在此应当指出的是，在普京第三总统任期特别是在 2014 年乌克兰危机后，俄罗斯大部分专家仍然将美国和日本视为俄罗斯远东地区的首要威胁。例如，时任俄地缘政治问题研究院院长列奥尼德·伊瓦绍夫上将指出，"目前来自这一（远东）地区的军事威胁正在日益增强"，"在这种形势下，军队虚弱将面临严重的军事挑衅"。"美国也在这一地区展示自己的力量，日本自卫队正在不断增强军力。在远东地区，美国部署有强大的空中打击力量和反导集群。而日本已经突破和平宪法限制，如果排除俄核打击力量，今天的日本自卫队比我们远东和太平洋集群要强大得多。因此，这对俄远东地区

---

① В Пекине состоялась встреча Министра обороны России генерала армии Сергея Шойгу с заместителем председателя Центрального военного совета КНР генерал-полковником Сюй Циляном, https：//function. mil. ru/news_ page/country/more. htm？id = 12000233@ egNews，最后访问日期：2014 年 11 月 19 日。

② Министр обороны России генерал армии Сергей Шойгу провел переговоры с китайским коллегой генерал-полковником Чан Ваньцуанем, https：//function. mil. ru/news_ page/country/more. htm？id = 12000207@ egNews，最后访问日期：2014 年 11 月 18 日。

③ В АТР наблюдается непропорциональный рост военных потенциалов, заявил Шойгу, https：//ria. ru/20171024/1507432183. html，最后访问日期：2017 年 10 月 24 日。

④ 《俄国防部：俄罗斯建议共同完善亚太地区安全架构》，http：//sputniknews. cn/military/201706041022778459/，最后访问日期：2017 年 6 月 10 日。

的安全构成重大威胁。"①

因此,在普京第三总统任期,面对上述一系列安全威胁与挑战,俄罗斯将维护东部地区的安全作为亚太政策的重要目标之一。

3. 维护俄罗斯在亚太地区的战略地位和利益

21 世纪初,亚太地区不仅是全球经济增长最快以及最有活力的地区,而且在全球经济中所占的比重日益增大,与此同时,这一地区对整个世界的政治影响力也在不断加强,事实上,全球经济与政治重心正在加速向亚太地区转移。

正是由于亚太地区日益成为世界上最为重要的地区,因此,世界各国,特别是主要大国都在努力巩固和提升自己在这一地区的战略地位,极力维护并增进自己在这一地区的战略利益。奥巴马政府实施的"重返亚太"战略以及特朗普政府实施的"印太战略"的根本目的就是维护和巩固美国在亚太/"印太"地区的霸权地位,确保自己在亚太地区的政治、安全与经济利益。而日本不满足于只做经济大国,极力谋求成为"正常国家",重新成为亚太地区真正的政治与军事大国。因此,美、日两国与中国在亚太地区存在"战略碰撞"。

在大国的激烈竞争中,地跨欧亚大陆的俄罗斯也在积极维护自己在亚太地区的战略地位和利益。首先,俄罗斯将"融入亚太"作为国家的重大战略选择:一方面,北约与欧盟的"双扩"以及 2014 年乌克兰危机后以美国为首的西方对俄罗斯实施的"系统性"遏制,将俄罗斯排斥于欧洲集体政治、安全与经济空间之外,这决定了俄罗斯在欧洲—大西洋地区的"孤独"和"难以有所作为";另一方面,亚太地区经济的蓬勃发展,使俄罗斯将"融入亚太"视为促进国家社会经济发展的重大战略举措。俄罗斯总统普京指出,"21 世纪俄罗斯的发展方向就是向东发展",② "我们将完全融入亚太

---

① Минобороны возродит аэродромы Дальнего Востока за 7,8 млрд рублей, http://izvestia.ru/news/566077,最后访问日期:2014 年 2 月 20 日。

② Послание Президента Федеральному Собранию, http://president.kremlin.ru/transcripts/17118,最后访问日期:2012 年 12 月 12 日。

空间视为俄罗斯未来成功"的最重要保证。①

如果说"融入亚太"仅是俄罗斯亚太政策基本目标的话,那么,成为亚太地区重要的政治与经济大国,则是俄罗斯亚太政策的高级目标。俄罗斯认为,自己应维护亚太地区的和平与稳定;同时,"不能仅扮演亚洲原料附庸的角色,而应该有更高的诉求,应在那里建造基础设施,给亚洲人带去先进的俄罗斯技术"。② 2012年11月,俄总理梅德韦杰夫明确指出,"俄罗斯是个地跨欧亚的国家,同时也属于亚太地区的一员,地理位置决定了我们的合作方向。我们当然会竭尽全力,巩固自身在该地区的地位"。③

4. 促进亚太地区的和平、稳定与繁荣

俄罗斯在普京第三总统任期将维护亚太地区的和平、稳定与繁荣作为亚太政策的重要目标之一。2013年10月,俄罗斯外长拉夫罗夫指出,"一个强大、稳定、安全和繁荣的亚太地区,对我们来说是至关重要的",俄罗斯的目标是"加强亚太地区和平、稳定与繁荣"。④ 对于俄罗斯而言,只有维护亚太地区的和平、稳定与繁荣,才能确保俄罗斯利用亚太地区的和平、稳定以及经济快速发展的有利形势和条件促进俄罗斯国家的持续发展,特别是为其西伯利亚和远东地区的安全和经济社会发展创造必要条件。

---

① Владивосток-2012: российская повестка для форума АТЭС—Статья Владимира Путина, размещённая в азиатском издании ведущей американской деловой газеты «Уолл-стрит джорнэл», http://president.kremlin.ru/news/16390,最后访问日期:2012年9月6日。

② См, Знать свое место, http://www.kommersant.ru/doc/2009574, 2012-09-05; Д. МЕДВЕДЕВ. Выступление на совещании с российскими послами и постоянными представителями в международных организациях, http://president.kremlin.ru/transcripts/8325,最后访问日期:2010年7月12日。

③ Дмитрий Медведев: Россия будет делать все для укрепления позиций в Азиатско-Тихоокеанском регионе, https://www.amic.ru/news/198116/,最后访问日期:2012年11月5日。

④ Статья С. В. Лаврова к саммиту АТЭС "К миру, стабильности и устойчивому экономическому развитию в Азиатско-Тихоокеанском регионе", http://www.russia.org.cn/ru/news/statya-s-v-lavrova-k-sammitu-ates-quot-k-miru-stabilnosti-i-ustojchivomu-ekonomicheskomu-razvitiyu-v-aziatsko-tihookeanskom-regione-quot/,最后访问日期:2013年10月4日。

然而，亚太地区存在一系列消极趋势与因素，严重威胁着亚太地区的和平、稳定与繁荣。2013年11月，俄罗斯外长拉夫罗夫指出，虽然从总体上来说亚太地区形势是稳定的，"但是，存在相当严重的冲突风险"，"这指的是朝鲜半岛局势、领土争端、国际恐怖主义、贩毒、网络犯罪、海盗和紧急事态"。① 如果不能妥善解决这些安全问题，必将破坏亚太地区的和平与发展局面。2018年4月，俄罗斯武装力量总参谋部情报总局第一副局长伊戈尔·科斯秋科夫指出，"对美国亚太方针的分析使我们有理由得出如下结论，即华盛顿不打算放弃动用'武力的权利'，以维护自己的全球领导地位，并继续依靠侵害他国利益来解决产生的问题。美国及其盟友冒险的武力行动将恶化局势，破坏力量平衡，使亚太地区的许多问题尖锐化，并导致军备竞赛"。②

正是在以上背景下，俄罗斯在普京第三总统任期将维护亚太地区的和平、稳定与繁荣列为亚太政策的重要目标之一。

5. 力图在亚太地区构建平等的、平衡的、非歧视的、合作的地区秩序与体系

俄罗斯反对在亚太地区建立美国霸权居于支配地位的亚太地区秩序与体系，主张在亚太地区建立平等的、平衡的、非歧视的、合作的地区架构。

俄罗斯认为，"亚太地区需要的是一个能够提供平等合作，并实现真正的力量平衡与利益和谐的秩序。必须让每个国家都能够与其他合作伙伴一起，平等地参与制定新的地区关系议程和解决紧迫的发展问题。我们呼吁建立非歧视性的地区制度，不允许强加单方面立场以及划分领导者与从属者，

---

① Выступление и ответы на вопросы СМИ Министра иностранных дел России С. В. Лаврова в ходе совместной пресс-конференции по итогам переговоров министров иностранных дел и обороны в формате «два плюс два», Токио, 2 ноября 2013 года, http://www.mid.ru/brp_4.nsf/0/999319B0C98C229B44257C170028C467，最后访问日期：2013年11月2日。

② Выступление заместителя начальника Главного управления Генштаба ВС РФ вице-адмирала Игоря Костюкова на VII Московской конференции по международной безопасности, http://mil.ru/mcis/news/more.htm?id=12169992%40cmsArticle，最后访问日期：2018年4月25日。

让信任和相互尊重成为国家间交往的基础"。①

俄罗斯主张，在亚太地区建立的体系"应当能够为推动多边贸易、经济和投资合作提供广泛的机遇，应对现有的多维安全挑战，防止出现新的威胁，并努力实现经济和政治一体化"。"这种体系架构应当以安全不可分割、和平解决争端、不使用武力或威胁使用武力、拒绝对抗或针对第三国的合作，以及在多边组织之间建立伙伴关系为基础。""我们的目标是在所有国家之间实现平等合作，无任何例外。"②

6. 力图通过加强与亚太国家的合作，破解西方的遏制、孤立与制裁，从而最大限度降低西方反俄政策给俄罗斯造成的消极影响

俄罗斯在亚太方向的外交政策，是俄罗斯整体多向性外交政策的一个重要组成部分。在欧洲-大西洋方向，自乌克兰危机后，以美国为首的西方对俄罗斯实施"系统性"遏制政策，其中包括：在军事上加强对俄罗斯的遏制和威慑；在地缘政治和外交上加强对俄罗斯的围堵和孤立；在经济上实施对俄罗斯的制裁和打压。西方采取的反俄政策，使俄罗斯在安全、外交和经济上承受着来自西方的巨大压力，给俄罗斯的经济和社会发展造成重大的消极影响。

在俄罗斯与西方的战略关系严重恶化的背景下，俄罗斯需要加强其他战略方向尤其是亚太方向的外交政策，以改善俄罗斯的国际环境，为俄罗斯在东方赢得安全稳定的战略后方；摆脱西方的地缘遏制和孤立，并通过与亚太国家的经济合作使俄罗斯经济走出困境并快速发展。这也正是俄罗斯实施

---

① Статья С. В. Лаврова к саммиту АТЭС " К миру, стабильности и устойчивому экономическому развитию в Азиатско - Тихоокеанском регионе", http://www.russia.org.cn/ru/news/statya-s-v-lavrova-k-sammitu-ates-quot-k-miru-stabilnosti-i-ustojchivomu-ekonomicheskomu-razvitiyu-v-aziatsko-tihookeanskom-regione-quot/，最后访问日期：2013 年 10 月 4 日。

② Статья С. В. Лаврова к саммиту АТЭС " К миру, стабильности и устойчивому экономическому развитию в Азиатско - Тихоокеанском регионе", http://www.russia.org.cn/ru/news/statya-s-v-lavrova-k-sammitu-ates-quot-k-miru-stabilnosti-i-ustojchivomu-ekonomicheskomu-razvitiyu-v-aziatsko-tihookeanskom-regione-quot/，最后访问日期：2013 年 10 月 4 日。

"向东转"战略的主要目标之一。2014年11月,俄罗斯外长拉夫罗夫指出,"我国东方政策不仅被看作是与西方关系之外的选择,也是实施我国多方位外交政策的一个因素。这会使我国在世界上的地位更加稳固"。①

(二)普京第三总统任期以来俄罗斯亚太政策的主要原则

1. 主张以和平方式解决争端

自冷战结束以来,为了维护自身及世界安全,并为国家发展创造有利的国际环境,俄罗斯一直反对以美国为首的西方在国际关系中滥用武力,主张进一步降低武力在国际关系中的作用,采用和平方式解决争端。2013年版《俄罗斯联邦外交政策构想》明确指出,"绕过联合国安理会采取单方面制裁施压和包括军事侵略在内的武力措施来调解危机的做法成为影响国际和平与稳定的风险因素","俄罗斯一贯主张减少武力因素在国际关系中的作用","努力在国际社会集体行动的基础上通过政治-外交手段解决地区冲突,因为当代冲突无法用武力来解决,应当吸引各方对话和谈判,而不是孤立某一方"。②

俄罗斯的这一安全原则,同样在亚太地区得到了贯彻执行。2014年1月,俄罗斯外长拉夫罗夫指出,"我们感兴趣的是,(亚太)地区所有国家之间的关系都能建设性地发展,并且不被各种危机所笼罩。问题是存在的,其中包括领土争端,所有人都知道这一点。我们支持以和平方式、非国际化地在当事国之间直接解决这些争端。我们欢迎这方面的任何外交举措"。③ 俄罗斯在

---

① Выступление и ответы на вопросы Министра иностранных дел России С. В. Лаврова в рамках «правительственного часа» в Государственной Думе Федерального Собрания Российской Федерации, Москва, 19 ноября 2014 года, http://www.mid.ru/ru/foreign_policy/news/-/asset_publisher/cKNonkJE02Bw/content/id/790722, 最后访问日期:2014年11月19日。

② Концепция внешней политики Российской Федерации, http://www.mid.ru/brp_4.nsf/0/6D84DDEDEDBF7DA644257B160051BF7F, 最后访问日期:2013年2月16日。

③ Выступление и ответы на вопросы СМИ Министра иностранных дел России С. В. Лаврова на пресс-конференции по итогам деятельности российской дипломатии в 2013 году, Москва, 21 января 2014 года, http://www.mid.ru/brp_4.nsf/newsline/B748284D938D69B144257C67003AC3CB, 最后访问日期:2014年1月22日。

朝鲜半岛问题、南海问题上的立场都充分反映了俄罗斯的这一原则。

俄罗斯希望通过奉行这一原则，维护亚太地区以及俄罗斯远东地区的安全与稳定，避免在亚太地区发生武装冲突，以及由此造成的对抗、分裂、破坏一体化进程、战争污染、难民潮等一系列政治、经济、社会及环境后果。而这些情况显然不符合包括俄罗斯在内的绝大多数亚太国家的利益。

2. 反对政治分裂与对抗，号召并秉承"非对抗""不结盟"的原则

俄罗斯一贯反对亚太地区的政治分裂与同盟化。俄罗斯外长拉夫罗夫指出，"我们经常听到在'价值立场'的基础上，以共同价值为基础将亚太国家联合起来的号召。该立场的倡议者指出，民主国家对人权的尊重，应该成为加入这一'统一战线'的标准"，"这是非常危险的哲学，特别是在亚太地区，这里有悠久的尊重多样性和宽容的传统。不能允许（亚太）地区国际关系出现新的意识形态化，不能允许将该地区国家随意划分为'文明的'和'所有剩余的'国家"。① 在俄罗斯看来，这种分裂必然会加剧亚太地区的同盟化趋势，并导致亚太地区的对抗，从而损害亚太地区的安全和稳定。拉夫罗夫在 2013 年 1 月和 2014 年 11 月相继指出，"我们希望，亚太的安全不是依托于个别的封闭联盟"。② "我们主张在亚太地区建立非结盟的可靠的安全保障体系。"③ 基于以上立场，俄罗斯在亚太地区号召并秉承"非对抗""不结盟"的原则，这在俄罗斯分别与中国、越南及东盟发表的一系列联合声明以及俄罗斯对亚太/"印太"地区一系列热点问题的官方立场中都得到了明确的体现。

---

① Лавров С. В. Между прошлым и будущем. Российская дипломатия в меняющемся мире. М.：ОЛМА Медила Групп，2011，с. 756-757.
② Вступительное слово и ответы на вопросы СМИ Министра иностранных дел России С. В. Лаврова в ходе пресс-конференции по итогам деятельности российской дипломатии в 2012 году，Москва，23 января 2013 года，https：//www. mid. ru/ru/foreign_ policy/news/-/asset_ publisher/cKNonkJE02Bw/content/id/125958，最后访问日期：2013 年 1 月 23 日。
③ Выступление и ответы на вопросы Министра иностранных дел России С. В. Лаврова в рамках «правительственного часа» в Государственной Думе Федерального Собрания Российской Федерации，Москва，19 ноября 2014 года，http：//www. mid. ru/ru/foreign_ policy/news/-/asset_ publisher/cKNonkJE02Bw/content/id/790722，最后访问日期：2014 年 11 月 19 日。

俄罗斯的亚太政策（2012~2021）

在此应当指出的是，尽管美国在 2014 年乌克兰危机后对俄罗斯实施"系统性"遏制政策，而且美国在特朗普政府上台后还将俄罗斯明确定义为美国的全球战略竞争对手，并继续在亚太地区实施包括建立全球反导系统在内的损害俄罗斯安全利益的政策，但是，为了给国家的发展创造最为有利的外部环境，俄罗斯并不希望与美国进行全面对抗，而是希望在切实维护俄罗斯国家利益的前提下改善与美国的关系。俄外长拉夫罗夫指出，"我们对带有侵略性的攻击予以回应，但我们不会刺激对抗。我们将继续坚定、有力地捍卫我们的立场"。① 俄总统普京在 2017 年 7 月和 2018 年 3 月先后表示，"在任何情况下我们都认为，无论最近发生什么，我们未来在战略上一定应走向某些合作并达成协议。我希望最终将是如此"。② "我们希望与美国和欧盟开展正常、有建设性的合作。"③ 俄罗斯的上述立场表明俄罗斯并不谋求与美国的对抗。需要看到的是，俄罗斯并不谋求与美国对抗的政策是由俄罗斯的国家发展战略决定的。俄总统普京在 2018 年 3 月发布的国情咨文中将提高民众生活质量与福祉、实现俄罗斯的突破性发展，以及营造现代化环境列为未来六年俄罗斯发展的主要战略目标。为了完成上述目标，俄罗斯需要良好的国际环境，这正是俄罗斯并不谋求与美国对抗，而是谋求与美国合作的主要原因。俄罗斯的这一战略考量与立场，正是俄罗斯在亚太地区奉行"非对抗"以及"不结盟"政策原则的重要原因之一。因此，俄罗斯针对亚太方向美国威胁的应对措施仅限于消除或最大限度减少美国具体威胁本身，并不希望与美国在亚太地区进行全面对抗，也没有为此而与亚太任何一个国家结成正式的军事—政治同盟，无论是中国、越南还是南亚地区的印度。同样，

---

① Интервью Министра иностранных дел России С. В. Лаврова международному информационному агентству «Россия сегодня», 25 декабря 2017 года, http://www.mid.ru/ru/foreign_policy/news/-/asset_publisher/cKNonkJE02Bw/content/id/3006935，最后访问日期：2017 年 12 月 25 日。

② Совместная пресс-конференция с Президентом Финляндии Саули Ниинистё, http://kremlin.ru/events/president/news/55175，最后访问日期：2017 年 7 月 31 日。

③ Послание Президента Федеральному Собранию, http://kremlin.ru/events/president/news/56957，最后访问日期：2018 年 3 月 1 日。

上海合作组织也不是一个军事-政治同盟。俄罗斯外长拉夫罗夫指出："俄罗斯在这一地区没有秘密的议事日程。我国对建立威胁他国安全的封闭性的军事联盟不感兴趣。"① "我们原则上从不与其他国家结好而反对另一方。"② "上海合作组织不会变成一个军事集团，不想将任何国家'压于'身下"，上合精神哲学要求"合作、互惠、利益平衡、平等和尊重多样性的道路"。③

事实上，21世纪初期，俄罗斯在亚太地区奉行"不结盟"政策是最符合俄罗斯战略利益的。这是因为，俄罗斯的利益并不总是与亚太任何一个国家的利益相一致。亚太地区有着一系列复杂的矛盾以及现实与潜在冲突。而除了与俄罗斯直接接壤的地区如朝鲜半岛地区的矛盾及冲突之外，大多数的矛盾与冲突与俄罗斯并不存在直接关系。因此，俄罗斯与亚太地区任何一个国家的结盟意味着如下可能性的大大增加，即俄罗斯将为了与自己并不相关的其他国家的利益，而与第三方对立甚至是冲突，这势必造成亚太地区的对抗与分裂。这也有悖于俄罗斯在亚太地区奉行的"集体安全"原则，以及"建立统一的安全与合作空间"的目标。因此，从2012年普京开启第三总统任期至2022年俄乌冲突爆发前，俄罗斯在亚太地区一直坚持奉行"非对抗""不结盟"的原则。

3. "平衡"原则

为了维护国家安全并力求国家利益的最大化，俄罗斯在总体外交政策中秉承"平衡"原则。2013年版《俄罗斯联邦外交政策构想》指出，"俄罗斯

---

① Статья Министра иностранных дел России С. В. Лаврова «Политика России в Азиатско - Тихоокеанском регионе: к миру, безопасности и устойчивому развитию», опубликованная в индонезийском журнале «Strategic Review», http://www.mid.ru/bdomp/ns - rasia.nsf/3a0108443c964002432569e7004199c0/c32577ca00174586442579d70051a1ed! OpenDocument，最后访问日期：2019年10月9日。

② Выступление и ответы на вопросы СМИ Министра иностранных дел России С. В. Лаврова в ходе совместной пресс-конференции по итогам переговоров министров иностранных дел и обороны в формате «два плюс два», Токио, 2 ноября 2013 года, http://www.mid.ru/brp_ 4.nsf/0/999319B0C98C229B44257C170028C467，最后访问日期：2019年10月6日。

③ Выступление и ответы на вопросы Министра иностранных дел России С. В. Лаврова на Российско-вьетнамской конференции Международного дискуссионного клуба «Валдай», г. Хошимин, 25 февраля 2019 года, http://www.mid.ru/ru/foreign_ policy/news/-/asset_ publisher/cKNonkJE02Bw/content/id/3541050，最后访问日期：2019年2月25日。

的外交政策公开、可预测而且务实，其特点是一贯性、延续性，体现着作为平衡因素的我国本世纪在国际事务和世界文明发展进程中确立的独一无二地位"。① 2016 年版《俄罗斯联邦外交政策构想》再次强调，"俄罗斯联邦的外交政策是公开的、可预见的。它一贯以延续性、传承性著称，体现了数世纪以来形成的独特的国家定位，即在国际事务和全球文明发展过程中充当平衡因素"。②

俄罗斯外交政策的这一平衡原则，同样在亚太地区得到了实施。正如上文指出的，事实上，在普京第三总统任期之前，俄罗斯在亚太地区奉行的外交政策就包括了"平衡"原则。在普京第三总统任期，这一原则在很大程度上得以延续。2013 年 10 月，俄外长拉夫罗夫指出，"俄罗斯在亚太地区所实行的政策，具有均衡和重点突出的特点，其目的是实现真正稳定的权力平衡"。③ 俄罗斯亚太平衡战略的主要内容体现为三个方面。首先，平衡发展与亚太国家的双边友好合作关系。需要指出的是，由于亚太各国实力和相对俄罗斯重要性的不同，以及俄罗斯与亚太各国矛盾和共同利益的差异，俄罗斯平衡发展与亚太国家的双边友好合作关系是相对的，而不是绝对的。其中，俄罗斯首先重视发展与中国的战略友好与全面协作关系，与此同时，也致力于平衡发展与亚太其他国家的友好合作关系。其次，俄罗斯在中国与邻国的矛盾争端中奉行中立的平衡立场。最后，俄罗斯主张在亚太地区建立平衡的安全架构。为了维护亚太地区的安全、稳定与发展，俄罗斯主张在亚太地区建立以国际法原则和"安全不可分割"原则为基础的包括各方在内的平衡的安全与合作结构。在俄罗斯官方文件，以及在俄罗斯分别与中国、印度、越南和东盟等亚太国家及多边组织发表的一系列联合声明中，俄罗斯均阐述了

---

① Концепция внешней политики Российской Федерации, http://www.mid.ru/brp_4.nsf/0/6D84DDEDEDBF7DA644257B160051BF7F, 最后访问日期: 2013 年 2 月 16 日。

② Концепция внешней политики Российской Федерации (утверждена Президентом Российской Федерации В. В. Путиным 30 ноября 2016 г), http://www.mid.ru/ru/foreign_policy/news/-/asset_publisher/cKNonkJE02Bw/content/id/2542248, 最后访问日期: 2016 年 12 月 1 日。

③ Статья С. В. Лаврова к саммиту АТЭС "К миру, стабильности и устойчивому экономическому развитию в Азиатско-Тихоокеанском регионе", http://www.russia.org.cn/ru/news/statya-s-v-lavrova-k-sammitu-ates-quot-k-miru-stabilnosti-i-ustojchivomu-ekonomicheskomu-razvitiyu-v-aziatsko-tihookeanskom-regione-quot/, 最后访问日期: 2013 年 10 月 4 日。

上述思想。这一架构最重要的特点,一是作为新安全观核心的"安全不可分割"原则,二是保持各方力量的平衡。2014 年 10 月,在俄罗斯与东盟副外长级磋商中,双方表示,"将继续努力建立地区经济增长与安全的平衡架构"。①

在此需要指出的是,如果说在普京第二总统任期以及在梅德韦杰夫担任总统时期,俄罗斯在亚太地区的中美矛盾中基本保持中立立场的话,那么,正如上文已经提及的,自普京第三总统任期以来,随着 2014 年乌克兰危机爆发后俄美关系的日益恶化,以及特朗普政府上台后明确将俄罗斯和中国视为美国的主要全球战略竞争对手,俄罗斯在亚太或"印太"地区,逐步加强了对美国的牵制或平衡,使自己原来在中美亚太竞争中奉行的平衡政策向着有利于中国的方向倾斜。这体现在俄罗斯反对美国奥巴马政府在亚太地区推进跨太平洋伙伴关系协定计划,反对特朗普政府提出的"印太战略"构想,以及建立美日澳印四国集团等。俄罗斯与中国在反对美国加强亚太/"印太"地区霸权图谋方面,表现出一致的战略立场,并逐步开展更多的具体协作。这可以被理解为俄罗斯为了制衡美国在亚太地区乃至全球巩固霸权、防止地区及全球权力对比失衡而在亚太地区基于平衡原则做出的战略调整。

(三)普京第三总统任期以来俄罗斯亚太政策的主要措施

1. 倡导和推动在亚太地区建立以"集体安全"或"安全不可分割"原则为基础的安全合作架构

21 世纪初,俄罗斯在安全问题上秉持"集体安全"的立场。2013 年版《俄罗斯联邦外交政策构想》指出:"在全球多极化以及各国各民族相互依赖性与日俱增的情况下,建立单独的'平静和安全绿洲'的尝试没有前景,遵守平等而不可分割的一系列安全通用准则是防范可能发生的动荡的唯一可靠保障。这些准则适用于欧洲-大西洋地区、欧亚大陆和亚太地区。"② 2016

---

① О политических консультациях Россия – АСЕАН, http://www.mid.ru/ru/foreign_policy/news/-/asset_publisher/cKNonkJE02Bw/content/id/743086, 最后访问日期:2014 年 10 月 24 日。
② Концепция внешней политики Российской Федерации, http://www.mid.ru/brp_4.nsf/0/6D84DDEDEDBF7DA644257B160051BF7F, 最后访问日期:2013 年 2 月 16 日。

年版《俄罗斯联邦外交政策构想》再次指出,"遵循安全平等、安全不可分割这一普遍适用的原则正在变得越发现实,它适用于欧洲-大西洋地区、欧亚、亚太和其他地区"。①

在以上思想指导下,俄罗斯在亚太地区倡导建立以"集体安全"或"安全不可分割"原则为基础的安全合作架构。俄罗斯总统普京于2012年5月7日签署的《关于落实俄罗斯联邦外交方针措施的命令》就俄罗斯亚太安全政策指出,俄罗斯将"推动关于在亚太地区构建新的基于集体不结盟原则、国际法标准、安全平等和不可分割原则之上的安全与合作架构倡议"。② 2016年版《俄罗斯联邦外交政策构想》指出,俄罗斯主张"根据集体原则在亚太地区建立全面、开放、透明和平等的安全与合作架构"。③

俄罗斯外长拉夫罗夫指出,"我们希望,亚太的安全不是依托于个别封闭的联盟,而是依托于按照平等和安全不可分割的原则将所有国家都包含其中的架构"。④ "必须就关于在亚太地区建立新的多边、非同盟安全架构开始对话",⑤ "任何国家都不能通过牺牲其他国家安全来保障自己的安全"。⑥

---

① Концепция внешней политики Российской Федерации (утверждена Президентом Российской Федерации В. В. Путиным 30 ноября 2016 г), http://www.mid.ru/ru/foreig n_ policy/news/-/asset_ publisher/cKNonkJE02Bw/content/id/2542248, 最后访问日期: 2016年12月1日。

② Подписан Указ о мерах по реализации внешнеполитического курса, http://president.kremlin.ru/acts/15256, 最后访问日期: 2013年7月19日。

③ Концепция внешней политики Российской Федерации (утверждена Президентом Российской Федерации В. В. Путиным 30 ноября 2016 г), http://www.mid.ru/ru/foreig n_ policy/news/-/asset_ publisher/cKNonkJE02Bw/content/id/2542248, 最后访问日期: 2016年12月1日。

④ Вступительное слово и ответы на вопросы СМИ Министра иностранных дел России С. В. Лаврова в ходе пресс-конференции по итогам деятельности российской дипломатии в 2012 году, Москва, 23 января 2013 года, https://www.mid.ru/ru/foreign_ policy/news/-/asset_ publisher/cKNonkJE02Bw/content/id/125958, 最后访问日期: 2013年1月23日。

⑤ Выступление и ответы на вопросы СМИ Министра иностранных дел России С. В. Лаврова в ходе совместной пресс-конференции по итогам переговоров министров иностранных дел и обороны в формате «два плюс два», Токио, 2 ноября 2013 года, http://www.mid.ru/brp_ 4.nsf/0/999319B0C98C229B44257C170028C467, 最后访问日期: 2013年11月2日。

⑥ Выступление и ответы на вопросы СМИ Министра иностранных дел России С. В. Лаврова в ходе совместной пресс-конференции по итогам переговоров министров иностранных дел и обороны в формате «два плюс два», Токио, 2 ноября 2013 года, http://www.mid.ru/brp_ 4.nsf/0/999319B0C98C229B44257C170028C467, 最后访问日期: 2014年12月2日。

"必须在联合国宪章和国际法的基础上，在这一地区共同努力建立可靠的、平等的、不可分割的安全架构，同时顾及这一地区各国利益的平衡。"①

基于以上方针，俄罗斯在东亚峰会、东盟地区安全论坛、东盟与对话伙伴国国防部长会议等多边机构或平台，以及在与中国和东盟国家的双边磋商中，积极倡导俄罗斯的上述政策主张。

2. 反对美国在亚太/"印太"地区巩固霸权的图谋以及以同盟体系主导地区安全与合作事务

在俄美关系因 2014 年乌克兰危机严重恶化后，特别是在特朗普政府明确将俄罗斯视为美国的主要威胁和战略竞争对手之后，面对美国日益明确的反俄政策和不断加强的战略遏制，俄罗斯也日益明确将美国视为主要威胁与潜在战略竞争对手，并为了自己的战略利益和大国地位而在各领域加强了对美国的战略反制与斗争。俄罗斯总统普京指出，"臭名昭著的遏制俄罗斯的政策，今天仍在继续"，"既有北约东扩也有将军事设施部署在我们边界"，"还有部署反导系统"，"用制裁来威胁我们"，②"想用南斯拉夫方案来分裂和肢解我们，俄罗斯人民将因此饱受种种磨难"。③ 应该表明，"我们不再无动于衷了"。④

俄罗斯对美国的战略反制，首先表现在俄罗斯强烈反对美国的世界霸权。俄罗斯总统普京在 2014 年发表的国情咨文中指出，美国"不择手段地推进一家独霸模式的努力……导致国际法和全球调解体系的失衡，这预示存在政治、经济和军事竞争可能失控的威胁"。⑤ 他在 2018 年大选前更加明确地表示，

---

① Выступление и ответы на вопросы Министра иностранных дел России С. В. Лаврова на Российско-вьетнамской конференции Международного дискуссионного клуба «Валдай», г. Хошимин, 25 февраля 2019 года, http://www.mid.ru/ru/foreign_policy/news/-/asset_publisher/cKNonkJE02Bw/content/id/3541050，最后访问日期：2019 年 2 月 25 日。
② Обращение Президента Российской Федерации, http://president.kremlin.ru/news/20603，最后访问日期：2014 年 3 月 19 日。
③ Послание Президента Федеральному Собранию, http://president.kremlin.ru/news/47173，最后访问日期：2014 年 12 月 5 日。
④ Путин назвал число покидающих Россию американских дипломатов, https://ria.ru/world/20170730/1499439787.html，最后访问日期：2017 年 7 月 30 日。
⑤ Заседание Международного дискуссионного клуба «Валдай», http://kremlin.ru/events/president/news/50548，最后访问日期：2015 年 10 月 22 日。

"原来处于台上首排的国家不想让出这一位置",它们应该从"第一的位置上稍微让一下,它们应该带着尊严、理解以及不歇斯底里地这样做"。①

在反对美国世界霸权的图谋中,俄罗斯日益坚决反对美国巩固在亚太/"印太"地区的霸权,并以同盟体系主导亚太/"印太"地区的安全与合作。奥巴马政府时期,美国"重返亚太"战略有损于俄罗斯战略利益,主要涉及两点:其一,美国在亚太地区建设的反导系统,是美国全球反导系统的组成部分,旨在谋求获得对俄罗斯的战略力量优势;其二,奥巴马政府在亚太地区积极推进的将中俄排除在外的《跨太平洋战略经济伙伴关系协定》(TPP),与其在欧洲-大西洋地区大力推进的将俄罗斯排除在外的《跨大西洋贸易与投资伙伴关系协定》(TTIP)一起,成为在经济领域对俄罗斯实施战略遏制的手段。因此,俄罗斯除了强烈反对美国在亚太地区部署反导系统之外,也反对美国奥巴马政府在亚太地区发展TPP。俄罗斯总统普京在2015年10月召开的"瓦尔代"会议上指出,"美国企图破坏战略平衡,让力量格局朝于己有利的方向改变","我们还看到,不透明的经济联盟的建立进程在铺开,而且建立进程几乎是伴随着各种保密原则。目的不言自明——改造世界经济,以便从自身主导地位中汲取更多的利益,并推广自身的经济、贸易和技术调控规则"。②俄前外长伊万诺夫指出,俄中如今都置身于TPP与TTIP之外,"很快这两个经济项目就会由相应的地缘政治集团建成,这将直接触及我们(中俄)两国的长期利益。当前国际关系的发展趋势将一项越来越迫切的任务摆在俄中面前:更加密切地在全球统治关键问题上发展合作,以便两国能够继续在新世界格局的形成进程中发挥与自身地位相称的作用"。③

---

① Путин призвал мировые центры думать о растущей ответственности, https://ria.ru/world/20180307/1515922535.html, 最后访问日期: 2018年3月7日。
② Заседание Международного дискуссионного клуба «Валдай», http://kremlin.ru/events/president/news/50548, 最后访问日期: 2015年10月23日。
③ Игорь Иванов. Россия – Китай: к новому качеству отношений. https://rg.ru/2016/05/17/igor-ivanov-partnerstvo-rf-i-knr-ne-napravleno-protiv-tretih-stran.html, 最后访问日期: 2016年5月18日。

第三章　2012年以来俄罗斯亚太政策的调整与总体框架

特朗普政府上台后，美国明确将俄罗斯视为主要威胁和战略竞争对手，并加强了对俄罗斯的战略遏制，俄罗斯与美国的关系进一步恶化，双方的战略竞争日趋激烈。在此背景下，俄罗斯加强了对美国的战略反制，其中包括明确反对特朗普政府的"印太战略"，以及建立美日澳印四方安全对话机制。

2019年2月，俄罗斯外长拉夫罗夫指出，"我们现在能够看到全球地缘政治图景的重构主要有两种方式，第一种是自然的方式，出现了许多新的经济增长与金融中心，并随之获得政治影响力。这些中心根据自己当前及未来的需求，认为自己的利益在于将各民族和国家联合起来。因此，产生了俄中印联合"，"同样以自然方式产生了金砖组织。上合组织同样源自现实"。"不同于这些自然进程，还有通过以下（非自然）方式重构地缘政治图景的企图，即阻挠事务的自然进程，努力遏制新的增长中心的形成。"人为推广的"印太构想"属于这一方式。"美国与日本和澳大利亚开始共同推进的这一构想，具有明显的遏制中国的企图"，"该构想将破坏该地区业已形成的以东盟为中心的所有平台"。"一体化国家的自然进程是以利益一致为基础的，而非一体化进程（人工进程）试图为了某一具有地缘政治目的的大国的利益而强制其他国家共同工作。"①

2017年6月，俄罗斯国防部副部长亚历山大·福明中将在"香格里拉"亚太地区安全问题国际会议上指出，亚太地区的"安全架构必须符合现实并确保考虑亚太地区所有国家的关切"，"亚太地区现有的封闭排他性军事同盟体系不能成为普用工具，因为它并不能保证那些未加入这些联盟国家的安全"。②

俄罗斯外长拉夫罗夫以及俄罗斯政府其他高级官员在与亚太国家的双边

---

① Выступление и ответы на вопросы Министра иностранных дел России С. В. Лаврова на Российско-вьетнамской конференции Международного дискуссионного клуба «Валдай», г. Хошимин, 25 февраля 2019 года, http://www.mid.ru/ru/foreign_policy/news/-/asset_publisher/cKNonkJE02Bw/content/id/3541050，最后访问日期：2019年2月25日。

② 《俄国防部：俄罗斯建议共同完善亚太地区安全架构》，http://sputniknews.cn/military/201706041022778459/，最后访问日期：2017年6月10日。

磋商或者出席多边活动时，多次批评美国的"印太战略"，批评美国企图以同盟体系主导亚太或"印太"地区的安全与合作事务以及建立美日澳印四国集团的阴谋，呼吁亚太/"印太"国家在亚太地区建立新的、平等的、非结盟的、以"安全不可分割"原则为基础的安全架构。例如，2018年10月俄印两国发表的题为《俄罗斯与印度：变化世界中的可靠伙伴关系》的联合声明指出，"双方支持建立平等的、亚洲及'印太'地区所有国家安全不可分割的地区安全架构"。① 俄罗斯的上述政策对美国、印度以及其他亚太国家构成了有力的牵制。

3. 俄罗斯积极加强东部地区的国防潜力与军事威慑力，来应对俄罗斯远东地区面临的安全威胁，主要是来自美、日的安全威胁

自普京第三总统任期以来，俄罗斯为了维护国家东部地区的安全采取了一系列军事防范与威慑措施。

第一，为了有效应对美国在亚太地区建立的全球反导系统，以维持对美国的战略威慑与平衡，俄罗斯加强了远东地区的战略核力量与战略威慑力。其最主要的措施，除了在东部地区部署具有突破反导系统能力的陆基洲际弹道导弹之外，还将最先进的海基战略武器——"亚历山大·涅夫斯基"号、"弗拉基米尔·莫诺马赫"号和"奥列格大公"号"北风之神"级战略核潜艇分别于2013年、2016年和2021年配备给远东太平洋舰队，这些俄罗斯最先进的战略核潜艇配备有代号为"圆锤"的潜射弹道导弹，这种潜射导弹同样具有克服反导系统的能力，从而在亚太方向保持对美国的战略威慑与战略平衡。

第二，为了维护远东地区的安全，俄罗斯加强了这一地区的空天防御力量。例如，继2012年6月俄罗斯第三个"C-400"防空导弹团部署在远东地区之后，2015年至2021年，俄罗斯远东堪察加边疆区、滨海边疆区、哈巴罗夫斯克边疆区以及萨哈林州的防空部队先后列装了新的 S-400 防空导

---

① «Россия - Индия: надежное партнерство в меняющемся мире», Совместное заявление Президета Российской Федерации В. В. Путина и Премьер - министра Республики Индии Н. Моди, http://kremlin.ru/supplement/5343, 最后访问日期：2018年10月5日。

弹系统。① 另外，2021年俄罗斯东部战区的第11空防集团军还组建了第78机动预备防空导弹团，成为俄军编制内第二支机动防空导弹团。② 2013年至2018年，部署在远东的俄罗斯空军获得了约300架新飞机。③

第三，俄罗斯积极推进远东军区武器装备的现代化与更新工作。例如，俄罗斯东部军区2016年列装了超过650件武器装备，其中包括苏-35C和苏-34战机、"伊斯坎德尔-M"导弹系统、"棱堡"反舰导弹、"道尔"和"铠甲-C"防空导弹、"龙卷风"多管火箭炮和无人机等。④ 2017年列装了超过1000件现代武器装备，其中，驻扎在外贝加尔边疆区的导弹部队列装了"伊斯坎德尔-M"导弹系统，太平洋舰队列装"完善"号护卫舰和"棱堡"反舰导弹等，空军获得了苏-34和米-31БМ战机，以及卡-52、米-8AMTШ以及米-26直升机等。⑤ 2018年列装了937件新军事技术装备，其中包括TOS-1A重型喷火系统、米-8AMTSH运输-突击直升机和无人飞行器。⑥ 东部军区2019年接收了800多件新型武器装备，其中包括用于探测隐身飞机的雷达站、С-300В4防空系统、专门用于北极地区的Ми-8AMTШ-

---

① 参见《S-400地空导弹系统在堪察加投入战斗值勤》，http：//sputniknews.cn/military/201508071015817486/，最后访问日期：2015年8月7日；《俄在列宁格勒州和符拉迪沃斯托克部署两个新S-400导弹师》，http：//sputniknews.cn/military/201712181024307230/，最后访问日期：2017年12月18日；《俄罗斯新S-400系统在远东一边疆区进入战斗值班》，http：//m.xinhuanet.com/mil/2018-11/30/c_1210006322.htm，最后访问日期：2018年11月30日；《"凯旋"S-400在萨哈林投入战斗值班》，https：//sputniknews.cn/military/202102241033160582/，最后访问日期：2021年2月24日。
② 《石文："俄东部军区成为对冲美'印太战略'负面影响的关键力量"》，http：//www.81.cn/yw/2021-12/03/content_10112305.htm，最后访问日期：2021年12月3日。
③ Сергей Мануков. Возвращение статуса мировой державы на Дальнем Востоке, https：//oko-planet.su/politik/politikrus/462176-vozvraschenie-statusa-mirovoy-derzhavy-na-dalnem-vostoke.html，最后访问日期：2018年11月7日。
④ Чем вооружилась армия России в 2016 году, https：//vpk.name/news/171275_chem_vooruzhilas_armiya_rossii_v_2016_godu.html，最后访问日期：2016年12月23日。
⑤ В 2017 году в войска ВВО поступило более 1000 единиц вооружения и военной техники, https：//function.mil.ru/news_page/world/more.htm?id=12152721%40egNews，最后访问日期：2017年11月29日。
⑥ На суше, море и в воздухе, http：//redstar.ru/na-sushe-more-i-v-vozduhe/，最后访问日期：2018年12月19日。

BA 直升机，以及现代化改装的 T-80БВ 坦克。① 东部军区 2020 年接收了 900 多件现代或经过现代化改装的武器，包括苏-35C 和米格-31BM 战机、S-400 防空导弹系统以及 BTR-82AM 装甲运兵车等。② 俄罗斯太平洋舰队希望到 2026 年时获得最多 70 艘新战舰和辅助船，包括 11 艘核动力和柴电潜艇，以及 19 艘大型舰只。③

第四，俄罗斯不断加强南千岛群岛的军事力量，使俄东部地区的防御前沿由滨海边疆区外推至千岛群岛地区。俄罗斯继 2015 年基本完成驻南千岛群岛的第 18 机枪炮兵师的装备更新工作后，为了加强岸防力量，于 2016 年在国后、择捉两岛上部署了新式的"舞会"和"棱堡"岸基反舰导弹，其中，"棱堡"导弹系统配备的"宝石"超音速导弹可摧毁 300 公里远的敌方军舰。④ 为了加强空天力量，俄罗斯在 2018 年还在南千岛群岛部署了苏-35 战机，并计划在千岛群岛部署俄罗斯空天军东部军区炮兵师。从 2020 年 12 月起，配备有 C-300B4 防空导弹的部队在千岛群岛进入战斗值班。⑤ 此外，俄罗斯还加强了南千岛群岛的军事基础设施建设，从 2014 年到 2016 年，以国后岛和择捉岛为代表的军事基地建设初见成效，特别是两座"军事城"基本建设完成，累计逾 150 处军事设施交付使用。2015 年 9 月，位于国后岛和择捉岛的军用机场修建完成，包括安-26 运输机、

---

① Более 800 новых образцов техники поступили в войска ВВО с начала года, https://function.mil.ru/news_page/country/more.htm?id=12259513@egNews，最后访问日期：2022 年 11 月 20 日。
② Шойгу: Россия укрепляет оборону Дальнего Востока, https://tvzvezda.ru/news/20213251242-B3G7M.html，最后访问日期：2022 年 11 月 20 日。
③ Сергей Мануков. Возвращение статуса мировой державы на Дальнем Востоке, https://oko-planet.su/politik/politikrus/462176-vozvraschenie-statusa-mirovoy-derzhavy-na-dalnem-vostoke.html，最后访问日期：2018 年 11 月 7 日。
④ 《俄计划在千岛群岛部署一个师有何考量?》, http://www.81.cn/gjzx/2017-03/06/content_7513061.htm，最后访问日期：2017 年 3 月 7 日。
⑤ Шойгу: Россия укрепляет оборону Дальнего Востока, https://tvzvezda.ru/news/20213251242-B3G7M.html，最后访问日期：2022 年 11 月 20 日。

米-8直升机和战术无人机频繁以此为起降基地开展训练和侦察任务。① 俄罗斯大力加强南千岛群岛的军事力量，不仅仅是为了保护南千岛群岛的安全与维护主权，也旨在将其打造成为俄罗斯在远东地区的前沿要塞，并由此将俄罗斯东部地区的防御前沿由滨海边疆区外推至千岛群岛地区。俄罗斯在《俄东部军区2016~2020年活动规划》中，对该地区建设进程加以明确，包括南千岛群岛在内的整个千岛群岛地区的武装建设成为俄军重点建设的地区。

需要指出的是，虽然包括南千岛群岛在内的千岛群岛地区是俄罗斯东部军区基础设施建设的重点所在，但是，俄罗斯也在东部军区的其他地区进行基础设施的建设。例如，2014年，俄罗斯国防部决定耗资78亿卢布修复位于外贝加尔边疆区的"草原"空军基地，这一基地位于赤塔市东南250公里的俄中边界地区。② 事实上，俄罗斯在整个东部军区都在大力进行军事基础设施的建设。正如2016年5月俄罗斯东部军区司令谢尔盖·苏罗维金指出的，"为避免发生丝毫威胁，国家和国防部领导层采取前所未有的措施发展远东基础设施、按计划对各部队和兵团进行装备更新、提升各级官兵及其家属的社会保障水平"。③

第五，俄罗斯还在远东地区举行一系列军事演习、巡航和侦察等活动威慑潜在对手，展示俄罗斯的军事实力，以恢复或巩固俄罗斯在亚太地区的大国地位。2017年8月至9月，俄军在千岛群岛举行了反登陆防御演习，参演部队主要以对抗假想敌登陆进行了演练。2018年4月，俄罗斯东部军区在千岛群岛举行大规模演习，主要演练如何击退敌人的攻击和做好海岸防御任务。此次演习共动用2500多名军人和包括T-72B主战坦克、米-8直升

---

① 《俄加强千岛群岛军力部署 欲组建海军基地》，http://www.xinhuanet.com/mil/2016-04/04/c_128861445.htm，最后访问日期：2016年4月5日。
② Минобороны возродит аэродромы Дальнего Востока за 7,8 млрд рублей, http://izvestia.ru/news/566077，最后访问日期：2014年2月20日。
③ 《俄罗斯采取特别措施发展远东军事基础设施》，http://sputniknews.cn/military/201605271019446591/，最后访问日期：2016年5月27日。

机等在内的 800 多件军事装备。① 2018 年 9 月，俄罗斯举行了代号为"东方-2018"的战略演习，俄军参演人数超过 30 万，参演装备 3.6 万台、各种飞机 1000 余架、舰船近 80 艘，② 成为俄罗斯史上最大规模的军演。除了军事演习外，为了应对日美同盟的威胁，俄罗斯还进行了一系列威慑巡航和侦察活动，例如，俄罗斯战略轰炸机环绕日本列岛的飞行屡见不鲜，而各类战斗机和侦察机抵近日本的活动也成为常态，仅在 2013 年 7 月至 9 月，日本自卫队飞机就升空 105 次用于拦截可能进入日本领空的俄罗斯飞机。③ 这些演习、巡航与侦察活动，显然不仅旨在提高俄军的作战能力，而且是对潜在对手的战略震慑。

4. 俄罗斯与亚太国家积极开展军事技术合作

俄罗斯是仅次于美国的世界第二大武器供应国，仅 2017 年俄罗斯就向世界 52 个国家提供了总价 450 亿美元的军火，其中 60% 的武器出口面向亚洲。④ 中国、印度和越南等亚太国家是俄罗斯军事技术合作的传统对象；此外，俄罗斯还积极与其他亚太国家开展军事技术合作。例如，2018 年印度尼西亚新任空军参谋长刚宣誓就职，就宣布购买 11 架新型苏-35 战机；缅甸和老挝的武器有 60%~80% 是从俄罗斯购买的。⑤

俄罗斯通过向亚洲国家出口武器和军事技术装备，既赚取了大量外汇，发展了俄罗斯与亚洲国家的友好关系，也巩固并提高了俄罗斯在亚太地区的战略地位与影响力。

---

① 《俄东部军区在千岛群岛举行大规模演习》，http://www.xinhuanet.com//2018-04/18/c_1122702059.htm，最后访问日期：2018 年 4 月 18 日。
② 《普京抵达"东方-2018"军演主要阶段举办场地外贝加尔训练场》，http://sputniknews.cn/military/201809131026343151/，最后访问日期：2018 年 9 月 13 日。
③ Истребители Японии были подняты по тревоге из-за российских самолетов，http://ria.ru/defense_safety/20131009/968755015.html，最后访问日期：2013 年 10 月 9 日。
④ Сергей Мануков. Возвращение статуса мировой державы на Дальнем Востоке，https://oko-planet.su/politik/politikrus/462176-vozvraschenie-statusa-mirovoy-derzhavy-na-dalnem-vostoke.html，最后访问日期：2018 年 11 月 7 日。
⑤ 《俄武器出口总销售额达 377 亿美元 位列世界第二》，http://www.xinhuanet.com/mil/2019-04/24/c_1210118112.htm，最后访问日期：2019 年 4 月 25 日。

5. 积极发展与亚太国家的经济合作与一体化

俄罗斯将发展与亚太地区的经济合作和一体化作为俄罗斯亚太政策的主要内容。2013年版和2016年版《俄罗斯联邦外交政策构想》明确指出，俄罗斯希望积极参与亚太地区的一体化进程。① 俄罗斯总统普京于2014年11月指出，"我们致力于加强与亚太国家的关系，积极参与建设自由贸易体系，以及加强经济和投资合作"。② 俄罗斯外长拉夫罗夫指出，"俄罗斯建设性地参与快速发展的（亚太地区）经济合作体系是成功解决自身问题的客观前提"。③ 此外，俄罗斯还赞成在亚太地区建立自贸区的想法。俄罗斯总统普京在2017年11月发表的文章中指出，"我们支持建立亚太自贸区的构想"。④

俄罗斯积极参与亚太地区的经济合作和一体化进程主要是通过多边、双边等多种形式推进的。近年来，俄罗斯一直在大力扩展和深化与亚太地区国家的双边经济合作，并就地区一体化问题交换立场且积极协调；俄罗斯还通过多边合作，主要是在亚太经合组织框架下，与亚太其他经济体共同推进经济合作与一体化进程；此外，俄罗斯还力图通过欧亚一体化与亚太一体化的对接或者是"大欧亚伙伴关系"——当前主要是通过其主导的欧亚经济联盟与亚太地区的国家和多边组织发展经济合作以及一体化——来推进俄罗斯参与亚太地区的经济合作与一体化进程。例如，欧亚经济联盟已经与越南和

---

① Концепция внешней политики Российской Федерации，http：//www.mid.ru/brp_ 4.nsf/0/6D84DDEDEDBF7DA644257B160051BF7F，最后访问日期：2013年2月16日；Концепция внешней политики Российской Федерации（утверждена Президентом Российской Федерации В. В. Путиным 30 ноября 2016 г.），http：//www.mid.ru/ru/foreign_ policy/news/-/asset_ publisher/cKNonkJE02Bw/content/id/2542248，最后访问日期：2016年12月1日。
② Деловой саммит форума АТЭС，http：//kremlin.ru/events/president/news/46988，最后访问日期：2014年11月10日。
③ Статья Министра иностранных дел России С. В. Лаврова «АТЭС：отношения подлинного коллективизма и эффективной взаимосвязанности»，http：//www.mid.ru/ru/foreign_ policy/news/-/asset_ publisher/cKNonkJE02Bw/content/id/2524925，最后访问日期：2016年11月16日。
④ Статья Владимира Путина «XXV саммит АТЭС в Дананге：вместе к процветанию и гармоничному развитию»，http：//kremlin.ru/events/president/news/56023，最后访问日期：2017年11月8日。

新加坡分别在 2015 年 5 月和 2019 年 10 月签署了自由贸易协定，与中国在 2018 年 5 月签署了经贸合作协定，还积极与韩国、东南亚其他国家以及整个东盟共同推进经贸合作或自贸区建设。对于上述合作的具体内容，下文还将详加论述。

6. 俄罗斯通过全面发展与亚太国家的双边友好与合作关系，以及积极广泛参与亚太地区的多边机构与对话平台，全面融入亚太事务，以此维护俄罗斯在亚太地区的战略利益，并提高俄罗斯在亚太地区的战略地位和影响力

在亚太地区，俄罗斯将中国作为首要友好合作对象，大力深化和加强中俄新时代全面战略协作伙伴关系。除了中国外，俄罗斯在亚太地区还积极发展与其他国家的友好合作关系。在东北亚地区，俄罗斯致力于改善和发展与日本的关系，巩固与蒙古国的传统友好关系，同时发展与朝鲜和韩国的关系；在东南亚地区，俄罗斯积极发展与东盟的战略友好合作关系，并重点巩固与越南的传统友好关系，同时积极发展与印度尼西亚、马来西亚和菲律宾等属于东盟的其他东南亚国家的关系。在南亚地区，俄罗斯重点巩固和发展与印度的传统友好和合作关系，同时也积极发展与巴基斯坦等南亚其他国家的战略关系。俄罗斯在发展与其他国家双边关系的努力中，重点开展与这些国家的经贸合作，并逐步密切双方之间的战略关系。此外，俄罗斯还积极参与亚太地区多边组织与平台的活动。下文将对此详加论述。

需要指出的是，亚太地区是一个辽阔的地理—战略空间，在俄罗斯亚太政策的总体框架内，可以进一步区分出俄罗斯在东北亚、东南亚以及南亚三个次地区的政策，俄罗斯在以上三个次地区的政策存在巨大差异，这显示出俄罗斯亚太政策的复杂性和丰富性。自普京第三总统任期以来，俄罗斯在亚太地区总体政策和次地区政策的框架内，进一步积极发展与亚太地区国家及多边组织的友好与合作关系。

第四章
俄罗斯的东北亚政策

俄罗斯远东地区坐落于东北亚地区，与东北亚其他国家地理相邻。东北亚地区是大国汇聚之所，这里不仅有俄罗斯、中国、日本等地区及世界大国，还有美国战略力量的存在，这些国家具有强大的实力特别是军事实力，在这一地区和全世界都具有重大的战略影响。此外，这一地区既有经济蓬勃发展的中国，还有经济高度发达的日本和韩国，而且中日韩三国之间，以及中日韩与俄罗斯、蒙古国等东北亚其他国家之间的经济联系日益密切。与此同时，这一地区的战略矛盾也错综复杂，日韩之间、中日之间、朝韩之间、中美之间、朝美之间、俄罗斯与美国及日本之间都存在一系列深刻的矛盾或摩擦，特别是朝鲜半岛的形势高度复杂且频繁趋于紧张，对东北亚地区的和平与安全具有严重的消极影响。因此，东北亚地区的形势对俄罗斯远东地区乃至整个俄罗斯的国家安全和经济发展都具有直接的战略影响。有鉴于此，俄罗斯高度关注东北亚地区，积极参与东北亚地区事务，大力发展与东北亚国家的双边关系，努力维护俄罗斯在东北亚地区的国家安全和战略利益。

一 俄罗斯东北亚政策的总体框架

东北亚地区在俄罗斯亚太政策中一直占有首要地位。自普京第三总统任期以来，特别是在 2014 年乌克兰危机爆发后，俄罗斯在"向东转"战略的总体框架下，致力于全面发展与东北亚国家的战略友好关系，反对美日同盟的深化，积极维护俄罗斯远东地区的安全以及东北亚地区的和平与稳定，大力开展与东北亚国家的经济合作，积极维护俄罗斯在东北亚地区的国家利益、国际地位和战略影响力。

在战略和政治领域，俄罗斯一方面继续将中国作为东北亚地区以及整个亚太地区的首要合作对象，进一步加强和深化与中国的战略互信与政治友好，积极发展和提升中俄新时代全面战略协作伙伴关系。另一方面，俄罗斯在"平衡"战略原则下还致力于发展与东北亚其他国家的双边关系。首先是以建立战略伙伴关系为目标，积极改善和发展与日本的战略关系，这是近年来东北亚地区双边关系中发生的最大变化之一；其次是同时发展与朝鲜和韩国的睦邻友好关系，以维护俄罗斯在朝鲜半岛地区的利益和影响；最后是进一步恢复和巩固与蒙古国的传统友好关系，将俄蒙双边关系提升为全面战略协作伙伴关系，试图继续对蒙古国拥有首要战略影响力。此外，俄罗斯积极反对美国强化在东北亚地区的同盟体系，特别是反对美日深化同盟关系。俄外长拉夫罗夫于2013年11月指出，俄罗斯希望"日美关系不要为俄罗斯制造问题"。[1] 2018年4月，俄罗斯武装力量总参谋部情报总局第一副局长伊戈尔·科斯秋科夫指出，为了保持相对俄罗斯和中国的军事优势，"白宫建立了由其控制的，与日本、韩国和澳大利亚结成的军事政治同盟，从而对作为'力量中心'并对美国的地区霸权提出疑问的俄罗斯和中国进行地缘政治遏制"。[2] 事实上，俄罗斯改善和发展俄日关系的重要动机之一就是牵制美日同盟的发展。

---

[1] Выступление и ответы на вопросы СМИ Министра иностранных дел России С. В. Лаврова в ходе совместной пресс-конференции по итогам переговоров министров иностранных дел и обороны в формате «два плюс два», Токио, 2 ноября 2013 года, http://www.mid.ru/brp_ 4.nsf/0/999319B0C98C229B44257C170028C467，最后访问日期：2013年11月2日。

[2] Выступление заместителя начальника Главного управления Генштаба ВС РФ вице-адмирала Игоря Костюкова на VII Московской конференции по международной безопасности, http://mil.ru/mcis/news/more.htm?id=12169992%40cmsArticle，最后访问日期：2018年4月25日。

在安全领域,正如上文已经指出的,俄罗斯认为美国加强在亚太地区,其中包括在东北亚地区的军事力量,以及美日加强同盟关系不仅给俄罗斯的军事安全带来重大挑战,而且对东北亚地区的和平与稳定构成严重威胁。俄罗斯专家 B. B. 库兹明科夫指出,新版《日美防卫合作指针》意味着"日本武装力量将可以对它国发起武装攻击。换言之,日美军事联盟形式已经接近于北大西洋公约组织。新指针将增加东亚地区的对立和摩擦,对东亚和平与稳定构成新的威胁"。① 在此背景下,为了有效应对和遏制来自美国及日本的军事威胁,俄罗斯首先积极加强远东地区的军事力量。同时,俄罗斯大力加强与中国的军事合作,其中包括积极发展军事技术合作,加强两国军队之间的联演联训等。此外,俄罗斯还与中国共同反对美国在日本及韩国部署或加强反导力量。俄罗斯外长拉夫罗夫指出,"我方评估显示,建立类似的导弹防御系统,相对于朝方威胁而言是完全不对等的",美国"在日本领土发展自己的全球反导系统,旨在使地球这一部分军事化",表面上是为了消除朝鲜的核威胁,"实质上给俄罗斯联邦和中国制造了安全风险"。② 而且,俄罗斯与中国还共同反对美国退出《中导条约》以及美国在日本部署中程导弹的潜在选项。

除了努力应对和消除来自美日的军事威胁之外,俄罗斯还积极参与朝鲜半岛问题的解决。朝鲜半岛问题不仅关系到朝鲜半岛自身的安危,而且对俄罗斯的国家安全以及整个东北亚地区的和平与稳定都具有直接而重大的影响。在解决朝鲜半岛问题的过程中,俄罗斯有两个最主要的目标,一个是实现朝鲜半岛"无核化",另一个是致力于在东北亚地区建立可靠的、以集体安全体系为基础的安全保障机制。俄罗斯外长拉夫罗夫于 2019 年 2 月指出,"东北亚地区的局势很复杂,首先是朝鲜半岛的核问题,……而更广泛的任

---

① 〔俄〕B. B. 库兹明科夫:《日本新安保法案的实质及实施前景》,杨俊东译,《东北亚学刊》2016 年第 5 期,第 15 页。
② Выступление и ответы на вопросы СМИ Министра иностранных дел России С. В. Лаврова в ходе пресс-конференции по итогам переговоров с Министром иностранных дел Японии Т. Коно, Москва, 14 января 2019 год, http://www.mid.ru/ru/foreign_policy/news/-/asset_publisher/cKNonkJE02Bw/content/id/3472147,最后访问日期:2019 年 1 月 15 日。

务在于建立东北亚地区的和平与安全机制"。① 俄罗斯认为，只有顾及包括朝鲜在内的东北亚每一方的安全关切与利益，才能真正建立起维护东北亚和平与安全的保障机制。2015 年 10 月，俄副外长莫尔古洛夫指出，"我们认为，只有在东北亚地区整体政治军事局势得到缓和的情况下，我指的是建立对这里包括朝鲜在内的所有国家的可靠安全保障的情况下，这一问题才能得到实际解决"。②

在朝鲜半岛问题上，俄罗斯支持朝鲜半岛的无核化。2013 年版和 2016 年版《俄罗斯联邦外交政策构想》都指出，"俄罗斯一贯主张朝鲜半岛的无核地位"。③ 俄罗斯主张缓和地区紧张局势，反对朝鲜的核试验与导弹试射等增强军事对抗性的行为，同时也反对美国和韩国对朝鲜的军事与外交挑衅。俄罗斯外长拉夫罗夫于 2016 年 4 月指出，"必须尽一切努力，使（朝鲜半岛）局势平静下来，不允许负面趋势的螺旋上升，单方面采取对抗另一方的额外举措将导致'恶性循环'"。④ 俄罗斯主张以政治外交方式解决相关问题，其中包括支持恢复六方会谈、支持朝鲜与美国直接对话与磋商、支持朝韩关系的改善与正常化。2019 年 4 月，俄罗斯总统普京就朝鲜半岛

---

① Выступление и ответы на вопросы Министра иностранных дел России С. В. Лаврова на Российско-вьетнамской конференции Международного дискуссионного клуба «Валдай», г. Хошимин, 25 февраля 2019 года, http：//www. mid. ru/ru/foreign_ policy/news/-/asset_ publisher/cKNonkJE02Bw/content/id/3541050，最后访问日期：2019 年 2 月 25 日。

② Интервью заместителя Министра иностранных дел России И. В. Моргулова южнокорейскому информагентству «Ёнхап», 4 октября 2015 года, http：//www. mid. ru/foreign_ policy/news/-/asset_ publisher/cKNonkJE02Bw/content/id/1827753，最后访问日期：2015 年 10 月 4 日。

③ Концепция внешней политики Российской Федерации, http：//www. mid. ru/brp_ 4. nsf/0/6D84DDEDEDBF7DA644257B160051BF7F，最后访问日期：2013 年 2 月 16 日；Концепция внешней политики Российской Федерации (утверждена Президентом Российской Федерации В. В. Путиным 30 ноября 2016 г)，http：//www. mid. ru/ru/foreign_ policy/news/-/asset_ publisher/cKNonkJE02Bw/content/id/2542248，最后访问日期：2016 年 12 月 1 日。

④ Интервью Министра иностранных дел России С. В. Лаврова СМИ Монголии, Японии и КНР в преддверии визитов в эти страны, Москва, 12 апреля 2016 года, http：//www. mid. ru/ru/foreign_ policy/news/-/asset_ publisher/cKNonkJE02Bw/content/id/2227965，最后访问日期：2016 年 4 月 12 日。

问题指出,"地区核问题及其他问题除了通过和平方式解决外,没有也不可能有其他选择"。① 俄罗斯支持通过恢复六方会谈或通过其他多边平台及机制解决朝鲜半岛问题。俄罗斯外长拉夫罗夫于2018年12月指出,"我们长期与有关各国探讨有必要为调解朝核问题开展类似过去六方会谈那样的多边接触的活动。当然,相关工作未必要与六方进程一模一样。但我们原则上相信,这个次地区的全部问题只能在多边基础上、齐心协力地加以解决"。② 在这一思想指导下,2018年10月9日,俄中朝首次副外长级三方会谈在莫斯科举行,三国在会后的联合公报中阐明了调解朝鲜局势的共同立场。俄罗斯外长拉夫罗夫指出,"我们欢迎其他国家加入该机制……希望通过与所有伙伴的合作,建立起维护东北亚和平与安全的统一多边机制"。③ 为缓和半岛紧张局势,俄罗斯支持朝韩关系的改善与正常化。俄罗斯总统普京于2018年6月指出,"我们当然欢迎朝鲜民主主义人民共和国领导人与韩国总统开始进行的接触",④ "俄罗斯一直赞成朝鲜半岛的正常化"。⑤ 俄罗斯也支持朝鲜与美国直接接触与对话。俄外长拉夫罗夫于2019年2月指出,我们"欢迎美国朝鲜关系的正常化,欢迎美国总统特朗普和朝鲜领导人金正恩2018年在新加坡举行的会晤以及双方签署的关于在朝鲜半岛必须降温、非核化以及整体局势正常化的协议"。⑥

为了阻止朝鲜进行核试验以及导弹试射等行为,俄罗斯支持联合国安理

---

① Выступления на официальном приёме от имени Президента России, http: //kremlin. ru/events/president/transcripts/60369,最后访问日期:2019年4月25日。
② Сергей Лавров: война России и США стала бы катастрофой для человечества, https: //ria. ru/20181224/1548399754. html,最后访问日期:2018年12月24日。
③ Сергей Лавров: война России и США стала бы катастрофой для человечества, https: //ria. ru/20181224/1548399754. html,最后访问日期:2018年12月24日。
④ Заявления для прессы по итогам российско‐корейских переговоров, http: //kremlin. ru/events/president/news/57838,最后访问日期:2018年6月22日。
⑤ Начало российско‐корейских переговоров в узком составе, http: //kremlin. ru/events/president/transcripts/57836,最后访问日期:2018年6月22日。
⑥ Интервью Министра иностранных дел России С. В. Лаврова «Вьетнамскому телевидению» и китайским телеканалам «ЦТВ» и «Феникс», Москва, 24 февраля 2019 года, http: //www. mid. ru/ru/foreign_ policy/news/-/asset_ publisher/cKNonkJE02Bw/content/id/3540803,最后访问日期:2019年2月24日。

会针对朝鲜的相关决议、声明及行动，并严格执行了针对朝鲜的联合国安理会的相关决议，其中包括针对朝鲜的国际制裁。与此同时，俄罗斯要求相关的联合国对朝决议以及制裁，不应损害朝鲜的经济和人道状况，并根据朝鲜的积极举动进行相应的调整，其中包括减除制裁，以鼓励朝鲜向着无核化目标前进。俄罗斯外长拉夫罗夫于2019年2月指出，"平壤已经宣布并遵守暂停核试验与导弹发射。我们认为，联合国安理会至少应做出某种姿态，减弱或取消那些影响朝韩共同计划实施的制裁"。①

在解决朝鲜半岛问题上，俄罗斯一直与相关国家特别是中国保持密切的磋商与配合，并在此基础上提出了一系列解决朝鲜问题的建议与方案。2017年11月，俄罗斯副外长莫尔古洛夫在韩国首都首尔召开的瓦尔代国际辩论俱乐部地区研讨会上详细介绍了俄罗斯解决朝鲜核问题的阶段性计划的建议与方案。莫尔古洛夫指出，"这一计划早已交付六方会谈的所有参与国，并得到中国的无条件支持，我们有时甚至将其称为'俄中路线图'"，"在这份路线图基础上，我们将围绕朝鲜半岛核问题的调停继续开展工作"。②

俄罗斯提出的分阶段解决朝鲜半岛问题的计划如下。第一步，军事降温。莫尔古洛夫指出，这就是所谓的"双暂停"。在他看来，"一旦朝鲜放弃进行新的导弹及核试验，美韩军演的规模会缩小、频率会下降，这是可能的"。③ 第二步，启动平壤和华盛顿、平壤与首尔之间的直接谈判。莫尔古洛夫指出，"平壤近两个月来表现出的克制态度，即它自（2017年）9月15日起便未进行发射试验，倘若能够得到美国及其盟友的相应回应，届时便可

---

① Выступление и ответы на вопросы Министра иностранных дел России С. В. Лаврова на Российско-вьетнамской конференции Международного дискуссионного клуба «Валдай», г. Хошимин, 25 февраля 2019 года, http://www.mid.ru/ru/foreign_policy/news/-/asset_publisher/cKNonkJE02Bw/content/id/3541050，最后访问日期：2019年2月25日。

② Россия представила в Сеуле поэтапный план урегулирования проблемы КНДР, https://ria.ru/20171127/1509639437.html?referrer_block=index_archive_30，最后访问日期：2017年11月27日。

③ Россия представила в Сеуле поэтапный план урегулирования проблемы КНДР, https://ria.ru/20171127/1509639437.html?referrer_block=index_archive_30，最后访问日期：2017年11月27日。

转入'路线图'第二阶段的落实,即启动美朝直接谈判"。他认为在"路线图"的第二阶段,可以恢复朝鲜南北对话。① 第三步,启动多边谈判,在东北亚地区构建和平与安全机制。莫尔古洛夫指出,倘若以上两个步骤都能实现,即各方已经就放弃推行敌对政策达成了某种共识,就可以转入第三个阶段。他强调,"此处包含朝鲜的无核化乃至整个地区的非军事化"。②

需要指出的是,俄方目前以及后续提出的解决朝鲜半岛问题的其他相关建议,都是以上述建议为基础的。

在经济合作领域,俄罗斯自普京第三总统任期以来特别是在 2014 年乌克兰危机爆发后,更加积极致力于发展和深化与东北亚国家的全面经济合作。为此,2015 年以来俄罗斯总统普京亲自倡议和参加远东经济论坛,以吸引亚太地区国家首先是东北亚国家加强与俄罗斯远东地区的经济合作。俄罗斯积极致力于同东北亚国家扩大双边贸易往来,吸引东北亚国家增加向俄罗斯远东地区的投资,以促进俄罗斯特别是其远东地区的经济发展,并缓解西方经济制裁给俄罗斯带来的消极影响;积极开展与东北亚国家的能源合作,其中包括扩大向东北亚国家出口石油和天然气,扩大与东北亚国家的油气资源勘探、开采和运输合作,特别是积极加强北极地区的油气资源开采与运输合作,以促进俄罗斯能源出口的"多元化"并强化俄罗斯在东北亚地区乃至整个亚太地区作为能源供给者的角色;与东北亚国家加强交通运输领域的合作,特别是发挥俄罗斯"西伯利亚大铁路"以及"北方海路"的运输潜力,以充分发挥俄罗斯作为"欧亚大陆桥"的跨境运输优势;积极扩大俄罗斯与东北亚国家的农业及粮食合作,以充分发挥俄罗斯远东地区的土地优势,并推动俄罗斯在东北亚乃至整个亚太地区的粮食安全中扮演重要角色;积极扩大俄罗斯与东北亚国家在高科技领域包括航天、航空、核能以及

---

① Россия представила в Сеуле поэтапный план урегулирования проблемы КНДР, https://ria.ru/20171127/1509639437.html? referrer_ block = index_ archive_ 30,最后访问日期:2017 年 11 月 27 日。

② Россия представила в Сеуле поэтапный план урегулирования проблемы КНДР, https://ria.ru/20171127/1509639437.html? referrer_ block = index_ archive_ 30,最后访问日期:2017 年 11 月 27 日。

信息技术等领域的合作，以提高俄罗斯的高技术产品出口收入，同时从这一地区获取俄罗斯经济发展所需的高新技术，以此在一定程度上克服西方对俄罗斯技术封锁造成的不利影响。

俄罗斯与东北亚国家的经济合作以双边合作为主，同时，俄罗斯也致力于积极开展与东北亚国家的多边经济合作，例如，俄罗斯与中国和蒙古国共同致力于开展"中蒙俄经济走廊"合作，俄罗斯还积极推动朝鲜和韩国共同开展跨朝鲜半岛交通和能源等合作。此外，俄罗斯还积极推动自己主导的欧亚经济联盟加强与中国、韩国和蒙古国等东北亚国家的经济合作，并推动这些国家共同加入"大欧亚伙伴关系"建设。

二 俄罗斯与东北亚国家的关系

在东北亚地区，俄罗斯首先致力于发展与中国的战略友好与合作关系，同时，也注重平衡发展与东北亚其他国家的双边关系。

（一）俄罗斯的对华政策以及俄中关系的发展

1. 俄罗斯的对华政策

俄罗斯的对华政策包括两个紧密相连的方面，即对中国战略友好与借重，这是主导方面；与此同时，全面发展与亚太地区其他国家的友好与合作关系。

（1）俄罗斯基于以下国家利益的理性考虑，实施对华战略友好与借重政策

首先，在地缘政治与安全方面，俄罗斯是冷战后唯一的地缘政治与安全形势大幅恶化的世界大国。在欧洲-大西洋地区，北约战略东扩使俄罗斯在西方的地缘政治与安全形势大幅恶化；2014年乌克兰危机发生后，以美国为首的北约又大幅加强了针对俄罗斯的地缘政治与安全遏制，不断加强针对俄罗斯的军事力量，并将越来越多的军事力量和基地推进至俄罗斯边界地区。俄罗斯国防部部长绍伊古指出，"北约正在对靠近俄罗斯边境的军事设

施加以强化和现代化改造","今天在波罗的海和波兰已经部署了数万配备各种进攻武器的部队。美国和北约其他国家军舰在黑海和波罗的海的活动日趋积极","靠近我国边界不友好的军事活动日益活跃"。① 以上表明，俄罗斯在欧洲-大西洋方向面临的安全威胁正在日益加剧。而在中亚地区，"三股势力"的泛滥，以及西方势力在这一地区的军事、政治渗透，使俄罗斯在"柔软腹部"的南方面临严峻的安全挑战。在亚太地区，由于俄罗斯与美国存在深刻的战略矛盾，同时还与日本存在领土争端，因此，俄罗斯在这一地区面临美日同盟的安全威胁与挑战。美国在亚太地区强化美日同盟是美国在全球范围内对俄罗斯地缘政治与安全遏制的重要组成部分，虽然自奥巴马政府实施"重返亚太"战略以来，美日同盟越来越侧重于防范中国，但是仍然一直保留着在亚太地区遏制俄罗斯的重要功能，不仅如此，美日两国还大力加强与韩国和澳大利亚的军事安全合作，积极拉拢印度、越南和菲律宾等国家，这对俄罗斯在亚太地区的政治与安全利益也构成了潜在的挑战。另外，正如上文指出的，美国和日本在远东地区的常规军事力量对俄罗斯远东地区的安全构成了威胁，而且美国与包括日本在内的亚太盟国的反导合作对俄罗斯战略核力量与战略威慑的有效性提出了挑战。

在以上背景下，俄罗斯在亚太地区与中国保持战略友好与合作关系，不仅有利于平衡及遏制美日两国在亚太地区对俄罗斯的安全威胁，从而保障俄罗斯唯一"战略后方"——西伯利亚和远东地区的安全，而且有助于俄罗斯破解以美国为首的西方对俄罗斯的地缘政治遏制与围堵，从而显著改善俄罗斯的国际战略环境。2014 年 12 月，俄罗斯驻华大使杰尼索夫指出，俄罗斯与西方的"地缘政治对抗越来越尖锐，这就更加需要加强与中国的高质量邻里关系"。②

其次，在经济合作方面，中国不加入西方对俄经济制裁，帮助俄罗斯克

---

① Шойгу: претензии некоторых стран на исключительность подталкивают к гонке вооружений, http://tass.ru/armiya-i-opk/5093120，最后访问日期：2018 年 4 月 4 日。
② Андрей Дснисов: сотрудничество России и Китая выдержало испытание непростого 2014 года, https://tass.ru/interviews/1677673，最后访问日期：2014 年 12 月 29 日。

服经济困难,以及中国经济的高速增长和中俄贸易的快速发展,对俄罗斯特别是其东部地区经济发展的推动作用愈加明显和重要。2003年,中国超越美国成为亚太经合组织内俄罗斯最大的贸易伙伴,[①] 此后,又在2010年超越欧洲国家成为俄罗斯在全球的最大贸易伙伴。在亚太地区,中国与俄罗斯的贸易额占到了俄罗斯与亚太地区国家贸易总量的40%左右。据统计,2010年、2011年、2012年,俄罗斯与亚太经合组织的贸易额分别为1452.057亿美元、1959.344亿美元和2006.636亿美元,而同期俄罗斯与中国的贸易额分别为592.909亿美元、832.319亿美元和875.088亿美元,中国分别占到了同期俄罗斯与亚太地区贸易总量的40.8%、42.5%和43.6%。[②] 这充分证明了中国在俄罗斯与亚太地区经贸联系中的优势地位,也表明了中国对俄罗斯经济发展的重要意义。事实上,俄罗斯正是希望利用中国经济快速发展的机遇,来促进自身经济的发展。正如普京指出的,中国经济增长对俄罗斯而言"是一种机遇"。[③] 在2008年国际金融危机爆发后,作为俄罗斯最重要贸易方向的欧洲地区的经济一直处于低迷状态,使俄欧经济合作受到负面影响,2014年乌克兰危机发生后西方对俄罗斯的制裁,又进一步阻碍了俄罗斯与西方之间的经济合作。在这种形势下,中国外长王毅指出,"我们相信俄罗斯有能力、也有智慧,能够克服目前经济上的困难情况。中俄战略协作伙伴关系始终在高水平上运行,我们一贯是相互支持、相互帮助。如果

---

① 2003年俄中贸易额为114.31亿美元,而俄美贸易额为90.13亿美元,中国由此超越美国成为亚太经合组织内俄罗斯最大的贸易伙伴,参见 Поиски путей и определение места России в торговле со странами АТЭС, http://cyberleninka.ru/article/n/poiski-putey-i-opredelenie-mesta-rossii-v-torgovle-so-stranami-ates,最后访问日期:2012年10月15日。

② 2010年俄罗斯与亚太经合组织和中国贸易额的数据参见 Внешняя торговля Российской Федерации по основным странам за январь – декабрь 2011 г, http://www.customs.ru/index2.php?option=com_content&view=article&id=15604&Itemid=1976,最后访问日期:2012年2月9日;2011年和2012年俄罗斯与亚太经合组织和中国贸易额的数据参见 Внешняя торговля Российской Федерации по основным странам и группам стран, http://www.customs.ru/attachments/article/17091/WEB_UTSA_09.xls,最后访问日期:2013年3月10日,而中国占俄罗斯与亚太地区贸易总量的百分比是通过相关计算得出的。

③ Россия и меняющийся мир, http://www.rg.ru/2012/02/27/putin-politika.html,最后访问日期:2012年2月27日。

俄方需要的话，我们会在力所能及的范围之内提供必要协助"。① 而且更为重要的是，中国还通过积极推进中俄贸易的发展、加大对俄罗斯的投资力度等实际举措帮助俄罗斯渡过难关。因此，从总体来看，中国拒绝加入对俄经济制裁，帮助俄罗斯克服经济困难，中国经济持续高速增长以及中俄经济合作的长期稳定发展，大幅提升了中国对俄罗斯经济发展的"助推"与"借重"意义。2014年12月，俄罗斯驻华大使杰尼索夫指出，"我们看到西方企图将中国拉入没有意义的不体面的对俄制裁战争。但是我们的中国伙伴坚决反对。俄罗斯对这种路线给予高度评价"。"对俄罗斯的制裁只能证明巩固与中国关系这一战略选择是正确的，在务实合作领域也是这样。"②

再次，在地区合作方面，俄罗斯需要中国的战略支持和协作以顺利融入亚太空间。在欧洲-大西洋地区，北约和欧盟的"双扩"以及西方对俄罗斯实施的遏制政策实际上将俄罗斯"排斥"于欧洲地区集体安全、政治与经济空间之外。在这一背景下，"融入亚太"空间成为俄罗斯参与世界经济一体化进程、加速自身经济社会发展以及提高俄罗斯世界地位和威望的重大战略选择。为了顺利融入亚太空间，俄罗斯需要中国的战略支持与配合。事实上，在加入亚太经合组织以及东亚峰会等亚太地区多边组织和机构问题上，俄罗斯都得到了中国的重要支持。而在亚太地区一体化进程和地区新秩序的建构中，俄罗斯若要巩固自己的地位并发挥更大的作用，仍然需要在亚太地区拥有重大影响力的中国的战略支持与协作。此外，在俄罗斯视为自己势力范围一部分的中亚地区，在打击"三股势力"、抵御美国等西方势力的渗透、维护地区和平与稳定以及促进地区经济合作方面，俄罗斯也需要中国在上合组织框架内给予俄罗斯支持和配合。

最后，在全球事务中，由于中国是一个在广泛的国际政治问题上与俄罗斯秉持相同或相近立场的世界大国，因此，俄罗斯将中国视为实现全球外交

---

① 《王毅：中国将在力所能及范围内帮助俄罗斯度困》，https：//mil.huanqiu.com/article/9CaKrnJG6Mn，最后访问日期：2014年12月21日。
② Андрей ДЕНИСОВ: сотрудничество России и Китая выдержало испытание непростого 2014 года, https：//tass.ru/interviews/1677673，最后访问日期：2014年12月29日。

目标的战略借重力量。例如，俄罗斯将中国视为反对美国单极霸权的重要战略伙伴。俄学者伊戈尔·泽韦列夫指出，"莫斯科试图通过在绝对主权思想基础上与中国进行合作，加强联合国安理会，以及强化没有任何国家居统治地位的多极世界，来削弱美国的全球领袖地位"。① 又如，俄罗斯在反对西方国家干预其他国家内政问题上也得到了持有相同立场的中国的支持。据统计，2007~2012年，俄罗斯在联合国安理会总共行使了7次否决权，其中，莫斯科与北京共同行使否决权的情况有5次，两国一同阻止了2007年关于缅甸问题的决议、2008年关于津巴布韦的决议、2011年一次和2012年两次关于叙利亚问题的决议。② 因此，中国是俄罗斯在世界舞台上的重要战略伙伴。

从以上方面来看，俄罗斯对中国的战略友好与借重符合俄罗斯的现实利益，因此，俄罗斯需要与中国保持友好合作关系。2013年版《俄罗斯联邦外交政策构想》指出，发展与中国的友好关系"是俄罗斯外交政策的一个最为重要的方面"，"俄罗斯将继续扩大与中国的全面和平等互信的伙伴关系及战略合作，积极开展各领域的合作。两国对世界政治主要问题的原则性立场一致被俄罗斯视为构成地区和全球稳定的基础之一。在这一基础上俄罗斯将在各个方面发展与中国的外交合作，包括寻找应对新挑战和威胁的方式、解决尖锐的地区和全球问题以及在联合国安理会、二十国集团、金砖国家、东亚峰会、上合组织及其他多边组织中开展合作"。③ 在2014年乌克兰危机发生后，伴随着以美国为首的西方对俄罗斯实施"系统性"遏制，俄罗斯进一步强化了与中国的战略友好与全面协作关系。2016年版《俄罗斯联邦外交政策构想》强调，"俄罗斯将继续扩大

---

① И. А. Зевелев. Реализм в XXI веке: Американо-китайские отношения и выбор России, http://www.globalaffairs.ru/number/Realizm-v-XXI-veke-15792, 最后访问日期：2012年12月26日。

② И. А. Зевелев. Реализм в XXI веке: Американо-китайские отношения и выбор России, http://www.globalaffairs.ru/number/Realizm-v-XXI-veke-15792, 最后访问日期：2012年12月26日。

③ Концепция внешней политики Российской Федерации, http://www.mid.ru/brp_4.nsf/0/6D84DDEDEDBF7DA644257B160051BF7F, 最后访问日期：2013年2月16日。

与中国的全面和平等互信的伙伴关系和战略协作"。① 俄罗斯总统普京于 2014 年 7 月就俄中关系指出，"必须竭力巩固与中国的全面伙伴关系与战略协作"。② 普京在 2018 年 12 月的一次记者招待会上强调，"俄中全面战略协作伙伴关系是俄罗斯外交的优先方向"。③

（2）俄罗斯在对中国战略友好与借重的同时，全面发展与亚太地区其他国家的友好与合作关系

首先，相对平衡地发展与亚太地区国家的关系。俄学者卢基扬诺夫指出，"与中国开展经济、政治、军事技术合作乃大势所趋，也是俄罗斯外交不可或缺的组成部分。俄中是邻国，有着漫长的共同边界，中国所处的亚太地区发展潜力无与伦比。但是，俄罗斯的经济发展、远东地区的人口形势都面临困难。换言之，俄罗斯不能不与中国保持良好关系，因为中国已成为亚太地区首屈一指的力量"。④

俄罗斯在与中国发展战略协作伙伴关系的同时，也在致力于相对平衡地发展与亚太地区其他国家的双边友好合作关系。正如俄罗斯学者谢尔盖·卡拉加诺夫在 2017 年发表的一篇文章中指出的，"俄罗斯与日本、越南、其他东盟国家、印度、韩国、伊朗等国关系的加强越来越多地补充和平衡了俄中关系"。⑤

其次，俄罗斯在中国与邻国的领土及海洋争端中保持了中立的立场。在中国与日本的钓鱼岛问题上、中国与越南和菲律宾等东南亚国家围绕南海岛

---

① Концепция внешней политики Российской Федерации（утверждена Президентом Российской Федерации В. В. Путиным 30 ноября 2016 г），http：//www.mid.ru/ru/foreign_policy/news/-/asset_publisher/cKNonkJE02Bw/content/id/2542248，最后访问日期：2016 年 12 月 1 日。

② Совещание послов и постоянных представителей России，http：//president.kremlin.ru/news/46131，最后访问日期：2014 年 7 月 2 日。

③ 《俄罗斯总统普京会见王毅》，https：//www.fmprc.gov.cn/web/wjbzhd/t1663109.shtml，最后访问日期：2019 年 5 月 14 日。

④ «Фактор Китая во взаимоотношениях РФ и США：» Заочный круглый стол российских и американских китаеведов// Проблемы Дальнего Востока，№2，2012，с.117.

⑤ СЕРГЕЙ КАРАГАНОВ. ОТ ПОВОРОТА НА ВОСТОК К БОЛЬШОЙ ЕВРАЗИИ，https：//globalaffairs.ru/articles/ot-povorota-na-vostok-k-bolshoj-evrazii/，最后访问日期：2017 年 5 月 30 日。

礁的争端中，俄罗斯都保持了中立的立场。例如，在中日两国围绕钓鱼岛问题的矛盾因 2012 年 9 月日本非法"购岛"而激化之际，时任俄罗斯联邦安全会议秘书帕特鲁舍夫明确表示，"我们不打算支持任何一方，它们（日本和中国）应该自己达成协议，但是，我们赞成通过对话方式解决这一问题"。① 这表明，俄罗斯对中日领土争端问题，没有选择站在任何一边，而是保持了中立或者平衡。再如，在中国与菲律宾的南海争端中，俄罗斯外交部的官方立场是，"我们认为南海局势是影响整个亚太地区安全与稳定的重要因素。俄罗斯不是南海领土争端的当事方，也不会介入。我们原则上不会站在任何一边"。② 俄罗斯上述政策的主要目的之一，在于避免由于支持中国而损害俄罗斯与亚太地区其他国家的关系。

最后，全面发展与亚太地区其他国家的友好与合作关系。

21 世纪初，随着中国实力的迅速提升，中俄实力对比发生了根本逆转。时任俄《全球政治中的俄罗斯》主编卢基扬诺夫指出，"中国的崛起是不争的事实"，"俄中关系日益失衡"，"最初，俄中关系是不平等的，天平朝俄罗斯一方倾斜，后来，两国实力旗鼓相当，如今，天平又倾斜了，只是准星这次偏向的是中国"。③

虽然俄罗斯总统普京认为中国的经济增长不是威胁，而是一种机遇和挑战，④ 但是，中俄实力对比的变化仍然导致了俄罗斯对中国的关注和担忧。然而，鉴于上文所述的中国对俄罗斯的战略借重意义，俄罗斯仍然奉行对华友好方针。但与此同时，俄罗斯也在积极发展与亚太地区其他国家的关系，希望借助第三方力量来保持俄罗斯相对中国的平衡。俄著名学者亚历山大·

---

① Патрушев：РФ не поддерживает ни одну из сторон в споре Японии и Китая，http：//ria. ru/asia/20121025/906594415. html，最后访问日期：2012 年 10 月 25 日。
② Брифинг официального представителя МИД России М. В. Захаровой，Москва，10 июня 2016 года，http：//www. mid. ru/ru/foreign_ policy/news/-/asset_ publisher/cKNonkJE02Bw/content/id/2313531#16，最后访问日期：2016 年 6 月 11 日。
③ Федор Лукьянов. Китай не хочет быть сверхдержавой，http：//www. russia. ru/video/diskurs_7330/，最后访问日期：2016 年 10 月 29 日。
④ Россия и меняющийся мир，http：//www. rg. ru/2012/02/27/putin-politika. html，最后访问日期：2012 年 2 月 27 日。

卢金指出，"今天，莫斯科必须支持和保持与中国的友好关系"，同时，"为了保持平衡，必须发展与这一地区和世界上其他国家的密切关系"。① 因此，为了保持相对中国的力量平衡，自普京第三总统任期以来，俄罗斯延续了普京第二总统任期积极发展与中国周边邻国友好合作关系的战略方针。

总体而言，在俄罗斯的对华政策中，友好合作居于主导地位，同时，俄罗斯基于自身国家利益考量，尽力避免对中国的单方面倚重，并保持相对中国的平衡。

2. 俄罗斯与中国双边关系的发展

（1）俄罗斯与中国战略关系的提升以及政治友好关系的巩固

自普京第三总统任期以来，俄罗斯优先重视发展与中国的全面战略协作伙伴关系，致力于同中国共同提升两国的战略关系，进一步发展和深化与中国的政治友好与互信关系。

在战略关系上，在中俄两国的共同努力下，中俄全面战略协作伙伴关系得到了持续的巩固、发展和提升。2013 年 3 月习近平访俄期间，两国领导人一致同意将中俄"全面战略协作伙伴关系"进一步提升至新阶段。② 2016 年 6 月，在中俄战略协作伙伴关系建立 20 周年以及《中华人民共和国和俄罗斯联邦睦邻友好合作条约》签署 15 周年之际，中俄两国元首强调"坚持战略协作精神和世代友好理念，加大相互支持，增进政治和战略互信，坚定不移致力于深化中俄全面战略协作伙伴关系"。③ 2017 年 7 月习近平访俄期间，中俄两国元首一致同意，"携手努力，深化中俄全面战略协作伙伴关系"。④

---

① Александор Лукин. «Китайская мечта » и будущее России// Россия в глобальной политике，№2，2010，c.101.
② 《中华人民共和国和俄罗斯联邦关于合作共赢、深化全面战略协作伙伴关系的联合声明（全文）》，http：//www.fmprc.gov.cn/mfa_ chn/zyxw_ 602251/t1024243.shtml，最后访问日期：2013 年 3 月 23 日。
③ 《习近平同俄罗斯总统普京举行会谈 两国元首强调坚定不移致力于深化中俄全面战略协作伙伴关系》，http：//www.fmprc.gov.cn/web/zyxw/t1375288.shtml，最后访问日期：2016 年 6 月 26 日。
④ 《习近平同俄罗斯总统普京举行会谈：两国元首一致同意携手努力 不断深化中俄全面战略协作伙伴关系》，http：//www.fmprc.gov.cn/web/wjdt_ 674879/gjldrhd_ 674881/t1475385.shtml，最后访问日期：2017 年 7 月 5 日。

2019年6月，习近平出访俄罗斯并出席中俄建交70周年纪念大会，双方签署了两份重要文件，即《中华人民共和国和俄罗斯联邦关于发展新时代全面战略协作伙伴关系的联合声明》《中华人民共和国和俄罗斯联邦关于加强当代全球战略稳定的联合声明》。在此次访问中，中俄两国元首回顾总结了中俄关系的历史经验，而且规划了两国关系未来发展的新蓝图，双方决定，两国"将共同汲取历史经验，以睦邻、友好、合作及双赢的精神发展我们新时代的全面战略协作伙伴关系"，将两国关系提高到新的更高水平。"双方将巩固政治互信，加强相互支持，在涉及关键利益的问题上相互帮助，为了两国人民和世界人民的福祉，以创新、合作、共赢的精神将我们的（两国）关系推进新时代。"[1] 这标志着中俄两国推动双边关系的发展步入了新时代。2021年6月，中俄两国元首共同决定并宣布《中华人民共和国和俄罗斯联邦睦邻友好合作条约》延期，这为中俄新时代全面战略协作伙伴关系的未来发展提供了坚实的政治基础和法律保障。在国家元首的引领下，中俄在各领域的战略友好与合作关系得到了进一步巩固和全面发展。

在俄罗斯与中国战略关系不断提升的过程中，两国之间的战略互信与政治友好关系日益巩固。双方建立了完备的高层交往和各领域合作机制，双方各领域务实合作蓬勃发展，使两国关系达到了历史上的最高水平。中国国家主席习近平指出，"中俄关系是世界上最重要的一组双边关系，更是最好的一组大国关系"，[2] "中俄互为最可信赖的战略伙伴"。[3] 俄罗斯总统普京在2016年12月和2019年6月先后指出，"俄中全面战略协作伙伴关系是确保全球和地区稳定的关键因素之一。它是国际秩序下的关系典范"。[4] "今天，将俄罗斯和中国联合在一起的是多方面的、货真价实的全面

---

[1] Заявления для прессы по итогам российско-китайских переговоров, http://kremlin.ru/events/president/news/60672, 最后访问日期：2019年6月5日。

[2] 《习近平谈治国理政》，外文出版社，2014，第275页。

[3] 《习近平接受俄罗斯媒体采访》，http://www.fmprc.gov.cn/web/ziliao_674904/zyjh_674906/t1474908.shtml, 最后访问日期：2017年7月3日。

[4] Послание Президента Федеральному Собранию, http://kremlin.ru/events/president/news/53379, 最后访问日期：2016年12月1日。

战略伙伴关系"，"俄中关系处于前所未有的高水平，考虑到其巨大潜力，我们不打算停留在已达到的水平上。""我们打算在多方面扩大协作，为两国公民造福，以及促进俄罗斯和中国的稳定发展。"① 社会舆论基金会的研究显示，2017年62%的俄罗斯人认为中国是俄最"亲近和友好"的国家。②

（2）俄罗斯与中国经济务实合作的快速发展

在经贸领域，俄罗斯在普京第三总统任期积极致力于发展与中国的经贸合作。事实上，中国已经多年保持俄罗斯头号贸易伙伴的地位。中俄两国曾经提出使双边贸易在2015年前达到1000亿美元的目标。③ 然而，2014年乌克兰危机后西方对俄罗斯实施经济制裁、国际金融形势不稳、石油和天然气等大宗商品价格下跌等一系列因素，使俄罗斯经济以及中俄贸易受到巨大消极影响。为了促进中俄贸易，2015年12月中俄签署了《关于促进双边贸易的谅解备忘录》，双方达成了促进双边贸易的15项举措。双方还建立了中俄贸易投资障碍磋商机制，定期就消除双边贸易和投资合作中的障碍问题交流信息，视情况就相关议题举办研讨会，推动提高便利化水平。在各项措施的积极推动下，中俄双边贸易额近几年连续增加，2015年、2018年、2021年，中俄贸易额分别为640亿美元、1080亿美元和1468.87亿美元，2021年中俄贸易额达到2015年的2.295倍。④ 其中，俄罗斯远东地区在开展对华贸易方面最为积极。中俄两国元首在2019年6月的会晤中共同确定了2024

---

① Вечер, посвящённый 70-летию установления дипломатических отношений между Россией и Китаем, http://kremlin.ru/events/president/news/60674，最后访问日期：2019年6月5日。

② 《中国缘何成为俄罗斯人眼中的"头号朋友"》，http://sputniknews.cn/society/201712281024376392/，最后访问日期：2017年12月28日。

③ 《中华人民共和国和俄罗斯联邦关于合作共赢、深化全面战略协作伙伴关系的联合声明（全文）》，http://www.fmprc.gov.cn/mfa_chn/zyxw_602251/t1024243.shtml，最后访问日期：2013年3月23日。

④ 2015年和2018年中俄贸易额的数据参见 Встреча с участниками Второго Российско-китайского энергетического форума, http://kremlin.ru/events/president/news/60706，最后访问日期：2019年6月7日；2021年中俄贸易额的数据参见《2021年中俄贸易额达1468.87亿美元》，http://petersburg.mofcom.gov.cn/article/jmxw/202201/20220103237286.shtml，最后访问日期：2022年11月27日。

年双边贸易额达到 2000 亿美元的目标。① 为了实现这一目标，中国商务部和俄罗斯经济发展部于 2019 年 6 月签署了《关于促进双边贸易高质量发展的备忘录》，提出了推动落实两国战略大项目合作、加快商谈经贸制度安排、培育贸易增长新动能、优化壮大贸易主体、完善贸易保障体系等多方面具体举措。②

在投资领域，中俄两国政府 2014 年设立了中俄投资合作委员会，以促进双方投资合作，这一机构在推进双方实业合作中正在发挥越来越积极的作用。至 2019 年，有中国伙伴或中国资本参与的对俄投资项目大约有 30 项，总额达 220 亿美元。③ 时任俄罗斯副总理特鲁特涅夫指出，入驻俄罗斯远东地区超前发展区以及符拉迪沃斯托克（海参崴）自由港的 45 个中资项目正在实施当中，总额为 26 亿美元，相当于远东联邦区所吸引外国投资的 63%。④ 至 2019 年，在远东地区有中国伙伴或中国资本参与的投资达到 35 亿美元。⑤

但是，正如俄罗斯外长拉夫罗夫指出的，"这还远非极限。我们和我们的中国朋友有着非常宏伟的计划"，"我们描绘了总额超过 1000 亿美元、涉及包括能源在内各个领域的大约 70 个项目的蓝图，并且已经得到了相关的支持，这些领域包括原子能、农业、交通以及航天领域的合作"。⑥ 事实上，

---

① 《中国驻俄大使：对 2024 年中俄双边贸易额达到 2000 亿美元充满信心》，http://yn.people.com.cn/n2/2019/0815/c378441-33251439.html，最后访问日期：2019 年 8 月 15 日。
② 《商务部召开例行新闻发布会（2019 年 6 月 6 日）》，http://www.mofcom.gov.cn/article/i/jyjl/l/201906/20190602871674.shtml，最后访问日期：2019 年 6 月 6 日。
③ Заявления для прессы по итогам российско-китайских переговоров，http://kremlin.ru/events/president/news/60672，最后访问日期：2019 年 6 月 5 日。
④ Михаил Калмацкий. Азиатский коридор: за счёт чего растёт товарооборот России и Китая，https://russian.rt.com/business/article/629243-rossiya-kitai-torgovlya-rost，最后访问日期：2019 年 5 月 8 日。
⑤ Заявления для прессы по итогам российско-китайских переговоров，http://kremlin.ru/events/president/news/60672，最后访问日期：2019 年 6 月 5 日。
⑥ Выступление и ответы на вопросы СМИ Министра иностранных дел России С. В. Лаврова в ходе пресс-конференции по итогам деятельности российской дипломатии в 2018 году，Москва, 16 января 2019 года，http://www.mid.ru/ru/foreign_policy/news/-/asset_publisher/cKNonkJE02Bw/content/id/3476729，最后访问日期：2019 年 1 月 16 日。

第四章　俄罗斯的东北亚政策

近年来，中俄两国已经在能源、核能、航天、航空、军事技术等领域开展了密切的合作并取得了一系列积极成果。

中国与俄罗斯的能源合作在双边关系中具有战略意义。两国在该领域的合作在双边经贸中占有重要地位，从2015年到2018年，两国能源贸易额增长了1.2倍，两国能源合作在双边贸易总额中的比重增长至40%。[①] 中俄开展的能源合作涵盖天然气、石油、煤炭和电力等多个领域。在天然气管道建设方面，2014年5月，俄气与中石油天然气集团公司签署为期30年，总金额约4000亿美元，利用"西伯利亚力量"东部管线向中国供气的巨额能源协议，双方约定俄方每年向中方供应380亿立方米天然气。中俄东线天然气管道起自俄罗斯东西伯利亚，由布拉戈维申斯克（海兰泡）进入我国黑龙江省黑河市。俄罗斯境内管道全长约3000公里，中国境内段新建管道3371公里，利用已建管道1740公里。[②] 经过5年多的建设，2019年12月2日，中俄东线天然气管道（"西伯利亚力量"东线）正式投产通气，未来30年里俄方将向中方供应1万亿立方米天然气，[③] 2020年输气量约50亿立方米，随着今后中段和南段的陆续建成投产，逐步提升至每年380亿立方米输气量。[④]

在石油管道建设方面，2011年1月1日，东西伯利亚—太平洋输油管道的对华支线开始供油，这一支线是从斯科沃罗季诺到漠河石油中转站，再到更远的大庆市。支线的初始供油量为一年1500万吨，到2014年供油量提升至2000万吨。2018年1月，斯科沃罗季诺—漠河—大庆输油管道二线工程竣工并正式投入商业运营，这使俄罗斯经这一线路对华年供油量增加到

[①] Встреча с участниками Второго Российско-китайского энергетического форума, http://www.kremlin.ru/events/president/news/60706, 最后访问日期: 2019年6月7日。

[②] 《习近平同俄罗斯总统普京视频连线　共同见证中俄东线天然气管道投产通气仪式》, https://www.fmprc.gov.cn/web/zyxw/t1720817.shtml, 最后访问日期: 2019年12月2日。

[③] 《习近平同俄罗斯总统普京视频连线　共同见证中俄东线天然气管道投产通气仪式》, https://www.fmprc.gov.cn/web/zyxw/t1720817.shtml, 最后访问日期: 2019年12月2日。

[④] 《俄罗斯开始通过"西伯利亚力量"输气管道对华供气》, http://sputniknews.cn/russia_china_relations/201912021030151630/, 最后访问日期: 2019年12月2日。

3000万吨。① 至此，中俄原油管道成为中国第一大陆路原油进口通道。2017年2月，俄罗斯驻华大使杰尼索夫指出，俄罗斯已超越沙特阿拉伯成为中国第一大供油国。② 2017年，仅在政府间协议的框架内，俄罗斯就向中国提供了3000万吨石油，如果加上商业运载，总数达到了5200万吨。③ 2018年，俄罗斯对华石油出口超过6700万吨。④ 2016年到2018年，俄罗斯已经连续三年为中国第一大原油进口来源国。2019年上半年，中国自俄罗斯进口的原油达到3770万吨，同比增长了15%。⑤

除了石油和天然气之外，俄罗斯与中国还在其他能源领域开展了一系列密切合作。俄罗斯多年来稳居中国第一大电力进口来源国地位，据统计，从1992年至2019年年底，中国累计向俄购电304.22亿千瓦时，中国仅在2019年就向俄购电30亿千瓦时。⑥ 此外，俄罗斯还是中国煤炭的主要进口来源国。2020年俄对华出口煤炭约4000万吨，同比增长22.7%。⑦ 2021年俄罗斯对华煤炭出口增长38%，达到5300万吨，⑧ 成为中国第二大煤炭进口来源国。

近年来，俄中能源合作日益深化，形式也更为灵活，越来越多的中资企业进入俄罗斯能源上游领域，参与共同的勘探、开发与生产，并在俄罗斯能

---

① 《俄媒关注中俄原油管道二线工程正式运营：年供油量翻一番》，http://www.cankaoxiaoxi.com/china/20180103/2250212.shtml，最后访问日期：2019年1月6日。

② 《俄驻华大使：俄中关系完全去意识形态化》，http://sputniknews.cn/russia_china_relations/201702081021806921/，最后访问日期：2017年2月9日。

③ Заявления для прессы по итогам переговоров с Председателем КНР Си Цзиньпином, http://kremlin.ru/events/president/news/58528，最后访问日期：2018年9月11日。

④ Встреча с участниками Второго Российско-китайского энергетического форума, http://kremlin.ru/events/president/news/60706，最后访问日期：2019年6月7日。

⑤ 《中国副总理：中俄能源合作始终保持良好发展态势 互为长期可靠的能源贸易伙伴》，http://sputniknews.cn/russia_china_relations/201909061029499262/，最后访问日期：2019年9月6日。

⑥ 《中俄电力合作累计超300亿千瓦时》，https://hlj.cri.cn/20191224/79f8c3e0-148e-3efc-e46e-28164d196d58.html，最后访问日期：2022年11月28日。

⑦ 《驻俄罗斯大使张汉晖接受俄卫星通讯社书面专访》，https://www.mfa.gov.cn/web/dszljt_673036/ds_673038/202201/t20220107_10479834.shtml，最后访问日期：2022年11月28日。

⑧ Российско-китайская пятилетка: Экспорт угля в КНР может удвоиться, https://www.kommersant.ru/doc/5227715?ysclid=lb97leg1se988137754，最后访问日期：2022年11月28日。

源项目中持有更多的股份。其中，最具代表性的是中俄在亚马尔液化天然气项目上的合作。2013年，诺瓦泰克与中国能源企业达成协议，中国石油天然气集团公司获得亚马尔液化天然气项目20%的股权。在此基础上，2016年3月，中国丝路基金又斥资10.87亿欧元从诺瓦泰克公司购得项目9.9%的股权。至此，中方在亚马尔项目中的持股比例上升至29.9%，成为第二大股东。① 这一目前世界上最大的液化天然气项目已经于2017年12月正式建成投产，项目获得了190亿美元国际融资，其中中方融资120亿美元，占63%。中资企业承担了主要的建设与运输任务。该项目每年将向中国提供400万吨液化天然气。②

为了促进中俄能源合作，两国在2017年建立了能源合作论坛，在2017年和2018年两年能源论坛期间，两国能源企业签署了33份协议，吸引对俄和对华投资超过200亿美元。③

在高科技领域，中俄近年来首先努力加强在航空领域的合作。2017年5月，中俄国际商用飞机有限责任公司正式注册成立，同年9月，中俄联合远程宽体客机在上海被正式命名为CR929。这意味着中俄远程宽体客机的联合研制项目正式启动。在重型直升机领域，2016年6月，中俄双方签署了《中华人民共和国政府与俄罗斯联邦政府关于合作研制民用重型直升机的协定》。在此基础上，2021年6月，俄罗斯直升机公司和中航直升机股份有限公司签署了合同，双方将联合研制AC332 AHL民用重型直升机。这款重型直升机的最大起飞重量为38.2吨，实用升限5700米，航程630公里，最大航速每小时300公里，舱内载荷10吨，外挂载荷可达15吨，主要用于满足中国市场需求。④ 这一合作将弥补中国在重

---

① 《中俄扩大清洁能源合作》，http://world.people.com.cn/n1/2016/0511/c1002-28340117.html，最后访问日期：2022年11月29日。
② 《中俄重大能源合作项目亚马尔液化天然气项目正式投产》，http://china.cnr.cn/yaowen/20171209/t20171209_524055590.shtml，最后访问日期：2017年12月9日。
③ Встреча с участниками Второго Российско-китайского энергетического форума, http://kremlin.ru/events/president/news/60706，最后访问日期：2019年6月7日。
④ Россия и Китай подписали контракт на создание совместного тяжелого вертолета, https://tass.ru/armiya-i-opk/12861761?ysclid=lbae47yo3q962718126，最后访问日期：2021年11月9日。

型直升机领域的短板。在核能领域，俄中于 2018 年 6 月签署了关于俄罗斯参与建设田湾核电站四期工程（7 号、8 号机组）的政府间议定书和框架性合同。在此基础上，2019 年 3 月，俄罗斯原子能建设出口公司与中核集团的下属企业签署了建设田湾核电站 7 号、8 号机组总合同，以及徐大堡核电站 3 号、4 号机组的技术设计合同。田湾核电站 7 号、8 号机组分别于 2021 年 5 月和 2022 年 7 月开工建设。目前，田湾核电站是中国与俄罗斯最大的技术经济合作项目。田湾 1 号至 4 号机组采用俄罗斯 VVER-1000 型核电机组，5 号、6 号机组采用中核集团自主 M310+ 改进机型，7 号、8 号机组采用俄罗斯 VVER-1200 三代核电机组。[①] 中俄两国在航天领域的合作日益密切，双方制定并实施了一系列合作计划，如《2018~2022 年中俄航天合作大纲》，两国在运载火箭及发动机、月球与深空探测、对地观测、航天电子元器件、空间碎片监测、低轨卫星通信系统等重点领域正在开展一系列合作。

中俄两国地方合作不断扩展，除了俄罗斯远东及贝加尔地区与中国东北地区之间开展密切合作并建立地方政府间合作委员会之外，俄罗斯伏尔加河沿岸联邦区各主体与中国长江中上游各省份也建立了合作关系，并建立了"伏尔加河—长江"地方合作理事会。中俄两国为促进地方合作的发展，制定并实施了多个地方合作计划。例如，2018 年中俄签署了《中俄在俄罗斯远东地区合作发展规划（2018~2024 年）》和《中国东北地区和俄罗斯远东及贝加尔地区农业发展规划》，这进一步深化了中俄两国在远东地区的合作关系。2019 年 9 月，中俄两国一致同意，探讨再建立两个地区之间的合作关系，即俄罗斯中央联邦区与中国华北地区之间的合作关系，以及俄罗斯西北联邦区与中国东南沿海各省市之间的合作关系。[②] 此外，至 2019 年，

---

① 《俄中签署田湾核电站第四期工程总合同》，http://sputniknews.cn/economics/201903121027893980/，最后访问日期：2019 年 3 月 12 日；《俄原子能集团：田湾核电站项目进展顺利》，https://sputniknews.cn/20220906/1043732292.html，最后访问日期：2022 年 9 月 6 日。

② Заявления для прессы по итогам российско-китайских переговоров，http://kremlin.ru/events/president/news/60672，最后访问日期：2019 年 6 月 5 日。

中俄双方已结成140对友好城市和友好省州。①

（3）俄罗斯与中国在军事和安全领域合作日益密切

自普京第三总统任期以来，在中俄两国的共同推进下，中俄双方的军事交流与合作积极开展。两军人员往来密切，高层指挥人员互访频繁，双方在20世纪90年代就建立了国防部长定期会晤机制、总参谋部战略稳定磋商机制，至2018年5月，中俄两军总参谋部已经举行了20轮战略磋商。② 在中俄两国国防部长的会晤以及中俄两军总参谋部的战略磋商中，中俄两军就国际和地区热点问题、军队改革与建设以及深化军事合作等一系列问题交换意见，并达成广泛的合作共识。2018年4月，中国国防部部长出访俄罗斯，表明了中俄两国、两军加强战略合作的决心。为了有效推进两军合作，双方还共同制定及实施中俄军事合作的总体规划文件。例如，2017年6月中俄两国国防部长签署了《2017～2020年中俄军事领域合作发展"路线图"》，在此基础上，中俄两国又在2021年11月签署了《2021年至2025年中俄军事领域合作发展路线图》，以上文件对中俄军事合作进行了顶层设计和总体规划，体现出中俄两国、两军高水平的战略互信与协作。在中俄两国领导人以及两军高级官员的共同努力下，中俄两国近年来的军事合作及安全合作日益密切，并取得了一系列积极成果。

第一，中俄两国开展了密切的军事技术合作。在俄罗斯和中国的军事技术合作中，两国之间的军事技术合作委员会发挥了重要作用。至2018年10月，俄罗斯与中国已经共同举行了23次俄中军事技术合作政府间委员会会议。从1991年到2010年，中国进口的常规武器中有90%购自俄罗斯。③ 自普京第三总统任期以及习近平担任国家主席以来，俄中两国继续推进军事技术合作。2018年11月，俄联邦军事技术合作局局长德米特里·舒加耶夫指

---

① 《中国驻俄大使：对2024年中俄双边贸易额达到2000亿美元充满信心》，https://www.yidaiyilu.gov.cn/xwzx/roll/100076.htm，最后访问日期：2019年8月15日。
② 《中俄两军第二十轮战略磋商在京举行》，http://www.xinhuanet.com/2018-05/30/c_129883574.htm，最后访问日期：2018年5月30日。
③ См, Родерик Макфаркуар. Россия и Америка в новой Азии - Как развитие Китая меняет политический контекст//Россия в глобальной политике, №3, 2012, с.190.

出，近年来中国在俄罗斯军品订单中所占的比例稳步提高，已从2013年的5%增长至2018年的14%～15%。①俄国防部部长绍伊古指出，"我们（俄中）两国的合作，其中包括军事技术的合作越密切，我们所在的地区就越稳定"。②

其一，中俄两国加强了在常规武器首先是空天防御武器方面的军事技术合作。

2015年，中国与俄罗斯签署购买两个团套的S-400"凯旋"防空导弹系统的协议。中国成为俄同意出口这一最新武器系统的首个国家。继2018年向中国交付第一个团的S-400防空导弹系统之后，俄罗斯于2019年12月向中国交付了第二个团的S-400防空导弹系统，它包括一个指挥所、两个营的导弹发射器、雷达站、电力和辅助设备、备用零件和工具；此外，中国还收到了两种型号总计超过120枚的最新的S-400制导导弹。③S-400"凯旋"防空导弹系统属于俄罗斯第四代防空导弹系统，可消灭速度为4800米/秒以内、距地面10米以上的400公里范围内的任何目标，可同时跟踪及消灭12个此类目标；而且特别重要的是，该型导弹系统能够发现并消灭"隐形"飞机，实际上，它能够发现并消灭有效反射面积仅为5卢布硬币大小的处于高速运动中的物体。④该防空系统能够保护部队以及重要的政治、经济和军事目标免受各种巡航导弹、航空导弹、战术及战役-战术弹道导弹的打击，不仅能够保护中国陆地的领空，而且能够控制附近海域的上空。该系统的列装对提高中国的防空能力具有明显的积极意义。

---

① Ирина Дронина, Владимир Щербаков. Станет ли Китай "старшим братом" России, https：//yandex.ru/turbo/ng.ru/s/armies/2018-11-12/8_7436_china.html，最后访问日期：2018年11月12日。

② Сотрудничество РФ и КНР важно для стабильности в регионе, заявил Шойгу, http：//ria.ru/world/20121121/911545836-print.html？ria=cp0gtoph2fvseog9jlbl8j7hl9cbp7mc，最后访问日期：2012年11月22日。

③ Россия передала Китаю второй полк зенитных систем С-400, https：//rg.ru/2020/01/27/rossiia-peredala-kitaiu-vtoroj-polk-zenitnyh-sistem-s-400.html，最后访问日期：2020年1月27日。

④ Александр ПИНЧУК. ПРИШЛО ВРЕМЯ «ТРИУМФА»//Красная звезда, 2007-08-07.

2015年11月，中俄签署24架苏-35多功能战斗机的供应合同，中国成为第一个与俄罗斯签署新型苏-35战机供应合同的国家。至2019年4月，俄售华24架苏-35战机已全部交付，合同总价值25亿美元。苏-35战机属于"4代半"超音速战斗机，于2008年2月19日首飞，是苏-27战机的最新衍生产品。苏-35战机空重约为19吨，最大升限约为20000米，速度最高可达2500公里每小时，在机翼下的12个外挂点上可以携带重达8吨的有效武器载荷。① 在中国自己研制的第五代战斗机"歼-20"成为空军主力战机之前，这批苏-35战机对于提高中国空军实力具有重要意义。

此外，在海军武器装备方面，中俄两国还就联合设计、生产"阿穆尔"1650潜艇开展了磋商和谈判。②

其二，俄罗斯帮助中国建造导弹袭击预警系统。俄罗斯和美国作为世界上最强大的两个核大国，在战略进攻与战略防御方面的军事技术和作战能力上一直处于世界领先地位。中国在战略力量方面，不仅在进攻武器的数量和技术水平上与美俄差距巨大，在战略防御方面的技术和装备也亟须加强。

在美国不断加强对中俄两国的军事遏制，包括在中俄周边地区建设和发展反导系统、退出《中导条约》并计划首先在亚太地区部署中导系统的背景下，俄罗斯与中国在战略力量方面也加强了合作，其中一个重要方面是，俄罗斯帮助中国建设导弹袭击预警系统。2019年10月，俄罗斯总统普京在"瓦尔代"国际辩论俱乐部全体会议上发言时指出：我们将在航天、军事技术合作等领域进一步开展工作。"我们目前正在帮助中国伙伴建设导弹袭击预警系统。这是非常重大的事情，它将从根本上提高中国的国防能力，因为目前只有美国和俄罗斯拥有这种系统。"③ 俄罗斯军事专家瓦西里·卡申指

---

① Россия завершила поставку Китаю истребителей Су-35，https://tass.ru/armiya-i-opk/6340579，最后访问日期：2019年4月16日。
② 《〈观点报〉：中俄就合作生产潜艇展开谈判》，http://mil.cankaoxiaoxi.com/2013/0708/235477.shtml，最后访问日期：2013年7月8日。
③ Заседание дискуссионного клуба «Валдай»，http://kremlin.ru/events/president/news/61719，最后访问日期：2019年10月3日。

出,"这是中俄在战略国防领域进行合作的首次正式确认。这种合作的事实本身,要比中俄关系中的任何政治声明都重要"。"俄罗斯为中国建设自己的导弹攻击预警系统提供帮助,说明合作的程度是前所未有的。"①

毫无疑问,俄罗斯帮助中国建设导弹袭击预警系统,有助于弥补中国在战略防御方面的"技术短板",提高中国的战略防御能力。这是俄罗斯和中国军事技术合作领域的"新高峰",体现了俄罗斯和中国之间高度的战略互信与友好关系。

俄罗斯与中国在军事技术领域的合作,不仅进一步密切了俄中两国的战略协作伙伴关系,而且有助于增强中国的军事实力,加强中国在亚太地区抗衡美国的能力,这对削弱美国在亚太地区的霸权、维护亚太地区的安全与稳定具有积极意义。因此,俄中军事技术合作是俄中两国在亚太地区安全协作的重要组成部分。

第二,中俄两军在联合军事演习、联合军事训练以及联合巡逻等方面加强了合作。

首先,中俄两军在常规军事力量的联演联训及联合巡逻等方面加强了合作。为了加强两军的相互了解、友谊,并提高两军的作战能力以及相互合作水平,中俄两国近年来积极加强两军的联演、联训。中国和俄罗斯从2005年开始举行代号为"和平使命"的系列军事演习。自普京第三总统任期以及习近平担任中国国家主席以来,双方又举行了一系列军演。2013年7~8月,"和平使命-2013"中俄双边联合反恐军事演习在俄罗斯车里雅宾斯克切巴尔库尔合同训练场举行,中方派出646人、俄方派出约600人参演。② 2014年8月,"和平使命-2014"上合组织联合反恐军事演习在中国朱日和训练基地举行,此次联合演习成为近十年来"和平使命"系列军演中规模最大的一次。哈萨克斯坦、中国、吉尔吉斯斯坦、俄罗斯、

---

① 《专家:俄罗斯助中国建导弹预警系统,两国军事合作前所未有》,http://sputniknews.cn/opinion/201910041029742216/,最后访问日期:2019年10月4日。
② 《中俄军队共同参加的主要军事演习》,http://www.81.cn/jwgz/2018-09/11/content_9278632.htm,最后访问日期:2018年9月11日。

塔吉克斯坦等上合组织成员国参加了这次演习,其中,中俄派出近万人参演。① 五国参演武装力量相继开展山地和城市两个训练场的实兵联合战术协同,在山地作战、城市反恐清剿、化装侦察、营救人质等课目中进行多兵种陆空一体联合军事行动。联演协同训练分为战略、战役、战术三个层面,在联合侦察、联合精确打击和联合反恐作战行动方面形成协同战斗力。② 2005年至2018年8月,中俄两国在双边和上合组织框架下共举行了7次该系列联合演习。③

中俄两国从2012年开始举行代号为"海上联合"的海军实兵联合演习,至2019年5月,双方共举行了7次"海上联合"系列军演,其中,2012年、2013年、2014年、2016年和2019年都是在中俄两国临近西太平洋的东部近海地区举行的。2015年5月中旬和8月下旬,中俄"海上联合-2015"军事演习首次分阶段,分别在地中海海域和彼得大帝湾海域、克列尔卡角沿岸地区和日本海海空域举行。④ 2017年7月和9月,中俄"海上联合-2017"军事演习再次分阶段,分别在波罗的海以及俄太平洋舰队基地、日本海及鄂霍次克海南部海域举行。其中,2015年5月在地中海以及2017年7月在波罗的海举行的中俄联合军演,是中国首次与俄罗斯在上述海域举行联合军演。2019年5月在中国青岛附近海域举行的"海上联合-2019"军演是中俄"海上联合"系列演习中的第7次。在此次演习中,中俄参演兵力围绕联合防空、联合反潜、联合援潜救生等科目进行演练,开展了突破性的深度合作,中俄两国海军首次实现水下互救潜艇艇员,首次实现舰机联合

---

① 《中俄军队共同参加的主要军事演习》,http://www.81.cn/jwgz/2018-09/11/content_9278632.htm,最后访问日期:2018年9月11日。
② 《"和平使命-2014"联合反恐联演今起举行》,http://www.xinhuanet.com/world/2014-08/24/c_126909244.htm,最后访问日期:2014年8月24日。
③ 这一数据是作者依据公开信息整理得出的,参见《中俄军队共同参加的主要军事演习》,http://www.81.cn/jwgz/2018-09/11/content_9278632.htm,最后访问日期:2018年9月11日。
④ 《中俄军队共同参加的主要军事演习》,http://www.81.cn/jwgz/2018-09/11/content_9278632.htm,最后访问日期:2018年9月11日。

反潜，首次实现实射导弹武器。① 这次演习进一步提高了中俄海上联合防卫行动组织指挥水平，增强了两国海军共同应对海上安全威胁的能力。这同时标志着中俄海上联演的实战化、信息化、规范化水平迈上了一个新的台阶。中俄"海上联合"系列军演对于维护中俄两国以及亚太地区的海上安全具有积极意义。

除了上述联合军演外，中国军队还积极参加俄罗斯武装力量组织的大规模军演。例如，在俄罗斯举行的"东方-2018"战略演习中，中国出动3200余人，各型装备车辆1000余台、直升机24架、歼轰机6架参演。② 2019年，中国军队还参加了俄罗斯"中部-2019"首长司令部战略演习，中方约1600余名官兵、各型武器装备300余台（件）、固定翼飞机和直升机近30架参加这次演习。

俄中两国军队还在联合巡逻等方面开展了积极合作。2019年7月，俄罗斯和中国空军在亚太地区举行了首次联合空中巡逻，俄罗斯图-95MS和中国轰-6K战略轰炸机在日本海联合空中巡逻，展示出中俄两国间在军事信任和协作方面达到前所未有的水平。此外，中俄两国海军还于2021年10月在日本海、西太平洋和东海海域首次进行了海上联合巡逻，展示了两国高度的军事互信以及共同维护亚太安全与稳定的政治意志。

其次，中俄两国共同举行首长司令部联合反导计算机演习。中俄首长司令部联合反导计算机演习，是中俄两国加强在空天防御领域合作的一项重要内容。这是中俄应对美国潜在的导弹袭击的重要措施之一，也是对美国积极在亚太地区发展反导系统的行动回应。

2016年5月，中俄两国在俄罗斯国防部空天防御部队科研中心举行"空天安全-2016"首次首长司令部联合反导计算机演习，目的是通过共

---

① 《中俄"海上联合-2019"军事演习圆满结束》，http：//www.xinhuanet.com/mil/2019-05/04/c_1124449070.htm，最后访问日期：2019年5月4日。

② 《专访"东方-2018"战略演习中方导演部指挥员》，http：//www.xinhuanet.com/politics/2018-09/12/c_1123418811.htm，最后访问日期：2018年9月12日。

同演练防空和反导战役部署联合行动，应对弹道导弹和巡航导弹对两国领土的突发性和挑衅性打击。俄中"空天安全-2016"是首长司令部级的演习，演习脚本完全按照实战行动模型进行推演。双方军事人员共同演练如何指挥空天防御作战，重点是演练集中指挥作战值班哨位与导弹预警系统、反导系统、空间监视系统、发射和监视目标。还要检验观察和通信系统的作战效率，以便在第二阶段野外演习中使用这些技能。① 2017年12月，中俄两国在北京举行"空天安全-2017"中俄第二次首长司令部联合反导计算机演习。"这次联演要比第一次更接近实战，档次更高。"② 中俄两国举行"空天安全"系列首长司令部联合反导计算机演习，有力促进了中俄相互学习空天防御作战思想与军事技术，有利于促进双方未来在空天防御领域合作的进一步深入，有利于增进中俄战略互信，维护中俄安全利益和国际战略平衡。

在美国与其亚太盟友不断在亚太地区展示军力、频频军演、强化军事威慑的背景下，俄罗斯与中国积极加强两军在联合演习、联合训练以及联合巡逻等方面的合作，不仅有利于提高两军联合行动的协调能力，也有助于增强中俄两国在亚太地区的军事影响力以及针对美国及其盟友的军事牵制力。

第三，在反导问题上，俄罗斯与中国共同反对美国在全球包括在亚太地区部署有损战略平衡与稳定的反导系统。2013年3月中俄两国发表的《中华人民共和国和俄罗斯联邦关于合作共赢、深化全面战略协作伙伴关系的联合声明》指出，双方"反对一国或国家集团单方面、无限度地加强反导，损害战略稳定和国际安全"。③ 中俄在反导问题上确立了共同牵制美国的统

---

① 《中俄"空天安全-2017"联合反导演习今日开启》，http://military.people.com.cn/n1/2017/1211/c1011-29698446.html，最后访问日期：2017年12月11日。
② 《中俄"空天安全-2017"联合反导演习今日开启》，http://military.people.com.cn/n1/2017/1211/c1011-29698446.html，最后访问日期：2017年12月11日。
③ 《中华人民共和国和俄罗斯联邦关于合作共赢、深化全面战略协作伙伴关系的联合声明（全文）》，http://www.fmprc.gov.cn/mfa_chn/zyxw_602251/t1024243.shtml，最后访问日期：2013年3月24日。

一立场。

中俄两国共同反对美国以"朝核问题"为借口在韩国部署"萨德"反导系统并在亚洲其他地区建立反导系统。俄罗斯外长拉夫罗夫于2016年4月指出,"俄罗斯和中国在很大程度上担心个别国家企图利用朝鲜半岛的复杂局势来强化自己在这一地区的军事存在,炫耀武器,包括最现代的以及技术上最先进的武器,这与朝鲜半岛局势产生的现实威胁完全不成比例。我指的是,美国在东北亚地区建立区域反导系统的框架内在韩国部署反导系统。这当然不是孤立的系统,而是美国全球反导系统的地区组件。毫无疑问,我们和中国朋友一致认为,进一步遵循这一方针的结果是,在这一地区和欧洲部署的反导系统将使战略平衡遭到破坏,这将对我们两国的安全造成现实威胁"。① 2019年7月中俄两国发表的联合声明指出,中俄双方认为,"导弹防御(反导)领域的形势发展尤其令人担忧。某些国家以所谓导弹威胁为借口,单方面发展并在欧洲和亚太地区部署反导系统,严重损害包括中俄在内的域内国家战略安全利益,对国际和地区战略平衡与安全稳定带来消极影响,破坏各方为应对导弹及导弹技术扩散所作的多边政治外交努力。中俄两国对此强烈反对"。②

为了应对和反制美国在韩国部署"萨德"反导系统以及在亚洲建立全球反导系统,俄罗斯和中国举行了由外交官、军人和其他人员参加的对话。2015年4月在上海和2016年3月在莫斯科举行了两轮对话。③ 在2016年7月召开的第四次中俄东北亚安全磋商会议上,中俄双方对美国和韩国推动在

---

① Интервью Министра иностранных дел России С. В. Лаврова СМИ Монголии, Японии и КНР в преддверии визитов в эти страны, Москва, 12 апреля 2016 года, http://www.mid.ru/ru/foreign_policy/news/-/asset_publisher/cKNonkJE02Bw/content/id/2227965, 最后访问日期: 2016年4月12日。

② 《中华人民共和国和俄罗斯联邦关于当前世界形势和重大国际问题的联合声明(全文)》, https://www.fmprc.gov.cn/web/ziliao_674904/1179_674909/t1475442.shtml, 最后访问日期: 2019年7月5日。

③ Интервью Министра иностранных дел России С. В. Лаврова СМИ Монголии, Японии и КНР в преддверии визитов в эти страны, Москва, 12 апреля 2016 года, http://www.mid.ru/ru/foreign_policy/news/-/asset_publisher/cKNonkJE02Bw/content/id/2227965, 最后访问日期: 2016年4月12日。

韩国部署"萨德"反导系统一致表示严重关切,认为"美国单方面发展并在包括朝鲜半岛在内的世界各地推动部署战略反导系统的非建设性行为,对国际和地区战略平衡与安全稳定带来消极影响"。双方一致认为,"美国和韩国推动在韩国部署'萨德',与其宣称的目的明显不符,将严重损害包括中俄在内的域内国家战略安全利益。中俄坚决反对美韩有关计划,将针对局势发展出现的负面因素,积极考虑加强双方协作的措施"。① 作为重要的回应措施之一,中俄两国加强了在空天防御领域的合作(上文已经论述,此处不再赘言)。

第四,中俄两国共同反对美国退出《中导条约》,并共同反对美国在亚太地区部署中短程导弹。2019年2月1日,美国以俄罗斯违反1987年美苏两国签署的《中导条约》为由,正式宣布暂停履行《中导条约》义务。美国退出《中导条约》,是美国继退出《反导条约》之后对全球战略稳定体系的第二次沉重打击。美国退出《中导条约》的根本目的在于消除军备控制(包括核军备控制领域的一切限制),取得相对于俄罗斯和中国的绝对军事优势(包括核霸权优势)。时任美国总统特朗普宣称,"我们有的是钱,没有任何国家能够匹敌,所以我们要在他们还没有回过味儿来时增强核潜力"。② 美国退出这一条约将给俄罗斯、中国以及整个世界的安全造成严重负面影响。

美国退出《中导条约》严重破坏了世界核裁军进程,对《第三阶段削减战略武器条约》的未来存续造成了消极影响。如果后一条约再被废止,将意味着整个世界核武器控制机制的崩溃,以及世界重新陷入两个核大国对抗的局面。2018年10月,俄罗斯科学院世界经济国际关系研究所国际安全中心主任阿列克谢·阿尔巴托夫指出,一旦美国退出《中导条约》,"仅仅

---

① 《中俄举行第四次东北亚安全磋商》,http://www.xinhuanet.com//world/2016-07/29/c_129187113.htm,最后访问日期:2016年7月29日。
② Сергей Строкань, Екатерина Мареева. Стороны проявили сдерживание: США и Россия меняют модель отношений, https://www.kommersant.ru/doc/3779061,最后访问日期:2018年10月24日。

几年后，我们就不知道对方正在做什么、有何未来计划和战略构想、反击计划是什么样的，在这种情况下，就会为了有备无患而过度提高自身安全保障。无限制的军备竞赛将展开。考虑到俄美金融和经济的不对称性，这样的竞赛对俄而言是更艰难的一种考验。过去50年来的经验表明，如果军备不受控制、军力的可预测性和透明度不复存在，核威慑就会失控。任何危机都可能将世界推向战争边缘"。① 俄罗斯总统普京指出，"我们担心《反导条约》被废除后，现在轮到《中导条约》了，不知道《第三阶段削减战略武器条约》的命运如何。如果这一切都被废除，那么军控领域就一无所有了。我认为，这种情况极其危险——除了军备竞赛，什么都没了"。②

美国退出《中导条约》后，有可能在亚太地区，其中包括在日本和韩国部署中短程导弹，这将使俄罗斯和中国面临前所未有的来自美国中短程导弹的严重军事威胁。对俄罗斯而言，一旦美国在欧洲地区部署中短程导弹，那么这些导弹飞到莫斯科的时间仅为10~12分钟。③ 俄罗斯总统普京指出，"这会急剧恶化国际安全形势……对我们来说是严重的威胁"。④ 此外，美国部署在亚洲地区的中短程导弹，将严重威胁俄罗斯远东地区的安全。2019年8月23日，普京指出，"美国非常高级别的政治家声称，新系统的部署或将从亚太地区开始，但这也触及我们的根本利益，因为该地区就在俄罗斯边界附近"。⑤ 2019年9月，普京再次特别指出，"如果美国方面以'缓和朝鲜威胁'为借口，将中程导弹部署在日本或韩国，对我们来说，这会造成明确的实质性威胁。因为这些导弹系统很可能将覆盖大部分俄罗斯领土，包

---

① США возвращают мир в эпоху страха перед ядерной войной, https://yandex.ru/turbo/vz.ru/s/politics/2018/10/20/339292.html, 最后访问日期: 2018年10月20日。
② Пресс-конференция по итогам российско-итальянских переговоров, http://kremlin.ru/events/president/news/58889, 最后访问日期: 2018年10月24日。
③ Послание Президента Федеральному Собранию, http://kremlin.ru/events/president/news/59863, 最后访问日期: 2019年2月20日。
④ Послание Президента Федеральному Собранию, http://kremlin.ru/events/president/news/59863, 最后访问日期: 2019年2月20日。
⑤ Совещание с постоянными членами Совета Безопасности, http://kremlin.ru/events/president/news/61359, 最后访问日期: 2019年8月24日。

括远东地区"。①

除了针对俄罗斯之外，美国退出《中导条约》的另外一个主要目的，就是消除该条约对美国的限制，从而使美国能够在中国周边地区部署针对中国的中短程导弹。在美国看来，中国现在拥有对美国人构成危险的中程导弹。例如，中国的导弹可以打到关岛、日本、韩国的美军基地。而美国由于受制于《中导条约》，无法在亚洲部署针对中国的中短程导弹。2017年4月，时任美国太平洋司令部司令哈里斯批评《中导条约》，称该条约"严重限制了美国抵御中国陆基巡航导弹和弹道导弹的能力"。② 正如上文已经指出的，美国退出《中导条约》后，将首先在亚太地区部署中短程导弹，这将使中国大部分国土直接处于美国中短程导弹的射程之内。中国主要的政治和经济中心、战略运输枢纽、能源供应与储备设施、军事基地与设施将几乎悉数暴露在美国中程导弹的威胁之下。这将对中国军事安全造成严重威胁。2019年9月中国外长王毅指出，"《中导条约》对于维护全球战略平衡与稳定至关重要。单方面退出后患无穷"，"中国反对在亚太地区部署陆基中短程导弹"。③

美国退出《中导条约》以及在中俄两国周边地区，首先是在亚太地区部署中短程导弹对中俄两国安全利益造成了共同的威胁和损害，因此，中俄两国共同反对美国的上述行径并相互支持。中俄两国在2019年6月联合发表的《中华人民共和国和俄罗斯联邦关于加强当代全球战略稳定的联合声明》中指出，个别国家"为谋求军事领域战略优势，意图实现'绝对安全'，获得不受限制的向对手进行军事政治施压的能力，那些国家正肆意破坏稳定维护机制"。"美国决定退出《苏美关于消除中程和中短程导弹条约》

---

① Пленарное заседание Восточного экономического форума, http://kremlin.ru/events/president/news/61451, 最后访问日期：2019年9月5日。
② Михаил Коростиков. Запрещенные ракеты поселятся в Азии: Выход из РСМД развяжет руки США в противостоянии с Китаем, https://www.kommersant.ru/doc/3778575?ysclid=lclm0n73a422626632, 最后访问日期：2018年10月23日。
③ 《中国外长：美国单方面退出〈中导条约〉之举后患无穷》，http://sputniknews.cn/china/201909281029682208/，最后访问日期：2019年9月28日。

(《中导条约》）将破坏战略稳定，加剧紧张和不信任，骤增核导领域不确定性，引发军备竞赛，并使世界多个地区冲突风险上升。中俄两国主张条约当事方通过对话与磋商解决分歧，恢复条约活力，防止事态朝上述方向发展。双方将就此保持密切对话，协调立场。"①

美国宣布退出《中导条约》后加速研制和测试新型中短程导弹，这进一步恶化了地区安全局势。2019年8月19日，美国五角大楼称，它已试射了一枚常规配置的巡航导弹，其在飞行了500多公里后击中目标。这是美国退出冷战时期的《中导条约》以来首次进行这类试验。针对这一事件，2019年8月20日，中国外交部发言人耿爽表示，"自8月2日美宣布正式退出《中导条约》以来不到三周时间，美国防部就开展此前受条约禁止的陆基中短程导弹试验。这充分说明，美国退约的真实目的是寻求'自我松绑'，放手发展先进导弹，谋求单方面军事优势。美方此举势将引发新一轮军备竞赛，导致军事对抗升级，进而对国际和地区安全形势产生严重消极影响"。② 俄罗斯总统普京对此指出，"毫无疑问，试射陆基中程导弹违反了《中导条约》，会导致世界安全形势恶化，尤其是欧洲"。"美国试射这种导弹太快了，在宣布退出条约后这么快就完成试射，因此我们完全有理由认为，美国在找理由退出条约之前早就开始了相关研发及陆基导弹的研究。"③

除了相互协调立场、共同发表反对美国退出《中导条约》及其研制中短程导弹的联合声明外，中俄两国还采取了其他一系列联合行动。例如，2019年8月，俄罗斯和中国要求联合国安理会就一些美国官员发表计划研发和部署中程导弹的言论召开紧急会议，讨论美方破坏《中导条约》的问题。中俄这一联合倡议表明，两国在国际舞台上就牵制美国制造和部署中短

---

① 《中华人民共和国和俄罗斯联邦关于加强当代全球战略稳定的联合声明（全文）》，https：//www.fmprc.gov.cn/web/gjhdq_676201/gj_676203/oz_678770/1206_679110/1207_679122/t1670112.shtml，最后访问日期：2019年6月6日。

② 《2019年8月20日外交部发言人耿爽主持例行记者会》，https：//www.fmprc.gov.cn/web/fyrbt_673021/jzhsl_673025/t1690222.shtml，最后访问日期：2019年8月21日。

③ Совместная пресс-конференция с Президентом Финляндии Саули Ниинистё，http：//kremlin.ru/events/president/news/61349，最后访问日期：2019年8月21日。

程导弹正在紧密地协调行动。再如，2019年11月，中国外交部副部长马朝旭与俄罗斯副外长里亚布科夫在北京举行双边战略稳定磋商，重点讨论了中导问题。这标志着中俄正式启动两国中导问题专题战略磋商机制。可以预见，中俄两国将就美国制造和部署中短程导弹给中俄两国及地区造成的威胁采取进一步的联合应对措施。

俄罗斯与中国还为共同维护地区及世界的安全和稳定而在地区和全球层面展开了一系列积极协作。在地区层面，除了前文已述的双方共同反对美国在亚太地区加强反导系统以及图谋部署中短程导弹之外，中俄还共同反对美国在亚太地区加强同盟体系并制造地区分裂；共同主张在亚太地区建立集体安全架构；两国借助亚太经合组织、东亚峰会以及上合组织等一系列多边机构在亚太和中亚地区开展了一系列安全协作，其中包括共同打击"三股势力"，共同致力于推进朝鲜半岛问题以及阿富汗问题的解决。在全球层面，中俄两国都秉承多极世界理念，主张建立平等、民主、公正、合理的世界新秩序，反对单边主义和霸权政治，反对干涉内政、颜色革命以及分离主义，反对滥用武力或以武力相威胁，共同主张维护国家主权、国际法以及联合国安理会的权威地位，并为此在世界舞台上积极协调。

此外，在人文交流领域，近年来，在中俄人文合作委员会的统筹指导下，两国在该领域的交流与合作蓬勃发展。双方举办了一系列文化节、电影节，进行了密切的教育交流、青年交流、体育交流、媒体交流以及卫生合作，同时大力发展旅游合作。2018年，大约220万俄罗斯人到访中国，170万中国公民到访俄罗斯。① 至2020年，中俄已经成立了12个同类大学联盟、覆盖636所学校，2020年中俄双向留学交流人数超过10.4万。②

总体而言，自普京第三总统任期以来，俄罗斯进一步巩固和发展了中俄战略协作伙伴关系。

---

① Заявления для прессы по итогам российско-китайских переговоров，http：//kremlin.ru/events/president/news/60672，最后访问日期：2019年6月5日。
② 《中俄人文合作委员会第二十一次会议召开 孙春兰与戈利科娃共同出席》，https：//m.gmw.cn/baijia/2020-11/26/34402128.html，最后访问日期：2022年11月29日。

（二）俄罗斯对日政策以及俄日关系的发展

自普京第三总统任期以来，俄罗斯将改善和发展俄日关系列为其亚太政策的一个重要方面。在对日关系上，由于领土及和平条约问题，俄日两国一直未能建立稳定的、正常的友好关系，这使俄日关系成为21世纪初俄罗斯与亚太国家关系中唯一存在"重大障碍"的双边关系，限制了俄罗斯在亚太地区战略选择的空间。自普京第三总统任期开始，俄罗斯积极致力于发展与日本的关系。2013年版《俄罗斯联邦外交政策构想》指出，"俄罗斯联邦打算推行同日本大力发展多方面睦邻关系的方针。在推进整个双边合作和国际舞台上的协作的背景下，俄罗斯还将继续进行关于寻找相互可接受方式解决争端问题的对话"。① 2016年版《俄罗斯联邦外交政策构想》指出，"俄罗斯联邦将继续同日本构建睦邻关系和开展互利合作的方针，目的之一是确保亚太地区的稳定与安全"。② 俄罗斯总统普京指出，"我们希望与东方邻国日本的关系取得实质性进展。我们对日本领导人发展对俄经济关系、启动联合项目和计划的意愿表示欢迎"，③ "我认为，对日本以及对俄罗斯而言非常清楚的是，在俄罗斯和日本之间缺乏这一（和平）条约，这是历史的错乱，它影响我们的前进和发展。何况，俄罗斯与日本绝对是地区彼此的天然伙伴，如果（俄日）双方关系能以和平条约为基础的话，双方自然相互补充或者能够相互补充，遗憾的是，现在还没有这一条约"。"俄罗斯和日本都想签署这一条约"，"无论如何需要维持这一意图"，"在增进彼此信任的基

---

① Концепция внешней политики Российсйкой Федерации，http：//www.mid.ru/brp_ 4.nsf/0/6D84DDEDEDBF7DA644257B160051BF7F，最后访问日期：2013年2月16日。

② Концепция внешней политики Российской Федерации（утверждена Президентом Российской Федерации В. В. Путиным 30 ноября 2016 г），http：//www.mid.ru/ru/foreign_policy/news/-/asset_publisher/cKNonkJE02Bw/content/id/2542248，最后访问日期：2016年12月1日。

③ Послание Президента Федеральному Собранию，http：//kremlin.ru/events/president/news/53379，最后访问日期：2016年12月1日。

第四章 俄罗斯的东北亚政策

础上"能够达成这一协议,"而取得这一信任的方式之一是扩大合作"。①

1. 俄罗斯改善和发展与日本关系的战略动机

(1) 维持亚太力量平衡

由于俄罗斯在保障国家安全、促进经济发展、维持周边地区稳定,以及在国际事务中反对美国单极霸权、维护联合国权威等问题上需要中国的战略协作,因此俄罗斯一直坚持对华友好合作的战略方针;与此同时,俄罗斯为了维护自己的安全和利益,在亚太地区明确奉行平衡战略。基于这一战略,俄罗斯将改善和发展与日本的关系视为亚太平衡战略的重要方面。对俄而言,改善和加强与日本的关系有助于扩大俄在亚太地区战略选择的空间,增强其在亚太地区保持力量平衡的能力,并提高其亚太战略地位。

2014年乌克兰危机爆发后,由于西方对俄罗斯实施"系统性"遏制政策,俄罗斯进一步向中国靠拢与借重。为了防止对中国的过度依赖,俄罗斯仍致力于发展与亚太地区国家的全面合作,而日本无疑是其重要合作对象之一。

在发展与日本的关系中,一方面俄罗斯希望其与日本的关系更加密切,俄罗斯总统普京指出,"日本不仅是我们的邻居、我们的合作伙伴,而且还是我们在亚太地区的重要合作伙伴。……我们必须特别重视建立我们的关系,将这种关系保持在高水平上";②而在另一方面,俄罗斯明确拒绝日本拉拢其共同遏制中国的战略意图。

总之,俄罗斯在坚持对华战略友好方针的同时,基于亚太平衡战略以及避免对中国的过度依赖,也致力于改善和发展与日本的双边关系。

(2) 希望通过改善和发展与日本的关系,来牵制美日同盟,甚至希望日本彻底摆脱美国而独立,以维护俄罗斯的利益

在改善及发展与日本的关系中,俄罗斯同日本讨论在亚太地区建立新的、非结盟的安全架构以及美国在日本部署反导系统等问题,其真正意图就

---

① Ответы на вопросы журналистов по итогам встречи лидеров экономик форума АТЭС, http://kremlin.ru/events/president/news/53284,最后访问日期:2016年11月21日。

② 《俄日关系乍暖还寒》,http://www.xinhuanet.com/world/2016-05/08/c_128967101.htm,最后访问日期:2016年5月8日。

是对美日政治及军事合作加以牵制,从而维护俄罗斯的利益。俄罗斯在与日本的外交谈判以及"2+2"会谈中,多次就美国在日本发展反导系统直接向日本表示反对与不满,以牵制日本在反导系统方面与美国的合作。

2014年乌克兰危机后,俄罗斯继续改善和发展与日本关系的另外一个目的在于,通过加强俄日关系打破西方国家对俄罗斯遏制、孤立与制裁的"统一战线",使日本在对俄态度上与美国和欧洲拉开"距离",实施更有利于俄罗斯的政策。俄罗斯总统普京曾经直言不讳地批评日本说,在俄日关系中,最主要的问题在于,日本"在很大程度上以自己基本的、主要的战略伙伴——美国的观点为指针,践行及校正自己的外交立场"。[1] 俄罗斯还对日本在乌克兰问题以及响应美国号召参与对俄制裁提出了批评。普京指出,在乌克兰问题上,"我们没有看到任何问题妨碍了我们的协作","为解决任何问题包括签署和平条约问题创造良好条件,是极其重要的"。[2]

从更加长远的角度来看,俄罗斯积极发展与日本的关系,是希望推进日本摆脱美国而真正独立。为此,俄罗斯积极向日方阐述美国对日本实施的"罪行"以及对日本再次强大造成的障碍。例如,时任俄罗斯国家杜马主席纳雷什金不止一次宣称,美国"核轰炸广岛和长崎是对人类的犯罪"。[3] 俄日关系的改善有两个密切交织的重大障碍。一是岛屿,二是东京对华盛顿的依赖。"它们交织在一起的原因是,美国频繁触碰日本在岛屿问题上的痛处,以阻止俄日靠拢,并希望把俄罗斯塑造成日本主权的主要破坏者。然而,真正伤害日本尊严的是对美国的附庸,而不是失去4座岛。""轰炸广岛、制定殖民宪法、对大和民族推行外来自由标准的不是我们。我们在日本

---

[1] Ответы на вопросы журналистов, http://kremlin.ru/events/president/news/52834,最后访问日期:2016年9月5日。

[2] Ответы на вопросы журналистов, http://kremlin.ru/events/president/news/52834,最后访问日期:2016年9月5日。

[3] Петр Акопов. Россия может предложить Японии больше, чем острова, https://vz.ru/politics/2015/5/21/746658.html,最后访问日期:2015年5月22日。

没有基地——挡在日本复兴之路上的不是莫斯科。"①

俄罗斯外长拉夫罗夫于 2016 年 4 月指出,"我们听到日本同行关于为什么日本加入美国和欧洲实施的某些(对俄)制裁,我们没有请求日本朋友解释这些,他们自己似乎在向我们证明自己的无罪",②"我们希望像日本这样强大的国家,能够在国际事务中享有更大的威望,它的声音更加清晰并反映日本人民的利益"。③

(3) 俄罗斯一直希望在俄日关系中占据主动和有利的地位,从而按照俄罗斯的意图解决领土及和平条约问题,以最大限度维护自身利益

在俄日双边关系发展的总体方针上,俄罗斯希望日本改变此前遵循的"要求俄首先归还北方领土,并在此基础上与俄方签订和平条约并展开各领域密切合作"的传统方针,而是向自己坚持的"首先开展各领域的密切合作,以营造两国相互信任、友善与合作的氛围,然后再讨论领土及和平条约问题"的方针靠拢,甚至希望将领土问题与发展两国合作问题"脱钩"。在领土问题及和平条约问题上,俄罗斯力图改变日本政府一贯秉持的要求俄"一并归还北方四岛"的强硬立场,转而接受普京提出的"平局"解决方案。俄罗斯甚至希望俄日在不解决领土问题的条件下签署和平条约。2018 年 9 月,俄罗斯总统普京在东方经济论坛全体会议期间发表演讲时说,"70 年来我们一直在进行谈判。安倍晋三说过,'让我们改变一下立场'。我同意,我头脑中形成了一个想法,让我们签署和平条约,不是现在,而是在今年年底前,但不设置任何先决条件"。"然后,

---

① Петр Акопов. Россия может предложить Японии больше, чем острова, https://vz.ru/politics/2015/5/21/746658.html, 最后访问日期: 2015 年 5 月 22 日。
② Интервью Министра иностранных дел России С. В. Лаврова СМИ Монголии, Японии и КНР в преддверии визитов в эти страны, Москва, 12 апреля 2016 года, http://www.mid.ru/ru/foreign_policy/news/-/asset_publisher/cKNonkJE02Bw/content/id/2227965, 最后访问日期: 2016 年 4 月 12 日。
③ Интервью Министра иностранных дел России С. В. Лаврова СМИ Монголии, Японии и КНР в преддверии визитов в эти страны, Москва, 12 апреля 2016 года, http://www.mid.ru/ru/foreign_policy/news/-/asset_publisher/cKNonkJE02Bw/content/id/2227965, 最后访问日期: 2016 年 4 月 13 日。

依据这份和平条约，我们作为友邦继续解决所有争端问题。我认为，这能够帮助我们解决 70 年来未决的一切问题。"① 故此，从俄罗斯的角度来看，在日本与重要邻国都存在领土及历史问题且关系不佳的背景下，改善并发展与日本的关系，有利于俄在日俄关系中占据主动和有利的地位，从而为实现其上述意图创造有利条件。

（4）借力日本促进俄罗斯远东地区的经济发展

俄罗斯一直希望加强与亚太国家的经济合作，以促进俄特别是其远东地区的经济发展。然而，在俄与亚太国家的经济合作中，俄日经济合作潜力远未充分挖掘。据统计，2012 年俄罗斯与亚太经合组织的贸易额为 2006.636 亿美元，其中，俄日贸易额为 312.2 亿美元，而俄中贸易额为 875.088 亿美元，② 俄日及俄中贸易分别占俄罗斯与亚太国家贸易总量的 15.6% 和 43.6%，③ 可见，俄日经济合作水平远低于俄中经济合作水平。普京对此指出，俄日贸易"在我看来，在绝对额上仍然过小"。④ 因此，俄希望更多利用日本的资金和技术发展其远东地区的经济。正如俄专家基斯塔诺夫所指出的，"在经济方面，俄罗斯需要日本"。⑤

2. 俄日关系的改善和发展

自 2012 年普京第三次出任俄罗斯总统以及安倍晋三第二次出任日本首相以来，在俄日双方的共同努力下，俄日关系得到了大幅改善与发展，这是中国周边地区大国关系最显著的变化之一，对中俄在中国周边地区的战略协

---

① Пленарное заседание Восточного экономического форума，http://kremlin.ru/events/president/news/58537，最后访问日期：2018 年 9 月 13 日。

② Г. Н. Саришвили. АТЭС в системе внешнеэкономических интересов России//Российский внешнеэкономический вестник，№3，2011，с. 36；Внешняя торговля Российской Федерации по основным странам и группам стран，http://www.customs.ru/attachments/article/17091/WEB_ UTSA_ 09. xls，最后访问日期：2013 年 3 月 10 日。

③ 中国占俄罗斯与亚太地区贸易总量的百分比是通过相关计算得出的。

④ Начало встречи с Премьер-министром Японии Синдзо Абэ，http://president.kremlin.ru/transcripts/17998，最后访问日期：2013 年 4 月 30 日。

⑤ 《俄专家：俄日政治雷声大雨点小 领土争端难有突破》，http://www.chinadaily.com.cn/hqzx/2013-04/30/content_ 16463673.htm，最后访问日期：2013 年 4 月 30 日。

第四章 俄罗斯的东北亚政策

作,特别是针对日本问题的战略协作造成了不容忽视的影响。① 近年来,俄日关系的变化及发展主要体现在以下几方面。

第一,俄罗斯和日本重新确定发展友好合作的基本战略方针,致力于在解决领土与和平条约的基础上使两国关系完全正常化以及发展更密切的战略关系。

在 2012 年普京重新入主克里姆林宫以及安倍晋三第二次上台执政后,俄日两国积极调整各自外交政策,重新确定发展与对方友好合作关系的战略方针。普京政府将改善和发展与日本的关系作为俄罗斯亚太战略调整的一项重要内容。2012 年 12 月,普京在祝贺安倍晋三当选日本首相的电文中表示,俄罗斯愿意进一步加强双方在政治、经贸、科技、人文和其他领域的合作。② 普京贺电向日方发出了改善俄日关系的明确信号。2013 年版《俄罗斯联邦外交政策构想》指出:"俄罗斯将奉行同日本大力发展多方面睦邻关系的方针。"③ 俄罗斯奉行的积极对日政策为俄日关系改善创造了条件。与此同时,日本也积极调整对俄政策。2012 年年底上台的安倍晋三政府将改善和发展日俄关系作为亚太新战略的重点,并将其界定为"最富可能性的双边关系之一"。④ 2013 年 2 月安倍晋三宣称:"我将坚决致力于在亚太地区与俄罗斯构建伙伴关系。"⑤

在双方改善关系的共同意愿下,俄日就发展友好合作关系达成一致。两国于 2013 年 4 月发表联合声明表示,双方"确认俄罗斯与日本作为友邻在互信、互利原则基础上发展所有领域双边关系的决心","两国追求建立战

---

① 关于日俄关系的改善,可参见王海滨《试析俄日关系"解冻"及其前景》,《现代国际关系》2014 年第 3 期,第 49~56 页。
② Поздравление Синдзо Абэ с избранием на пост Премьер‐министра Японии, http://www.kremlin.ru/news/17190,最后访问日期:2012 年 12 月 27 日。
③ Концепция внешней политики Российской Федерации, http://www.mid.ru/brp_4.nsf/0/6D84DDEDEDBF7DA644257B160051BF7F,最后访问日期:2013 年 2 月 16 日。
④ 『第百八十三回国会における安倍内閣総理大臣施政方針演説』, http://www.kantei.go.jp/jp/96_abe/statement2/20130228siseuhousin.html,最后访问日期:2013 年 2 月 28 日。
⑤ Японский премьер намерен придать новую динамику отношениям с Россией, http://www.itar‐tass.com/c12/662936.html,最后访问日期:2013 年 4 月 29 日。

略伙伴关系"。① 此后，俄日两国多次确认了以上方针。2014 年 1 月，安倍晋三在国会演说中重申，日本将与俄方"推进以安保和经济为首的合作"，"在亚太地区构建合作伙伴关系"。② 2014 年 2 月，普京在与安倍的索契会晤中表示，"日本是我们的友善邻邦。我们的双边关系正在积极向前发展"。③ 俄日确定的发展友好合作双边关系的战略方针，不仅意味着两国结束了此前由日本右倾化的加剧以及 2010 年 11 月时任俄罗斯总统的梅德韦杰夫登上南千岛群岛的国后岛视察所导致的俄日关系"冰冻"时期的紧张与对立，而且为两国关系的稳定发展奠定了正面基调。

2014 年的乌克兰危机虽然一度对俄日关系造成了影响，但是，两国不仅没有改变继续开展友好合作的基本战略方针，还更加积极地致力于实现两国关系的完全正常化并发展更密切的战略关系。2016 年 12 月，俄总统普京接受日本媒体采访时指出，"在世界和远东地区我们是天然的伙伴，但是，和平条约的缺失使我们不可能在众多领域和方面发展我们的关系。所以，我们当然致力于签署这一条约。我国想要（与日本）关系的完全正常化"，"这是历史遗留问题，这个历史遗留问题应该被消除"。④ 2016 年 12 月，俄总统普京在与日本首相安倍晋三共同会见记者时指出，"俄罗斯与日本就世界政治迫切问题的紧密协作，是保障全球及地区安全与稳定的重要因素"。"日本在没有与俄罗斯合作、深度合作的情况下已经过去 70 年。我们也是如此。我们还可以继续这样吗？可以。但这是正确的吗？不，不正确。因为，如果我们联合努力的话，我们两国及经济的竞争力将成倍提

---

① Совместное заявление Президента Российской Федерации и Премьер-министра Японии о развитии российско-японского партнерства，http：//news. kremlin. ru/ref_ notes/1446，最后访问日期：2013 年 4 月 30 日。

② 『第百八十六回国会における安倍内閣総理大臣施政方針演説』，http：//www. kantei. go. jp/jp/96_ abe/statement2/20140124siseihousin. html，最后访问日期：2014 年 1 月 25 日。

③ Встреча с Премьер-министром Японии Синдзо Абэ，http：//president. kremlin. ru/news/20184，最后访问日期：2014 年 2 月 8 日。

④ Интервью Владимира Путина телекомпании «Ниппон» и газете «Иомиури»，http：//kremlin. ru/events/president/news/53455，最后访问日期：2016 年 12 月 13 日。

升。这是我们应追求的目标。"① 2018 年 12 月，普京在大型记者招待会上指出，"我们致力于而且未来也将真诚致力于与日本签订和平条约"，"总之，（俄日关系）正常化对我们、对俄罗斯及日本是极其重要的"。②

2016 年 12 月，日本首相安倍晋三在会晤俄罗斯总统普京时表示，俄日关系是"具有最大可能性的双边关系"，"我相信，日俄邻邦拥有巨大的，但是在广泛领域尚未挖掘的潜力"。③ "我们现在已经能够找到加强信任以及成功开展各领域合作的途径"，"我们应该一起尽最大努力使俄罗斯人和日本人能够在共同胜利原则上建立关系，并开启未来光明的前景"。④ 2018 年 10 月日本首相安倍晋三在国会发表施政演说时高调宣称，将"开创日俄新时代"。⑤ 由此可见，俄罗斯总统普京与日本首相安倍晋三在 2014 年乌克兰危机后仍然奉行发展俄日友好合作关系的战略方针，并致力于彻底解决二战后遗留的历史问题，实现俄日关系的完全正常化，使俄日关系走出"休眠"状态，并在此基础上开展更紧密的合作。事实上，日本安倍政府在 2014 年乌克兰危机后仍一直执着地追求与俄罗斯发展密切关系。尽管日本政府在美国奥巴马政府的压力下一度推迟普京总统访日，但是，在每次俄日官方会晤中都不厌其烦地向俄方阐明日本在思考普京访日的日期，以表明日本邀请普京访日的决心。对此，俄罗斯外长拉夫罗夫指出，"我们安抚日本伙伴，使其不要焦虑，不必每一次都对我们说他们在继续考虑。在'酝酿

---

① Заявления для прессы и ответы на вопросы журналистов по итогам российско‐японских переговоров, http://kremlin.ru/events/president/transcripts/53474, 最后访问日期：2016 年 12 月 16 日。

② Большая пресс‐конференция Владимира Путина, http://kremlin.ru/events/president/news/59455, 最后访问日期：2018 年 12 月 21 日。

③ Начало российско‐японских переговоров, http://kremlin.ru/events/president/transcripts/53472, 最后访问日期：2016 年 12 月 16 日。

④ Заявления для прессы и ответы на вопросы журналистов по итогам российско‐японских переговоров, http://kremlin.ru/events/president/transcripts/53474, 最后访问日期：2016 年 12 月 16 日。

⑤ 《日媒：安倍将开展"外交总决算"打造与中俄关系新时代》, http://w.huanqiu.com/r/MV8wXzEzMzUwMjQ4XzEzOF8xNTQwMzcxNjYw, 最后访问日期：2018 年 10 月 24 日。

成熟'具体日期后就告知我们，我们再对此进行研究"。①

俄罗斯外长拉夫罗夫对俄日关系的发展总结道，"我们的领导人——俄罗斯总统普京与日本首相安倍晋三，在定期会晤中就开展全面合作达成一致——在贸易、经济、投资和人文领域，以及我特别强调的外交领域"，"我们的经济和社会更紧密地交织，商人之间商务关系的建立，双向投资，实施共同的经济、贸易、基础设施和外交倡议，能够为解决任何困难问题创造有利的条件"。② 为了加强俄罗斯与日本在政治、经济和科技等领域的合作，为两国关系注入活力，俄罗斯与日本还在 2018 年互办国家年活动，俄罗斯外长拉夫罗夫指出，"这在双边关系史上是一个独一无二的创举"。③

第二，俄日重新启动了和平条约与领土问题谈判，并初步达成了解决方案的原则共识。

2012 年 5 月普京第三次出任俄罗斯总统后，俄罗斯向日本发出解决俄日领土问题的积极信号。2013 年 2 月，普京在接见日本前首相森喜朗时，就此前他本人提出的以"平局"解决俄日领土问题解释说，"所谓'平局'就是双方都能够接受的解决办法，其中没有胜利者也没有失败者"。④ 日本抓住这一机会，希望与俄合作解决领土问题。时任日本首相

---

① Интервью Министра иностранных дел России С. В. Лаврова СМИ Монголии, Японии и КНР в преддверии визитов в эти страны, Москва, 12 апреля 2016 года, http: // www. mid. ru/ru/foreign_ policy/news/-/asset_ publisher/cKNonkJE02Bw/content/id/2227965，最后访问日期：2016 年 4 月 12 日。

② Интервью Министра иностранных дел России С. В. Лаврова СМИ Монголии, Японии и КНР в преддверии визитов в эти страны, Москва, 12 апреля 2016 года, http: // www. mid. ru/ru/foreign_ policy/news/-/asset_ publisher/cKNonkJE02Bw/content/id/2227965，最后访问日期：2016 年 4 月 13 日。

③ Заявление Министра иностранных дел России С. В. Лаврова на совместной пресс - конференции по итогам переговоров с Министром иностранных дел Японии Т. Коно, Москва, 10 мая 2019 года, https: //www. mid. ru/ru/foreign _ policy/news/-/asset _ publisher/cKNonkJE02Bw/content/id/3639995，最后访问日期：2019 年 5 月 10 日。

④ Встреча бывшего премьер-министра Японии Мори с президентом РФ Путиным (основное содержание), http: //www. ru. emb - japan. go. jp/RELATIONSHIP/2013/20130222. html，最后访问日期：2013 年 4 月 23 日。

安倍晋三表示,"解决北方四岛的归属问题和缔结和约是我们这代人的责任",①"日本政府将遵循解决北方四岛归属问题并与俄罗斯签署和平条约的基本方针,以强烈意愿推进谈判",②"在我任首相期间一定要设法解决这个问题"。③ 俄罗斯总统普京也希望彻底解决两国之间的历史问题,最终在俄日之间签署和平条约,普京指出,"我认为,签署和平条约是最重要的,因为,这将为我们进行具有历史前景的、中期及远期前景的长期协作创造条件"。④

在俄日领导人的积极态度下,两国就重启领土及和平条约谈判达成一致。2013年4月,俄日发表联合声明称,"二战结束至今两国一直未缔结和平条约的状态是不正常的",双方同意"在友好和建设性的氛围中进行和平条约谈判","两国应当在此前已签署的文件以及所达成的共识的基础上推动和平条约谈判,在制定出双方都能接受的最终(领土)解决方案之后缔结和平条约"。⑤ 在该方针指导下,日俄两国举行了多轮有关和平条约及领土问题的谈判。经过几年努力,日俄双方终于在2018年年底初步达成解决和平条约及领土问题的原则共识,2018年11月,日俄领导人商定,以1956年签订的《苏日共同宣言》为基础推进领土及和平条约谈判。为加快谈判进程,两国领导人还就建立和平条约问题特别代表工作机制达成共识。这一机制以日本外相河野太郎和俄罗斯外长拉夫罗夫为负责人,而日本外务审议官森健良和俄副外长莫尔古洛夫主推谈判。莫尔古洛夫担任俄罗斯总统该问

---

① Сакура непременно зацветет//Российская газета,2013-04-26.
② 『安倍首相「強い意思で交渉」北方領土解決に向け意欲』,http://www.47news.jp/CN/201302/CN2013020701001273.html,最后访问日期:2013年2月7日。
③ 『首相、在任中の解決へ決意表明 北方領土問題で』,http://www.47news.jp/CN/201402/CN2014021301001356.html,最后访问日期:2014年2月13日。
④ Заявления для прессы и ответы на вопросы журналистов по итогам российско-японских переговоров,http://kremlin.ru/events/president/transcripts/53474,最后访问日期:2016年12月16日。
⑤ Совместное заявление Президента Российской Федерации и Премьер-министра Японии о развитии российско-японского партнерства,http://news.kremlin.ru/ref_notes/1446,最后访问日期:2013年4月30日。

题的特别代表，而森健良为日本首相的特别代表。①《苏日共同宣言》第九条规定，苏日将继续就缔结和平条约进行谈判，在和平条约缔结后苏联将把齿舞诸岛、色丹岛还给日本。② 这说明，日本立场出现了重大妥协，即日本不仅遵循了"先签署条约然后还岛"的原则进行谈判，而且放弃了收回全部北方四岛的原有主张，最多只收回齿舞诸岛和色丹岛。以上意味着，以日本的重大妥协和让步为基础，日本与俄罗斯在和平条约及领土问题的解决上向前迈出了重要一步。

第三，俄罗斯与日本的交往与合作，特别是高层之间的交流与磋商不断加强。

近年来，在促进俄日关系全面发展的共同方针指引下，俄罗斯与日本共同加强了两国的高层交往与合作。

首先，两国最高领导人近年来保持了高频率会晤。作为日本首相的安倍晋三大力推进"首脑外交"，积极主动与俄罗斯总统普京会晤，多次赴俄罗斯访问。俄罗斯总统普京于2016年12月出访日本，这是普京时隔11年后再次访问日本。日本首相安倍晋三与俄罗斯总统普京一直保持密切的接触。据统计，安倍在2012年再次出任日本首相后与普京会晤达27次之多。③

其次，两国政府高层领导之间的交流与合作不断加强。在外交和安全领域，俄罗斯联邦安全会议秘书尼古拉·帕特鲁舍夫与日本国家安全保障局局长谷内正太郎从2014年至2018年一直保持密切的接触与沟通。2019年9月和2020年1月，帕特鲁舍夫与刚上任的日本国家安全保障局局长北村滋举行会晤与合作，双方就两国关系以及共同关心的重大地区和国际战略问题进行磋商。此外，2013年4月，俄罗斯和日本决定建立外交部长定期会晤机制，以及外交部长与国防部长（"2+2"）对话机制。根据协议，俄日2013

---

① 《日本外务省：日俄指定两国领导人和平条约谈判特别代表》，http: //sputniknews.cn/politics/201812031027008238/，最后访问日期：2018年12月3日。
② 《俄日同意以〈苏日共同宣言〉为基础加快和平条约谈判》，http: //www.xinhuanet.com/world/2018-11/15/c_1123718988.htm，最后访问日期：2018年11月15日。
③ 王海滨：《俄日关系的进展与限度》，《国际问题研究》2020年第6期，第59页。

年11月在东京举行了两国首次"2+2"会谈。俄罗斯成为继美国和澳大利亚之后第三个与日本建立这一对话机制的国家。在此次会谈中,俄日决定建立国防部长定期会晤机制,同意加强俄罗斯总参谋部与日本自卫队统合幕僚部的接触,研究加强俄罗斯海、空军与日本海上、航空自卫队指挥机构之间的合作问题,并加强在反恐和反海盗方面的协作。除了外交和安全部门之外,两国经济部门的相关负责人也在加强交流与合作。

最后,两国议会间交流和党际交流日趋活跃。在两国议会间交流方面,2016年6月,俄罗斯国家杜马主席谢尔盖·纳雷什金访问日本;2017年10月31日至11月3日,俄罗斯联邦委员会主席瓦莲金娜·马特维延科率领俄罗斯联邦委员会代表团访问日本;2017年7月,日本国会参议院议长伊达忠一访问俄罗斯并在俄联邦委员会会议上发言。在党际交流方面,2018年4月,日本执政党自由民主党干事长二阶俊博访问俄罗斯并与俄总理梅德韦杰夫举行会谈;2017年9月,日本公明党主席山口那津男访问俄罗斯,与俄罗斯两院议员交流,并会见俄联邦委员会主席马特维延科。此外,俄罗斯和日本地方层面的接触与合作也在加强。

俄罗斯和日本各权力机构、各部门之间的交流与沟通,特别是高层往来与合作的加强,推动俄罗斯与日本关系迅速发展。正如俄罗斯外长拉夫罗夫于2019年5月指出的,"根据俄罗斯总统弗拉基米尔·普京和日本首相安倍晋三所达成的协议,我们两国外交部之间,以及其他部门之间的密切接触,是在各个领域中全方位无死角地将我们两国的关系逐渐推向一个全新阶段的关键"。①

第四,俄日重点在维护亚太地区的安全与稳定方面加强了对话与合作。

俄日两国领导人都希望在维护世界特别是亚太地区的安全和稳定方面加强对话与合作。普京表示,为保障亚太安全和稳定,俄罗斯希望加强与日本

---

① Заявление Министра иностранных дел России С. В. Лаврова в ходе совместной пресс-конференции по итогам переговоров с Министром иностранных дел Японии Т. Коно, Токио, 31 мая 2019 года, https://www.mid.ru/ru/foreign_policy/news/-/asset_publisher/cKNonkJE02Bw/content/id/3664553, 最后访问日期:2019年5月31日。

的协作,① 俄日将"沿着保障亚太稳定和安全的道路"继续加强全面关系。② 安倍晋三更是明确指出,"在维护亚太地区和平与安全方面,日本与俄罗斯有共同的好处与利益"。③ 在共同意愿基础上,俄日两国就加强在亚太地区的安全合作达成战略共识,双方一致认为,两国"首先对亚太地区的稳定、繁荣和国际日程安排承担重大责任",④ 两国在亚太地区的安全合作符合双方利益。⑤

上文已经指出,俄罗斯和日本已经建立了外交部长定期会晤机制、国防部长定期会晤机制,以及外交部长与国防部长("2+2")对话机制。此外,双方在2013年11月1日签署了历史上首份《俄罗斯与日本外交部磋商计划》,以进一步加强双方的外交协作。伴随上述合作机制的建设,俄日正逐步加强针对亚太地区安全问题的沟通与协作。在俄日2013年以来的首脑会晤、外交部门磋商以及首次"2+2"会谈中,两国重点就亚太地区存在的包括朝鲜半岛局势、地区领土争端、反恐以及网络安全等在内的广泛安全问题开展了对话,相互约定在亚太经合组织、东亚峰会等亚太地区多边机构内密切协作,还谈论了在亚太地区建立新的安全架构问题。

2014年乌克兰危机以及克里米亚"并入"俄罗斯使俄日两国的安全对话与合作一度暂停。2016年12月,俄日两国领导人一致决定,恢复双方之间的安全对话与合作。2017年3月,俄罗斯和日本两国外长及防长在东京重启了中断达三年之久的"2+2"会谈机制。时隔一年,2018年3月,俄日

---

① Поздравление Синдзо Абэ с избранием на пост Премьер‐министра Японии, http://www.kremlin.ru/news/17190, 最后访问日期:2012年12月27日。
② Акихито, Императору Японии, http://president.kremlin.ru/letters? since = 23.12.2013 &till = 23.12.2013, 最后访问日期:2013年12月23日。
③ Сакура непременно зацветет//Российская газета, 2013‐04‐26.
④ Совместное заявление Президента Российской Федерации и Премьер‐министра Японии о развитии российско‐японского партнерства, http://news.kremlin.ru/ref_ notes/1446, 最后访问日期:2013年4月30日。
⑤ Выступление и ответы на вопросы СМИ Министра иностранных дел России С. В. Лаврова в ходе совместной пресс‐конференции по итогам переговоров министров иностранных дел и обороны в формате «два плюс два », Токио, 2 ноября 2013 года, http://www.mid.ru/brp_ 4.nsf/0/999319B0C98C229B44257C170028C467, 最后访问日期:2013年11月2日。

又举行了第三轮外长及防长"2+2"会谈。在这两次会晤中，双方首先相互表达了自己的安全担忧与关切。日本对俄罗斯加强在北方四岛上的军事部署以及在日本周边频繁的军事活动表示不满与关切。2017年3月，日本防卫大臣稻田朋美称，"北方四岛是我国固有领土，对于俄罗斯采取不同的立场表示十分遗憾"。① 日本要求俄方保持克制。② 而俄罗斯国防部部长绍伊古表示，俄军2017年在南千岛群岛地区计划新部署一个师完全是为了保护俄罗斯领土安全。与此同时，俄罗斯对美国在日本部署反导系统提出批评，称这威胁到地区稳定。③ 俄罗斯还明确对日本即将引进美国新型反导系统"陆基宙斯盾系统"一事表达了强烈关切。日本防卫大臣小野寺五典则回应称，日本"现在拥有的包括宙斯盾系统在内的反导系统不对俄罗斯构成威胁，纯粹是防御系统"。④ 以上表明，日俄双方在南千岛群岛的军事部署以及日本反导问题上难以达成妥协。

而在另外一个方面，双方在边境和执法机构之间的联系与合作近年来也不断推进。俄罗斯和日本就更新和完善1993年签署的《"政府间关于防止公海及其上空意外事件的协定"的议定书》而进行的外交磋商已于2019年11月完成，后续将由两国军事部门最终完成这一工作。此外，2018年11月，俄北方舰队首次在亚丁湾与日本自卫队联演，开展了信息交换、直升机着舰等演习。

此外，俄日双方还就朝鲜半岛问题等地区安全问题交流意见。

俄日两国开展的安全对话与合作，对于日俄双方在安全领域加深相互理解、避免两国间发生意外事态和不必要的摩擦、开展双方在防务领域的进一

---

① 《俄日"2+2"会谈成果寥寥：日想谈北方四岛，俄更关心亚太安全》，http://w.huanqiu.com/r/MV8wXzEwMzQ0OTA4XzEzOF8xNDkwMDMzNTIw，最后访问日期：2017年3月21日。

② 《俄日外交、国防部长2+2会谈关注安全问题》，http://news.cyol.com/content/2018-08/01/content_17438193.htm，最后访问日期：2018年8月1日。

③ 《俄日"2+2"会谈成果寥寥：日想谈北方四岛，俄更关心亚太安全》，http://w.huanqiu.com/r/MV8wXzEwMzQ0OTA4XzEzOF8xNDkwMDMzNTIw，最后访问日期：2017年3月21日。

④ Министр обороны Японии заявил о ненаправленности системы ПРО страны против России, https://tass.ru/mezhdunarodnaya-panorama/5417698?ysclid=lbbo4m4gdk225522967，最后访问日期：2018年8月1日。

步合作、逐步扩大在亚太安全领域合作的共同点、推进日俄战略关系向更深层次的发展具有重要意义。俄日在亚太地区外交与安全合作的加强，将对亚太形势产生重要影响。

第五，俄日两国经济合作不断推进。

经济合作是俄日关系中的一个重要领域，对双方都具有较大吸引力。安倍晋三称，"俄罗斯有丰富的资源，日本有高科技，因此两国有互补性，可以互利"，"日本可以对发展俄罗斯远东和西伯利亚做出巨大贡献"①。普京也表示，在开展与日本的合作方面，"重点将放在发展双边实业伙伴关系上"。②从2013年开始，双方显著加大了经济合作的力度。然而，由于日本在2014年乌克兰危机后加入西方制裁俄罗斯的行列以及俄罗斯经济陷入困境等，俄日经济合作特别是双边贸易从2014年到2016年受到较大的负面影响。但是，俄日两国领导人继续致力于推进两国经济合作。在俄罗斯看来，继续开展与日本的经济合作，有助于破解2014年乌克兰危机后西方对俄罗斯的经济制裁，使俄罗斯加速摆脱经济困境，促进俄罗斯特别是其远东地区的经济发展；同时也有助于改善和发展俄日关系。俄罗斯总统普京于2016年12月指出，"我认为，经济领域的合作将有助于奠定两国建立真正伙伴关系所必需的基础"，"俄罗斯和日本经济互补，实际没有竞争矛盾"。③ 而在日本看来，开展日俄经济合作，有助于为两国战略关系的发展营造友好氛围，打开双方关系的突破口，并最终推进领土问题的解决。2016年12月，日本首相安倍晋三指出，"经济是促进这种积极动态的因素之一"。④ 事实上，这正是安倍晋三提出的处理北方四岛问题"新思路"的主要思想所在。这意味着安倍政府放弃了此前日本长期坚持的只有解决领土问题才能开展日俄包括经济领域在内的全面合作的政治与经济不可分离方针，转而奉行经济

---

① Сакура непременно зацветет//Российская газета，2013-04-26.
② Сакура непременно зацветет//Российская газета，2013-04-26.
③ Начало российско-японских переговоров，http：kremlin.ru/events/president/transcripts/53472，最后访问日期：2016年12月16日。
④ Начало российско-японских переговоров，http：kremlin.ru/events/president/transcripts/53472，最后访问日期：2016年12月16日。

第四章　俄罗斯的东北亚政策

合作与领土谈判平行推进的方针。出于上述思想，日俄两国在2014年乌克兰危机后，特别是从2016年开始大力恢复并加强经济合作。

在双方经济合作中，领导人的推进发挥了重要作用。2016年5月，日本首相安倍晋三在索契与俄罗斯总统普京会晤时提出了8点合作计划，该计划包括卫生、能源、农业、城市环境、工业、中小企业发展、高技术和人文领域。① 日本为了加强对俄经济合作，还在2016年9月设立名为"俄罗斯经济领域合作担当大臣"的职位，新大臣成为日俄经济合作的日方牵头人。在2016年12月俄罗斯总统普京访日期间，俄日两国签署的政府及部门之间的协议达12项，俄日企业及组织间签署的合作协议达68项。② 除了领导人的直接推动外，俄罗斯和日本召开的部长级贸易经济政府间委员会会议也对推动两国经贸和投资合作发挥了积极作用。在双方的共同努力下，俄日两国的经济合作近年来取得了一系列进展。

首先，俄日两国特别重视在远东地区特别是在南千岛群岛的经济合作。2016年5月日本首相安倍晋三提出的俄日经济合作8点计划首先旨在开展在远东地区特别是南千岛群岛地区的经济合作。对此，俄总统普京指出，"如果我们实现首相先生的计划，这些岛屿不仅不会成为俄罗斯与日本争夺的苹果，反而完全能够成为将俄罗斯与日本联合起来的事物"。③ 2016年12月，俄日两国领导人商定，在南千岛群岛开展共同经济活动。此外，俄日领导人还同意为加快共同经济活动的具体化而设置两国政府有关部门局长级官员组成的工作小组。从2017年到2018年，俄日确定了5个方面④的共同经

---

① 《日俄经济合作会议将在日首相官邸举行》，http：//sputniknews.cn/politics/201808101026093214/，最后访问日期：2018年8月11日。
② Список документов, принятых в ходе визита Владимира Путина в Японию, http://kremlin.ru/supplement/5149，最后访问日期：2016年12月16日。
③ Заявления для прессы и ответы на вопросы журналистов по итогам российско-японских переговоров, http：//kremlin.ru/events/president/transcripts/53474，最后访问日期：2016年12月16日。
④ 即水产养殖、温室栽培、旅游套餐、风能和废物处理。参见《普京：俄日对在千岛群岛开展的共同工作表示满意》，http：//sputniknews.cn/politics/201805271025497593/，最后访问日期：2018年5月28日。

济活动。2017年3月，俄日两国就在南千岛群岛开展联合经济活动举行了首轮副外长级磋商，此后又进行了多轮磋商，2019年4月，双方在东京进行了第五轮副外长级联合经济活动的谈判。2019年5月，俄罗斯外长拉夫罗夫指出，"我们商定，将重点放在'把处于协商最后阶段的合作项目具体化'，以便构建相应的商业模式。我们的目标是：制定真正互利的务实合作方案，这些方案将能够符合各参与企业的利益，以及相邻地区社会经济发展的任务——我指的是萨哈林州和北海道"。[1]

为了解决开展联合经济活动的法律层面的问题，双方专门成立了工作组，并于2019年5月20日在莫斯科召开会议。俄罗斯总统普京还提出了关于在萨哈林州和北海道的居民之间实施自由往来制度的提议。为此，俄罗斯和日本还专门成立了工作组，以协商萨哈林州居民和北海道居民之间的自由流动制度，双方达成了《居住在南千岛群岛的俄罗斯公民与日本公民之间的2019年免签交流计划》。

2019年11月，日本外务省外务审议官森健良与俄罗斯副外长莫尔古洛夫在莫斯科举行了副部长级磋商。双方一致同意，为了全面讨论相关法律和人员流动等课题，落实两国联合经济活动的计划，将此前的3个工作组（法律工作组、商业经营模式工作组和自由流动专题工作组）会议整合为一个局长级工作组会议。

其次，俄日两国加强了投资合作。截至2013年4月，日本公司已经向俄投入了110亿美元。[2] 为了促进日企对俄投资，2016年年底，俄直投基金和日本国际协力银行宣布成立投资额达10亿美元的俄日投资基金。该基金将为俄日联合投资项目的融资发挥关键作用，其中包括农业、基础设施和其

---

[1] Заявление Министра иностранных дел России С. В. Лаврова на совместной пресс - конференции по итогам переговоров с Министром иностранных дел Японии Т. Коно, Москва, 10 мая 2019 года, https: //www. mid. ru/ru/foreign _ policy/news/-/asset _ publisher/cKNonkJE02Bw/content/id/3639995，最后访问日期：2019年5月10日。

[2] Заявления для прессы и ответы на вопросы журналистов по итогам российско - японских переговоров, http: //president. kremlin. ru/transcripts/18000，最后访问日期：2013年4月30日。

他很多领域的项目。俄罗斯远东是日本投资的重点地区之一，俄罗斯远东发展部直接投资局副局长谢尔盖·列斯科夫于 2015 年 4 月指出，日本是对俄远东投资额最多的国家。① 截至 2016 年 11 月，日本商人对远东项目和企业的直接投资达到了 10 亿美元。② 2019 年 9 月，日本首相安倍晋三指出，"日本在远东地区的总投资，包括这些项目，已超过 150 亿美元，预计未来将进一步增长"，合作计划的所有项目中至少有 40% 与远东有关。③ 他还提请注意，远东联合经济活动已就很快要实施的 5 个项目达成协议。安倍特别提到了旅游和废物回收领域。

再次，俄日两国加强了能源合作以及其他领域的合作。日本是严重依赖能源资源进口的国家，福岛核电站事故强化了这一趋势，而俄罗斯又是能源大国，因此，两国能源合作潜力巨大。2013 年 4 月，俄罗斯能源部同日本经济、贸易和工业部签订了能源领域合作备忘录，达成了国家层面的能源合作意向。在两国政府推动下，俄石油公司与日本三井公司于 2013 年 4 月签署了《共同发展"东方石化公司"计划的谅解备忘录》，双方将联合设计建立世界级规模的石化综合体；日本国际石油开发公司与俄罗斯石油公司于 2013 年 5 月达成协议，将在鄂霍次克海开采海底油田。

日本液化天然气需求的 8% 来自俄罗斯。④ 为了加强在液化天然气领域的合作，日本还参与了俄罗斯最大的亚马尔液化天然气项目，日本工程项目承包公司——日挥株式会社和千代田化工建设株式会社负责了该工程设备的建设。此外，日本商船三井公司的抗冰型油轮也参与了运输。未来，俄罗斯天然气工业公司已开工建设的阿穆尔天然气加工综合体提供的产品将出售给

---

① 《俄远东发展部称日本对俄远东投资额排第一》，http://world.huanqiu.com/exclusive/2015-04/6203845.html，最后访问日期：2015 年 4 月 16 日。
② 《日本对俄远东的直接投资额已达到 10 亿美元》，http://sputniknews.cn/economics/201611041021099105/，最后访问日期：2016 年 11 月 5 日。
③ 《安倍：日本已投资远东地区超过 150 亿美元》，http://sputniknews.cn/russia/201909051029484745/，最后访问日期：2019 年 9 月 5 日。
④ Заявления для прессы и ответы на вопросы журналистов по итогам российско-японских переговоров, http://kremlin.ru/events/president/transcripts/53474，最后访问日期：2016 年 12 月 16 日。

日本等亚洲国家。俄罗斯石油公司还将进行谈判以吸引日本投资鄂霍次克海大陆架石油天然气的开采以及萨哈林岛（库页岛）液化天然气设施的建设。此外，俄日两国还在研究建设"俄罗斯—日本"能源桥以及"萨哈林岛—北海道"天然气管道的可能性。

除能源领域外，俄日两国还加强了其他领域的合作。在汽车领域，在楚瓦什和乌里扬诺夫斯克地区，已经启动了三个新的汽车生产工厂。在符拉迪沃斯托克（海参崴），正在建造一个汽车发动机装配厂。在医疗卫生领域，将以日本技术为基础建立莫斯科医疗中心以及心血管诊断中心。双方还在农业、食品、林业、运输和人文等领域加强了合作。①

最后，俄日双边贸易取得发展。在俄日两国开始大力加强经济合作的2013年，日俄双边贸易额达到创纪录的332亿美元，比2012年增长6%。② 但是此后，受西方对俄经济制裁以及俄罗斯经济陷入困境等的影响，俄日贸易额开始出现下滑，然而，随着俄日两国不断加强经济合作，2017年俄日贸易额再次出现增长，据统计，2017年俄日双边贸易额达到182.62亿美元，比2016年增加13.68%，③ 2018年两国贸易额又增加16.49%，达到212.73亿美元。④

以上表明，俄日双边关系近年来取得了一定积极进展，发生了一系列重要变化，值得关注和分析。

---

① Заявления для прессы и ответы на вопросы журналистов по итогам российско-японских переговоров，http：//kremlin.ru/events/president/transcripts/53474，最后访问日期：2016年12月16日。

② Внешняя торговля Российской Федерации по основным странам за январь–декабрь 2013 г，http：//www.customs.ru/attachments/article/18871/WEB_ UTSA_ 09.xls，最后访问日期：2014年2月15日。

③ Торговля между Россией и Японией в 2017 г，https：//russian-trade.com/reports-and-reviews/2018-02/torgovlya-mezhdu-rossiey-i-yaponiey-v-2017-g/? ysclid = lbbuezijxe594123118，最后访问日期：2018年2月15日。

④ Торговля между Россией и Японией в 2018 г，https：//russian-trade.com/reports-and-reviews/2019-02/torgovlya-mezhdu-rossiey-i-yaponiey-v-2018-g/? ysclid = lbbugimr7p69121153，最后访问日期：2019年2月9日。

第四章　俄罗斯的东北亚政策

3. 俄日关系发展的限度

安倍以放低身段的柔性外交手段谋求推进俄日关系发展，但至2020年，日本"战后外交总决算"中，俄日关系仍是未解困局之一，甚至可能成为日本外交棋盘中的"死局"。在安倍营造的积极氛围表象之下，俄日关系的发展仍局限在一定程度内。

第一，俄日关系并未得到实质性提升。俄日关系近年来虽然取得了一定进展，但总体而言，双方在政治关系、经济合作以及领土及和平条约问题上均未取得重大突破，两国关系的质量、性质及水平都没有发生质变。因此，双方关系并未得到实质性提升。虽然普京与安倍在2013年第一次会晤期间提出了构建战略伙伴关系的目标，并决心提升两国关系层级，但是，至安倍辞职的2020年，该目标仍停留在政治共识阶段，双方也没有就此达成任何具有国际法意义的标志性文件。

第二，在俄日具体经济合作方面，双方达成的合作意向、口头及书面协议远远多于得到落实的项目。安倍时代俄日关系的真相是，"语言上多次谈到与俄罗斯、远东地区的合作，但在实践方面……很少采取行动"。[①] 日本以"新方法"为标签的对俄合作8点计划中，真正达成合作意向并得到落实的几乎仅限于政治低敏感领域的项目。在安倍宣布对俄合作8点计划后的3年里，"双方在原地打转并回到了原点，对彼此毫无兴趣"。"日本人现在对争议岛屿没有迫切投资愿望"。日本投资的目的在于收回北方四岛。"但这不会发生，所以，目前合作议程严重萎缩。"[②] 俄外长拉夫罗夫明确指出，"日本首相和俄罗斯总统两年前达成的关于在南千岛群岛进行共同经济活动的协议正在实施"，但"拟定的5个项目远不在突破性领域"，"一系列大型

[①]《俄专家：安倍辞职不会影响俄日在远东地区的合作》，http：//sputniknews.cn/russia/202008281032049123/，最后访问日期：2020年9月20日。

[②] Павел Тарасенко，Михаил Коростиков，Елена Черненко，《Два плюс два》ничего не решают без двоих. 1 августа 2018 г，http：//mirperemen.net/2018/08/dva - plyus - dva - nichego-ne-reshayut-bez-dvoix/，最后访问日期：2018年9月10日。

协议文件处于商讨阶段，多年来无论如何不能具体化"。① 俄远东和北极发展部发言人也确认俄日在远东地区的大型联合项目数量依然不足，难以满足远东开发的战略需求。

第三，俄日在领土及和平条约问题上真正达成协议仍然遥遥无期。自2018年俄日领导人达成"初步共识"以来，双方在领土与和平条约问题的谈判程序、内容等问题上龃龉不断，没有在谈判框架和具体细节上达成一致。俄方坚持日本必须首先承认俄罗斯对南千岛群岛拥有主权，俄一再强调，"必须迈出第一步的应当是东京方面，而不是我们。第一步应当是完全无条件承认二战结果，包括俄罗斯对南千岛群岛拥有主权"。② 这意味着，俄日之间没有所谓领土争议，俄也不认可双方曾就移交岛屿问题进行过讨论；同时，俄主张和平条约的签署是俄日就双边关系以及其他相关问题谈判的前提，而和平条约的内容不仅要反映、承认和尊重二战的结果，还包括对二战结束迄今的现实情况的分析和认可，并应该能够规划和引领未来俄日关系的发展。而日本无法同意俄方在争议岛屿主权归属方面的上述主张。因此，时至今日，俄日仍未能就谈判基本框架与细节达成一致。安倍不得不承认俄日之间想要"拉近在复杂问题上的立场并不容易"。③

4. 俄日关系的未来展望

日本政府的权力交接使俄日关系进入了后安倍晋三时代。目前来看，未来俄日关系不容乐观，难以取得突破性进展，甚至可能出现倒退。

菅义伟接任日本首相后，俄日双方在领土问题上展开了新一轮博弈。为彰显"北方领土"是日本"固有领土"的立场，2020年9月27日，由防卫

---

① Выступление и ответы на вопросы СМИ Министра иностранных дел России С. В. Лаврова в ходе пресс-конференции по итогам переговоров с Министром иностранных дел Японии Т. Коно, Москва, 14 января 2019 год, http://www.mid.ru/ru/foreign_policy/news/-/asset_publisher/cKNonkJE02Bw/content/id/3472147，最后访问日期：2020年8月15日。

② 《俄外长：日本应承认俄罗斯对南千岛群岛拥有主权》，http://sputniknews.cn/politics/201902051027577501/，最后访问日期：2020年10月21日。

③ 《日本首相称了解到与俄签署和平条约需要解决的问题概况》，http://sputniknews.cn/politics/201906291028887729/，最后访问日期：2020年10月21日。

大臣改任行政改革担当大臣的河野太郎对争议领土进行了"隔岸视察"。作为回应，在菅义伟与普京举行电话会谈的 2020 年 9 月 29 日当天，俄太平洋舰队发布信息称在日本海举行了军事演习并发射了迫击炮。10 月初，俄又在千岛群岛进行了反登陆防御连级战术演习和综合战术特别训练。10 月 16 日，俄总检察长克拉斯诺夫视察争议岛屿，成为菅义伟组阁后俄方登上争议岛屿的最高官员，引发日本外交抗议。菅义伟时代，俄日互动的博弈性开局昭示了两国关系未来发展的不平坦之路。在新的历史时期，俄日关系难以实现突破性进展，甚至可能出现倒退，特别是在领土及和平条约谈判方面，主要原因如下。

第一，日本推动俄日关系发展的政治力量趋于弱化。菅义伟时代，日本的政治态势不及安倍时代更有利于推动俄日关系的突破。一国外交在强有力的领导人及其领导的稳定政府操盘下更容易做出妥协或重大让步。安倍在长期执政期间保持了政府的相对稳定和权力的相对集中。"安倍经济学"拉动日本经济逐渐走出"失去的二十年"，取得了相对亮眼的经济成就，这些都赋予首相以巨大的权力和权威来推动国内重要改革事项，并有可能在外交领域中做出相应"妥协"或"让步"。安倍又被视为强势政治人物，具有坚定的政治意志，在其政治议程中，解决领土争端、缔结和平条约被列入重要事项清单。即便如此，安倍也未能推动俄日关系取得质的突破，这也客观表明了俄日关系的难解程度。

安倍辞职给俄日关系发展带来了消极影响。安倍的积极姿态扮演了双边关系发展引擎的角色，"在他的领导下，我们有着良好的关系"，[1] 安倍"至少在语言、象征层面，是发展与俄罗斯关系的支持者。没有把握新首相会对俄罗斯充满热情"。[2] 虽然菅义伟政府表示将继续谈判以解决俄日关系中的

---

[1] Экс-посол в Японии: Абэ был двигателем отношений с Россией, 28 августа 2020 года, https://nsn.fm/policy/eto-pipets-eks-posol-rf-v-yaponii-ob-otstavke-sidzo-abe, 最后访问日期：2020 年 8 月 28 日。

[2] 《俄专家：安倍辞职不会影响俄日在远东地区的合作》，http://sputniknews.cn/russia/202008281032049123/，最后访问日期：2020 年 9 月 20 日。

相关问题，但很难期待俄日能够就各种根本性问题达成突破性共识。日本很多专家认为，"如果俄日和平条约问题在安倍任内不能解决，那它永远无法解决"。① 甚至有学者认为安倍未能给俄日关系找到战略性出口的后果，可能导致俄日关系的"缓慢死亡"。②

日本国内政治议程决定了菅义伟内阁难以做出重大让步。作为日本第99任首相，菅义伟的首相任期从2020年9月至2021年10月，在其担任日本首相期间，日本自民党总裁选举、新冠疫情应对、经济重振、东京奥运会的推迟举办等国内事项，成为菅义伟内阁优先关注的任务。菅义伟内阁既没有意愿也没有能力重点推进俄日关系的发展。事实上，在菅义伟担任首相期间，俄日关系既没有严重恶化，也没有取得突破性进展，而是维持了相对"冷淡"的平静。

第二，双方在领土及和平条约问题上达成妥协的可能性更加渺茫。在普京与安倍晋三于2018年达成"初步共识"后，俄日的立场都再次转向强硬或"后退"。克里米亚"并入"俄罗斯后，俄方不断强化对争议领土的控制力，并以立法形式排除了"割让"领土的可能性。2020年4月，普京签署法案，将二战结束日期由1945年9月2日改为9月3日，这被视为"强化俄主权的行为"（1945年9月3日，苏联占领包括日本称为"北方四岛"在内的千岛群岛）。更重要的是，2020年7月通过的俄宪法修正案第67条规定，禁止割让部分俄罗斯领土的行为以及对这些行为的呼吁。③ 8月普京又签署法律，将破坏俄领土完整，包括割让部分领土的行为等同于极端主义。④ 俄前总理梅德韦杰夫表示，宪法修正案将使俄日间有关和平条约问题

---

① 《日本意识到俄日和约谈判可能久拖后拟改变谈判战略》，http://sputniknews.cn/politics/201902141027660430/，最后访问日期：2020年10月21日。

② Kazuhiko Togo, Japan-US Relations with Extension to Japan's Ties to Russia and China, *The Asan Forum*, March 19, 2020, http://www.theasanforum.org/japan-us-relations-with-extension-to-japans-ties-to-russia-and-china/，最后访问日期：2020年10月29日。

③ Статья 67 Конституции Российской Федерации, 6 июля 2020 г., http://constitutionrf.ru/rzd-1/gl-3/st-67-krf，最后访问日期：2020年7月7日。

④ Уточнено правовое содержание понятия «экстремизм», 31 июля 2020 года, http://kremlin.ru/acts/news/63831，最后访问日期：2020年7月31日。

第四章　俄罗斯的东北亚政策

的交涉更为简单，"因为对话应基于以下内容，即现行宪法包含关于保护俄罗斯联邦主权和领土完整的规定，还不允许对任何领土割让问题进行讨论"。① 以上表明，俄罗斯以立法形式排除了向日本移交岛屿的可能性，由此封闭了俄罗斯在领土问题上向日本让步的"大门"。

俄罗斯民众不支持向日本转让相关岛屿。全俄（社会）舆论研究中心针对南千岛群岛的民调显示，南千岛群岛居民96%的受访者认为，"南千岛群岛是俄罗斯领土"。② 全俄范围内，77%的受访者反对向日转交岛屿。③ 此外，几乎历次俄日关于和平条约及领土问题的交涉，都会引发俄国内反对移交岛屿的游行，以此给当局施加压力，也赋予谈判参与者力量支撑，以上下同心方式对抗日本的领土要求。

从日本方面来看，日本国内舆论不满于2018年达成的"初步共识"，民调显示，61.6%的日本受访者认为，俄应一并移交四岛。④ 在此背景下，安倍于2019年1月再次回到"日本拥有对所有北方领土的主权"⑤ 的立场。在日本首相菅义伟与俄总统普京首次通话后，日本新任内阁官房长官加藤胜信声明指出，"日本拥有北方领土的全部主权"。⑥ 此外，日本2020年版《外交蓝皮书》再次恢复了2019年版本中删掉的关于"日本拥有北方四岛主权"的表述。

---

① Медведев отметил влияние поправок в Конституцию на переговоры по Курилам, 2 сентября 2020 г., https://ria.ru/20200902/kurily-1576619653.html, 最后访问日期：2020年9月2日。
② 《民调：南千岛群岛居民反对将岛屿交给日本》，http://sputniknews.cn/society/201902191027700263/，最后访问日期：2020年9月23日。
③ 《民调：77%的俄罗斯人反对向日本转交南千岛群岛》，http://sputniknews.cn/society/201901281027492461/，最后访问日期：2020年9月23日。
④ 《民调：愈三成日本人认为俄罗斯移交南千岛群岛中的两岛即可》，http://sputniknews.cn/society/201811211026894301/，最后访问日期：2018年11月22日。
⑤ Абэ заявил о суверенитете Японии над всеми Южными Курилами, 30 января 2019 г., https://versia.ru/abye-zayavil-o-suverenitete-yaponii-nad-vsemi-yuzhnymi-kurilami, 最后访问日期：2020年5月30日。
⑥ Япония заявила о полном суверенитете над российскими Южными Курилами, 30 сентября 2020года, https://eadaily.com/ru/news/2020/09/30/yaponiya-zayavila-o-polnom-suverenitete-nad-rossiyskimi-yuzhnymi-kurilami, 最后访问日期：2020年9月30日。

以上表明，俄日在领土问题上的态度都在变得日趋强硬，双方在此问题上不仅没有取得突破，反而正在倒退。这也必然对后安倍晋三时代的俄日关系带来负面影响。

第三，美国在日部署反导系统，未来可能部署中短程导弹以及开展更为广泛的美日同盟协作，将继续影响和限制俄日关系的改善。近年来，美日在反导领域进行了积极合作，美国已于 2006 年和 2014 年在日本不同地区部署了两部 X 波段雷达，美国还推进在日部署陆基反导系统。俄外长拉夫罗夫于 2019 年 2 月指出，美国在日部署自己的反导系统给俄罗斯和中国制造了风险，"这是在美国宣布我们是其主要敌人的条件下进行的"，"严重恶化了我们关系的质量"。① 事实上，针对日本配合美国反导系统建设，"俄罗斯不止一次地指出，日本的此类意图无助于改善地区战略稳定环境，在与东京的和平条约谈判中将不得不考虑这一问题"。② 此外，俄罗斯针对近期美国高层多次表态将首先在亚太地区特别是在日本和韩国等地部署中短程导弹表示不安。正如前文已述，俄总统普京于 2019 年 9 月指出，如果美国以缓和朝鲜威胁为借口，将中程导弹部署在日本或韩国，会给俄罗斯造成明确的实质性威胁。③ 事实上，俄罗斯关注的范围远超出美国在日部署反导系统和中短程导弹的问题，还有更广泛的美日同盟问题。普京曾指出："关于和平条约，还有很多问题。并非秘密，我们在这方面还应观察：在国防和安全领域，日本与其盟友有哪些义务，这如何影响俄罗斯与日本关于和平条约的谈判进程……"④ 因此，俄对美日同盟的忌惮，过去是未来也仍将是俄日关系发展的突出障碍。

---

① Интервью Министра иностранных дел России С. В. Лаврова «Вьетнамскому телевидению » и китайским телеканалам «ЦТВ » и «Феникс », Москва, 24 февраля 2019 года, http：//www.mid.ru/ru/foreign_policy/news/-/asset_publisher/cKNonkJE02Bw/content/id/3540803，最后访问日期：2019 年 2 月 25 日。

② 《俄专家：日本放弃部署"宙斯盾"系统是因不愿惹恼俄中两国》，http：//sputniknews.cn/military/202006151031638533/，最后访问日期：2020 年 9 月 23 日。

③ Пленарное заседание Восточного экономического форума, 5 сентября 2019 года, http：//kremlin.ru/events/president/news/61451，最后访问日期：2019 年 9 月 5 日。

④ Во Вьетнаме завершился саммит АТЭС, 11 ноября 2017 года, http：//kremlin.ru/events/president/news/56049，最后访问日期：2017 年 11 月 11 日。

（三）俄罗斯致力于同时发展与朝鲜和韩国的关系

俄罗斯在 21 世纪初致力于同朝鲜和韩国同时发展睦邻与互利合作关系。2000 年，俄朝两国签署的《俄朝友好睦邻合作条约》使两国关系走出了 20 世纪 90 年代的"冷淡"时期，开启了友好合作的新阶段。与此同时，俄罗斯继续保持和发展与韩国的友好合作关系。俄韩 2004 年将双边关系由"建设性互补伙伴关系"提升到"相互信赖的全面伙伴关系"，2008 年进一步提升至"战略伙伴关系"，这标志着两国关系不断提升。俄韩 2008 年还启动了战略对话机制，加强了两国在政治、经济和地区安全问题上的合作。

自普京第三总统任期以来，俄罗斯继续致力于同时发展与朝鲜和韩国的睦邻、友好与合作关系。俄罗斯的战略目的在于，加强俄罗斯与朝鲜及韩国的双边友好与合作关系，在此基础上，促进朝韩关系的改善，使俄罗斯在解决朝鲜半岛问题上得以发挥更大作用和影响力，以促进朝鲜半岛问题的和平解决，开展朝鲜半岛与远东地区的经济合作，并在东北亚地区建立安全与合作的长久机制，从而最终维护俄罗斯在东北亚地区乃至整个亚太地区的安全与经济利益。2013 年版《俄罗斯联邦外交政策构想》指出，"俄罗斯打算积极参与东北亚建立加强和平、安全、互信和互利合作有效机制的工作，这是亚太地区新安全架构的一个组成部分"，"俄罗斯致力于同朝鲜和韩国保持基于睦邻和互利合作原则的友好关系，更充分地挖掘这些关系的潜力，以加快地区发展，为朝韩之间的政治对话和经济合作提供支持，这是维护地区和平、稳定与安全的最重要条件"。[①] 2016 年版《俄罗斯联邦外交政策构想》指出，"俄罗斯希望维护与朝鲜和韩国的传统友好关系，将力争降低两国冲突水平，缓和朝鲜半岛紧张局势，通过开展政治对话来实现朝韩和解与合作"。[②]

[①] Концепция внешней политики Российской Федерации，http：//www.mid.ru/brp_4.nsf/0/6D84DDEDBF7DA644257B160051BF7F，最后访问日期：2013 年 2 月 16 日。

[②] Концепция внешней политики Российской Федерации（утверждена Президентом Российской Федерации В. В. Путиным 30 ноября 2016 г.），http：//www.mid.ru/ru/foreign_policy/news/-/asset_publisher/cKNonkJE02Bw/content/id/2542248，最后访问日期：2016 年 12 月 1 日。

1. 俄罗斯与朝鲜的关系

自普京第三总统任期以来，俄罗斯与朝鲜之间的关系逐步积极起来，双方高层往来呈现逐步加强的趋势。2014 年 11 月，朝鲜最高领导人金正恩特使、朝鲜劳动党中央政治局常委、中央书记崔龙海携带金正恩致普京的信函访问俄罗斯，并受到普京的接见。2015 年 5 月，金永南委员长出席俄罗斯卫国战争胜利 70 周年庆典。2018 年 4 月，李勇浩外相访俄，与俄罗斯外长拉夫罗夫举行会谈，仅一个月后，俄罗斯外长拉夫罗夫访朝，并与朝鲜最高领导人金正恩会面。2019 年 3 月，朝鲜国务委员会部长金昌善访问俄罗斯，一个月后，俄罗斯内务部部长弗拉基米尔·科洛科利采夫访朝。作为双方官方往来的高峰，2019 年 4 月，俄罗斯总统普京在符拉迪沃斯托克（海参崴）与朝鲜最高领导人金正恩举行会晤，这是普京在符拉迪沃斯托克（海参崴）继 2002 年与朝鲜最高领导人金正日会晤后，17 年来与朝鲜最高领导人举行的再次会晤。

俄罗斯与朝鲜都致力于深化和扩展两国各领域的接触与合作，巩固和发展双方的睦邻友好关系。2018 年 6 月，俄罗斯总统普京指出，"我们（俄罗斯与朝鲜）拥有悠久的、非常友好的关系"，"我们一直致力于解决与朝鲜半岛有关的所有问题"。① 2018 年 4 月，俄罗斯外长拉夫罗夫指出，"俄罗斯联邦一直致力于发展与朝鲜民主主义人民共和国的睦邻关系"。②

与此同时，朝鲜也希望发展与俄罗斯的友好合作关系。朝鲜领导人金正恩在 2019 年 4 月俄朝最高领导人的会晤中指出，"我希望，我同总统先生的会晤有利于巩固和发展朝鲜民主主义人民共和国与俄罗斯联邦之间有着深厚

---

① Встреча с Председателем Президиума Верховного народного собрания КНДР Ким Ён Намом, http://kremlin.ru/events/president/news/57784, 最后访问日期：2018 年 6 月 14 日。

② Вступительное слово Министра иностранных дел России С. В. Лаврова в ходе переговоров с Министром иностранных дел КНДР Ли Ён Хо, Москва, 10 апреля 2018 года, http://www.mid.ru/ru/foreign_policy/news/-/asset_publisher/cKNonkJE02Bw/content/id/3161840, 最后访问日期：2018 年 4 月 10 日。

第四章　俄罗斯的东北亚政策

根基的传统友好关系"。① 朝鲜"坚定继续奉行朝俄友好的方针","并根据两国人民的愿望和急剧变化认识的要求推动朝俄关系的进一步发展"。"我国人民深信,持续发展朝俄关系不仅完全符合我们的共同利益,而且对于保障地区的和平与安全也是必不可少的,我们充满了将朝俄关系提升至新的、更高水平的意志。""根据新时代的要求,坚定不移地在新水平上发展和巩固朝俄战略传统友好关系,是我和朝鲜民主主义人民共和国政府不可动摇的立场和战略方针。"② 2019年4月,俄朝领导人的会晤对俄罗斯与朝鲜两国关系的巩固和发展,特别是在政治友好方面发挥了重要作用。

近年来,俄罗斯还努力加强与朝鲜的经济合作。在国际制裁和一系列单边限制的条件下,2017年,俄罗斯与朝鲜的双边贸易额达到7790万美元,比2016年增加1.3%。③ 俄朝经贸与科技合作政府间委员会在促进两国经济务实合作方面发挥着重要作用。两国对外经济合作部门以及铁路等其他部门的负责人正在增进彼此往来与磋商。此外,两国领导人还直接推动双方经济合作,并积极探讨俄罗斯、朝鲜与韩国三方经济合作。在2019年4月俄朝两国领导人举行的会晤中,双方就连接韩国、朝鲜、俄罗斯,与俄罗斯西伯利亚大铁路相连通的朝鲜半岛铁路直通问题,铺设石油或天然气运输管道的可能性,以及建设新的电力传输线路等问题进行了讨论。普京指出,"所有这一切都是可能的","这符合韩国与朝鲜的利益"。"但是,看得出,在做出最终决定方面存在着主权赤字,韩国对美国有某些同盟义务,在某一刻一切都将停止。""在我看来,这些项目以及类似项目一旦实施,将为提高信任创造必要条件,这种信任正是解

---

① Начало беседы с Председателем Государственного совета КНДР Ким Чен Ыном, http://kremlin.ru/events/president/transcripts/60366,最后访问日期:2019年4月25日。
② Выступления на официальном приёме от имени Президента России, http://kremlin.ru/events/president/transcripts/60369,最后访问日期:2019年4月25日。
③ Комментарий Департамента информации и печати МИД России в связи с официальным визитом в Российскую Федерацию Министра иностранных дел КНДР Ли Ён Хо, http://www.mid.ru/ru/foreign_policy/news/-/asset_publisher/cKNonkJE02Bw/content/id/3155542,最后访问日期:2018年4月8日。

决问题所必需的。"①

在上述重大经济合作项目中，俄罗斯首先重视的是连通与朝鲜的铁路。事实上，俄罗斯与朝鲜近年来一直在开展铁路运输合作。两国在 2008 年签署合作协议，决定改造哈桑至罗津铁路支线，同时在罗津港建造现代化货运终端。② 双方从 2008 年开始对朝鲜罗津港至俄罗斯远东哈桑的铁路进行维修，工程项目包括铁路的现代化改建、综合物流设施建设等，朝鲜与俄罗斯各出资 30% 与 70%。工程历时 5 年，于 2013 年 9 月通车，③ 该铁路的开通成为欧亚往来的最短线路。此外，罗津港 3 号码头现代化改建工作也竣工，建立了联合转运综合体，并于 2014 年 7 月交付使用，成为连接西伯利亚大铁路与跨朝鲜半岛铁路的实验性项目。时任朝鲜铁道省对外铁道协助局副局长金哲指出，"铁道改建事业是两国经济合作的转折点，相关铁路对于向第三国转运货物也能发挥重要的作用，而且朝鲜地处的位置非常重要，扮演着物流枢纽的角色"。④ 除了以上项目外，俄罗斯与朝鲜还在朝鲜内陆铁道现代化建设项目上开展合作，"由俄罗斯对设备和材料进行投资，朝鲜方面通过朝俄合营的企业等机构出售贵重金属筹资并且偿还费用，还要提供必要的劳力"。⑤

需要指出的是，俄罗斯哈桑—朝鲜罗津铁路是四条铁轨的套轨铁路，它既能够跑朝鲜的准轨列车，也可以跑俄罗斯的宽轨列车，俄罗斯列车可以直抵朝鲜罗津港，朝鲜将允许俄罗斯公司使用这条从哈桑到罗津的铁路 49 年，

---

① Пресс‐конференция по итогам российско‐северокорейских переговоров，http：// kremlin. ru/events/president/news/60370，最后访问日期：2019 年 4 月 25 日。
② 《俄罗斯已充分准备好将跨西伯利亚铁路与朝鲜半岛铁路联通》，http：//sputniknews. cn/ economics/201805311025534499/，最后访问日期：2018 年 5 月 31 日。
③ 《韩媒：朝鲜利用俄罗斯资金推进铁路现代化建设》，https：//world. huanqiu. com/article/ 9CaKrnJFIrF，最后访问日期：2014 年 10 月 22 日。
④ 《朝俄将合力改建朝鲜铁路 打造东北亚物流据点》，http：//military. people. com. cn/n/ 2014/1126/c1011-26098635. html，最后访问日期：2014 年 11 月 26 日。
⑤ 《朝俄将合力改建朝鲜铁路 打造东北亚物流据点》，http：//military. people. com. cn/n/ 2014/1126/c1011-26098635. html，最后访问日期：2014 年 11 月 26 日。

而且俄罗斯公司还获得了罗津港 3 号码头的长期使用权。① 这不仅证明了俄罗斯与朝鲜双边关系的友好与亲密，同时也表明，俄罗斯在对朝关系及双方经济合作方面取得了重要的战略成果，它使俄罗斯的铁路运输系统延伸至朝鲜罗津港，在朝鲜获得重要的天然良港长期使用权，在东北亚地区获得重要的物流枢纽基地。

从俄罗斯哈桑到朝鲜罗津之间的铁路以及罗津港 3 号码头，是俄朝之间的重要双边项目。联合国安理会对朝决议直接指出其条款不适用于"哈桑—罗津"项目，特别是俄罗斯煤炭经朝鲜领土的出口问题。俄罗斯煤炭经朝鲜罗津港向韩国的供应，不受联合国安理会制裁行动，其中包括 2017 年 12 月通过的 2397 号决议的影响。② 俄罗斯铁路公司继续吸引俄罗斯及外国运输物流公司参与罗津港 3 号码头项目，以建立货运基地。③ 随着朝韩领导人就连通朝鲜半岛铁路达成一致，以及 2018 年 12 月朝鲜半岛北南铁路的对接，俄罗斯希望尽早开行通往朝鲜半岛的列车，并将其与俄罗斯西伯利亚大铁路连接起来，④ 从而通过铁路将俄罗斯、朝鲜与韩国紧密联系在一起。这对俄罗斯、朝鲜与韩国都具有重大意义。对于俄罗斯而言，这样的铁路将大大加强俄罗斯与朝韩两国的经济合作，从而为俄罗斯特别是其远东地区经济发展注入新的动力，而且将大大增强俄罗斯对朝鲜半岛事务的影响力。对朝鲜而言，这将大大加强其与俄罗斯和韩国的经济联系，从而改善其经济状况，符合其发展国家经济的战略方针。对韩国而言，该铁路的开通不仅将大

---

① 《邸朔：朝俄铁路开通的后续收益不可估量》，https：//opinion.huanqiu.com/article/9CaKrnJCsBY，最后访问日期：2013 年 9 月 27 日。

② Интервью заместителя Министра иностранных дел России И. В. Моргулова информагентству ТАСС, 24 февраля 2018 года, http：//www.mid.ru/ru/foreign_policy/news/-/asset_publisher/cKNonkJE02Bw/content/id/3094400，最后访问日期：2018 年 2 月 26 日。

③ Комментарий Департамента информации и печати МИД России в связи с официальным визитом в Российскую Федерацию Министра иностранных дел КНДР Ли Ён Хо, http：//www.mid.ru/ru/foreign_policy/news/-/asset_publisher/cKNonkJE02Bw/content/id/3155542，最后访问日期：2018 年 4 月 8 日。

④ Пресс-конференция по итогам российско-северокорейских переговоров, http：//kremlin.ru/events/president/news/60370，最后访问日期：2019 年 4 月 25 日。

大加强其与朝鲜的经济往来,从而有利于进一步改善朝韩关系,而且韩国可以在更短的时间内以更低的价格接收来自俄罗斯的货物。但是,联合国安理会针对朝鲜的制裁决议,限制了相关合作的实施和推进,这对俄罗斯在朝鲜半岛的经济和战略利益造成了消极影响。因此,俄罗斯希望解除联合国安理会针对朝鲜的相关制裁,从而为俄罗斯扩大与朝鲜、韩国的经济合作以及加强三边经济合作创造必要条件,以增加俄罗斯在朝鲜半岛的经济收益和提升其战略影响。

俄罗斯与朝鲜互惠经济合作的一个重要方面是利用朝鲜的劳动力来弥补俄罗斯特别是其西伯利亚和远东地区劳动力的不足。在联合国安理会2397号决议中,俄罗斯清晰表明了拒绝立即将朝鲜劳动移民驱逐出境的要求。① 从2017年9月11日签订劳动合同后,朝鲜劳工可以在俄罗斯工作两年,并在完成自己的合同义务后离开俄罗斯。而对于非法移民问题,2016年2月,俄罗斯与朝鲜签署了相互遣返非法进入对方境内移民的协议。

俄罗斯与朝鲜在国际事务方面也进行了积极合作,双方就朝鲜半岛以及东北亚和平与安全问题展开了深入讨论与合作。两国强调必须在亚太地区建立保障地区所有国家安全的可靠机制。② 双方还在联合国就反对美化纳粹、国际信息安全、加强空间信任与透明度等方面加强了合作。朝鲜还有意加强在共同反对美国霸权主义方面的合作。例如,2018年5月朝鲜最高领导人金正恩在会晤到访的俄罗斯外长拉夫罗夫时指出,"我赞赏俄罗斯领导层抵抗美国霸权。我们愿意随时与俄方在这一问题上展开深入合作谈判"。③

---

① Комментарий Департамента информации и печати МИД России в связи с официальным визитом в Российскую Федерацию Министра иностранных дел КНДР Ли Ён Хо, http://www.mid.ru/ru/foreign_policy/news/-/asset_publisher/cKNonkJE02Bw/content/id/3155542,最后访问日期:2018年4月8日。

② СООБЩЕНИЕ ДЛЯ СМИ—О переговорах Министра иностранных дел России С. В. Лаврова с Министром иностранных дел КНДР Ли Су Ёном, http://www.mid.ru/brp_4.nsf/newsline/467A6C2EE3C61A1344257D64003F5149,最后访问日期:2014年10月1日。

③ 《消息人士:俄外长与金正恩在平壤会晤》, http://sputniknews.cn/politics/201805311025530938/,最后访问日期:2018年5月31日。

而俄罗斯则希望重点发展俄罗斯—韩国—朝鲜之间的三方合作。2018年4月,俄罗斯副外长莫尔古洛夫指出,"我们希望恢复俄罗斯—朝鲜—韩国三国在实施跨朝鲜经济,特别是基础设施项目方面的三方合作,在《板门店宣言》中已经提到这一点"。①

俄罗斯还定期向朝鲜提供人道主义援助。2014年俄罗斯向朝鲜提供了5万吨面粉以及50辆消防车;② 2017年,俄罗斯向朝鲜提供了3.1万吨面粉。③

俄罗斯与朝鲜在人文领域也进行了合作。从2009年开始,由"俄罗斯世界"基金会建立的设立在平壤外语学院的"俄罗斯中心"开始顺利运行。在"俄语学习"项目框架内,在2017/2018学年(依靠俄罗斯联邦预算学习),为朝鲜大学生提供30个名额。④ 2015年,还举行了俄罗斯和朝鲜交叉友谊年活动,以在2015年庆祝两国的纪念日——伟大卫国战争胜利70周年和朝鲜解放70周年。两国还共同制定和实施了一系列政府间科技与文化合作计划。

2. 俄罗斯与韩国的关系

为了推进俄韩两国关系的发展,俄罗斯总统普京与韩国领导人举行了多次会晤,普京还于2013年11月对韩国进行了正式访问。普京在2013年11月、2016年9月和2018年6月先后指出,"韩国是俄罗斯在亚洲的优先伙

---

① Интервью заместителя Министра иностранных дел России И. В. Моргулова агентству «Интерфакс», 28 апреля 2018 года, http://www.mid.ru/ru/foreign_policy/news/-/asset_publisher/cKNonkJE02Bw/content/id/3200473,最后访问日期:2018年4月28日。

② Интервью заместителя Министра иностранных дел России И. В. Моргулова МИА «Россия сегодня», 28 января 2015 года, http://www.mid.ru/brp_4.nsf/newsline/DA539D0D5F528E1643257DDC0021D9AF,最后访问日期:2015年1月29日。

③ Комментарий Департамента информации и печати МИД России в связи с официальным визитом в Российскую Федерацию Министра иностранных дел КНДР Ли Ён Хо, http://www.mid.ru/ru/foreign_policy/news/-/asset_publisher/cKNonkJE02Bw/content/id/3155542,最后访问日期:2018年4月8日。

④ Комментарий Департамента информации и печати МИД России в связи с официальным визитом в Российскую Федерацию Министра иностранных дел КНДР Ли Ён Хо, http://www.mid.ru/ru/foreign_policy/news/-/asset_publisher/cKNonkJE02Bw/content/id/3155542,最后访问日期:2018年4月8日。

伴之一",①"是俄罗斯在亚太地区重要的、有前景的伙伴",②"我们两国的关系具有多方面的特点,并按照睦邻、互惠和考虑彼此利益的原则加以构建"。③俄罗斯外长拉夫罗夫于2016年6月指出,"我们确认致力于在友好、睦邻以及互利基础上推进(俄罗斯与韩国)双边关系。我们感兴趣的是,将我们的关系提升到新水平,并使我们在各方面的合作积极起来"。④

韩国也重视发展与俄罗斯的友好与合作关系。朴槿惠政府重视与俄罗斯的交往与合作,2016年9月,朴槿惠亲自赴俄罗斯符拉迪沃斯托克(海参崴)参加东方经济论坛,朴槿惠总统与普京总统总共举行了四次会晤。朴槿惠指出,"在解决'朝核问题'与其他问题方面,俄罗斯是重要伙伴","我希望,我们能够成为致力于朝鲜半岛、东北亚、远东、欧亚地区以及世界和平与繁荣的可靠的相互信任的伙伴。为此,我想继续对话和交流,并将我们的合作提升至全新的水平"。⑤ 在文在寅于2017年5月就任韩国总统后,韩国以更加积极的态度发展与俄罗斯的关系。在2017年7月汉堡二十国集团峰会期间,韩国总统文在寅与俄罗斯总统普京举行了第一次会晤,并建议俄韩两国定期举行最高层会晤。2018年6月,俄罗斯总统普京在莫斯科与到访的韩国总统文在寅举行了会晤。这是韩国总统时隔19年后对俄罗斯进行的首次国事访问,在俄韩两国的双边关系中具有重要意义。文在寅指

---

① Интервью южнокорейской телерадиокомпании KBS, http://kremlin.ru/events/president/news/19603,最后访问日期:2013年11月12日。
② Заявления для прессы по завершении переговоров президентов России и Республики Корея, http://kremlin.ru/events/president/transcripts/52810,最后访问日期:2016年9月3日。
③ Заявления для прессы по итогам российско-корейских переговоров, http://kremlin.ru/events/president/news/57838,最后访问日期:2018年6月22日。
④ Вступительное слово Министра иностранных дел России С. В. Лаврова в ходе переговоров с Министром иностранных дел Республики Корея Юн Бён Се, Москва, 13 июня 2016 года, http://www.mid.ru/ru/foreign_policy/news/-/asset_publisher/cKNonkJE02Bw/content/id/2313731,最后访问日期:2016年6月13日。
⑤ Заявления для прессы по завершении переговоров президентов России и Республики Корея, http://kremlin.ru/events/president/transcripts/52810,最后访问日期:2016年9月3日。

第四章　俄罗斯的东北亚政策

出，"在我的总统任期内，我的目标就是将韩俄关系提升至高质量的水平"，① "我认为韩国与俄罗斯是朝鲜半岛以及欧亚大陆最主要的合作伙伴"。② 在这次会晤中，俄韩两国签署了《俄罗斯联邦与韩国联合声明》，以及一系列政府部门间和公司间协议。联合声明指出，双方"致力于发展面向未来的互惠关系，本着战略伙伴关系的精神，更充分地发挥双边关系的潜力"。③ 两国还决定在 2020 年举行庆祝双方建交 30 周年的活动。

除了最高领导人频繁会晤之外，俄罗斯与韩国的政府各部门以及议会之间也保持着密切接触与合作，其中包括俄韩双方定期举行副外长级别的战略对话，以协调两国在双边关系、地区和国际问题上的立场，加强双方合作。

俄罗斯与韩国致力于发展更加密切的战略合作与经济合作关系。俄罗斯希望"向东转"政策能够与韩国文在寅政府的"新北方政策"相联系和对接。双方都希望加强在远东地区的互利经济合作。俄罗斯希望韩国参与远东超前发展区的合作。俄罗斯总统普京建议韩国投资者积极参与俄罗斯远东发展计划，其中包括符拉迪沃斯托克（海参崴）自由港的现代化项目、"星"造船厂的技术更新、北方海路与西伯利亚大铁路的利用等。④ 俄罗斯愿意考虑俄韩两国一体化计划的对接。

在朴槿惠总统执政时期，韩国与俄罗斯已经在不断加强经济合作，特别是加强在远东地区的经济合作。朴槿惠曾经提出"欧亚计划"，该计划旨在通过穿过韩国、朝鲜和俄罗斯的公路和铁路，密切欧亚国家之间的联系。这项计划如果得到朝鲜政府的支持，那么韩朝铁路系统将实现连通，韩国将帮助朝鲜进行基础设施建设。2016 年 9 月，朴槿惠在出席东方经济论坛期间

---

① Российско-корейские переговоры, http://kremlin.ru/events/president/news/55540，最后访问日期：2017 年 9 月 6 日。
② Начало российско-корейских переговоров в узком составе, http://kremlin.ru/events/president/transcripts/57836，最后访问日期：2018 年 6 月 22 日。
③ Совместное заявление Российской Федерации и Республики Корея, http://kremlin.ru/supplement/5321，最后访问日期：2018 年 6 月 22 日。
④ Заявления для прессы по итогам российско-корейских переговоров, http://kremlin.ru/events/president/news/57838，最后访问日期：2018 年 6 月 22 日。

表示,"如果将俄罗斯远东地区富饶的自然资源与韩国的资本和技术联合起来,那么这一地区将成为我们两国繁荣的'蓝海'"。① 此外,朴槿惠政府同意与欧亚经济联盟建立自贸区,"希望由双方共同开展的签署自贸区协定可行性研究工作,以及相关工作的顺利完成能够成为未来自贸区谈判工作的良好开始"。② 韩国的欧亚一体化计划与俄罗斯的经济计划不谋而合。在此次论坛期间,莫斯科与首尔除了签署在卫生、医疗、救灾等领域的合作文件外,还签署了大量经济合作协议。文在寅于2017年就任韩国总统后,派特使前往俄罗斯,介绍开展"北方合作"的计划,还制定了合作的法律框架,成立了直属总统的北方经济合作委员会,该委员会的工作旨在加强韩国与东北亚国家以及欧亚地区国家的经济合作,这一机构的建立意味着韩国在开发远东方面已经做好了行政系统的准备工作。文在寅于2017年9月指出,普京总统的"发展远东地区的政策与我的'新北方政策'拥有很多共同之处,很多点是相互联系的","韩国是俄罗斯发展远东地区的最好伙伴",③ "将富有自然资源和能源资源的俄罗斯远东地区与韩国的技术结合起来,将使远东地区成为对我们两国繁荣来说有着巨大机遇的新土地"。④ "未来我们(俄罗斯与韩国)能在基础设施和物流领域达到很高的发展水平,特别是开发北方海路、铁路、港口、造船和公路等方面看起来很有希望,在农业、渔业、卫生医疗领域也开辟了广阔前景。"⑤ 文在寅指出,"未来,(韩国北方经济合作)委员会与(俄罗斯)远东联邦区以及远东发展部的合作将在开发远东方面发

---

① Заявления для прессы по завершении переговоров президентов России и Республики Корея, http://kremlin.ru/events/president/transcripts/52810,最后访问日期:2016年9月3日。
② 《韩国总统同意签署〈韩国欧亚经济联盟自贸区协定〉》,http://www.mofcom.gov.cn/article/i/jyjl/e/201609/20160901387312.shtml,最后访问日期:2016年9月8日。
③ Российско-корейские переговоры, http://kremlin.ru/events/president/news/55540,最后访问日期:2017年9月6日。
④ Заявления для прессы по итогам переговоров с Президентом Республики Корея Мун Чжэ Ином, http://kremlin.ru/events/president/news/55541,最后访问日期:2017年9月6日。
⑤ Северный ветер: Новый президент Южной Кореи Мун Чжэ Ин ответил на вопросы о тревожной ситуации на Корейском полуострове, https://rg.ru/2017/09/05/prezident-iuzhnoj-korei-rasskazal-o-situacii-na-korejskom-poluostrove.html,最后访问日期:2017年9月6日。

挥关键作用"。① 2017年9月，俄韩两国商定建立总额为20亿美元的新的投资平台，以支持实施远东项目。②

2018年6月，韩国总统文在寅进一步指出，"如果说我们有'新北方政策'的话，那么俄罗斯有发展远东地区的政策，在这一地区，我们的共同利益是相向的。因此，在这方面的共同合作可以期望取得巨大成就"。③ "我们两国互补和互惠的经济结构以及旨在发展俄罗斯远东地区和韩国北方领土的相关共同政策，使我们成为彼此最佳的伙伴。"④ 文在寅对两国关系的发展提出三点建议："一是通过技术合作和创新推动两国的未来发展"；"二是两国将开展更加紧密的合作，以实现共同的愿景——远东和整个欧亚地区的和平与共同繁荣"；"三是扩大在健康和医疗领域的合作，以提升两国公民的健康水平和共同福利"。⑤

在两国加强合作的共同意向下，俄罗斯与韩国的经济合作在总体上呈现日益密切的趋势。在贸易方面，1992年至2014年，俄韩两国的贸易额从1.9亿美元增长到258亿美元。⑥ 此后两年，受一系列政治和经济因素的制约，两国的贸易额出现下降。2015年和2016年，俄韩两国贸易额分别为

---

① Заявления для прессы по итогам переговоров с Президентом Республики Корея Мун Чжэ Ином，http：//kremlin. ru/events/president/news/55541，最后访问日期：2017年9月6日。
② Заявления для прессы по итогам переговоров с Президентом Республики Корея Мун Чжэ Ином，http：//kremlin. ru/events/president/news/55541，最后访问日期：2017年9月6日。
③ Начало российско‐корейских переговоров в узком составе，http：//kremlin. ru/events/president/transcripts/57836，最后访问日期：2018年6月22日。
④ Начало российско‐корейских переговоров в расширенном составе，http：//kremlin. ru/events/president/transcripts/57837，最后访问日期：2018年6月22日。
⑤ Заявления для прессы по итогам российско‐корейских переговоров，http：//kremlin. ru/events/president/news/57838，最后访问日期：2018年6月22日。
⑥ Северный ветер：Новый президент Южной Кореи Мун Чжэ Ин ответил на вопросы о тревожной ситуации на Корейском полуострове，https：//rg. ru/2017/09/05/prezident‐iuzhnoj-korei-rasskazal-o-situacii-na-korejskom-poluostrove. html，最后访问日期：2017年9月6日；而据俄罗斯海关统计，2014年俄罗斯与韩国的贸易额为273亿美元，参见 Торговля между Россией и Республикой Корея（Южной Кореей）в 2014 г.，https：//russian‐trade. com/reports‐and‐reviews/2016‐04/torgovlya‐mezhdu‐rossiey‐i‐respublikoy‐koreya-yuzhnoy-koreey-v-2014-g/，最后访问日期：2016年4月1日。

180.6亿美元和151.4亿美元。① 2017年，双方贸易额再次上涨，涨幅为27%，达到192亿美元。2018年1~4月，两国贸易额增幅达6.5%，这使韩国在俄罗斯亚太贸易伙伴中的排名由2013年的第三位升至第二位。② 2018年，俄韩两国贸易额达到248.4亿美元，比上年增长接近30%。③ 2018年6月，俄韩两国就贸易结构多样化以及提高高技术产品比重达成一致。④ 在两国经贸合作中，双方重视发挥俄韩经济与科技合作联合委员会的作用。在投资方面，根据2018年的结果，韩国对俄罗斯累计直接投资超过26亿美元，在外国对俄投资中居第11位。⑤ 但是，从总体来看，韩国对俄投资水平不高。汇率波动、语言障碍等问题制约了韩国对俄罗斯的投资。为加强两国的经贸合作，俄罗斯对外经济银行与韩国进出口银行以及俄罗斯直接投资基金与韩国投资公司建立联合投资金融平台。⑥ 此外，俄韩两国2018年6月商定，尽快开始就签署服务与投资自由贸易协定展开谈判。⑦

---

① См. орговля между Россией и Республикой Корея（Южной Кореей）в 2015 г.，https：//russian-trade.com/reports-and-reviews/2016-05/torgovlya-mezhdu-rossiey-i-respublikoy-koreya-yuzhnoy-koreey-v-2015-g/，最后访问日期：2016年5月1日；Торговля между Россией и Республикой Корея（Южной Кореей）в 2016 г.，https：//russian-trade.com/reports-and-reviews/2017-02/torgovlya-mezhdu-rossiey-i-respublikoy-koreya-yuzhnoy-koreey-v-2016-g/，最后访问日期：2017年2月28日。
② Заявления для прессы по итогам российско-корейских переговоров，http：//kremlin.ru/events/president/news/57838，最后访问日期：2018年6月22日。
③ Торговля между Россией и Республикой Корея（Южной Кореей）в 2018 г.，https：//russian-trade.com/reports-and-reviews/2019-02/torgovlya-mezhdu-rossiey-i-respublikoy-koreya-yuzhnoy-koreey-v-2018-g/，最后访问日期：2019年2月9日。
④ Совместное заявление Российской Федерации и Республики Корея，http：//kremlin.ru/supplement/5321，最后访问日期：2018年6月22日。
⑤ РФ и Южная Корея начали диалог по соглашению об инвестициях и свободной торговле услугами，https：//www.tks.ru/news/nearby/2019/06/24/0004/print，最后访问日期：2019年6月24日。
⑥ Совместное заявление Российской Федерации и Республики Корея，http：//kremlin.ru/supplement/1564，最后访问日期：2013年11月13日。
⑦ Совместное заявление Российской Федерации и Республики Корея，http：//kremlin.ru/supplement/5321，最后访问日期：2018年6月22日。

第四章　俄罗斯的东北亚政策

在具体经济合作领域，俄罗斯与韩国在燃料－能源、核电、航天、运输、汽车制造、电子产品等领域进行了广泛合作。其中，燃料－能源领域是双方合作的重点领域，这涉及碳氢化合物和电力等领域。2017 年，俄罗斯向韩国提供了 1250 万吨石油、近 200 万吨液化天然气以及 2600 万吨煤。① 仅 2015 年，俄罗斯向韩国核电站提供了大约 20% 的浓缩铀。② 韩国公司参与了"萨哈林－1"号和"萨哈林－2"号项目。为了从北极地区的亚马尔液化天然气公司向韩国运输液化天然气，韩国拟建造 15 艘破冰级的液化天然气运输船。事实上，正是韩国为俄罗斯建造了第一艘可运载液化天然气的破冰邮轮。在 2018 年 6 月的俄韩两国首脑会晤中，双方商定进一步扩大能源合作，其中包括研究共同开发油气资源的可能性。③

俄罗斯与韩国在工业领域还进行了密切合作，在圣彼得堡建立的韩国现代汽车厂每年生产约 2 万辆汽车，④ 2015 年，韩国现代汽车生产线下线了第 100 万辆汽车。⑤ 三星、LG 集团在俄罗斯也生产大量电子产品。在此基础上，在 2017 年 9 月东方经济论坛期间，韩国总统文在寅提出"合作九桥"的构想，两国领导人确认了在九个领域合作的重要性，包括天然气工业、铁路、港口基础设施、电力、北方海路、造船、创造新的工作岗位、农业和渔业。双方商定拟定实施这一构想的行动计划。⑥ 俄韩两国在经济合作中注重创新与高技术合作，为此，双方商定建设韩俄创新中心，以及扩大位于莫斯

---

① Заявления для прессы по итогам российско-корейских переговоров, http://kremlin.ru/events/president/news/57838，最后访问日期：2018 年 6 月 22 日。
② Заявления для прессы по завершении переговоров президентов России и Республики Корея, http://kremlin.ru/events/president/transcripts/52810，最后访问日期：2016 年 9 月 3 日。
③ Совместное заявление Российской Федерации и Республики Корея, http://kremlin.ru/supplement/5321，最后访问日期：2018 年 6 月 22 日。
④ Заявления для прессы по итогам переговоров с Президентом Республики Корея Мун Чжэ Ином, http://kremlin.ru/events/president/news/55541，最后访问日期：2017 年 9 月 6 日。
⑤ Заявления для прессы по завершении переговоров президентов России и Республики Корея, http://kremlin.ru/events/president/transcripts/52810，最后访问日期：2016 年 9 月 3 日。
⑥ Совместное заявление Российской Федерации и Республики Корея, http://kremlin.ru/supplement/5321，最后访问日期：2018 年 6 月 22 日。

科的韩俄科技合作中心。① 在工业领域，两国重点加强民用航空、汽车制造、造船等领域的合作，包括在俄罗斯建设造船厂或者双方进行现代化的合作。双方还一致同意加强远程信息技术和人工智能等领域的合作。此外，双方还通过东方经济论坛等活动或平台加强双方经济合作。2017年9月，俄韩两国商定，使总规模为10亿美元的联合投资金融平台积极运转起来。俄罗斯与韩国还在航天领域进行了合作。俄罗斯一直在帮助韩国研制"罗老"号运载火箭，尽管经历了一些挫折，但最终双方合作研制的运载火箭于2013年1月成功发射。2013年8月和2015年3月，俄罗斯还分别将韩国"阿里郎5号"多功能实用卫星以及"阿里郎3A号"地球探测卫星发射升空。

在两国的全面合作中，双方还就开展地方合作达成一致。韩国和俄罗斯远东地区有17个地方主体或行政单位参与这一合作进程。② 2018年11月和2019年9月，第一届和第二届韩俄地方合作论坛分别在韩国庆尚北道浦项市以及俄罗斯符拉迪沃斯托克（海参崴）举行，这一论坛活动旨在促进两国地方之间的合作。双方在2018年6月还商定，扩大在北极地区的合作，其中包括实施联合的能源与运输项目。

俄罗斯与韩国还积极开展人文领域的合作。在教育领域，近几年来，每年有100名俄罗斯大学生、大学教师和学者根据不同的教育计划在韩国学习。2015年有60名韩国公民依靠俄罗斯联邦预算在俄罗斯学习，还有约600名韩国人在完全报销费用的条件下学习（俄罗斯）科学。③ 在文化领域，2013年11月在首尔建成了俄罗斯伟大诗人亚历山大·普希金的纪念

---

① Заявления для прессы по итогам российско-корейских переговоров, http://kremlin.ru/events/president/news/57838, 最后访问日期：2018年6月22日。

② Заявления для прессы по итогам российско-корейских переговоров, http://kremlin.ru/events/president/news/57838, 最后访问日期：2018年6月22日。

③ Интервью заместителя Министра иностранных дел России И. В. Моргулова южнокорейскому информагентству «Ёнхап», 4 октября 2015 года, http://www.mid.ru/foreign_policy/news/-/asset_publisher/cKNonkJE02Bw/content/id/1827753, 最后访问日期：2015年10月4日。

碑，以增进韩国人对俄罗斯文化的兴趣。韩国三星和乐天两大公司设立和赞助托尔斯泰文学奖和普希金文学奖。韩国还作为嘉宾国参加了第七届圣彼得堡国际文化论坛。2017年在俄罗斯举行了韩国文化节，2018年在韩国举行了俄罗斯文化节。双方还通过"俄罗斯-韩国对话"论坛的活动形式增进两国社会及民众之间的交流与友好关系。2017年7月，在"俄罗斯-韩国对话"论坛框架内，在首尔和平昌组织了第八届青年对话。在两国的人文合作中，双方还着重开展医疗卫生领域的合作。两国商定，将在莫斯科"斯科尔科沃"国际医疗区开设一家韩国医院。两国专业医护人员以及治疗癌症、心血管和神经疾病的专家将在这一领域开展合作。双方还将在采用信息通信技术的未来医疗领域开展合作。①

俄韩两国人文交流的突飞猛进，可以在双方人员往来的数字中得到进一步证明。1990年到2016年，双方人员往来的总数从3万人次增长到44万人次。② 两国于2013年11月签署互免签证协议，免除了60天内短期访问签证，③ 这大大便利了双方的人员往来。由此，韩国赴俄以及俄罗斯赴韩人数大幅增加。2017年，韩国有26万人次前往俄罗斯，比2016年增加了62%，俄罗斯赴韩国游客增加了17%，达到23.3万人次。④ 2019年10月，莫斯科与首尔签署了促进两市成为旅游目的地的合作备忘录。

在地区和国际问题上，俄罗斯重视韩国在构建朝鲜半岛和平与繁荣中的重要作用。韩国高度评价俄罗斯在解决朝鲜半岛问题中的建设性作用。2013年11月，俄罗斯和韩国确认，"双方不接受平壤不顾国际社会

---

① Заявления для прессы по итогам российско-корейских переговоров, http://kremlin.ru/events/president/news/57838, 最后访问日期：2018年6月22日。

② Северный ветер: Новый президент Южной Кореи Мун Чжэ Ин ответил на вопросы о тревожной ситуации на Корейском полуострове, https://rg.ru/2017/09/05/prezident-iuzhnoj-korei-rasskazal-o-situacii-na-korejskom-poluostrove.html, 最后访问日期：2017年9月6日。

③ Форум «Диалог Россия - Республика Корея», http://kremlin.ru/events/president/news/19616, 最后访问日期：2013年11月13日。

④ Заявления для прессы по итогам российско-корейских переговоров, http://kremlin.ru/events/president/news/57838, 最后访问日期：2018年6月22日。

的要求以及联合国安理会的相关协议而拥有导弹核能力的方针","根据《不扩散核武器条约》,朝鲜不能取得拥有核武器的国家地位","朝鲜应当遵守国际义务以及无核化承诺,其中包括联合国安理会相关决议以及中国、朝鲜、日本、韩国、俄罗斯以及美国 2005 年 9 月 19 日发表的联合声明"。双方商定,在该声明指导下,"与六方会谈其他参与方一道,努力创造条件使其得以恢复"。① 双方的共同目标是,"保障(东北亚)地区所有国家的安全和稳定,实现朝鲜半岛的无核化地位"。② 2018 年 11 月,双方再次确认,应当在地区稳定一体化方面开展合作,目标是实现朝鲜半岛无核化和欧亚繁荣。双方商定,"继续共同努力,以实现朝鲜半岛的完全无核化,并保障朝鲜半岛和东北亚地区的持久和平与稳定"。③ 俄罗斯和韩国都赞成开展俄罗斯-朝鲜-韩国三方合作,两国已经达成协议,在韩俄双边轨道上推动相关工作,为俄罗斯-朝鲜-韩国三方合作进行相关准备。俄罗斯总统普京指出,"俄罗斯一如既往愿意实施有朝鲜参加的三边项目。这可以是向韩国供应俄罗斯的管道天然气,俄罗斯、朝鲜和韩国电力网以及铁路系统的一体化。实施这些倡议不仅能带来经济收益,还将促进朝鲜半岛的稳定以及信任的加强"。④ 2018 年 6 月韩国总统文在寅指出,"就连接朝鲜半岛铁路、电力网和天然气管道进行双边联合研究,可以成为(俄罗斯-朝鲜-韩国三方)合作的起点"。⑤ 俄韩两国在联合声明中确认优先和重点在上述三个领域开展三方合作。

在开展铁路三方合作方面,俄罗斯总统普京早在 2013 年 11 月访问韩国

---

① Совместное заявление Российской Федерации и Республики Корея, http://kremlin.ru/supplement/1564,最后访问日期:2013 年 11 月 13 日。
② Заявление для прессы по итогам российско-корейских переговоров, http://kremlin.ru/events/president/transcripts/19614,最后访问日期:2013 年 11 月 13 日。
③ Совместное заявление Российской Федерации и Республики Корея, http://kremlin.ru/supplement/5321,最后访问日期:2018 年 6 月 22 日。
④ Заявления для прессы по итогам переговоров с Президентом Республики Корея Мун Чжэ Ином, http://kremlin.ru/events/president/news/55541,最后访问日期:2017 年 9 月 6 日。
⑤ Заявления для прессы по итогам российско-корейских переговоров, http://kremlin.ru/events/president/news/57838,最后访问日期:2018 年 6 月 22 日。

前就表示，希望朝韩双方克服政治困难达成协议，恢复连接朝鲜半岛的铁路，并将西伯利亚大铁路与跨朝鲜半岛铁路连接起来，俄罗斯希望韩国企业参与这一项目，最终通过"钢铁丝绸之路"将朝鲜、韩国以及俄罗斯连接在一起。他表示，这样一来，"货物就能在欧亚之间快速、可靠、安全并非常廉价地流动"。[①] 韩国朴槿惠政府愿意加入建设经过朝鲜的铁路。在 2013 年 11 月俄罗斯总统普京与韩国总统朴槿惠会晤时，俄韩就共同推进跨西伯利亚大铁路与贯穿朝鲜半岛铁路的连接达成原则共识，并签署了关于韩国企业参与"罗津—哈桑建设项目"的谅解备忘录。该项目包括建设连接俄罗斯远东城市哈桑与朝鲜经济特区罗津港的铁路以及在罗津港建设现代化货运终端等项目。然而，出于种种原因，上述合作意向并未得到有力推进。2017 年 7 月，在二十国集团峰会上，韩国总统文在寅与俄罗斯总统普京讨论了铁路合作问题。在 2018 年 6 月俄韩两国首脑会晤期间，双方商定，共同研究跨朝鲜半岛铁路与西伯利亚铁路的连接问题。2018 年 6 月 7 日，得益于朝鲜与韩国关系的改善，以及俄罗斯和中国等国的帮助，韩国加入了国际铁路组织。这不仅有利于韩朝铁路的连接，也加大了朝鲜半岛铁路与俄罗斯西伯利亚铁路以及中国铁路连通的可能性。

在向韩国供应管道天然气问题上，2013 年 11 月普京就指出，存在两种方式，或者是经过朝鲜领土铺设陆上天然气管道，或者是铺设（绕开朝鲜的）海底天然气管道，[②] 其中，前者受政治因素影响大，而后者在技术上更为复杂，而且需要保证一定的需求规模并签署长期合同。随着朝韩两国关系自 2018 年开始转暖，俄、朝、韩三边经济合作包括合作建设陆上天然气管道的可能性提高。因此，在 2018 年 6 月俄韩两国首脑会晤中，双方商定，共同致力于在地区国家之间建立电力网，以及共同研究通过天然气管道从俄

---

① Интервью южнокорейской телерадиокомпании KBS, http://kremlin.ru/events/president/news/19603，最后访问日期：2013 年 11 月 12 日。
② Интервью южнокорейской телерадиокомпании KBS, http://kremlin.ru/events/president/news/19603，最后访问日期：2013 年 11 月 12 日。

罗斯向韩国供应天然气的问题。①

俄罗斯与韩国希望三方合作有助于平壤做出正确选择，致力于发展经济和放弃核导弹的计划，并希望这一合作给朝鲜半岛、远东、东北亚以及整个欧亚大陆带来和平与繁荣。两国认为，"东北亚地区的和平是亚太地区发展的重要先决条件"，并商定"努力加强东北亚地区的信任，使其多边合作积极开展起来"。②

俄韩两国除了在朝鲜半岛及东北亚地区加强合作之外，对整个亚太地区也有着一系列共同观点。双方认为，"亚太地区在全球政治经济中的作用正在加强，双方赞成巩固地区和平与稳定"。③"维护和平、稳定以及加强相互信任是亚太地区稳定发展的基本因素。"双方认为，从战略视角来看，东亚峰会作为讨论地区形势的平台是非常重要的，并同意为了该地区的和平与稳定加强在该论坛框架内的合作。双方还商定在东盟地区安全论坛、东盟与对话伙伴国国防部长会议、"亚欧"会议、亚信会议等平台加强合作。④

此外，双方还商定加强在国际事务中的合作，特别是维护和加强包括核武器在内的大规模杀伤性武器不扩散制度方面的合作，以及在反恐、打击跨境有组织犯罪、打击毒品非法生产和贩运等方面的合作。双方特别呼吁朝鲜加入禁止化学武器公约。

2017年9月韩国总统文在寅指出，"我认为，我们两国（俄罗斯与韩国）应该走得更远，制订更宏伟的计划。我们应推动以实现朝鲜半岛、远东、东北亚和欧亚地区和平与繁荣为目标的合作项目"，"通过发展北方航道这一连接东北亚和欧洲的最短路线，连通从釜山、木浦经平壤、北京、符

---

① Совместное заявление Российской Федерации и Республики Корея，http://kremlin.ru/supplement/5321，最后访问日期：2018年6月22日。

② Совместное заявление Российской Федерации и Республики Корея，http://kremlin.ru/supplement/5321，最后访问日期：2018年6月22日。

③ Совместное заявление Российской Федерации и Республики Корея，http://kremlin.ru/supplement/1564，最后访问日期：2013年11月13日。

④ Совместное заявление Российской Федерации и Республики Корея，http://kremlin.ru/supplement/5321，最后访问日期：2018年6月22日。

拉迪沃斯托克（海参崴）到欧洲的铁路，连接韩国、朝鲜和俄罗斯的天然气管道，我们将共同改变世界经济版图"。①

在俄韩两国双边关系中，主要的障碍是美国在韩国部署的"萨德"反导系统问题。俄罗斯多次表达了对韩国与美国在韩国境内部署"萨德"反导系统的不满。针对这一问题，文在寅于2017年9月指出，"在朝鲜弹道导弹和核实力显然已经发展到全新水平的情况下，部署美国反导系统是确保韩国安全的必然措施"，"因为部署'萨德'系统是为了应对朝鲜核导弹试验，所以只要朝鲜的问题得到解决，部署'萨德'系统的问题也将自然而然地解决"。② 然而，韩方这一表态无法真正消除俄方的不满以及其对本国安全威胁的担心。这一问题将在俄韩关系中一直存在并将造成不利影响。

（四）俄罗斯与蒙古国

在20世纪90年代独立之初，受大西洋主义的影响，俄罗斯联邦奉行亲西方政策，一度对蒙古国采取疏远和"甩包袱"的政策，随着原来驻扎在蒙古国的苏（俄）军全部撤离，蒙古国真正获得了独立和主权。俄罗斯融入"西方大家庭"梦想破灭后，在欧亚主义的影响下，开始奉行全方位的外交政策，并逐步恢复与蒙古国的战略关系。

1. 俄罗斯与蒙古国政治关系的恢复、巩固和发展

21世纪初，俄罗斯积极致力于恢复和发展与蒙古国的传统友好关系。2009年，俄罗斯将与蒙古国的关系从"睦邻传统伙伴关系"提升为"战略伙伴关系"。自普京第三总统任期以来，俄罗斯继续致力于恢复、巩固和发展与蒙古国的战略关系。2013年版《俄罗斯联邦外交政策构想》指出，"俄

---

① Северный ветер: Новый президент Южной Кореи Мун Чжэ Ин ответил на вопросы о тревожной ситуации на Корейском полуострове, https://rg.ru/2017/09/05/prezident-iuzhnoj-korei-rasskazal-o-situacii-na-korejskom-poluostrove.html，最后访问日期：2017年9月6日。

② Северный ветер: Новый президент Южной Кореи Мун Чжэ Ин ответил на вопросы о тревожной ситуации на Корейском полуострове, https://rg.ru/2017/09/05/prezident-iuzhnoj-korei-rasskazal-o-situacii-na-korejskom-poluostrove.html，最后访问日期：2017年9月6日。

罗斯打算巩固与蒙古国的传统友好关系"。① 2014年9月俄罗斯总统普京对蒙古国的访问以及2015年5月蒙古国总统额勒贝格道尔吉回访俄罗斯，加速了俄罗斯与蒙古国关系的恢复和发展。2016年4月，俄罗斯与蒙古国签署了《俄罗斯联邦与蒙古国战略伙伴关系中期发展计划》，为俄蒙两国关系的发展提供了纲领性指导。2019年9月，俄罗斯总统普京访问蒙古国，两国签署了具有无限期性的《俄罗斯联邦与蒙古国友好和全面战略伙伴关系条约》，以此为契机，俄罗斯与蒙古国将两国关系提升为全面战略协作伙伴关系。

俄罗斯与蒙古国相互重视发展与对方的传统政治友谊与友好关系。俄罗斯总统普京指出，"共同的历史记忆、过去的英雄篇章，无疑为构建相互尊重、信任和友好的现代俄蒙关系提供了良好基础"，"我们的任务，是为了俄罗斯和蒙古国两国人民的福祉采取具体措施进一步开展合作"②，"蒙古国是我们多年的伙伴和朋友"。③

2014年9月，蒙古国总统额勒贝格道尔吉指出，"我们能够向世界展示战斗兄弟情谊的力量。在战斗兄弟情谊支撑下的友谊与合作，在和平时期以创造和建设的形式得以延续。我们认为，我们与俄罗斯朋友的同志关系是我们两国人民宝贵而重要的财富"。④ 2017年9月，蒙古国新一任总统哈勒特马·巴特图勒嘎指出，"我认为，将俄罗斯-蒙古国关系提升到新的水平是自己的优先方向"。⑤ 他在2019年9月进一步指出，"蒙古国-俄罗斯关系是经过历史传统、战斗友谊以及时间检验的，并在相互信任的原则上得以发

---

① Концепция внешней политики Российской Федерации, http://www.mid.ru/brp_4.nsf/0/6D84DDEDEDBF7DA644257B160051BF7F，最后访问日期：2013年2月16日。
② Заявления для прессы по итогам российско-монгольских переговоров, http://president.kremlin.ru/transcripts/46552，最后访问日期：2014年9月3日。
③ Встреча с Президентом Монголии Халтмагийн Баттулгой, http://kremlin.ru/events/president/news/55551，最后访问日期：2017年9月7日。
④ Заявления для прессы по итогам российско-монгольских переговоров, http://president.kremlin.ru/transcripts/46552，最后访问日期：2014年9月3日。
⑤ Встреча с Президентом Монголии Халтмагийн Баттулгой, http://kremlin.ru/events/president/news/55551，最后访问日期：2017年9月7日。

展"。"我们两国人民总是一起建设和平生活，并在战争岁月共同作战"，"将（蒙俄双边）关系提升到全面战略协作伙伴关系水平的新条约的签署，成为加强双方信任的重要文件，我们的合作进入了新纪元"。①

2019 年 9 月，俄罗斯与蒙古国签署的《俄罗斯联邦与蒙古国友好和全面战略伙伴关系条约》对新时期俄蒙两国关系的性质、发展方向与原则以法律的形式加以固化，成为两国关系的重要法律基础。这一条约在确定两国相互友好、互不损害、互不对抗、互不结盟性质的同时，也表达出俄罗斯希望对蒙古国拥有首要影响力的战略愿望。该条约第四条规定，"双方不参加反对另一方的集团或军事政治联盟，也不同第三方签署有损于另一方主权和独立利益的条约，拒绝参加旨在反对另外一方的任何行动或对这类行动加以支持。任何一方均不允许第三方使用本国领土来准备或实施对另一方进行侵略或其他强力行动"。"俄罗斯联邦将尊重蒙古国旨在拒绝外国军队、核武器或其他大规模杀伤性武器在其领土上部署或过境其领土的政策。"② 这一条款表明，俄罗斯不希望并反对蒙古国与第三方发展有损于俄罗斯安全利益的任何合作。此外，该条约第五条规定，"如果一方认为出现了威胁国际和平的情况，将触及其安全利益或面临复杂国际局势，双方将彼此通报可能的解决方式"。"当其中一方认为其安全利益处于威胁之下，根据其请求，将立即进行双边磋商。"③ 鉴于俄罗斯与蒙古国两国实力的不对称性，在出现危及安全的情况下，显然不可能是俄罗斯寻求蒙古国的帮助，而只能是蒙古国寻求俄罗斯的帮助。这一条款说明，俄罗斯不愿看到其他国家对蒙古国的影响力特别是在军事安全领域的影响力超过俄罗斯。事实上，俄罗斯仍然谋

---

① Заявления для прессы по итогам российско-монгольских переговоров, http://kremlin.ru/events/president/transcripts/61435, 最后访问日期：2019 年 9 月 3 日。

② Договор о дружественных отношениях и всеобъемлющем стратегическом партнерстве между Российской Федерацией и Монголией, http://docs.cntd.ru/document/565307846, 最后访问日期：2020 年 3 月 9 日。

③ Договор о дружественных отношениях и всеобъемлющем стратегическом партнерстве между Российской Федерацией и Монголией, http://docs.cntd.ru/document/565307846, 最后访问日期：2020 年 3 月 9 日。

求在蒙古国拥有特殊地位，希望继续拥有对蒙古国的首要影响力，并仍然试图扮演蒙古国"保护者"的角色。这一条约是普京第三总统任期以来俄罗斯与蒙古国确定两国战略关系性质的最重要的基础文件。

作为两国牢固历史友谊传承的重要体现，俄蒙双方近年来定期举行纪念诺门坎战役胜利周年的活动。2014年9月和2019年9月，两国共同举行了庆祝该战役胜利75周年和80周年的纪念活动，这些活动巩固和加强了两国的传统友谊。此外，2014年9月，俄罗斯与蒙古国就公民往来互免签证达成协议。根据这一协议，持有外交、公务和出国护照的俄罗斯及蒙古国公民可以在无签证的情况下在对方国家过境或驻留30日，自入境第一天算起的180日内累计不超过90日。① 这为促进双方人员往来、加强经济与人文合作提供了便利条件，成为双方密切战略关系的重要标志之一。

2. 俄罗斯与蒙古国的军事合作

苏联解体后，原苏联驻扎在蒙古国的军队完全撤出蒙古国。蒙古国在获得真正的独立和主权后，改变了原来与北方邻居结盟的政策。蒙古国在1994年制定的《蒙古国军事战略构想》中宣布，"除了蒙古国的独立、自主、主权受到直接军事威胁或已经确认受到威胁以外，在其他情况下，不参加任何军事结盟"。② 因此，新独立的俄罗斯联邦与蒙古国之间的军事关系已经不再是同盟关系，俄罗斯与蒙古国的军事合作也不再是具有军事同盟性质与内容的正常军事合作。但俄罗斯与蒙古国仍然进行着频繁的军事交流，双方军事合作的内容主要是俄罗斯向蒙古国提供武器及军事技术装备，对蒙古国军人进行培训，以及联合举行军事演习等。

俄蒙两国军事关系经过20世纪90年代的疏远、停滞和调整变化后，进

---

① СООБЩЕНИЕ ДЛЯ СМИ——О вступлении в силу российско-монгольского Соглашения об условиях взаимных поездок граждан, https://bkrs.info/slovo.php?ch=%D1%81%D1%83%D0%BC%D0%BC%D0%B0%D1%80%D0%BD%D1%8B%D0%B9，最后访问日期：2014年10月20日。

② Монгол Улсын цэргийн стратегийн үзэл баримтлал, Эрх зүйн мэдээллийн нэгдсэн систем，[2018-09-01]. http://www.legalinfo.mn/law/details/6289?lawid=6289. 转引自娜日娜《21世纪初蒙古国与俄罗斯关系研究》，博士学位论文，吉林大学，2018，第99页。

入21世纪以来开始恢复和发展。俄蒙两军高层往来日趋频繁,两军交流逐步加强,"双方举行了安全合作会议,签署了多项军事合作协定,两国在武器装备保障、军用设施维修、军事人员培训、军事技术交流、反恐联合军演、边境沿线巡逻等领域均开展了务实合作"。①

自普京第三总统任期以来,俄罗斯与蒙古国在军事领域进行了密切的合作。首先,俄罗斯与蒙古国保持着密切的军队高层往来。2013年2月,蒙古国新任国防部部长巴特额尔德尼将俄罗斯作为其首次出访的目标国。2013年8月,俄罗斯东部军区司令访蒙并会晤了蒙古国军队多名高级官员。2017年4月,蒙古国防部部长巴特额尔德尼赴俄参加第6届莫斯科国际安全会议,并与俄罗斯国防部部长商讨了两国之间的军事合作。2018年2月,蒙古国新任国防部部长恩赫包勒德访问俄罗斯并与俄罗斯总统普京及俄国防部部长绍伊古会晤。

其次,在军事技术合作方面,俄蒙两国于2004年签署了《俄罗斯向蒙古国提供军事技术无偿援助的蒙俄两国政府间协议》,为了落实上述协议,俄蒙两国于2007年成立了军事技术合作工作组。该工作组制定了两国军事技术合作短期及中期目标,双方在2014年再次修改制定了中期纲要。2008年1月,蒙古国武装力量总参谋长策·陶格中将访俄,使中断了20多年的俄罗斯向蒙古国提供武器装备的合作得以恢复。据统计,2008年至2015年,俄罗斯先后向蒙古国提供了"价值2.443亿美元的坦克、装甲设备、防空系统、直升机、检修技术设备的系统以及相关设备零部件等"。2015年12月,俄罗斯向蒙古国赠送了50辆坦克。② 在以上合作的基础上,俄罗斯与蒙古国两国元首在2019年9月的会晤中,决定延长双方2004年签署的《俄罗斯向蒙古国提供军事技术无偿援助的蒙俄两国政府间协议》的有效期,

---

① Монгол Улсын цэргийн стратегийн үзэл баримтлал, Эрх зүйн мэдээллийн нэгдсэн систем, http://www.legalinfo.mn/law/details/6289?lawid=6289. 转引自娜日娜《21世纪初蒙古国与俄罗斯关系研究》,博士学位论文,吉林大学,2018,第102页。
② 参见娜日娜《21世纪初蒙古国与俄罗斯关系研究》,博士学位论文,吉林大学,2018,第106页。

由此确认了俄罗斯将继续向蒙古国无偿提供军事技术援助。作为新的议定书的一部分，俄罗斯承诺将无偿援助数架米格-29战斗机给蒙古国。根据这一承诺，2019年11月，俄罗斯向蒙古国移交了两架米格-29战斗机。

俄罗斯与蒙古国还在军事演练及人员培训方面进行合作。双方联合军演开始于2008年的"达尔汗-1"联合演习，此后，又开展以"色楞格"为代号的反恐联合军事演习。自普京第三总统任期以来，俄罗斯与蒙古国每年都举行代号为"色楞格"的年度联合军事演习。例如，俄罗斯与蒙古国于2019年8月开始的"色楞格-2019"军事演习在蒙古国举行，双方各有约1000名官兵，总计约2000名军人参加演习。① 这一例行演习在蒙古国和俄罗斯轮流举行，双方近年来的演习规模、范围也在逐步扩大。"从联合军事演习的科目来看，包括组织战斗、进入火力密集区、开展战术编队、检验两国分队协调性以及实弹射击训练。还有进行反恐行动和消灭非法武装力量的操练。"②

此外，俄罗斯还帮助蒙古国培训军人，且规模近年来持续扩大。蒙古国赴俄军事院校留学人数逐年上升，"2009年为94人，2010年为95人，2011年为116人，2017年为350人"。③

3. 俄罗斯与蒙古国的经济务实合作

近年来，俄罗斯与蒙古国积极开展经贸合作。自普京第三总统任期以来，两国的贸易额在2012年达到峰值，为19.157亿美元，④ 在此后几年，两国贸易额呈现下降趋势，2014年9月，俄蒙两国领导人讨论了实施贸易

---

① 《俄罗斯与蒙古"色楞格"军演拉开帷幕》，http://sputniknews.cn/military/201908161029296886/，最后访问日期：2019年8月16日。
② 参见娜日娜《21世纪初蒙古国与俄罗斯关系研究》，博士学位论文，吉林大学，2018，第108页。
③ 参见娜日娜《21世纪初蒙古国与俄罗斯关系研究》，博士学位论文，吉林大学，2018，第105页。
④ Торговля между Россией и Монголией в 2012 г.，https://russian-trade.com/reports-and-reviews/2016-02/torgovlya-mezhdu-rossiey-i-mongoliey-v-2012-g/，最后访问日期：2014年5月9日。

最惠国制度的必要性以及 2020 年前使贸易额达到 100 亿美元的目标。① 在双方的共同努力下，从 2017 年开始，两国的贸易额再次呈现增长趋势，2017 年和 2018 年，俄罗斯与蒙古国的贸易额分别达到 13.68 亿美元和 16.499 亿美元，分别比前一年增长 46.86% 和 20.6%。②

两国的经贸合作中存在一系列问题，如两国贸易额总体不高，两国的贸易 70% 是在边境地区进行的，③ 双方贸易不平衡，以及在双边贸易中存在肉类限额等障碍。在两国的经贸合作中，俄蒙经贸与科技合作政府间委员会具有重要的地位和作用，该机构负责实施基础设施、采矿、能源以及农工综合体领域的新项目。此外，俄罗斯直接投资基金与蒙古国伙伴已经签署关于成立俄蒙投资合作基金的协议，新成立的这一机构将负责向上述新项目拨款。为促进俄蒙贸易合作，俄罗斯在蒙古国设立了贸易代表处。蒙古国还计划在符拉迪沃斯托克（海参崴）设立贸易代表处。

在俄蒙两国的经贸合作中，运输、能源以及矿产开发是双方合作的重点领域。在运输领域，俄罗斯与蒙古国近年来在跨境铁路运输方面开展了积极合作。俄罗斯总统普京于 2014 年 9 月指出，"非常重要的是，提升蒙古国的过境运输潜力。其运输能力能够，也应该比今天得到更大程度的利用"。④ 俄蒙两国于 2014 年 9 月签署了《关于发展乌兰巴托铁路的伙伴关系与现代化协议》，双方商定立即着手铁路的电气化改造，建设复线。⑤ 2018 年 2 月，

---

① Заявления для прессы по итогам российско‐монгольских переговоров, http://president.kremlin.ru/transcripts/46552，最后访问日期：2014 年 9 月 3 日。

② 参见 Торговля между Россией и Монголией в 2017 г., https://russian‐trade.com/reports‐and‐reviews/2018‐02/torgovlya‐mezhdu‐rossiey‐i‐mongoliey‐v‐2017‐g/，最后访问日期：2018 年 2 月 15 日；Торговля между Россией и Монголией в 2018 г., https://russian‐trade.com/reports‐and‐reviews/2019‐02/torgovlya‐mezhdu‐rossiey‐i‐mongoliey‐v‐2018‐g/，最后访问日期：2019 年 2 月 9 日。

③ Встреча с Президентом Монголии Халтмагийн Баттулгой, http://kremlin.ru/events/president/news/55551，最后访问日期：2017 年 9 月 7 日。

④ Ответы на вопросы журналистов по итогам рабочего визита в Монголию, http://president.kremlin.ru/news/46555，最后访问日期：2014 年 9 月 3 日。

⑤ Заявления для прессы по итогам российско‐монгольских переговоров, http://president.kremlin.ru/transcripts/46552，最后访问日期：2014 年 9 月 3 日。

俄罗斯联邦政府批准了俄蒙双方就跨境铁路货物运输条件达成的协议，"签署该协议的目的是为在俄蒙境内通过铁路方式向第三国运输外贸货物提供便利条件。该协议规定对有关货物的过境实行弹性收费政策，以确保其税费与其他可替代交通方式相比具有竞争力。此外，该协议保证货物增长速度与铁路基础设施均衡发展，为蒙出口商建立畅通无阻的出海口。与此同时，该协议也有助于简化俄蒙过境铁路货物运输手续"。① 俄罗斯铁路公司还将新的火车运行控制系统引入蒙古国铁路以提高其通行能力。此外，俄蒙两国还加强了航空运输领域的合作，双方于2014年9月签署的民用航空合作协议以及扩大"民航国际航空公司"和"蒙古航空公司"航空路线备忘录促进了双方这一领域的合作。在2019年9月俄蒙两国元首会晤中，双方确认，俄罗斯允许蒙古国使用远东地区的海港。蒙古国还向俄罗斯政府申请使用1000亿卢布的出口信贷用于建设铁路以及同俄罗斯进行能源合作等。②

俄罗斯是蒙古国的主要能源合作伙伴，在保障蒙古国能源安全方面发挥着重要作用。俄罗斯石油公司向蒙古国提供了大部分的石油产品，俄罗斯还向蒙古国提供了大约7%的蒙古国电力消费。③ 俄罗斯还帮助蒙古国主要发电厂——乌兰巴托4号热电厂进行现代化改造。2017年，俄罗斯向蒙古国提供电力的公司为蒙古国消费者降价30%。④

矿产开采是俄蒙两国的传统合作领域。"额尔登特"联合企业是亚洲铜和钼的最大生产者，而另一家大企业——"蒙俄有色金属"公司则主要开采黄金，这两大公司贡献了蒙古国国内生产总值的约20%，⑤ 其中，"额尔

---

① 《俄政府批准与蒙古签订关于跨境铁路运输的协议》，http://www.mofcom.gov.cn/article/i/jyjl/e/201803/20180302717594.shtml，最后访问日期：2018年3月2日。
② Заявления для прессы по итогам российско-монгольских переговоров，http://kremlin.ru/events/president/transcripts/61435，最后访问日期：2019年9月3日。
③ Ответы на вопросы журналистов по итогам рабочего визита в Монголию，http://president.kremlin.ru/news/46555，最后访问日期：2014年9月3日。
④ Встреча с Президентом Монголии Халтмагийн Баттулгой，http://kremlin.ru/events/president/news/57711，最后访问日期：2018年6月9日。
⑤ Заявления для прессы по итогам российско-монгольских переговоров，http://president.kremlin.ru/transcripts/46552，最后访问日期：2014年9月3日。

第四章　俄罗斯的东北亚政策

登特"联合企业向蒙古国国库贡献的税收占比约达20%。① 此外，俄罗斯与蒙古国还在蒙古国的铀矿、萤石矿等矿藏资源的开采方面进行了密切合作。

两国还在金融领域开展了密切合作。蒙古国发展银行与俄罗斯直接投资基金于2019年9月达成协议，建立卢布与图格里克②共同投资基金，双方还签署了合作备忘录。

为了解决俄罗斯与蒙古国经济合作中的债务问题以及由此形成的俄罗斯对蒙古国投资的障碍问题，2016年1月31日，俄罗斯总统普京签署了《关于批准俄罗斯联邦政府与蒙古国政府解决蒙古国对俄债务的协议》这一联邦法律，这意味着，"2010年12月14日在莫斯科签署的俄罗斯联邦政府与蒙古国政府间解决蒙古国对俄债务的协议已被批准"。2010年12月14日，俄蒙两国政府在签署协议时确认，蒙古国欠俄罗斯1.742亿美元债务。根据新达成的协议，俄罗斯免除了蒙古国欠俄总债务的97.8%，剩余的380万美元债务在协议生效的30日内一次性还清。③

俄罗斯与蒙古国还致力于加强国际经济协作。俄罗斯总统普京指出，"俄罗斯-蒙古-中国的相互协作在扩展"。④ "俄罗斯建议，在上合组织峰会的场合，我们举行三方会晤"，"蒙古国位于其最大的两个经贸伙伴——一边是中国、一边是俄罗斯之间的地理位置以及自然地理的邻近，可以促使我

---

① Выступление и ответы на вопросы Министра иностранных дел России С. В. Лаврова на совместной пресс-конференции с Министром иностранных дел Монголии Л. Пурэвсурэном по итогам переговоров, Улан-Батор, 14 апреля 2016 года, https://www.mid.ru/ru/foreign_policy/news/-/asset_publisher/cKNonkJE02Bw/content/id/2230852，最后访问日期：2016年4月14日。

② 图格里克为蒙古人民共和国的本位货币，参见 Заявления для прессы по итогам российско-монгольских переговоров, http://kremlin.ru/events/president/transcripts/61435，最后访问日期：2019年9月3日。

③ Подписан закон о ратификации соглашения об урегулировании финансовых обязательств Монголии перед Россией, http://kremlin.ru/acts/news/51241，最后访问日期：2016年1月31日。

④ 《俄政府批准与蒙古签订关于跨境铁路运输的协议》，http://www.mofcom.gov.cn/article/i/jyjl/e/201803/20180302717594.shtml，最后访问日期：2018年3月2日。

们尝试一系列联合计划，首先是在基础设施和能源领域"。① 俄罗斯与蒙古国希望加强蒙古国与欧亚经济联盟的经贸合作。蒙古国致力于与欧亚经济联盟签署自由贸易协定。而俄罗斯对此表示支持和欢迎。俄罗斯总统普京指出，"我们欢迎蒙古国试图与欧亚经济联盟建立更紧密的工作联系的目标"。② 此外，近年来，中俄蒙积极推进三国经济走廊建设（后文对此另加详述）。

俄罗斯与蒙古国还进行密切的人文交流与合作。两国致力于共同建立学校和教学中心，扩大体育、文化和信息组织之间的合作。俄蒙两国人文合作中的一个重要内容是，俄罗斯为蒙古国培养专业干部，其中一个主要措施是，俄罗斯每年为蒙古国提供 500 个预算拨款名额，从而为蒙古国培养各类专家。③

---

① Ответы на вопросы журналистов, http://president.kremlin.ru/news/46612, 最后访问日期: 2014 年 9 月 12 日。
② 《俄政府批准与蒙古签订关于跨境铁路运输的协议》, http://www.mofcom.gov.cn/article/i/jyjl/e/201803/20180302717594.shtml, 最后访问日期: 2018 年 3 月 2 日。
③ Заявления для прессы по итогам российско-монгольских переговоров, http://www.kremlin.ru/events/president/transcripts/61435, 最后访问日期: 2019 年 9 月 3 日。

第五章
俄罗斯的东南亚政策

近年来,东南亚地区在亚太地区的战略地位不断上升。东盟一体化建设取得长足进步,东盟及东南亚国家经济高速发展,东盟及东南亚国家与亚太地区大国的战略关系日益密切,地区大国积极加强对东盟及东南亚国家的战略影响和相互关系,东盟在亚太地区的政治、安全和经济议事日程中发挥着日益重要的作用。俄罗斯在实施"向东转"战略的过程中,日益重视东南亚地区,积极调整其东南亚政策。

一 俄罗斯东南亚政策的总体框架

自普京第三总统任期以来,特别是在 2014 年乌克兰危机发生后,俄罗斯在全面加强与亚太地区国家和组织的关系中,日益重视东南亚地区,致力于全面加强与东南亚地区国家和国际组织的战略友好关系以及各领域的合作。

在战略和政治领域,俄罗斯高度重视并积极发展与东盟及东南亚国家的战略友好关系。2016 年版《俄罗斯联邦外交政策构想》指出,"俄罗斯致力于巩固与东盟国家的综合性、长期性对话伙伴关系,并将其提升至战略伙伴关系水平"。[①] 除了东盟之外,俄罗斯还重视巩固和加强与东南亚国家的双

---

① Концепция внешней политики Российской Федерации (утверждена Президентом Российской Федерации В. В. Путиным 30 ноября 2016 г.), http: //www. mid. ru/ru/foreign_ policy/news/-/asset_ publisher/cKNonkJE02Bw/content/id/2542248,最后访问日期:2016 年 12 月 1 日。

边关系，首先是致力于巩固与越南的传统友好关系，此外，俄罗斯还积极发展与菲律宾、新加坡和印尼等其他东南亚国家的关系。

首先，俄罗斯希望通过加强与东盟及东南亚国家的政治友好关系，为俄罗斯加强与东盟及东南亚国家的经济合作奠定坚实的政治基础，从而为本国经济发展创造新的机遇和条件，特别是为其西伯利亚和远东地区的发展提供新的引擎。其次，俄罗斯希望扩大在东南亚地区的影响力，并借助东盟和东南亚国家的支持全面参与亚太事务，从而有利于实施"向东转"政策，进一步巩固和提高俄罗斯在亚太地区的影响力和战略地位。最后，俄罗斯希望借此推进多向性外交方针以及欧亚战略的实施，推进俄罗斯总统普京提出的构建包括欧亚经济联盟、上海合作组织和东盟在内的大欧亚伙伴关系。

在发展与东盟及东南亚国家友好关系的同时，俄罗斯大力支持发挥东盟在亚太事务中的中心作用。2010年10月，俄罗斯-东盟第二届峰会发表的联合声明指出，"我们确认，维护东盟在正在形成的、开放的、透明的、包容的地区结构中的中心作用的重要性"。① 2016年5月，俄罗斯与东盟发表的《索契宣言》指出，双方赞成"保持东盟的中心地位"，确认发展"以东盟为中心的机制，如东亚峰会、东盟地区安全论坛、东盟与对话伙伴国国防部长会议"。② 俄罗斯外长拉夫罗夫于2016年6月指出，"我们坚定地并一贯地坚持（东盟）'十国'在地区事务中的中心作用。我们将继续积极参加东盟处于中心地位，旨在巩固整个亚太地区和平、稳定、繁荣与稳定发展的组织活动"。③ 俄罗斯支持发挥东盟在亚太地区事务中的中心作用，不仅有

---

① Совместное заявление по итогам второго саммита Российская Федерация – АСЕАН, http://news.kremlin.ru/ref_notes/761, 最后访问日期：2016年8月3日。

② Сочинская декларация юбилейного саммита Россия – АСЕАН в связи с 20-летием установления диалогового партнёрства между Российской Федерацией и АСЕАН «На пути к взаимовыгодному стратегическому партнёрству», http://russia-asean20.ru/documents/, 最后访问日期：2016年5月25日。

③ Вступительное слово Министра иностранных дел России С. В. Лаврова на Министерском совещании Россия – АСЕАН, Вьентьян, 25 июля 2016 года, http://www.mid.ru/ru/foreign_policy/news/-/asset_publisher/cKNonkJE02Bw/content/id/2368092, 最后访问日期：2016年7月25日。

利于促进俄罗斯与东盟在亚太事务中的相互支持，而且有助于防范和遏制美国在亚太地区强化霸权的图谋。

另外，俄罗斯明确反对美国实施"印太战略"，反对美国在实施这一战略中借南海问题挑拨中国与东盟及个别东南亚国家的关系，并将东南亚国家拉入美国"印太战略"的框架内。这不仅将制造地区分裂和对抗，威胁地区和平稳定，也将降低或排斥俄罗斯与东盟及东南亚国家的战略关系，从而损害俄罗斯在东南亚地区的战略利益和影响力。拉夫罗夫于2019年2月指出，"印太构想，正与东盟的中心地位竞争。我们不欢迎这样的构想"。[①] 2016年6月，俄罗斯外交部发言人扎哈罗娃表示，在南海问题上，"我们坚信，第三方力量的介入只会加剧地区紧张"。[②] 2016年6月，俄罗斯驻华大使杰尼索夫就南海问题指出，"紧张局势在很大程度上是人为引发的。相当程度上这与区域外国家干涉有关"。[③] 以上表明，俄罗斯反对美国的"印太构想"，以及美国借南海问题挑拨地区国家之间的关系。

在安全领域，自普京第三总统任期以来，俄罗斯加强了与东盟及东南亚国家的安全及军事合作，其中包括积极开展与东盟及东南亚国家在反恐、军事及安全部门人员往来、信息交流、军事技术交流、军队联演联训、人员培训等方面的合作。

俄罗斯支持东盟在东南亚以及亚太地区安全合作中发挥中心作用，反对美国"印太战略"对地区安全造成的消极影响，反对美国主导亚太地区安全事务。2018年11月，俄罗斯总理梅德韦杰夫指出，"最近，我们注意到美国试图增加其在东南亚的影响力。包括通过推动'自由开放的印

---

① Выступление и ответы на вопросы Министра иностранных дел России С. В. Лаврова на Российско-вьетнамской конференции Международного дискуссионного клуба «Валдай», г. Хошимин, 25 февраля 2019 года, http：//www. mid. ru/ru/foreign_ policy/news/-/asset_ publisher/cKNonkJE02Bw/content/id/3541050，最后访问日期：2019年2月25日。

② Брифинг официального представителя МИД России М. В. Захаровой, Москва, 10 июня 2016 года, http：//www. mid. ru/ru/foreign_ policy/news/-/asset_ publisher/cKNonkJE02Bw/content/id/2313531#16，最后访问日期：2016年6月11日。

③ 《俄官方再就南海表态：南海紧张因域外国家干涉》，http：//mil. huanqiu. com/observation/2016-06/9068146. html? t=1466562170497，最后访问日期：2016年6月22日。

太地区'概念。美国人计划用这一战略取代过去惯用的亚太合作。我们支持维护以东盟为基础建立的有效的国家间关系体系，多年来，该体系的有效性已得到证明"。"因此，美国的倡议是对东盟国家的严重挑战，因为它可能会削弱东盟的地位，使其失去在解决地区安全问题上的关键角色地位。"①拉夫罗夫于2019年2月指出，"东盟是建立这一安全与合作架构的牢固基础，已经围绕自己建立了大量的有益机制"。"印太构想""损害东盟的倡导作用是不对的"。②

近年来，在美国等域外势力的挑唆下，南海问题逐渐成为影响东南亚地区和平与稳定的"热点"问题。俄罗斯主张争端当事国以和平方式解决分歧与矛盾，并支持中国与东盟制定南海行为准则。拉夫罗夫于2016年4月就南海问题指出，"所有争端当事国都应遵循不使用武力的原则，应寻找各方都能接受的政治-外交解决方法"。③他在2019年2月指出，"东盟和中国正在努力制定南海行为准则，当然这有助于加强整个地区的稳定体系。据我理解，工作仍在继续。我们对此表示欢迎"。④

此外，在南海问题上，俄罗斯表现出对中国支持的友善立场。首先，俄罗斯支持中国不承认"海牙临时仲裁庭"就南海问题做出的非法仲裁。俄罗斯总统普京于2016年9月5日对此指出，俄罗斯赞同并支持中国的

---

① 《俄总理：美印太战略或将削弱东盟的地位》，http://sputniknews.cn/politics/201911031029978647/，最后访问日期：2018年11月3日。

② Выступление и ответы на вопросы Министра иностранных дел России С. В. Лаврова на Российско-вьетнамской конференции Международного дискуссионного клуба «Валдай», г. Хошимин, 25 февраля 2019 года, http://www.mid.ru/ru/foreign_policy/news/-/asset_publisher/cKNonkJE02Bw/content/id/3541050，最后访问日期：2019年2月25日。

③ Интервью Министра иностранных дел России С. В. Лаврова СМИ Монголии, Японии и КНР в преддверии визитов в эти страны, Москва, 12 апреля 2016 года, http://www.mid.ru/ru/foreign_policy/news/-/asset_publisher/cKNonkJE02Bw/content/id/2227965，最后访问日期：2016年4月13日。

④ Выступление и ответы на вопросы Министра иностранных дел России С. В. Лаврова на Российско-вьетнамской конференции Международного дискуссионного клуба «Валдай», г. Хошимин, 25 февраля 2019 года, http://www.mid.ru/ru/foreign_policy/news/-/asset_publisher/cKNonkJE02Bw/content/id/3541050，最后访问日期：2019年2月25日。

这一立场，"这不是政治立场，而是纯粹的法律立场"，因为"任何仲裁审理应由争端各方提出，仲裁法庭应听取争端各方的理由和立场。众所周知，中国没有诉诸仲裁。没有任何人听取中国的立场。这样的仲裁决议怎么能称得上公正呢？我们在此问题上支持中国的立场"。①其次，正如上文指出的，俄罗斯反对南海争端的国际化，特别是反对美国等域外势力干涉南海问题并借机向中国施加政治及军事压力。俄罗斯外长拉夫罗夫于2019年2月就南海问题指出，"我们的出发点是，任何争端都应当在当事国之间解决"，"不要试图从外部来干预"。②以上表明，俄罗斯支持中国反对第三方介入南海问题的立场。这显然是俄罗斯在南海问题上对中国的政治及外交支持。

在经济合作领域，自普京第三总统任期以来，俄罗斯积极推进与东盟及东南亚国家的经济合作及一体化进程。俄罗斯与东盟及东南亚国家共同制定并实施一系列经济合作计划，共同建设和完善各类经济合作机构、平台与机制，积极扩大相互贸易与投资规模，大力推进能源、运输、农业、食品、高科技和信息技术等领域的合作。

俄罗斯与东盟及东南亚国家经济合作的重要方向之一，是加强双方地区经济合作及一体化。这不仅包括在亚太地区的经济合作及一体化，更重要的是在欧亚地区的经济合作及一体化，主要是俄罗斯积极推进欧亚经济联盟与东盟及东南亚国家的经济合作及一体化，并试图将东盟和东南亚国家纳入大欧亚伙伴关系的建设中。

俄罗斯与东盟于2016年5月发表的《索契宣言》指出，双方"继续致力于深化地区一体化合作"，双方支持"在现有机制框架内通过定期磋商促进地区经济合作，以发展贸易和投资，其中包括致力于在亚太地区建立兼顾

---

① Ответы на вопросы журналистов，http：//kremlin. ru/events/president/news/52834，最后访问日期：2016 年 9 月 6 日。
② Выступление и ответы на вопросы Министра иностранных дел России С. В. Лаврова на Российско-вьетнамской конференции Международного дискуссионного клуба «Валдай», г. Хошимин, 25 февраля 2019 года, http：//www. mid. ru/ru/foreign_ policy/news/-/asset_ publisher/cKNonkJE02Bw/content/id/3541050，最后访问日期：2019 年 2 月 25 日。

所有经济体利益的、开放的、非歧视性的市场"。① 在此方面，俄罗斯积极推进在欧亚经济联盟与东盟之间建立自由贸易区。在 2016 年 5 月召开的俄罗斯-东盟峰会上，双方确定发展重点为研究建立东盟和欧亚经济联盟全面自由贸易区。此次峰会发表的《索契宣言》指出，"东盟将研究俄罗斯提出的关于联合研究在东盟与欧亚经济联盟之间建立全面自由贸易区的建议"。② 2018 年 11 月，时任欧亚经济联盟主席萨尔基相与东盟秘书长在新加坡签署了《欧亚经济联盟与东盟经济合作谅解备忘录》，其目的在于全面扩展欧亚经济联盟与东盟之间的经贸与投资合作。此外，双方还签署了《欧亚经济联盟与东盟 2019～2020 年合作纲要》，以进一步推进双方的务实合作。

事实上，东盟与欧亚经济联盟建立自贸区已经具备一定基础。在东盟成员国中，越南和新加坡先后在 2015 年 5 月和 2019 年 10 月与欧亚经济联盟签署自由贸易协定。此外，印度尼西亚、柬埔寨和泰国也表示有意同欧亚经济联盟建立自贸区。俄罗斯总统普京于 2016 年 5 月指出，"我认为，存在未来在欧亚经济联盟与整个东盟之间建立统一自贸区的可能。它的启动将成为我们建立亚太自贸区的贡献"。③

此外，俄罗斯还试图在欧亚经济联盟、东盟和上合组织的基础上推进大欧亚伙伴关系的建设。早在 2015 年 12 月，俄罗斯总统普京就倡议建立有欧亚经济联盟、上合组织以及东盟参加的欧亚经济伙伴关系。在 2016 年 5 月召开的俄罗斯—东盟峰会上，俄罗斯总统普京指出，"欧亚经济联盟、东盟、上合组织以及'丝绸之路经济带'的对接能够成为又一个有前景的地

---

① Сочинская декларация юбилейного саммита Россия – АСЕАН в связи с 20 – летием установления диалогового партнёрства между Российской Федерацией и АСЕАН «На пути к взаимовыгодному стратегическому партнёрству», http://russia-asean20.ru/documents/，最后访问日期：2016 年 5 月 25 日。

② Сочинская декларация юбилейного саммита Россия – АСЕАН в связи с 20 – летием установления диалогового партнёрства между Российской Федерацией и АСЕАН «На пути к взаимовыгодному стратегическому партнёрству», http://russia-asean20.ru/documents/，最后访问日期：2016 年 5 月 25 日。

③ Встреча с представителями Делового форума Россия – АСЕАН, http://kremlin.ru/events/president/news/51951，最后访问日期：2016 年 5 月 20 日。

第五章　俄罗斯的东南亚政策

区经济一体化的方向"。① 在此次峰会上，俄罗斯与东盟同意研究东盟、欧亚经济联盟、上合组织开展互利合作的可能性。② 2019 年 11 月 3 日，俄罗斯总理梅德韦杰夫出席了东盟商业与投资峰会并指出，"俄罗斯主张在欧亚经济联盟、东盟和上海合作组织成员国的参与下建立大欧亚伙伴关系"。"俄罗斯提出的建立大欧亚伙伴关系倡议未来能让欧亚经济联盟、上海合作组织和东南亚国家联盟的大型基础设施和一体化项目对接。"③

以上表明，俄罗斯不仅致力于发展本国与东盟及东南亚国家的经济合作，还大力推进欧亚经济联盟与东盟及东南亚国家的经济合作及一体化进程，并致力于将东南亚地区纳入更为广泛的大欧亚伙伴关系的范畴中。

二　俄罗斯与东盟的关系

在普京第三总统任期之前，俄罗斯已经开始与东盟构筑友好合作关系。俄罗斯与东盟在 1991 年建立了外交关系。从 1996 年 7 月起，俄罗斯成为东盟的全面对话伙伴。2004 年 7 月，普京签署了俄罗斯加入《东南亚友好合作条约》的法律，为双方关系的发展奠定了重要的政治-法律基础；2005 年 12 月举行了俄罗斯-东盟第一次峰会，双方由此致力于发展全面对话伙伴关系，2010 年 10 月举行的俄罗斯-东盟第二次峰会进一步加强了双方的对话伙伴关系，并大大推进了双方在各领域的合作。俄罗斯与东盟建立的俄罗斯-东盟外长年度会议机制，以及政治问题（副部长级）高官会议，推进了双方就彼此之间以及亚太地区政治及安全问题的战略协作；俄罗斯与东盟建

---

① Встреча с представителями Делового форума Россия – АСЕАН, http://kremlin.ru/events/president/news/51951, 最后访问日期：2016 年 5 月 20 日。
② Сочинская декларация юбилейного саммита Россия – АСЕАН в связи с 20 – летием установления диалогового партнёрства между Российской Федерацией и АСЕАН «На пути к взаимовыгодному стратегическому партнёрству», http：//russia – asean20.ru/documents/, 最后访问日期：2016 年 5 月 25 日。
③ 《俄总理：大欧亚伙伴关系能让欧亚经济联盟、上合组织及东盟对接》，http://sputniknews.cn/economics/201911031029979022/，最后访问日期：2019 年 11 月 3 日。

立的经济部长会晤机制以及专业部门之间的合作机制，有力促进了双方在贸易、能源、航天、旅游等方面的合作。2005年12月，俄罗斯与东盟批准了《俄罗斯与东盟2005年至2015年发展合作综合行动计划》，该文件对于双方的政治、经济与人文合作发挥了重要的指导与推进作用。自普京第三总统任期以来，随着对东盟的战略作用的日益重视，俄罗斯积极发展与东盟的战略关系。

（一）俄罗斯与东盟战略关系的日益密切

进入普京第三总统任期以来，特别是在2014年乌克兰危机爆发后，随着"向东转"政策的实施，俄罗斯加大了发展与东盟友好合作关系的力度。俄罗斯总统普京于2018年11月指出，"俄罗斯十分重视在互相尊重和考虑彼此利益的基础上发展与东盟的关系"。① 2015年俄罗斯外长拉夫罗夫指出，"发展与（东盟）'十国'的合作一直是俄罗斯外交政策的优先方向之一"。② 2016年5月，东盟轮值国主席、老挝总理通伦指出，"俄罗斯联邦是东盟的重要伙伴之一"。③

在上述方针指导下，俄罗斯与东盟的关系自普京第三总统任期以来获得了快速发展。2016年5月，俄罗斯-东盟建立对话伙伴关系20周年纪念峰会在俄罗斯索契召开。此次会议通过了名为"通向互利的战略伙伴关系"的《索契宣言》，以及《2016~2020年俄罗斯联邦与东盟发展合作综合行动计划》，其确立的双方未来合作的主要目标是，将俄罗斯与东盟的合作提升至战略伙伴关系的水平。2018年11月14日，第三届俄罗斯-东盟峰会成功在新加坡举办，此次峰会通过了《俄罗斯-东盟第三

---

① Саммит Россия - АСЕАН，http：//kremlin.ru/events/president/news/59120，最后访问日期：2018年11月14日。

② Выступление Министра иностранных дел России С. В. Лаврова на встрече с представителями деловых кругов，Куала - Лумпур，5 августа 2015 года，http：//www.mid.ru/foreign_policy/news/-/asset_publisher/cKNonkJE02Bw/content/id/1639797，最后访问日期：2015年8月5日。

③ Саммит Россия - АСЕАН，http：//kremlin.ru/events/president/news/51953，最后访问日期：2016年5月20日。

届峰会关于战略伙伴关系的联合声明》,强调"将俄罗斯联邦与东盟之间的对话关系提升至战略伙伴关系"。双方一致同意,"推进俄罗斯联邦与东盟的战略伙伴关系,进行更紧密的合作,以在平等的基础上发展互利合作,并为保障亚太地区的和平、稳定、平稳发展和社会进步承担共同的责任"。[1]

近年来,俄罗斯与东盟的关系不断发展深化,特别是自普京第三总统任期以来,双方已经激活了政治对话与协作机制。经过多年的努力和建设,逐步建立起完善的高层对话与磋商机制,其中主要有:俄罗斯-东盟峰会、俄罗斯-东盟合作联合委员会、俄罗斯-东盟外长年度会议机制、俄罗斯-东盟国家经济部长定期会晤、俄罗斯-东盟商业委员会以及俄罗斯-东盟对话伙伴关系的其他工作机制。此外,俄罗斯议员与东盟议会联盟大会的接触与往来,以及从2017年开始运转的位于雅加达的俄罗斯常驻东盟代表处,也在加强俄罗斯与东盟的相互沟通和合作方面发挥了积极作用。双方还在东亚峰会、东盟地区安全论坛、东盟与对话伙伴国国防部长会议等以东盟为中心的多边机构或平台内积极协调与合作。借助上述交流与对话机制,俄罗斯和东盟在以下领域进行了积极的合作。

(二)俄罗斯和东盟经济合作关系的积极发展

近年来,俄罗斯与东盟的经济合作关系得到了快速发展。上文已经提到,2005年12月俄罗斯与东盟批准的《俄罗斯与东盟2005年至2015年发展合作综合行动计划》对推进双方包括经济在内的各领域的合作发挥了重要作用。自2005年12月俄罗斯与东盟举行首次峰会以来,10年间,俄罗斯与东盟贸易总额由2005年的42亿美元增至2014年的215亿美元,俄在

---

[1] Совместное заявление 3-го саммита Российская Федерация – АСЕАН о стратегическом партнёрстве, http://kremlin.ru/supplement/5360,最后访问日期:2018年11月14日。

东盟经济中的活跃度显著提高。① 然而，随着2014年乌克兰危机引发的西方对俄制裁，以及世界能源价格的大幅下降，俄罗斯经济陷入困境，俄罗斯与东盟的经济合作也陷入困境。

尽管面临一系列困难与挑战，但是，俄罗斯自普京第三总统任期以来，一直积极谋求扩展俄罗斯与东盟间的经济合作。2012年10月，俄罗斯与东盟批准了《俄罗斯-东盟贸易投资合作路线图》，随后制定了实施这一路线图的工作计划，其中包括贸易与投资程序的简化与自由化、能源合作、发展物流、中小企业、旅游、干部培训以及保护知识产权等方面。

在以往经济合作的基础上，俄罗斯总统普京在2016年5月召开的俄罗斯-东盟峰会上指出，"发展俄罗斯与（东盟）'十国'的贸易经济合作"是俄罗斯与东盟优先关注的方向。"我们的共同任务是促进经济共同发展，加强贸易和投资联系，建立条件以启动新的项目。"② 俄罗斯希望双方的经济合作能够助力俄罗斯的经济发展，特别是其远东地区的经济发展。俄罗斯总统普京邀请东盟实业界人士参加俄罗斯远东超前发展计划。

俄罗斯与东盟在2016年5月共同发表的《索契宣言》中强调，要"努力大幅扩大俄罗斯与东盟成员国的贸易规模"。双方于2018年11月发表的联合声明指出，要推进"在贸易、投资、能源、电子商务、工业、采矿、运输、食品供应、农业、林业、信息通信技术、旅游、互联互通、金融服务、科学、技术和创新领域开展经济合作"，双方要采取措施，努力"扩大俄罗斯与东盟成员国之间贸易与投资规模，通过有效实施俄罗斯—东盟贸易投资合作路线图以及在现有机制框架内定期举行发展贸易与投资合作的磋商，来推进经济合作"。"通过执行《东盟2025：共同走向未来》声明以及共同努力实施《东盟2025愿景》和联合国2030年前稳定发展议事日程，继

---

① 《俄罗斯与东盟加强互利合作》，http://www.xinhuanet.com/world/2016-05/20/c_128999615.htm，最后访问日期：2016年5月20日。

② Встреча с представителями Делового форума Россия-АСЕАН, http://kremlin.ru/events/president/news/51951，最后访问日期：2016年5月20日。

续深化地区一体化。"① 此外，俄罗斯与东盟在 2021 年还签署并开始实施《俄罗斯-东盟贸易投资合作路线图》及其 2021 年至 2025 年实施工作计划。

自 2016 年俄罗斯-东盟索契峰会后，俄罗斯与东盟的经济合作关系开始快速向前发展。2017 年，俄罗斯与东盟的贸易额达到 167 亿美元，比 2016 年增加了 40%；② 2018 年，俄罗斯与东盟的贸易额进一步增长到 198 亿美元。③ 2015 年俄罗斯与东盟相互投资额为 110 亿美元，④ 2017 年双方累计相互投资额已经超过了 250 亿美元。双方开始成功实施实业合作"路线图"，它包括约 60 个工业及高技术联合项目。⑤

近年来，俄罗斯积极与东盟开展能源合作。在梅德韦杰夫总统时期，俄罗斯与东盟签署了《俄罗斯和东盟 2010~2015 年能源合作工作计划》，涉及可再生能源，电力生产与消费基础设施，和平利用核能，煤炭、石油和天然气资源的联合勘探等。在以往能源合作的基础上，俄罗斯在普京第三总统任期以来希望将双方的能源合作提高到新的水平。普京于 2016 年 5 月指出，"东盟国家对碳氢化合物的需求正在增长，电能同样如此。俄罗斯愿意满足这一增长的需求——长期供给能源载体。我们想推进新一代核电站项目"。⑥ 事实上，俄罗斯与东盟的能源合作在新的历史时期仍然具有全面性。2016 年 5 月发表的《索契宣言》指出，双方将"研究在石油天然气领域、电力领域、能源效率领域、民用核能领域以及可再生能源领域进行合作的机遇，以巩固能

---

① Совместное заявление 3-го саммита Российская Федерация – АСЕАН о стратегическом партнёрстве, http://kremlin.ru/supplement/5360, 最后访问日期：2018 年 11 月 14 日。
② Товарооборот между АСЕАН и Россией в 2017 году вырос на 40%, https://tass.ru/ekonomika/5513678, 最后访问日期：2018 年 9 月 1 日。
③ Орешкин сообщил о росте товарооборота между Россией и странами АСЕАН, https://ria.ru/20190910/1558543431.html, 最后访问日期：2019 年 9 月 10 日。
④ Пресс-конференция по итогам саммита Россия – АСЕАН, http://kremlin.ru/events/president/news/51954, 最后访问日期：2016 年 5 月 20 日。
⑤ Саммит Россия–АСЕАН, http://kremlin.ru/events/president/news/59120, 最后访问日期：2018 年 11 月 15 日。
⑥ Встреча с представителями Делового форума Россия – АСЕАН, http://kremlin.ru/events/president/news/51951, 最后访问日期：2016 年 5 月 20 日。

源安全"。① 双方还签署并实施了《俄罗斯和东盟 2016~2020 年能源合作工作计划》。在 2014 年俄罗斯向东盟出口的商品（接近 120 亿美元）中，以石油和天然气为主的矿物产品的比重约为 85%，此后由于石油价格的下跌，在 2018 年俄罗斯向东盟出口的商品中，矿物产品的占比下降到 49%。②

俄罗斯与东盟还在农业及食品领域不断加强合作，并着力加强农业和水资源管理、扩大农业市场、保障地区食品安全。双方还制定并实施了《俄罗斯－东盟农业及食品安全 2016~2020 年合作计划》。2018 年，在俄罗斯向东盟出口的商品中，食品的比重达到了 13%，比 2017 年增加了 3 个百分点。③

双方还开展交通运输领域的合作。俄罗斯希望参加东盟互联互通总计划，该计划要求开展地区能源、运输以及信息基础设施方面的合作。俄罗斯与东盟希望加强在民航运输，以及建立海洋、公路、铁路运输网络基础设施方面的合作。2016 年，俄罗斯与东盟召开了首届交通部长会议，这一机制成为双方加强交通运输领域合作的重要平台。俄罗斯积极致力于参加东盟国家的现代化铁路建设并取得了一定成果，例如，俄罗斯参加了印度尼西亚加里曼丹岛的铁路建设，其投资总规模达到 19 亿美元。④

俄罗斯－东盟实业委员会有效运作双方的经济合作。双方还相互参加对方举办的一系列促进经济合作的论坛或活动，并到对方国家举办一系列商业会议。东盟的官方代表以及企业家近年来积极参加俄罗斯圣彼得堡经济论坛和东方经济论坛，俄罗斯政府和企业也参加东盟举办的相关经济论

---

① Сочинская декларация юбилейного саммита Россия – АСЕАН в связи с 20 – летием установления диалогового партнёрства между Российской Федерацией и АСЕАН «На пути к взаимовыгодному стратегическому партнёрству», http：//russia – asean20. ru/documents/，最后访问日期：2016 年 5 月 25 日。

② Россия и АСЕАН：перспективы，http：//freeconomy. ru/analitika/rossiya – i – asean – perspektivy. html？ysclid = lc73qadedv301817737，最后访问日期：2022 年 12 月 26 日。

③ Россия и АСЕАН：перспективы，http：//freeconomy. ru/analitika/rossiya – i – asean – perspektivy. html？ysclid = lc73qadedv301817737，最后访问日期：2022 年 12 月 26 日。

④ Встреча с представителями Делового форума Россия – АСЕАН，http：//kremlin. ru/events/president/news/51951，最后访问日期：2016 年 5 月 20 日。

坛。例如，2016年4月在印度尼西亚、文莱和越南举办了俄罗斯企业家商会，2016年5月在莫斯科和圣彼得堡举办了有越南、新加坡和泰国商界代表参加的双边商务论坛以及圆桌会议，2018年11月俄罗斯代表团参加了在新加坡举行的东盟商业与投资论坛。这些措施对加强双方经济合作具有重要作用。此外，双方大力开展科技创新合作，定期举行俄罗斯-东盟科技合作工作组会议，双方还签署了《2016~2025年俄罗斯-东盟科学、技术和创新行动计划》，以具体指导和推进双方的相关合作。

尽管俄罗斯与东盟的经济合作已经取得了一系列积极成果和进步，但是，总体而言，双方贸易额仍然较低，特别是俄罗斯在东盟国家的贸易额中比例较小，双方合作潜力有待进一步开发。

（三）俄罗斯与东盟人文交流与合作的加强

俄罗斯与东盟近年来积极加强人文交流，特别是青年人之间的交流，以增进彼此对对方传统、历史和文化的了解。早在2010年10月，俄罗斯与东盟就签署了《俄罗斯与东盟文化合作政府间协定》，以推进双方在音乐、戏曲、档案、图书、博物馆、文化遗产、舞蹈、造型艺术、影视、出版、民间工艺品、装饰艺术和应用艺术及马戏等方面的交流与合作。2016年，俄罗斯与东盟互办了文化年。俄罗斯和东盟还通过定期举办青年会议来加强双方青年人之间的了解与友谊，2013年5月在莫斯科举办了首届青年会议，2014年10月在吉隆坡举行了第二届会议，2015年10月在符拉迪沃斯托克（海参崴）举办了第三届会议，2019年这一活动在菲律宾举办。俄罗斯与东盟致力于加强教育合作，为此，双方建立了俄罗斯-东盟教育工作组，并采取了加强职业技能培训、俄方提供奖学金、加强俄语培训以及实施初级和中级职业技术教育计划等一系列措施。双方还特别注重开展大学交流。俄罗斯与东盟定期（2016年和2017年在俄罗斯）举办教育及大学论坛。从2018年4月起，俄罗斯-东盟一流大学研究中心网正式开始运转。此外，俄罗斯与东盟还制定并实施"科学、技术和创新领域2025年前行动计划"。俄罗斯与东盟还积极开展卫生健康领域的合作。双方旅游合作日益密切，2015年，有大约230

万名俄罗斯公民到访东盟国家。① 2017 年,这一数字达到了 250 万。②

俄罗斯还希望帮助东盟国家防控传染病的流行。普京建议在 2018 年启用的位于俄罗斯符拉迪沃斯托克(海参崴)的生物安全中心的基础上,利用医生技能提高计划,培训东盟各国的相关专家。③

(四)俄罗斯与东盟在亚太地区的战略协作

近年来,俄罗斯与东盟就亚太地区的和平、安全、稳定与繁荣问题相互协调。俄罗斯外长拉夫罗夫于 2019 年 2 月指出,"今天,俄罗斯与东盟的战略'紧密关系'已经成为保障地区安全的关键因素之一"。④

首先,俄罗斯与东盟相互支持对方在亚太地区发挥重要的战略作用。双方在构建亚太地区的安全与合作结构方面达成了原则共识,并相互支持对方在这一结构的构建中发挥重要作用。

一方面,正如上文已经指出的,俄罗斯支持发挥东盟在亚太地区事务中的中心作用;另一方面,东盟支持俄罗斯更深入地融入亚太地区事务。2016 年 5 月发表的《索契宣言》强调,东盟"欢迎俄罗斯在保障亚太地区和平、安全和稳定中所发挥的作用"。⑤ 在 2016 年 5 月召开的俄罗斯-东盟峰会期

---

① Статья Министра иностранных дел России С. В. Лаврова «Россия и АСЕАН: новые грани 20-летнего партнерства», опубликованная в майском номере журнала «Международная жизнь» за 2016 год, https://www.mid.ru/ru/foreign_policy/news/-/asset_publisher/cKNonkJE02Bw/content/id/2295065,最后访问日期:2016 年 5 月 16 日。

② Чрезвычайный и Полномочный Посол Въетнама в рф Господин нго Дык Мань:«Сотрудничество АСЕАН – Россия:Динамичное Развитие»// Russian Business Guide,ноябрь,2020,с. 5.

③ Саммит Россия-АСЕАН, http://kremlin.ru/events/president/news/59120,最后访问日期:2018 年 11 月 14 日。

④ Выступление и ответы на вопросы Министра иностранных дел России С. В. Лаврова на Российско-вьетнамской конференции Международного дискуссионного клуба «Валдай»,г. Хошимин,25 февраля 2019 года,http://www.mid.ru/ru/foreign_policy/news/-/asset_publisher/cKNonkJE02Bw/content/id/3541050,最后访问日期:2019 年 2 月 25 日。

⑤ Сочинская декларация юбилейного саммита Россия – АСЕАН в связи с 20-летием установления диалогового партнёрства между Российской Федерацией и АСЕАН «На пути к взаимовыгодному стратегическому партнёрству»,http://russia-asean20.ru/documents/,最后访问日期:2016 年 5 月 25 日。

第五章　俄罗斯的东南亚政策

间,新加坡总理李显龙表示,"战略层面上,东盟需要建立一个开放包容的结构,地区国家和大国应该建设性地参与到东盟事务中。因此,东盟欢迎俄罗斯成为对话伙伴,为维护本地区的和平与稳定发挥重要作用"。①

其次,俄罗斯与东盟在亚太安全方面积极协调,逐步形成了一系列共同的观点和立场。双方就亚太地区的安全原则与架构、解决亚太地区争端的立场、维护东亚峰会的作用以及南海问题等形成一致的立场或观点。在亚太地区安全原则与架构问题上,2018年11月通过的《俄罗斯-东盟第三届峰会关于战略伙伴关系的联合声明》指出,"(亚太)地区正在形成的安全架构应是开放、透明和包容的,其基础是包括平等在内的国际公认的国际法准则"。在解决地区争端和维护地区和平问题上,俄罗斯与东盟共同主张,"通过进一步深化关系、增强信任、和平解决争端以及保持克制、根据公认的国际法拒绝使用武力或威胁使用武力,以及保持友好对话和接触(包括高层接触),促进保障(亚太)地区的和平、安全、稳定和繁荣"。② 俄罗斯外长拉夫罗夫于2016年5月指出,我们与东盟的共同认识是,"必须在亚太地区实现完全的战略平衡与稳定,集体寻求对现有挑战与威胁的应对之策"。③ 俄罗斯与东盟还共同主张维护东亚峰会在亚太地区政治与安全磋商中的重要作用,双方"赞成密切合作,以巩固和加强东亚峰会作为各国领导人就亚太地区全面、开放、平等和包容的安全架构问题而进行战略对话的论坛"。④

俄罗斯与东盟还在南海问题上协调相互立场。2016年5月发表的《索契

---

① 《俄罗斯—东盟峰会:共识与挑战并存》,https://world.huanqiu.com/article/9CaKrnJVAWm,最后访问日期:2016年5月21日。
② Совместное заявление 3-го саммита Российская Федерация - АСЕАН о стратегическом партнёрстве, http://kremlin.ru/supplement/5360,最后访问日期:2018年11月14日。
③ Статья Министра иностранных дел России С. В. Лаврова «Россия и АСЕАН: новые грани 20-летнего партнерства», опубликованная в майском номере журнала «Международная жизнь» за 2016 год, http://www.mid.ru/ru/foreign_policy/news/-/asset_publisher/cKNonkJE02Bw/content/id/2295065,最后访问日期:2016年5月16日。
④ Совместное заявление 3-го саммита Российская Федерация - АСЕАН о стратегическом партнёрстве, http://kremlin.ru/supplement/5360,最后访问日期:2018年11月14日。

宣言》指出，俄罗斯和东盟赞成"保障海洋安全，海上航行及空中飞行自由，无障碍贸易。赞成在相互关系中保持克制、不使用武力或以武力相威胁，并根据公认的国际法准则，特别是《联合国宪章》和1982年通过的《联合国海洋法公约》所规定的准则，以及国际民航组织和国际海洋组织相应的标准和推荐的做法，以和平方式解决争端"。双方"支持全面落实《南海各方行为宣言》，并在协商一致基础上早日通过《南海各方行为准则》"。①

最后，俄罗斯与东盟在维护亚太地区的和平、安全与稳定方面采取了一系列实际合作措施。俄罗斯与东盟在安全领域的合作包括传统安全领域，也涵盖非传统安全领域。俄罗斯与东盟的安全合作主要是在双方的外交、国防和护法机构之间展开的。外交部门的合作主要是在上文提到的外交部长年度会议这一平台上推进的，主要是协调双方在地区安全上的政治立场与原则。双方还建立了国防部长会议机制，在2016年4召开了首届俄罗斯与东盟国家国防部长会议，讨论了打击恐怖主义、海上安全、军事医学、抢险救灾、军事技术合作等问题。此外，俄罗斯与东盟护法机构也进行了密切的合作。

近年来，俄罗斯与东盟的海上交流与合作不断开展。俄罗斯军舰每年都要对越南、泰国、印尼和马来西亚进行访问，已成为一种传统。俄罗斯海军2018年访问了柬埔寨、缅甸和文莱，2019年访问了菲律宾。而越南和泰国的海军也访问了俄罗斯符拉迪沃斯托克（海参崴）。俄罗斯总理梅德韦杰夫建议考虑在俄罗斯、东盟之间举行海军演习。②

俄罗斯与东盟近年来不断加强合作，共同应对地区稳定方面的挑战与威胁，并共同打击恐怖主义、贩毒和有组织犯罪。2017年8月，双方签署了《俄罗斯联邦与东盟外交部长关于共同努力打击恐怖主义的声明》。在东盟的支持下，2017年东亚领导人峰会通过了俄罗斯提出的反对恐怖主义意识

---

① Сочинская декларация юбилейного саммита Россия – АСЕАН в связи с 20 - летием установления диалогового партнёрства между Российской Федерацией и АСЕАН «На пути к взаимовыгодному стратегическому партнёрству», http://russia-asean20.ru/documents/，最后访问日期：2016年5月25日。

② 《俄总理提议举行俄罗斯—东盟海军演习》，http://sputniknews.cn/military/201911031029978097/，最后访问日期：2019年11月3日。

形态的倡议，2018年东亚领导人峰会通过了俄罗斯提出的对抗外国武装分子威胁的倡议。此外，俄罗斯定期为东盟护法机构的代表举办培训班，以提高东盟反恐以及对抗极端主义和分离主义的专业化水平。俄罗斯还邀请东盟国家积极研究，加入俄罗斯联邦安全局建立的外国武装分子数据中心，以追踪恐怖分子的去向。① 俄罗斯与东盟还共同致力于加强应对自然灾害和技术灾难方面的合作。至2018年11月第三届俄罗斯-东盟峰会前，双方已经完成了"关于预防及处置紧急情况合作备忘录"的拟定工作。

此外，俄罗斯与东盟还就地区经济发展与繁荣问题积极协调立场并合作。

三 俄罗斯与东南亚国家的关系

自普京第三总统任期以来，俄罗斯致力于发展同东南亚国家的双边友好合作关系。2013年版《俄罗斯联邦外交政策构想》指出，"俄罗斯致力于不断加深与越南的战略伙伴关系，扩大与东盟其他国家的合作"。② 2016年版《俄罗斯联邦外交政策构想》指出，"俄罗斯谋求不断加深与越南的全面战略伙伴关系，扩大与印度尼西亚、泰国、新加坡、马来西亚和其他亚太国家的全方位合作"。③ 在此，笔者以四个较为典型的国家为例，即越南、菲律宾、新加坡和印度尼西亚。在这四个国家中，越南是俄罗斯与东南亚所有国家双边关系中的优先点与战略"支点"；菲律宾在杜特尔特就任总统后逐步疏远美国，并且其与俄罗斯的关系日趋密切，俄菲关系是俄罗斯与东南亚所

---

① Выступление и ответы на вопросы Министра иностранных дел России С. В. Лаврова на Российско-вьетнамской конференции Международного дискуссионного клуба «Валдай», г. Хошимин, 25 февраля 2019 года, http://www.mid.ru/ru/foreign_policy/news/-/asset_publisher/cKNonkJE02Bw/content/id/3541050，最后访问日期：2019年2月25日。

② Концепция внешней политики Российской Федерации, http://www.mid.ru/brp_4.nsf/0/6D84DDEDEDBF7DA644257B160051BF7F，最后访问日期：2013年2月16日。

③ Концепция внешней политики Российской Федерации（утверждена Президентом Российской Федерации В. В. Путиным 30 ноября 2016 г.），http://www.mid.ru/ru/foreign_policy/news/-/asset_publisher/cKNonkJE02Bw/content/id/2542248，最后访问日期：2016年12月1日。

有国家双边关系中变化最大的一组；新加坡虽小，却是东盟所有成员国中地理位置最关键、经济最发达、竞争力最强的经济体，俄罗斯与新加坡的关系特别是经济合作呈现快速发展的趋势，凸显了俄罗斯对东南亚国家的重视；印度尼西亚是东南亚及东盟国家中人口数量和经济规模最大的国家，同时是二十国集团成员，是俄罗斯积极发展与东南亚国家双边关系中的重点目标，俄罗斯致力于将俄印尼双边关系提升到更高一级的战略伙伴关系。

（一）俄罗斯与越南的双边关系

越南是俄罗斯在亚太地区特别是东南亚地区的传统盟友与战略"支点"，俄罗斯高度重视发展与越南的关系。自普京第三总统任期以来，俄罗斯为了强化与越南的传统友好关系，维护和巩固俄罗斯在东南亚以及整个亚太地区的战略影响，积极发展和加强与越南的传统友好与全面合作关系。2012年7月，俄越两国共同发表了《俄罗斯与越南加强全面战略伙伴关系的联合声明》，宣布将双边关系从2001年建立的战略伙伴关系提升为全面战略伙伴关系。双方在政治、安全、经济、军事技术领域开展了日益紧密的合作。

俄罗斯与越南近年来一直保持密切的战略对话、沟通与协调。2013年11月，俄罗斯总统普京访问越南，这是普京在第三总统任期内首次访问越南，同时也是普京自2000年担任总统后第三次访问越南；2017年11月，普京总统在出席于越南岘港举行的亚太经合组织领导人非正式会议时，也同越南领导人举行了会晤。俄罗斯总统普京对越南的访问以及与越南领导人的会晤，对推进俄越双边关系的发展发挥了重要作用。越共中央总书记阮富仲于2014年11月和2018年9月先后对俄罗斯进行了正式访问，进一步密切了两国的战略关系。除了最高领导人的互访外，越南国家主席、越南总理、俄罗斯总理也频繁出访对方国家，或者在其他多边场合进行会晤。除了国家领导人的会晤之外，俄罗斯与越南两国政党、议会以及政府部门领导之间也保持着相互接触与交流。越南与俄罗斯继2008年建立外交部常务副部长级的年度对话机制之后，又在2013年建立了国防

第五章　俄罗斯的东南亚政策

部副部长级战略对话机制。

自普京第三总统任期以来，俄罗斯致力于巩固和进一步加强与越南的传统友好关系，双方的政治互信与传统友谊得到了维系和巩固。2013 年 11 月，俄罗斯总统普京指出，"俄罗斯与越南的关系经历了 20 世纪各种紧张事件、世界和我们两国巨大变化的考验。但是，不变是主要的——彼此尊重的关系、信任与相互帮助的传统，珍视来自永不背叛的伙伴的无私帮助"。① 越南"是俄罗斯多年的可靠伙伴"。② 2019 年 5 月，俄罗斯总统普京在与到访的越南总理阮春福会谈时表示，俄越双边关系"具有战略性，这一关系建立在两国友好传统以及在许多问题上意见一致的基础上"。③

与此同时，越南也希望维护和发展与俄罗斯的传统友谊，深化两国的战略关系与合作。越共中央总书记阮富仲在 2014 年 11 月和 2018 年 9 月先后指出，"越南对发展与俄罗斯的全面战略伙伴关系永远赋予重要意义。我们真诚希望加强和巩固这一关系。我们永远视俄罗斯为重要的和可信赖的伙伴，与俄罗斯的关系是我国外交政策最重要的优先方向之一"。④"我们两国的关系，是两国人民的无价之宝，应该得到维系和加强"，"我没有看到任何障碍和困难能够阻挡俄越关系的发展和加深"。⑤

俄罗斯近年来积极加强与越南的安全及军事合作。在俄罗斯与越南的安全合作中，俄罗斯能否恢复在金兰湾的军事基地问题尤其引人关注。1979 年，苏联与越南签订协议，越南无偿将金兰湾出租给苏联 25 年。苏联在金兰湾驻扎了海军太平洋舰队第 17 分舰队。随着冷战的结束以及俄罗斯在 20

---

① Россия – Вьетнам: вместе к новым рубежам сотрудничества, http://kremlin.ru/events/president/news/19591, 最后访问日期：2013 年 11 月 11 日。
② Заявления для прессы по итогам российско-вьетнамских переговоров, http://kremlin.ru/events/president/transcripts/19605, 最后访问日期：2013 年 11 月 12 日。
③ Встреча с Премьер-министром Вьетнама Нгуен Суан Фуком, http://kremlin.ru/events/president/news/60565, 最后访问日期：2019 年 5 月 22 日。
④ Заявления для прессы по итогам российско-вьетнамских переговоров, http://president.kremlin.ru/transcripts/47091, 最后访问日期：2014 年 11 月 25 日。
⑤ Генсек ЦК Компартии Вьетнама: Россия для нас традиционно очень важный партнер, https://tass.ru/interviews/5517504, 最后访问日期：2018 年 9 月 3 日。

世纪 90 年代国力的衰弱，这一军事基地对俄罗斯的战略意义已经大幅减弱，2002 年，俄罗斯正式关闭了在金兰湾的军事基地。此后，越南发表声明，"不准备将金兰湾出租给任何其他国家，开始独自对其管理，利用其潜力解决迫切的经济和社会问题"。①

然而，随着亚太地区形势的变化，越南开始寻求与俄罗斯开展更密切的安全合作。2012 年 7 月，越南明确表态同意在金兰湾港口向俄罗斯提供海军维护与服务基地。② 这不仅是俄越政治友好与安全合作的标志性事件，也是俄越两国加强战略合作的明确信号。越南的这一倡议，完全符合俄罗斯扩大在世界上的军事及政治影响力的战略方针。2014 年 2 月，俄罗斯国防部部长绍伊古称，"俄罗斯将强化自己在世界上的军事存在"。③ 为了扩大对亚太地区的军事与政治影响力，2013 年，河内与莫斯科签署了关于在金兰湾建立潜艇服务与维修联合基地的协议。2014 年 11 月 25 日，俄罗斯与越南签署了《关于简化俄罗斯军舰及船舶进入越南金兰湾港口手续的政府间协议》。根据协议，俄罗斯军舰及船只，包括潜艇，进入金兰湾港口时只需向港口当局通知即可，无须履行进一步的手续，俄罗斯军舰和船只可以免费进入港口，但是其余服务，例如为舰只加油、补充水和食物、保养及维修等，需要付费。④ 这使越南成为继叙利亚之后第二个与俄罗斯签有类似协议的国家。这一协议的签署也为俄罗斯在越南最终设立物资—技术保障站开辟了前景。此外，俄罗斯空天军也可以进入金兰湾进行加油及维修服务。2016 年 8 月，俄罗斯空军前司令彼得·杰伊表示，"越南正在为俄罗斯空

---

① Возвращение в Камрань. Почему Россия может вернуться в бухту, но не в прежнем формате，https：//tass.ru/opinions/5453256，最后访问日期：2018 年 8 月 21 日。
② Алексей Сюннерберг. Президент Вьетнама слушает "Голос России"，http：//rus.ruvr.ru/2012_07_27/Prezident-Vetnama-slushaet-Golos-Rossii/，最后访问日期：2012 年 7 月 27 日。
③ Источник：Россия и Вьетнам договорились об упрощенном порядке захода кораблей РФ в Камрань，https：//tass.ru/politika/1607014，最后访问日期：2014 年 11 月 27 日。
④ Источник：Россия и Вьетнам договорились об упрощенном порядке захода кораблей РФ в Камрань，https：//tass.ru/politika/1607014，最后访问日期：2014 年 11 月 27 日。

天军恢复国内和太平洋各岛上的机场网络"。① 总体而言，虽然俄罗斯与越南还没有签署关于在金兰湾建立物资—技术保障站或者军事基地的协议，但是，在事实上，俄军已经可以自由进入金兰湾：俄罗斯空天军的飞机已在其机场加油，俄罗斯太平洋舰队的军舰和潜艇畅通无阻地进出该海湾。

除了在金兰湾的军事合作外，俄罗斯还与越南在其他方面进行了广泛的军事合作，其中包括俄越两国20世纪90年代末推进的军事技术合作。俄越两国20世纪90年代末建立的军事技术合作政府间委员会，对促进双方的军事技术合作发挥了重要作用。俄罗斯外长拉夫罗夫指出，"军事技术合作在俄罗斯和越南的关系中具有传统的重要作用。我们愿意继续满足越南在现代武器方面的需求，以保障国家的安全和主权"。② 2018年4月，俄罗斯国防部部长绍伊古与越南国防部部长吴春历签署了2018年至2020年双边军事合作路线图，为双方未来的军事合作制定了详细的规划。

近年来，俄罗斯向越南出售了大量武器装备。在至2013年的10年内，越南进口武器的90%来自俄罗斯。③ 2014年至2018年，俄罗斯在对越南武器出口的排名中仍牢固占据第一的位置，份额达到78%。④ 越南在俄罗斯对亚洲地区武器出口中居于第三位，仅次于印度和中国。越南向俄罗斯采购了潜艇、快艇、导弹、战机以及卡车等一系列武器装备。俄罗斯与越南的军事技术合作形式也在不断深化，在俄罗斯公司的参与下，在越南还进行先进武器装备的许可证生产。在海军方面，俄罗斯与越南于2009年签署了6艘

---

① 《俄空军前司令：越南为俄恢复机场网络》，http://sputniknews.cn/military/201608121020492048/，最后访问日期：2016年8月12日。

② Интервью Министра иностранных дел России С. В. Лаврова «Вьетнамскому телевидению» и китайским телеканалам «ЦТВ» и «Феникс», Москва, 24 февраля 2019 года, http://www.mid.ru/ru/foreign_policy/news/-/asset_publisher/cKNonkJE02Bw/content/id/3540803，最后访问日期：2019年2月24日。

③ Николай Новичков. Надежный заказчик российского вооружения, http://vpk-news.ru/articles/16898，最后访问日期：2013年8月1日。

④ Trends in International Arms Transfers, 2018, https://www.sipri.org/sites/default/files/2019-03/fs_1903_at_2018.pdf，最后访问日期：2020年3月20日。

636.1 型"基洛"级柴电动力潜艇的供应合同,价值约达 20 亿美元。① 至 2017 年 1 月,俄罗斯向越南交付了全部 6 艘"基洛"级潜艇。② 此外,根据俄越两国签署的合同,俄罗斯从 2011 年 3 月至 2018 年 1 月先后向越南交付了 4 艘"猎豹 3.9"级护卫舰。而根据俄越两国 2006 年签署的协议,在俄罗斯于 2007 年和 2008 年向越南海军提供 2 艘 12418 型"闪电"级导弹艇后,越南根据俄罗斯提供的许可证技术再建造 6 艘,这一计划至 2017 年 10 月已经完成。在空军方面,越南继 2003 年向俄罗斯购买 4 架苏-30MK2V 战机之后,又在 2009 年和 2010 年与俄罗斯签署了向后者购买 20 架苏-30MK2 战机的合同。③ 2013 年 8 月,俄罗斯与越南又签署了对越供应 12 架苏-30МКИ 型多用途战机的协议,其金额约达 4.5 亿美元。④ 在陆军方面,俄罗斯在 2019 年 1 月和 2 月先后向越南交付了 64 辆 T-90C 坦克。⑤ 此外,2015 年越南还向俄罗斯订购了 1000 辆卡车。⑥

除了军事技术合作之外,俄罗斯还为越南军队培训了大批干部和专家。更为重要的是,俄罗斯还帮助越南发展水下作战力量。2013 年 3 月,俄罗斯国防部部长绍伊古宣布,俄罗斯将帮助越南建立潜艇部队,并在金兰湾海军基地帮助越南建立数字化潜艇训练中心。⑦

俄罗斯一直致力于开展与越南的经济合作。2007 年,俄罗斯与越南建立了

---

① 《俄罗斯为越南建造的第六艘潜艇今天铺设龙骨》,http://sputniknews.cn/russia/2014052844077280/,最后访问日期:2014 年 5 月 28 日。
② 《第六艘俄制基洛级潜艇抵达越南》,http://www.xinhuanet.com//world/2017-01/20/c_1120355136.htm,最后访问日期:2017 年 1 月 20 日。
③ Юферев Сергей. ВВС Вьетнама, http://vpk.name/news/81531_vvs_vetnama.html,最后访问日期:2012 年 12 月 26 日。
④ Вьетнам потратит $450 млн на 12 российских истребителей Су-30МК, https://ria.ru/20130821/957636188.html?ysclid=lc8oqqidv2391446504,最后访问日期:2013 年 8 月 22 日。
⑤ СМИ: Вьетнам получил вторую партию российских танков Т-90С, https://tass.ru/ekonomika/6149005?ysclid=lc8p4ijou4978124529,最后访问日期:2019 年 2 月 22 日。
⑥ 《俄媒评俄军重返金兰湾利弊得失:令地缘政治复杂》,http://www.cankaoxiaoxi.com/mil/20160826/1281227.shtml,最后访问日期:2016 年 8 月 26 日。
⑦ Россия поможет Вьетнаму создать подводный флот, http://lenta.ru/news/2013/03/06/fleet,最后访问日期:2013 年 3 月 6 日。

商务合作委员会。2011年，俄越两国将20世纪90年代建立的俄罗斯—越南经贸与科技合作政府间委员会的级别由部长级别提升到政府副总理级别，以进一步推进双方在各领域的密切合作。

2012年11月，俄罗斯总理梅德韦杰夫指出，"我们的任务就是大力发展双边贸易，使之与俄越的传统友谊和优良合作关系相符"。① 俄罗斯与越南一致同意将双边贸易额由2012年的36.6亿美元提升到2015年的70亿美元，以及2020年的100亿美元的目标。② 然而，受西方制裁以及国际油气价格下跌等一系列不利因素的影响，俄罗斯与越南双边贸易增长缓慢，在2016年甚至出现了下降的情况（2016年俄越两国的双边贸易额为38.38亿美元，比2015年下降了1.48%③）。两国双边贸易额在2017年以后增长较快。其主要推动因素之一是《越南与欧亚经济联盟自由贸易协定》于2016年10月正式生效。根据越南的官方数据，俄罗斯与越南的双边贸易额在2017年达到52.27亿美元，比2016年增加了36.19%，④ 2018年达到60.81亿美元，比2017年增加了16.35%。⑤ 俄外长拉夫罗夫指出，这"在很大程度上是以欧亚经济联盟与越南的自由贸易协定已经生效为条件的。我认为，我们之间的经济关系有着积极的前景"。⑥ 两国还致力于在双边经济合作中

---

① Интервью Дмитрия Медведева вьетнамским СМИ，http：//government.ru/news/6334/，最后访问日期：2012年11月5日。

② Совместное заявление о дальнейшем укреплении отношений всеобъемлющего стратегического партнёрства между Российской Федерацией и Социалистической Республикой Вьетнам，http：//kremlin.ru/supplement/1562，最后访问日期：2013年11月12日。

③ Торговля между Россией и Вьетнамом в 2016 г.，https：//russian-trade.com/reports-and-reviews/2017-02/torgovlya-mezhdu-rossiey-i-vetnamom-v-2016-g/，最后访问日期：2017年2月28日。

④ Торговля между Россией и Вьетнамом в 2017 г.，https：//russian-trade.com/reports-and-reviews/2018-02/torgovlya-mezhdu-rossiey-i-vetnamom-v-2017-g/，最后访问日期：2018年2月15日。

⑤ Торговля между Россией и Вьетнамом в 2018 г.，https：//russian-trade.com/reports-and-reviews/2019-02/torgovlya-mezhdu-rossiey-i-vetnamom-v-2018-g/，最后访问日期：2019年2月9日。

⑥ Интервью Министра иностранных дел России С. В. Лаврова «Вьетнамскому телевидению» и китайским телеканалам «ЦТВ» и «Феникс»，Москва，24 февраля 2019 года，http：//www.mid.ru/ru/foreign_policy/news/-/asset_publisher/cKNonkJE02Bw/content/id/3540803，最后访问日期：2019年2月24日。

不断扩大本币结算。

在投资方面，根据越南计划投资部 2017 年的数据，俄罗斯在越南实施了 121 个项目，总投资额超过 11 亿美元（在越南外资来源地排名中居第 21 位），其中，投资总额的 52.7% 投向矿产资源的开采，21.2% 投向旅店和饭店行业，12.7% 投向加工和机器制造行业，4.3% 投向批发和零售业务。① 与此同时，越南累计对俄投资 29.7 亿美元，在俄开展 23 个项目，其中大部分投资（约 73%）投向石油天然气领域的俄越合作项目。②

俄越优先投资项目高级工作组从 2012 年开始运转，该小组负责确定双方的优先合作项目。2014 年，该小组拟定了 17 个投资项目，总额达 200 亿美元。③ 2019 年 5 月，该小组就包括 19 个项目的清单达成一致，其中有能源、工业生产、开采矿产资源以及旅游领域的投资倡议。④

在俄越两国的经济合作中，以石油天然气领域的合作为主导的能源合作是重要方面。越南原油产量的约 30% 和天然气产量的 25% 是由有俄方参与的企业生产的。⑤ 两国合作的旗舰企业——"越苏石油联营公司"至 2013 年已经在（越南）大陆架开采了 2.06 亿吨石油。⑥

近年来，俄越两国不断加强能源合作。越南国家石油公司与俄罗斯天然气工业公司以及海外石油公司联合开采俄罗斯的油气田。双方还在石油加工领域进行了合作。俄罗斯天然气工业公司与越南国家石油公司还组建了生产

---

① История российско-вьетнамских отношений, https://tass.ru/info/5527164，最后访问日期：2018 年 9 月 5 日。
② История российско-вьетнамских отношений, https://tass.ru/info/5527164，最后访问日期：2018 年 9 月 5 日。
③ Заявления для прессы по итогам российско-вьетнамских переговоров, http://president.kremlin.ru/transcripts/47091，最后访问日期：2014 年 11 月 25 日。
④ Главы правительств России и Вьетнама обсудят в Москве реализацию инвестпроектов, http://xn----8sbfmm2afdrlaq2kqb.xn--p1ai/2019/05/22/22-05-2019/，最后访问日期：2019 年 5 月 22 日。
⑤ История российско-вьетнамских отношений, https://tass.ru/info/5527164，最后访问日期：2018 年 9 月 5 日。
⑥ Заявления для прессы по итогам российско-вьетнамских переговоров, http://kremlin.ru/events/president/transcripts/19605，最后访问日期：2013 年 11 月 12 日。

第五章 俄罗斯的东南亚政策

天然气的联合企业。在以往合作成果的基础上，2018年9月俄越两国达成如下几方面共识。第一，双方将根据包括1982年12月10日签署的《联合国海洋法公约》在内的国际法扩大越南大陆架石油和天然气的勘探和开采区域，① 俄罗斯海外石油公司与越南国家石油公司签署了越南大陆架油气田开发协议。第二，俄方向越方供应液化天然气并在越南发展天然气发电，俄越两国签署了液化天然气供应和燃气发电合作备忘录，俄罗斯天然气工业公司除了在越南开采气田外，还计划在越南广治省建设天然气发电厂，俄罗斯"诺瓦泰克"公司将在越南平顺省建设天然气发电站以及液化天然气终端接收设施。② 第三，俄罗斯还希望参与越南发电厂的建造或现代化升级改造。俄罗斯"强力机器"公司将建设越南"龙福1号"热电站。此外，"俄罗斯企业有意帮助越南那些苏联协助建造的电厂进行现代化升级，并建造新的电站"。③

近年来，俄罗斯一直努力在民用核能领域与越南进行合作。为此，俄罗斯致力于帮助越南建设核能经济部门，积极使俄罗斯企业参与越南核电站的建设，而且还为越南培训核能领域的专家，并帮助越南建立了核科学技术中心。2009年，越南国民议会通过审议，决定在宁顺省建立两个电容量为4000兆瓦的核电站。其中，俄罗斯获得了"宁顺1"核电站的订单。越南政府还与俄罗斯政府签订了协议，决定向俄罗斯贷款80亿美元用于支持建设第一座核电站。④ 但此后，考虑到核电的安全性、建设核电站的财政负担、不同能源的成本比较以及环境等一系列因素，越南政府于2016年11月最终决定放弃核电站建造计划。尽管如此，俄罗斯还是希望能在这一领域有机会与越南开展合作。2018年，俄越两国商定，"如果越南重启国家原子能

---

① 《克宫：俄罗斯或成为越南原子能开发领域的优先合作伙伴》，http://sputniknews.cn/economics/201809081026305877/，最后访问日期：2018年9月8日。
② Совместное заявление по итогам официального визита Генерального секретаря Центрального комитета Коммунистической партии Вьетнама Нгуен Фу Чонга в Российскую Федерацию，http://kremlin.ru/supplement/5338，最后访问日期：2018年9月8日。
③ 《普京与越共总书记签署系列文件》，http://sputniknews.cn/politics/201809061026293720/，最后访问日期：2018年9月6日。
④ 《核能优势已不明显　越南决定放弃首座核电站计划》，https://world.huanqiu.com/article/9CaKrnJYyE4，最后访问日期：2016年11月11日。

开发计划，那么俄罗斯将被列为该领域的优先合作伙伴"。①

俄越还致力于加强基础设施建设合作。俄罗斯希望参与越南铁路网的现代化改造。两国企业签署了在胡志明市和同奈省建设轻轨线路项目的合作协议，根据协议，俄公司负责制定建设该线路的可行性研究报告。②

俄罗斯积极加强与越南的农业及食品合作。近年来，俄罗斯向越南出口的食品不断增加。2017 年，俄罗斯向越南出口的食品总额比 2016 年增加了 4 倍。③ 此外，越南企业对在俄罗斯地区建设大型农工综合体显示出极大的兴致。2016 年，越南 TH 集团与俄罗斯卡卢加州政府签署协议，确认建立牛奶畜牧业和牛奶加工综合体，莫斯科州政府也决定与该企业合作，计划建立奶牛场、牛奶加工和饲料工厂。这两个项目的总投资额约为 10 亿美元。④ 俄罗斯与越南还在采矿、船舶制造、汽车、航天以及通信等领域展开了合作。2016 年 3 月，双方签署了《俄罗斯政府与越南政府关于支持在越南领土上生产机动车的谅解备忘录》。俄罗斯与越南还致力于用俄罗斯"格洛纳斯"全球导航定位系统为越南的国家管理以及社会经济活动提供服务，并与越南积极磋商在其领土上部署"格洛纳斯"全球卫星导航系统地面站的事宜。

俄罗斯与越南还在科技领域进行了密切合作，双方有意建设越南—俄罗斯技术大学。此外，俄罗斯-越南热带科学研究与技术联合中心的活动取得了一系列重要成果。

俄罗斯和越南开展了密切的文化和人文合作。俄罗斯在越南设有科学文化中心和"俄罗斯世界"基金，越南在俄罗斯成立了越南文化中心，双方

---

① 《克宫：俄罗斯或成为越南原子能开发领域的优先合作伙伴》，http://sputniknews.cn/economics/201809081026305877/，最后访问日期：2018 年 9 月 8 日。
② 《俄罗斯铁路将制定在越南建设轻轨线路的可行性研究报告》，http://sputniknews.cn/economics/201809071026298785/，最后访问日期：2018 年 9 月 7 日。
③ История российско-вьетнамских отношений, https://tass.ru/info/5527164，最后访问日期：2018 年 9 月 5 日。
④ История российско-вьетнамских отношений, https://tass.ru/info/5527164，最后访问日期：2018 年 9 月 5 日。

第五章　俄罗斯的东南亚政策

在语言、旅游、医疗、广播电视、出版、信息与传媒、体育和博物馆等领域展开了密切合作。在教育合作领域，自普京第三总统任期以来，每年有五六千名越南人在俄罗斯学习，其中，有一部分是在俄罗斯的财政支持下学习的。俄罗斯总统普京于 2013 年 11 月指出，俄罗斯已经为越南培训了超过 5.2 万名专家，有大约 5000 名越南公民在俄罗斯学习。① 俄罗斯外长拉夫罗夫于 2019 年 2 月指出，在俄罗斯联邦学习的越南大学生数量超过了 6000 人，其中 2000 人是靠俄罗斯的预算学习的。② 俄罗斯文化部和越南文化体育与旅游部于 2018 年 9 月签署了 2019~2021 年文化合作项目协议。双方还经常举行文化年或文化日活动，例如，2013 年 11 月在越南举行了俄罗斯文化日活动、在莫斯科举办了河内日活动，2014 年 6 月在俄罗斯举办了越南文化日活动；2019 年 5 月，越南俄罗斯年和俄罗斯越南年活动在莫斯科正式开幕，这些活动旨在庆祝 2019 年俄罗斯和越南签署《越俄友好关系基本原则条约》25 周年，以及 2020 年 1 月俄罗斯和越南建立外交关系 70 周年。近年来，俄罗斯与越南的旅游合作发展迅速。2016 年 3 月，俄罗斯与越南建立了文化与旅游联合工作组。俄罗斯与越南（和泰国）已经签署了 30 天免签证协议，③ 这一举措进一步促进了双方的人员往来。从 2013 年到 2018 年，到越南旅游的俄罗斯人从 29.8 万人次增加到 60.7 万人次。④ 双方还努力为对方公民在本国的生活、工作和学习提

---

① Заявления для прессы по итогам российско-вьетнамских переговоров, http://kremlin.ru/events/president/transcripts/19605，最后访问日期：2013 年 11 月 12 日。
② Интервью Министра иностранных дел России С. В. Лаврова «Вьетнамскому телевидению» и китайским телеканалам «ЦТВ» и «Феникс», Москва, 24 февраля 2019 года, http://www.mid.ru/ru/foreign_policy/news/-/asset_publisher/cKNonkJE02Bw/content/id/3540803，最后访问日期：2019 年 2 月 24 日。
③ Пресс-конференция по итогам саммита Россия – АСЕАН, http://kremlin.ru/events/president/news/51954，最后访问日期：2016 年 5 月 20 日。
④ 2013 年的数据参见 Заявления для прессы по итогам российско-вьетнамских переговоров, http://president.kremlin.ru/transcripts/47091，最后访问日期：2014 年 11 月 25 日；2018 年的数据参见 Главы правительств России и Вьетнама обсудят в Москве реализацию инвестпроектов, http://xn----8sbfmm2afdrlaq2kqb.xn--p1ai/2019/05/22/22-05-2019/，最后访问日期：2019 年 5 月 22 日。

供良好的条件和法律保障。两国还在医疗健康领域开展了合作，双方在 2013 年 11 月签署了《俄罗斯联邦卫生部与越南卫生部 2014~2016 年在卫生与医疗科学领域合作计划》。

俄罗斯与越南还积极致力于加强外交协作。俄罗斯总统普京于 2018 年 9 月指出，"俄罗斯有兴趣与越南伙伴开展紧密的外交协调"，"在很大程度上，俄罗斯与越南对解决国际和地区问题态度的接近促成了这一点"。①

在俄越两国的外交协作中，亚太地区特别是东南亚地区是双方合作的重点地区，双方相互支持对方加强在东南亚以及整个亚太地区的战略影响力与地位，并密切配合。2012 年 11 月，俄罗斯总理梅德韦杰夫指出，"俄罗斯认为越南在东盟和亚太地区具有很高的地位，越南正迅速发展，而且具有很大的经济社会发展潜力。越南是俄罗斯的老朋友，因而我们在处理多边关系上十分顺利"。我们"要建立与亚太地区整体发展密切关联的俄越合作模式，因为俄越两国都是亚太地区的重要国家"，"俄罗斯将尽力增强在亚太地区包括东南亚的地位和影响力。在此背景下，我们将加强与越南的合作，以实现共同的目标并形成对地区问题的共同看法"。② 2012 年 7 月，俄越两国发表的联合声明指出，越南"支持俄罗斯领导人的战略路线——不断巩固俄罗斯联邦在亚太地区的地位，以维护亚太地区的和平与稳定发展"。双方欢迎"展开俄罗斯与东盟之间的实质性合作"，"越南和俄罗斯重申，决心加强配合，应对威胁亚太地区安全和可持续发展的各种新的挑战和危险"。③ 2013 年 11 月俄越发表的联合声明指出，两国"赞成为了保障亚太地区的永久和平、稳定和平稳发展而加强地区合作"，"双方表示愿意紧密合

---

① Заявления для прессы по итогам российско-вьетнамских переговоров, http://kremlin.ru/events/president/transcripts/58474, 最后访问日期: 2018 年 9 月 6 日。
② Интервью Дмитрия Медведева вьетнамским СМИ, http://government.ru/news/6334/, 最后访问日期: 2012 年 11 月 5 日。
③ Совместное заявление об укреплении отношений всеобъемлющего стратегического партнерства между Российской Федерацией и Социалистической Республикой Вьетнам, http://kremlin.ru/supplement/1279, 最后访问日期: 2012 年 7 月 12 日。

作，以提高俄罗斯—东盟对话伙伴关系的效率并进一步开展实际合作"。① 双方还共同致力于加强在东盟地区安全论坛、东盟与对话伙伴国国防部长会议等框架内的合作。

俄越两国在亚太地区的安全、稳定与合作方面具有一系列广泛的共识。俄越两国于2018年9月发表的联合声明指出，双方赞成"继续通过集体努力以在地区建立开放的、全面的、透明的、平等的以及安全不可分割的架构"，"双方赞成加强东盟在亚太地区事务中的中心作用"，"越南积极支持俄罗斯与东盟构建俄罗斯-东盟战略伙伴关系的努力"。② 应当指出的是，俄罗斯与越南就亚太地区安全问题的上述共同立场或认识，与中国基本是一致的。

在南海问题上，俄越两国于2018年9月发表的联合声明称，"俄罗斯联邦总统和越共中央总书记指出，亚太地区空间的边境、领土和其他争端应由当事国在包括1982年《联合国海洋法公约》在内的国际法基础上以和平方式解决，不采用武力或以武力相威胁，以保障地区的和平、稳定与安全。俄罗斯与越南赞成完全有效地履行2002年《南海各方行为宣言》，并欢迎尽快通过《南海各方行为准则》"。③

在地区经济合作与一体化方面，俄越两国一致认为，"重要的是，根据开放的区域主义原则，在互惠和非歧视基础上加深地区一体化"。④ 在亚太地区，双方重视亚太经合组织的作用。双方强调"提高亚太经济合作组织（论坛）作为

---

① Совместное заявление о дальнейшем укреплении отношений всеобъемлющего стратегического партнёрства между Российской Федерацией и Социалистической Республикой Вьетнам，http：//kremlin.ru/supplement/1562，最后访问日期：2013年11月12日。
② Совместное заявление по итогам официального визита Генерального секретаря Центрального комитета Коммунистической партии Вьетнама Нгуен Фу Чонга в Российскую Федерацию，http：//kremlin.ru/supplement/5338，最后访问日期：2018年9月8日。
③ Совместное заявление по итогам официального визита Генерального секретаря Центрального комитета Коммунистической партии Вьетнама Нгуен Фу Чонга в Российскую Федерацию，http：//kremlin.ru/supplement/5338，最后访问日期：2018年9月8日。
④ Совместное заявление о дальнейшем укреплении отношений всеобъемлющего стратегического партнёрства между Российской Федерацией и Социалистической Республикой Вьетнам，http：//kremlin.ru/supplement/1562，最后访问日期：2013年11月12日。

在亚太空间经济一体化进程中扮演主导角色的、最大的经济合作组织的地位"。① 两国还致力于推进在该组织框架内的合作，例如，俄罗斯对越南作为主席国承办2017年亚太经合组织领导人非正式会议给予了重要支持和协助。

近年来，两国还重点致力于推进欧亚经济联盟与东盟的经济合作，其中包括建立自由贸易区，以及促进大欧亚伙伴关系的建设。两国领导人在2017年6月发表的联合声明中指出，"在大欧亚伙伴关系与《东盟2025愿景》这类旨在加强地区经济合作的重要构想的实施方面，两国具有良好的对接前景"。双方一致认为，2016年生效的欧亚经济联盟与越南的自由贸易协定，"是欧亚经济联盟-东盟通往自由贸易的重要一步，其目的在于保障欧亚空间稳定与包容性经济增长，深化一体化进程与主动权"。②

在此需要特别指出的是，越南与欧亚经济联盟自贸区的建立，是越南与俄罗斯以及整个欧亚经济联盟在地区经济合作中的一个重要事件。2015年5月29日，时任欧亚经济联盟主席赫里斯坚科代表欧亚经济联盟与时任越南政府总理阮晋勇签署《越南与欧亚经济联盟自由贸易协定》。该协定是欧亚经济联盟与其他经济体签署的第一个自贸区协议，于2016年10月正式生效。根据这一协定，越南对欧亚经济联盟成员国征收的平均进口关税将在2025年前由10%降到1%。欧亚经济联盟成员国对越南征收的关税则需要在10年内从9.8%下降至2.5%。③ 欧亚经济联盟与越南自贸区的建立，有利于加强双方的经济联系与合作，促进双边贸易额增长，同时也有助于推动包括俄罗斯在内的欧亚经济联盟加入亚太地区的一体化进程，意味着越南与包括俄罗斯在内的欧亚经济联盟各成员国的经济合作提高到了一个新的层次。

---

① Совместное заявление о поступательном продвижении всеобъемлющего стратегического партнерства между Российской Федерацией и Социалистической Республикой Вьетнам, http://kremlin.ru/supplement/4785，最后访问日期：2014年11月25日。

② Совместное заявление по итогам официального визита Президента Социалистической Республики Вьетнам в Российскую Федерацию, http://kremlin.ru/supplement/5215，最后访问日期：2017年6月29日。

③ История российско-вьетнамских отношений, https://tass.ru/info/5527164，最后访问日期：2018年9月5日。

（二）俄罗斯与菲律宾的双边关系

近几年来，特别是在杜特尔特担任菲律宾总统以来，俄罗斯与菲律宾的关系渐趋活跃。自杜特尔特上任以来，他先后在 2017 年 5 月和 2019 年 10 月两次访问俄罗斯、四次与普京会晤。除了两国领导人的密切会晤外，在两国外交部、国家安全委员会以及经济部之间还建立了高层磋商机制。双方政治对话日益频繁，经济合作日趋积极，包括军事在内的安全合作开始循序渐进地推进。菲律宾与俄罗斯的双边关系正在发生两国关系史上的重大变化，同时，这也是俄罗斯与东南亚国家双边关系中最大的变化之一。

菲律宾杜特尔特政府希望发展与俄罗斯的战略关系，主要是基于对美国的不满，希望通过发展与俄罗斯的关系，摆脱对美国单方面的过度依赖，实行更加多元化的外交政策，在中国和美国之外有更多的战略选择与合作对象，希望建立更平衡的外交政策，从而改善菲律宾的国际处境与地位。此外，菲律宾还想获得俄罗斯的支持与帮助，增强菲律宾解决包括反恐在内的国内问题的能力。

杜特尔特对美国在历史上对菲律宾的控制、美国在其领土上设立军事基地以及美国的外交政策一直不满。杜特尔特在 2017 年 5 月出访莫斯科前接受俄罗斯媒体采访时称：菲律宾 400 年来一直是西班牙的殖民地，在西班牙在战争中败给美国后，菲律宾转到美国的控制下度过了 50 年。"美国人在离开前获得了将在菲律宾拥有基地的保证。他们在协议中谈道，我们（美国）给予你们（菲律宾）独立，但你们应该与我们签署协议，保证我们（在菲律宾）100 年的（军事）存在。该协议早已到期，但美军法律地位的协议仍然存在。"[1] 杜特尔特还补充称，他曾在竞选总统时表示，"菲律宾境内不应有任何他国军队的时刻将要到来了，不只是美国的，而是任何国家的军队"。[2] 2019 年 10 月，杜特尔特在"瓦尔代"俱乐部会议发言时指出，

---

[1] Родриго Дутерте: полагаться в мире можно только на слово России и Китая, https://ria.ru/20170522/1494776601.html，最后访问日期：2017 年 5 月 22 日。

[2] Родриго Дутерте: полагаться в мире можно только на слово России и Китая, https://ria.ru/20170522/1494776601.html，最后访问日期：2017 年 5 月 22 日。

"像菲律宾这样拥有自己独特历史的发展中国家,遇到自己的特殊挑战和问题,需要自己来解决。所谓的朋友开始如此行事,好像他们知道所有问题的答案,并强加一定的社会经济与政治条件"。"他们实际为所有人制定了规则和标准,而他们自己却并不总是遵守。""我们的某些伙伴有时批评我国政府在打击毒品犯罪时过度使用武力。他们试图为自己的偏见辩解,不想搞清楚我国实际发生的事情。难道朋友是如此相待的吗?""他们撕毁国防订单,认为我们要用武器违反人权。"① 菲律宾对美国的战争政策也提出了批评。2016年11月,杜特尔特在和普京首次会晤时指出,美国"在全世界进行战争,在越南、阿富汗、伊拉克。这绝对是破坏性的政策"。②

需要指出的是,杜特尔特在表达对美国不满的同时,也强调了自己并不反对美国的立场。他在2019年10月指出,"我想要非常清楚地说,我不反对美国或西方。美国是菲律宾亲近的朋友,我们的唯一条约盟友。我们与美国人民有深刻的联系。我们有共同的历史和共同的价值观"。"我不反对政治和经济的自由主义。""我们不反对现有的世界秩序。我们反对的是某些国际法主体违反作为这一世界秩序基础的规则的行为。"杜特尔特认为,"我们追求的,也是俄罗斯、俄罗斯人民和其他人民追求的:公正、平等和相互尊重"。"我们希望世界秩序建立在一定规则基础上,根据这一规则,大国和小国能平等相待。""我们想维持友谊,我们想我们的朋友及伙伴尊重我们在做出主权决定时的独立性。"③

杜特尔特对美国的不满不仅限于语言,还有实际行动,其中,标志性的行动是菲律宾于2020年2月11日正式通知美国终止《来访部队协议》,但是,此后菲律宾两度宣布暂停终止《来访部队协议》。1998年签署的《来访

---

① Заседание дискуссионного клуба «Валдай», http://kremlin.ru/events/president/news/61719,最后访问日期:2019年10月3日。
② Встреча с Президентом Филиппин Родриго Дутерте, http://kremlin.ru/events/president/news/53275,最后访问日期:2016年11月19日。
③ Заседание дискуссионного клуба «Валдай», http://kremlin.ru/events/president/news/61719,最后访问日期:2019年10月3日。

部队协议》赋予数千名轮流驻防该国参加人道主义援助和军事演习的美军合法地位，该协议为美军进入菲律宾境内与菲律宾部队举行联合训练演习提供了法律依据。该协议可由任何一方通过提出书面通知予以终止，并在180天后生效。菲律宾总统发言人萨尔瓦多·帕内洛在例行记者会上援引杜特尔特的话说："现在是我们依靠自己的时候了，我们将加强我们自己的防务，而不是依靠其他任何国家。"① 尽管菲律宾没有真正废除这一条约，但是以上事实表明美菲联盟实质性裂痕的扩大。

2017年5月，杜特尔特访问俄罗斯，成为菲德尔·拉莫斯之后访俄的首位菲律宾总统。此次访问对俄罗斯与菲律宾关系的发展具有重要意义。杜特尔特对普京表示，"我们视俄罗斯为我们的亲近朋友。我们想要加强我们在各方面的友好关系"。"今天我来这儿是为了获得您的支持，并证实我们的友谊。"② 杜特尔特于2019年10月指出，"实际上，冷战结束已经20年，菲律宾的外交政策实际没有变化——俄罗斯被置于我国外交政策的一边。我认为，这是战略失察、盲目遵循旧原则的官僚主义惯性的结果"，"在2016年成为总统时，我承诺纠正这一情况"。③ 我们的责任是"与俄罗斯建设多方面的、强有力的伙伴关系"。④

对俄罗斯而言，发展与菲律宾的密切关系与积极合作，显然符合俄罗斯的战略利益。这将是俄罗斯在东南亚外交中取得的重要突破之一，它有利于提升俄罗斯在东南亚地区的战略影响力，有利于进一步拆解和削弱美菲军事同盟，削弱美国在亚太地区的军事-政治阵营及其影响。因此，俄罗斯对杜特尔特政府发展俄菲关系的愿望给予了积极回应。2019年10

---

① 《外媒关注杜特尔特终止美菲一项军事协议：或影响两国经济关系》，http://www.cankaoxiaoxi.com/world/20200212/2401744.shtml，最后访问日期：2020年2月12日。
② Встреча с Президентом Филиппин Родриго Дутерте，http://kremlin.ru/events/president/news/54552，最后访问日期：2017年5月23日。
③ Заседание дискуссионного клуба «Валдай»，http://kremlin.ru/events/president/news/61719，最后访问日期：2019年10月3日。
④ Встреча с Президентом Филиппин Родриго Дутерте，http://kremlin.ru/events/president/news/61718，最后访问日期：2019年10月3日。

月，俄罗斯总统普京在接见时任菲律宾总统杜特尔特时指出，"菲律宾是俄罗斯在亚洲的重要伙伴。双边合作具有建设性和互利性。无疑，我们两国之间已经建立了友好关系"。① 俄罗斯外长拉夫罗夫于 2018 年 5 月指出，"菲律宾是俄罗斯在亚太地区重要的和有前景的伙伴。我们希望加强在各方面的伙伴关系"。②

俄罗斯与菲律宾在 2017 年 5 月发表的联合声明中指出，两国元首一致认为，"俄罗斯联邦与菲律宾共和国在此次（杜特尔特对俄罗斯的）访问中所签署的双边文件，应该成为进一步推进双边合作的牢固基础，其基础在于相互尊重主权、独立、领土完整，互不干涉内政，平等与互惠"。③ 该联合声明确认了两国继续发展友好合作的战略意向。

近年来，俄罗斯与菲律宾加强了安全合作，特别是反恐领域的合作，同时也加强了军事技术合作。2017 年 5 月，双方签署了《俄罗斯联邦国防部与菲律宾共和国国防部国防合作协定》。2017 年 5 月 18 日，俄罗斯与菲律宾两国国家安全会议秘书举行了会晤，双方由此开始举行定期磋商。菲律宾在疏远美国的同时，希望不断加强与俄罗斯和中国的战略合作，甚至是希望建立反恐联盟。2017 年 5 月，时任菲律宾总统杜特尔特在与普京会晤时指出，"我国需要现代武器，与'伊斯兰国'作战，与其分支及其团伙作战。我们，我个人来这里是为了获得您的支持，请求您的援助"。④ 普京指出，"当前的恐怖主义和反恐，这是我们共同的任务、关切和问题之一。因此，正如所商定的，我们愿发展两国关系，包括军

---

① Встреча с Президентом Филиппин Родриго Дутерте, http://kremlin.ru/events/president/news/61718，最后访问日期：2019 年 10 月 3 日。

② Выступление и ответы на вопросы СМИ и. о. Министра иностранных дел России С. В. Лаврова в ходе совместной пресс-конференции по итогам переговоров с Министром иностранных дел Филиппин А. Каетано, Москва, 15 мая 2018 года, https://www.mid.ru/ru/foreign_policy/news/-/asset_publisher/cKNonkJE02Bw/content/id/3224408，最后访问日期：2018 年 5 月 15 日。

③ Совместное заявление Президента Российской Федерации и Президента Республики Филиппины, http://kremlin.ru/supplement/5192，最后访问日期：2017 年 5 月 24 日。

④ Встреча с Президентом Филиппин Родриго Дутерте, http://kremlin.ru/events/president/news/54552，最后访问日期：2017 年 5 月 23 日。

事关系、军事技术合作",① "我们愿意,并将继续发展反恐领域的伙伴关系,分享经验和方案"。② 2017 年 5 月,两国发表的联合声明指出,"两国元首商定,加强共同努力,对抗全球威胁包括国际恐怖主义、跨境犯罪、毒品非法流通,并在军事技术领域、紧急情况领域与海洋安全方面开展实际合作"。③

2017 年 9 月,菲律宾向俄罗斯提出了购买俄产武器的初步请求。2017 年 10 月,俄罗斯国防部部长绍伊古访问菲律宾,这是俄罗斯国防部部长在俄菲双边关系史上第一次访问菲律宾。绍伊古表示,俄罗斯视菲律宾为俄方在东南亚以及亚太地区整体范围内有前景的重要合作伙伴国。④ 在此次访问中,俄罗斯国防部部长绍伊古同时任菲律宾国防部部长洛伦扎纳签署了有关供应 RPG-7V 反坦克火箭筒及其弹药的军备出售合同。这份军事合同是俄菲两国间的首份军事技术合作合同。此前,美国是菲律宾武器装备的主要供应国,在菲律宾的军火市场中处于主导地位。而且,此前在亚太地区菲律宾和文莱两国从未购买过俄罗斯武器。因此,这份军事技术合同意味着菲律宾与俄罗斯军事技术合作的开端。俄罗斯《国产武器》杂志主编穆拉霍夫斯基对此评价道,俄罗斯同菲律宾签署的首份武器供应合同对俄方而言,是"政治胜利",有助于俄罗斯"在该(亚太)地区巩固其地位"。⑤ 与此同时,俄罗斯还向菲律宾无偿援助了一批军用物资,包括 5000 支卡拉什尼科夫自动枪、100 万发子弹和 20 辆军用卡车。⑥ 时任菲律宾总统杜特尔特表

---

① Встреча с Президентом Филиппин Родриго Дутерте,http://kremlin.ru/events/president/news/56037,最后访问日期:2017 年 11 月 10 日。
② Встреча с Президентом Филиппин Родриго Дутерте,http://kremlin.ru/events/president/news/61718,最后访问日期:2019 年 10 月 3 日。
③ Совместное заявление Президента Российской Федерации и Президента Республики Филиппины,http://kremlin.ru/supplement/5192,最后访问日期:2017 年 5 月 24 日。
④ 《俄媒:俄菲签署军购订单 俄在军火市场上排挤美》,http://www.xinhuanet.com//mil/2017-10/25/c_129726661.htm,最后访问日期:2017 年 10 月 25 日。
⑤ 《俄媒:俄菲签署军购订单 俄在军火市场上排挤美》,http://www.xinhuanet.com//mil/2017-10/25/c_129726661.htm,最后访问日期:2017 年 10 月 25 日。
⑥ 《菲律宾将无偿获得一批俄武器》,http://sputniknews.cn/military/201710161023820822/,最后访问日期:2017 年 10 月 16 日。

示，与美国不同，"俄罗斯出售武器的时候不捆绑任何条件"。① 杜特尔特称想向普京表达菲律宾人民的特别感谢，俄罗斯给予了菲律宾及时的帮助，"提供了卡车和武器。这正是我们所必需的，使库存得到了补充"。"我的目标是，在我总统任期结束前建立强大的武装力量和国家警察部队。""我们从俄罗斯获得的武器——现代武器，已经交付给了我们的警察特种部队。这非常重要。现在我准备继续采购这种武器。"俄方的援助加快了打击菲律宾恐怖分子的进程，"我们永远不会忘记这一点"。②

2017年10月，由俄罗斯太平洋舰队"维诺格拉多夫海军上将"号、"潘捷列耶夫海军上将"号大型反潜舰和"鲍里斯·布托马"号油轮组成的船队访问了菲律宾。时任菲律宾总统杜特尔特在俄罗斯国防部部长绍伊古陪同下登上"潘捷列耶夫海军上将"号，这无疑是俄罗斯与菲律宾军事合作的重要标志性象征。2018年10月，菲律宾海军最新的万吨登陆舰LD-501抵达俄罗斯符拉迪沃斯托克（海参崴），这是菲律宾海军首次访问俄罗斯港口。杜特尔特指出，"这是一个重要的政治问题，要知道在几年前这是无法想象的"。③ 2019年7月，菲律宾海军"南达沃"号直升机船坞登陆舰对符拉迪沃斯托克（海参崴）进行了友好访问。

除了上述包括反恐在内的安全合作以及军事技术合作之外，俄罗斯与菲律宾近年来还积极开展经贸合作。普京指出，在我们两国的关系中，"当然还有需特别关注的经济关系"。④ "有很多有前景的、有趣的合作方向，包括能源、机械制造、交通基础设施和电力。"⑤ 俄罗斯希望向菲律宾提供更多

---

① 《普京向杜特尔特表示俄罗斯愿与菲律宾发展军事关系》，http://sputniknews.cn/russia/201711101024018478/，最后访问日期：2017年11月10日。

② Встреча с Президентом Филиппин Родриго Дутерте，http://kremlin.ru/events/president/news/56037，最后访问日期：2017年11月10日。

③ Встреча с Президентом Филиппин Родриго Дутерте，http://kremlin.ru/events/president/news/61718，最后访问日期：2019年10月3日。

④ Встреча с Президентом Филиппин Родриго Дутерте，http://kremlin.ru/events/president/news/56037，最后访问日期：2017年11月10日。

⑤ Встреча с Президентом Филиппин Родриго Дутерте，http://kremlin.ru/events/president/news/54552，最后访问日期：2017年5月23日。

的能源、运输及特种设备；加强工业合作，其中包括开展民用核能合作，开展太空及数字技术合作等。2017年5月，菲律宾总统杜特尔特在与普京会晤时指出，"我们应该发展双边贸易关系，加强贸易合作"。①

为了促进双边贸易的发展，两国成立了俄罗斯-菲律宾经贸合作联合委员会，并于2017年4月28日在菲律宾首都马尼拉召开了该委员会的第一次会议。2017年5月，俄罗斯与菲律宾签署了多项经济合作协议，其中包括俄罗斯经济发展部与菲律宾贸易工业部签署的合作意向备忘录。此外，两国农业部、工业与贸易部、运输部、能源部之间签署了相关的合作备忘录，确定了双方在食品、工业、运输以及能源领域之间的合作；俄罗斯原子能公司与菲律宾科技部签署了和平利用核能谅解备忘录。这些协议为两国实际经济合作提供了具体的指导和规划。在双方共同努力下，2017年，俄罗斯与菲律宾的贸易额增加了37%，达到6.02亿美元。② 2018年，两国贸易额增加了一倍，超过了12亿美元，其中，俄罗斯对菲律宾的出口额增至原来的4倍。③

俄罗斯与菲律宾还在人文领域开展了合作。双方在2017年5月签署了《俄罗斯联邦文化部与菲律宾共和国文化与艺术委员会2017~2019年合作纪要》，以促进双方文化合作。2018年在菲律宾举办了俄罗斯电影周。俄罗斯政府还增加了在俄罗斯大学学习的菲律宾公民的奖学金数量。在菲律宾，公民学习俄语的兴趣增大，有三所大学教授俄语，其中还有获得"俄罗斯世界"基金会支持的。此外，两国旅游部门还签署了2017~2019年共同行动计划，以促进双方的旅游合作。

---

① Встреча с Президентом Филиппин Родриго Дутерте, http://kremlin.ru/events/president/news/54552，最后访问日期：2017年5月23日。
② Комментарий Департамента информации и печати МИД России в связи с рабочим визитом в Россию Министра иностранных дел Филиппин А. Каетано, https://www.mid.ru/ru/foreign_policy/news/-/asset_publisher/cKNonkJE02Bw/content/id/3221782，最后访问日期：2018年5月14日。
③ Встреча с Президентом Филиппин Родриго Дутерте, http://kremlin.ru/events/president/news/61718，最后访问日期：2019年10月3日。

俄罗斯与菲律宾共同致力于加强在国际和地区问题上的外交合作。对于杜特尔特当选总统后菲律宾外交政策的变化以及杜特尔特对美国外交政策的不满，俄罗斯因势利导，积极协调双方对国际和地区问题的立场，使菲律宾与俄罗斯的立场更加接近，并使其与美国的差异和分歧进一步得以确认和固化。2016年12月，俄罗斯外长拉夫罗夫在与菲律宾外长会晤后指出，"今天，我们交流的观点是，如何促进地区安全的巩固，使这一（亚太）地区的合作架构不是'碎片的'，而是以平等的和不可分割的安全保障机制为支撑，其基础在于非同盟立场以及尊重国际法的原则"。① 俄罗斯此举显然是希望菲律宾在地区安全和合作架构问题上保持与美国的距离，不追随美国以同盟及伙伴关系主导亚太地区事务的立场。

俄罗斯与菲律宾在2017年5月发表的联合声明表达了双方对地区和国际问题的一致看法。该联合声明指出，"两国的合作旨在促进形成公正的、相互依赖的、多极的世界格局体系"。"双方强调，重要的是通过东亚峰会以及其他地区论坛的相关对话，继续集体努力，在亚太地区建立开放的、透明的、包容的、包括平等原则在内的以国际法准则为基础的安全架构。"② 菲律宾作为美国的军事盟国，在与俄罗斯共同发表的联合声明中所表达的建立多极世界，以及在亚太地区建立集体安全架构的立场，显然与俄罗斯保持了一致。而菲律宾与俄罗斯对国际和地区许多问题的一致或相近看法，正是两国合作的重要基础。为了推进双方的实际合作，两国在2017年5月还签署了《俄罗斯联邦外交部与菲律宾共和国外交部2017~2019年磋商计划》。

（三）俄罗斯与新加坡的双边关系

新加坡是东盟及东南亚国家中现代化水平最高、经济竞争力最强的国

---

① Выступление и ответы на вопросы СМИ Министра иностранных дел России С. В. Лаврова в ходе совместной пресс - конференции по итогам переговоров с Министром иностранных дел Филиппин П. Ясаем, Москва, 5 декабря 2016 года, https：//www.mid.ru/ru/foreign_policy/news/-/asset_publisher/cKNonkJE02Bw/content/id/2546023，最后访问日期：2016年12月5日。

② Совместное заявление Президента Российской Федерации и Президента Республики Филиппины, http：//kremlin.ru/supplement/5192，最后访问日期：2017年5月24日。

家，同时也是扼守马六甲海峡并因此具有重要地缘战略地位的国家。俄罗斯与新加坡最早的接触发生在 19 世纪 40 年代。苏联与新加坡在 1966 年 4 月签署了贸易协定，1968 年 6 月 1 日建立了外交关系。

自普京第三总统任期以来，俄罗斯在积极实施"向东转"政策，其中包括积极发展与东盟关系的总体背景下，也在积极发展与新加坡的对话与合作关系。2016 年 5 月，在俄罗斯索契召开俄罗斯—东盟庆祝建立对话伙伴关系 20 周年峰会期间，俄罗斯总统普京与新加坡总理李显龙进行了会晤。此后，值 2018 年俄罗斯与新加坡建交 50 周年之际，俄罗斯总统普京在 2018 年 11 月对新加坡进行了首次国事访问，此次访问进一步加深了新加坡与俄罗斯的友谊与合作。俄罗斯总统普京指出，"新加坡是俄罗斯在亚太地区重要的和有前景的伙伴"，"我们两国的关系建立在相互尊重和信任的基础上"，①"新加坡是经济快速发展且行政管理良好的、可靠的稳定伙伴"。②除了两国最高领导人的会晤外，俄罗斯与新加坡两国的立法机构之间也保持了交往与合作。2013 年 4 月，新加坡国会议长哈莉玛·雅各布访问莫斯科；2016 年 3 月，俄罗斯联邦委员会主席马特维延科对新加坡进行了正式访问。两国立法机构人员在国际平台上进行了积极协作，其中包括每年一次的亚太议会论坛会议和东盟议会联盟大会。

近年来，俄罗斯积极开展与新加坡的经贸、投资和人文合作。在两国的经济合作中，俄罗斯-新加坡政府间高级别委员会发挥了重要作用，例如，该委员会在 2017 年召开了第八次会议。此外，双方每年还举行俄罗斯-新加坡商务论坛，以促进两国商业人士的直接交流。在俄罗斯-新加坡商业委员会的支持下，2017 年在新加坡建立了俄罗斯高科技公司国外推广中心，以推进相关合作。俄罗斯与新加坡的双边贸易在最近 10 多年来快速增长，在

---

① Государственный приём в честь Президента России, http://kremlin.ru/events/president/news/59109，最后访问日期：2018 年 11 月 13 日。
② Заседание Высшего Евразийского экономического совета, http://kremlin.ru/events/president/news/61682，最后访问日期：2019 年 10 月 1 日。

至 2016 年的 10 年内，俄罗斯与新加坡的双边贸易额增加了 3 倍，① 2017 年，俄罗斯与新加坡贸易额达到 44 亿美元，比 2016 年增长 94%。② 未来，俄罗斯和新加坡致力于进一步扩大贸易规模，并使贸易多样化。

在俄罗斯与新加坡的经济合作中，重点方向是特别经济区、能源、交通、农工综合体、基础设施发展、信息通信技术等。2012 年以来，在新加坡开展能源业务的主要是俄罗斯"卢克石油公司"和俄罗斯天然气工业公司，还有很多俄罗斯公司在新加坡开展数字技术领域业务，此外，VTB 投资银行、卡巴斯基实验室、俄罗斯"运动先锋"等公司在新加坡也都有积极表现。俄罗斯对新加坡提出的"智慧城市"构想、高技术特别是数字技术很感兴趣，并希望加强在以上领域的合作。新加坡公司在俄罗斯主要从事农业、原料、食品、房地产等领域的生产经营活动，双方已经在俄罗斯成功实施了一系列合作项目，包括在俄罗斯普斯科夫州和鞑靼斯坦共和国分别设立"莫格利诺"工业生产型特别经济区和"喀山创新城"。新加坡樟宜国际机场集团还投资参与管理克拉斯诺达尔、格连吉克、阿纳帕、索契和符拉迪沃斯托克（海参崴）的地区机场。"奥兰国际"在俄罗斯奔萨州发展畜牧业并生产牛奶。新加坡还希望与莫斯科等俄罗斯城市在城市设计等方面开展合作。

在俄罗斯与新加坡的经济合作中，双方还积极致力于加强服务与投资方面的合作。在投资方面，俄罗斯总统普京于 2016 年 5 月指出，俄罗斯对新加坡的投资达到 25 亿美元，新加坡对俄罗斯的投资为 10 亿美元。③ 在以往合作的基础上，2018 年 11 月，双方签署了《俄罗斯－新加坡关于服务与投资贸易协定的联合声明》，该文件进一步促进了双方的投资与服务合作。

---

① Встреча с Премьер‐министром Сингапура Ли Сянь Луном, http：//kremlin.ru/events/president/news/51947，最后访问日期：2016 年 5 月 19 日。
② Статья Министра иностранных дел России С. В. Лаврова, опубликованная в сингапурской газете «The Straits Times» 31 мая 2018 года，最后访问日期：2018 年 5 月 31 日。
③ Встреча с Премьер‐министром Сингапура Ли Сянь Луном, http：//kremlin.ru/events/president/news/51947，最后访问日期：2016 年 5 月 19 日。

积极推进欧亚经济联盟与新加坡的自由贸易协定谈判,是俄罗斯与新加坡经济合作的重要方向。经过多轮谈判,2019年10月1日,欧亚经济联盟与新加坡签署了《欧亚经济联盟及其成员国与新加坡共和国自由贸易协定》以及《欧亚经济联盟及其成员国与新加坡共和国全面经济合作框架协定》。新加坡成为继越南后,第二个与欧亚经济联盟签署自贸协定的东南亚国家。需要指出的是,欧亚经济联盟与新加坡计划建立的自贸区,不仅涉及商品贸易,还涵盖服务和投资贸易。欧亚经济联盟与新加坡为此将签署一揽子协议。10月1日,新加坡与欧亚经济联盟签署的是全面贸易协定中的首批协议。其中,双方签署的货物自由贸易协定规定,欧亚经济联盟国家的所有商品可以免税进入新加坡,在该协议生效后,新加坡商品目录中40%的商品可以立即免税进入欧亚经济联盟国家,在所有过渡期结束后,这一免税的比例最终将达到商品目录的87%,过渡期为3年到10年。后续还有四项服务与投资双边贸易协定有待签署。[1]

欧亚经济联盟与新加坡自贸区协定的签署,有利于新加坡与俄罗斯以及欧亚经济联盟其他成员国之间贸易规模的进一步扩大、投资和技术交流的进一步加强。与此同时,其为俄罗斯主导的欧亚经济联盟与东盟的经济合作和一体化创造了更加有利的基础和条件。早在2018年11月,时任欧亚经济联盟执委会主席萨尔基相就指出,欧亚经济联盟与新加坡的自贸协定将成为欧亚(经济联盟)和东盟国家一体化的新路径。[2]

俄罗斯和新加坡还在人文领域积极合作。为了加强两国人文合作,双方同意在新加坡建立文化中心,2018年11月俄罗斯总统普京出席了该中心的奠基仪式。双方还在2018年11月签署了《俄罗斯联邦高等教育和科学部与新加坡共和国教育部在高等教育领域相互谅解备忘录》,以加强双方的高校与科学合作。此外,新加坡培训干部计划还为俄罗斯

---

[1] ЕАЭС и Сингапур подписали Соглашение о свободной торговле, http://www.eurasiancommission.org/ru/nae/news/Pages/01.10.2019-2.aspx, 最后访问日期:2019年10月2日。

[2] 《欧亚经济委员会称将于2019年结束与新加坡自贸协定谈判》, http://www.mofcom.gov.cn/article/i/jyjl/e/201811/20181102810075.shtml, 最后访问日期:2018年11月25日。

人员提供短期培训。俄外长拉夫罗夫于 2018 年 5 月指出，俄罗斯已经有 200 多名专家和公务员参加了短期培训。① 俄罗斯和新加坡在旅游方面的合作也在积极开展，双方到对方国家旅游的人数明显增加。2017 年，超过 8 万名俄罗斯人到新加坡旅游，有大约 8000 名新加坡人去俄罗斯旅游。②

在外交领域，俄罗斯努力与新加坡在联合国、亚太经合组织、俄罗斯 - 东盟对话伙伴关系以及以东盟为核心的多边机构或平台进行协调与合作。俄罗斯外长拉夫罗夫于 2018 年 5 月撰文指出，俄罗斯与新加坡外交协作的一个主要目的在于，"在亚太地区建立平等的和不可分割的安全架构"。③ 在亚太地区问题上，新加坡欢迎俄罗斯在以东盟为核心的国际平台上发挥积极作用，支持东盟与俄罗斯的合作，并支持欧亚经济联盟与东盟的经济合作与一体化。新加坡总理李显龙于 2016 年 5 月指出，"在地区范围内，我们欢迎俄罗斯在以东盟为核心的平台开始发挥更积极的作用"。"如果能够增加欧亚经济联盟与东盟合作的机遇并建立自由贸易区的特别相互关系，那就太好了！"④

（四）俄罗斯与印度尼西亚的双边关系

印度尼西亚是东南亚地区重要的人口大国和经济大国，拥有 2.5 亿人

---

① Статья Министра иностранных дел России С. В. Лаврова, опубликованная в сингапурской газете «The Straits Times» 31 мая 2018 года, https: //www. mid. ru/ru/foreign_ policy/news/-/asset_ publisher/cKNonkJE02Bw/content/id/3240415，最后访问日期：2018 年 5 月 31 日。

② Выступление заместителя Министра иностранных дел России И. В. Моргулова на церемонии открытия фотовыставки архивных документов по случаю 50 - летия установления дипломатических отношений между Россией и Сингапуром, Москва, 22 мая 2018 года, https: //www. mid. ru/ru/foreign_ policy/news/-/asset_ publisher/cKNonkJE02Bw/content/id/3230666，最后访问日期：2018 年 5 月 22 日。

③ Статья Министра иностранных дел России С. В. Лаврова, опубликованная в сингапурской газете «The Straits Times» 31 мая 2018 года, https: //www. mid. ru/ru/foreign_ policy/news/-/asset_ publisher/cKNonkJE02Bw/content/id/3240415，最后访问日期：2018 年 5 月 31 日。

④ Встреча с Премьер - министром Сингапура Ли Сянь Луном, http: //kremlin. ru/events/president/news/51947，最后访问日期：2016 年 5 月 9 日。

第五章　俄罗斯的东南亚政策

口，国内生产总值达 9000 多亿美元，① 是二十国集团成员，在东盟及东南亚地区具有重要的影响力和地位。1950 年，苏联和印度尼西亚建立了外交关系。在印尼走向独立以及建国之初，苏联给予了印尼多方面的帮助。俄罗斯联邦独立后，俄罗斯与印尼在 2003 年签署的《21 世纪友好与伙伴关系基础宣言》成为两国关系发展的重要基础。普京在第二总统任期期间，于 2007 年 9 月访问印度尼西亚，这是俄罗斯联邦独立以来俄国家元首第一次访问印度尼西亚，双方达成开展所有领域合作的战略共识，这一事件在两国双边关系中具有标志性意义，为俄罗斯和印度尼西亚的合作增加了新的动力。

自普京第三总统任期以来，俄罗斯与印尼的双边关系也在积极发展。俄罗斯与印尼之间的政治对话日益加强，经济、军事技术以及人文合作也在持续开展并得到加强。俄罗斯日益积极地力图将与印尼的关系提升至战略伙伴关系，这反映出俄罗斯将发展与印尼的关系作为俄罗斯东南亚外交政策中日益重要的战略方向。

在政治方面，虽然俄罗斯与印度尼西亚的元首会晤并不频繁，远不如俄罗斯与越南那样密切，但是，两国包括外交部在内的部门之间一直保持密切交往与合作，两国议会领导人保持定期会晤。2016 年 5 月，印尼总统佐科在赴俄罗斯索契出席庆祝俄罗斯-东盟建立对话伙伴关系 20 周年活动之际，对俄罗斯进行了访问并与俄罗斯总统普京进行了会晤，双方签署了多份重要文件。2014 年 11 月和 2018 年 11 月，俄罗斯总统普京与印度尼西亚总统佐科先后在北京召开的亚太经合组织领导人峰会期间以及在新加坡举行的俄罗斯-东盟峰会期间举行了会晤。俄罗斯总统普京指出，"长期密切的关系将俄罗斯和印度尼西亚联系在一起"。②

---

① Интервью Посла России в Индонезии М. Ю. Галузина информагентству «ТАСС», 28 июня 2016 года, https：//www.mid.ru/ru/maps/id/-/asset_publisher/zaMdV5V4XUmC/content/id/2337963，最后访问日期：2016 年 6 月 29 日。
② Заявления для прессы по итогам российско-индонезийских переговоров, http：//kremlin.ru/events/president/news/51934，最后访问日期：2016 年 5 月 18 日。

印尼总统佐科指出,"俄罗斯是印度尼西亚的好朋友"。①在俄罗斯的东南亚外交政策中,俄罗斯日益重视发展与印尼的双边关系,并希望将俄罗斯与印尼的双边关系尽快提升至战略伙伴关系。俄罗斯外长拉夫罗夫指出,"印度尼西亚是俄罗斯在东南亚以及整个亚太地区的重要伙伴"。②"我们(俄罗斯与印尼)的共同看法是,将我们的关系发展至战略伙伴关系水平的条件已经成熟。"③他在出席庆祝俄罗斯-印尼建交70周年活动时表示,俄罗斯希望将与印尼的双边关系在最短时间内提升至战略伙伴关系。④

俄罗斯在发展与印度尼西亚的双边关系过程中,突出重视开展经济合作。近年来,俄罗斯与印尼积极促进两国商业人士交流,大力加强双边经济合作,扩大贸易规模,希望俄罗斯与印尼发挥经济互补优势——俄罗斯拥有技术与高技术优势,而印尼在食品、服装等纺织产品以及某些家电方面拥有优势。此外,俄罗斯还积极推进印尼与欧亚经济联盟建立自由贸易区。在两国的经贸合作中,2002年建立的下设8个小组的俄罗斯-印尼经贸与技术合作联合委员会发挥了重要作用。

俄罗斯与印尼致力于不断扩大双边贸易规模。俄罗斯与印尼积极就消除关税及非关税壁垒进行磋商。2015年,俄罗斯与印度尼西亚的双边

---

① Российско‐индонезийские переговоры, http://kremlin.ru/events/president/news/51932, 最后访问日期:2016年5月18日。

② Статья Министра иностранных дел России С. В. Лаврова «Россия и Индонезия: 70 лет плодотворного сотрудничества», опубликованная в индонезийской национальной газете «Компас», 2 февраля 2020 года, https://www.mid.ru/ru/maps/id/-/asset_publisher/zaMdV5V4XUmC/content/id/4016185, 最后访问日期:2020年2月20日。

③ Выступление Министра иностранных дел России С. В. Лаврова в ходе совместной пресс‐конференции по итогам переговоров с Министром иностранных дел Индонезии Р. Марсуди, Москва, 13 марта 2018 года, http://www.mid.ru/ru/foreign_policy/news/-/asset_publisher/cKNonkJE02Bw/content/id/3117994, 最后访问日期:2018年3月13日。

④ Выступление Министра иностранных дел Российской Федерации С. В. Лаврова на открытии фотовыставки, посвященной 70‐летию установления российско‐индонезийских дипломатических отношений, Москва, 4 февраля 2020 года, https://www.mid.ru/ru/maps/id/-/asset_publisher/zaMdV5V4XUmC/content/id/4019364, 最后访问日期:2020年2月4日。

贸易额出现下降，为此，2016 年 5 月，印尼总统佐科在与普京会晤时，直接提到了（俄方）增加棕榈油进口关税的问题。他指出，"棕榈油是印尼向俄罗斯出口的最主要商品，出口额有 4.8 亿美元。出口急剧下跌，这在经济上对我国是不利的。我希望阁下的政策能够有助于近期印度尼西亚棕榈油出口的增加"。① 在双方的共同努力下，2017 年俄罗斯与印尼的双边贸易额增长 25.2%，达到 32 亿美元，其中俄罗斯出口约为 8 亿美元，进口为 24 亿美元。②

俄罗斯积极参与印尼大规模交通基础设施建设计划。俄罗斯与印尼在铁路基础设施方面的合作非常具有前景，俄罗斯一直积极参与印尼原有铁路的现代化改造以及建设新的铁路项目。2015 年，俄罗斯铁路公司参加了印度尼西亚加里曼丹岛 190 多公里铁路的建设，③ 这一铁路将自然资源丰富的地区与工业技术密集的地区连接起来。俄罗斯资本参与了当地的生产与加工企业。在民航交通领域，俄罗斯希望向印尼提供俄罗斯生产的民航客机，即苏霍伊超级 100 型客机和 MC-21 客机，然而，由于苏霍伊超级 100 型客机 2012 年 5 月在印尼试飞时坠毁，以及 2019 年 5 月在俄罗斯发生坠毁事故，短期来看，这款飞机难以在印尼获得订单。在水上交通方面，俄罗斯希望向印尼出口装备卫星跟踪系统的高速船艇。俄罗斯还与印尼在信息通信等高技术领域积极开展合作。

此外，俄罗斯还希望与印尼积极开展能源合作，其中包括开展核能领域的合作，在此方面，俄罗斯原子能公司在印尼积极展示其核电技术的先进性和安全性。2020 年 2 月，时任印度尼西亚驻俄罗斯大使苏普里亚迪明确表

---

① Российско－индонезийские переговоры, http://kremlin.ru/events/president/news/51932, 最后访问日期: 2016 年 5 月 18 日。
② Комментарий Департамента информации и печати МИД России в связи с переговорами Министра иностранных дел Российской Федерации С. В. Лаврова с Министром иностранных дел Индонезии Р. Марсуди, https://www.mid.ru/ru/foreign_policy/news/-/asset_publisher/cKNonkJE02Bw/content/id/3115555, 最后访问日期: 2018 年 3 月 12 日。
③ Заявления для прессы по итогам российско－индонезийских переговоров, http://kremlin.ru/events/president/news/51934, 最后访问日期: 2016 年 5 月 18 日。

示,"印尼原子能机构(BATAN)已经与俄原子能公司举行会谈。我们提供建造首个核电站的场地"。① 该项工作目前处于初始阶段。

在食品及农业领域,印尼积极谋求扩大向俄罗斯出口鱼类产品和其他种类的食品,以便提高双边贸易额。

在地区经济合作及一体化方面,印度尼西亚希望扩大与欧亚经济联盟的贸易规模,并有意与欧亚经济联盟进行建立自贸区的谈判。2017年,印尼向欧亚经济联盟递交了启动建立自贸区可能性谈判的申请,俄罗斯对此表示支持。② 2019年,印尼与欧亚经济联盟签署了《欧亚经济联盟与印度尼西亚政府合作备忘录》,这意味着印尼与欧亚经济联盟的合作迈出了实质性的步伐。

近年来,俄罗斯与印度尼西亚积极开展包括军事技术在内的军事合作。两国在2016年5月签署了《俄罗斯联邦政府与印度尼西亚政府国防合作协定》,该文件对推进双方军事合作具有重要指导意义。近年来,俄罗斯向印尼出售武器装备是双方军事合作的一项重要内容,双方成立的军事技术委员会在这一领域发挥了重要作用。自普京第三总统任期以来,俄罗斯加强了与印尼的军事技术合作。2018年,俄印两国签署合同,合同规定俄罗斯向印尼出口11架苏-35战斗机,合同金额达11亿美元。③ 2017年,时任印尼国防部部长利亚米扎德表示,雅加达希望耗资超9000万美元,从俄罗斯购买约50辆BTR-82A型装甲运兵车。④此外,俄罗斯与印尼还就俄罗斯向印尼供应2艘636型"华沙女人"级柴电潜艇进行磋

---

① 《印尼驻俄大使:印尼向俄原子能公司提供建造核电站的场地》,http://sputniknews.cn/russia/20200218103067685/,最后访问日期:2020年2月18日。

② Выступление Министра иностранных дел России С. В. Лаврова по итогам переговоров с Министром иностранных дел Индонезии Р. Марсуди, Джакарта, 9 августа 2017 года, https://www.mid.ru/ru/foreign_policy/news/-/asset_publisher/cKNonkJE02Bw/content/id/2834143,最后访问日期:2017年8月9日。

③ 《俄国防产品出口公司:莫斯科正等印尼有关苏-35战机交付日期的决定》,http://sputniknews.cn/russia/201911181030065674/,最后访问日期:2019年11月18日。

④ 《俄军事工业公司:印尼有意采购俄制BTR-82A装甲运兵车》,http://sputniknews.cn/military/201711061023982357/,最后访问日期:2017年11月6日。

商与合作。①在 2016 年 6 月两国领导人的会晤中，双方就俄罗斯向印尼转让技术达成一致。印尼还希望探讨联合生产的可能性。此外，印尼对军官培训和军事教育合作表现出了兴趣。

俄罗斯还与印尼在安全领域开展了合作。俄罗斯安全会议与印尼政治、法律与安全事务协调部定期就战略安全问题进行磋商与对话。例如，2018 年 3 月，俄罗斯安全会议秘书帕特鲁舍夫与时任印尼政治、法律与安全事务统筹部部长维兰托举行了例行会晤。双方重点就共同对抗恐怖主义和极端主义进行协调与合作，并一致同意加强国防部门与其他强力部门的接触与合作，加强侦察信息领域的交流。双方还成立了俄罗斯—印尼打击恐怖主义工作组，并定期召开会议以协调双方的立场和行动。2016 年 1 月，在莫斯科召开了该工作组的第三次会议。此外，俄罗斯与印尼还在救灾减灾领域开展了合作。

俄罗斯与印尼还在人文领域开展了合作。2016 年，有大约 150 名印尼学生在俄罗斯学习。在 2016/2017 学年，俄罗斯为印尼划拨了 100 个俄罗斯国家奖学金名额。② 2018 年，有大约 300 名印尼大学生在俄罗斯学习，其中 150 名学生学习铁路专业。在 2017/2018 学年，俄罗斯为印尼划拨了 161 个公费名额。③ 俄罗斯外长拉夫罗夫于 2020 年 2 月指出，目前有 300 多名印尼公民在俄罗斯学习。④ 2015 年，印尼对俄罗斯公民实施 30 天免签证制度，以促进双方旅游合作以及人员往来。2016 年和 2017 年分别有 6 万名和 7 万

---

① 《俄联邦军技合作局：俄与印尼正商讨两艘"华沙女人"级潜艇供应合同》，http://sputniknews.cn/military/201703211022143503/，最后访问日期：2017 年 3 月 21 日。
② Заявления для прессы по итогам российско‐индонезийских переговоров, http://kremlin.ru/events/president/news/51934，最后访问日期：2016 年 5 月 18 日。
③ Комментарий Департамента информации и печати МИД России в связи с переговорами Министра иностранных дел Российской Федерации С. В. Лаврова с Министром иностранных дел Индонезии Р. Марсуди, https://www.mid.ru/ru/foreign_policy/news/-/asset_publisher/cKNonkJE02Bw/content/id/3115555，最后访问日期：2018 年 3 月 12 日。
④ Выступление Министра иностранных дел Российской Федерации С. В. Лаврова на открытии фотовыставки, посвященной 70‐летию установления российско‐индонезийских дипломатических отношений, Москва, 4 февраля 2020 года, https://www.mid.ru/ru/maps/id/-/asset_publisher/zaMdV5V4XUmC/content/id/4019364，最后访问日期：2020 年 2 月 4 日。

名俄罗斯公民去印尼旅游。①

为促进双方文化交往,莫斯科每年都举行印尼文化节。俄罗斯文化界也在印尼的多个城市举办文化活动。双方还在 2016 年 5 月签署了《俄罗斯联邦文化部与印度尼西亚文化教育部 2016~2018 年文化合作计划》。

俄罗斯还努力在外交领域与印尼开展合作,特别是努力在外交立场上加以协调。2018 年 3 月,俄罗斯外长在与印尼外长会晤后表示,两国确认"对国际关系关键问题的立场是一致的。两国赞成联合国的中心作用,尊重国际法,以包容的不试图孤立任何人的态度解决所有政治问题,完全尊重国家主权、领土完整以及不干涉主权国家的内政"。② 俄罗斯驻印尼大使加卢金指出,"俄罗斯和印尼赞成每一个民族、每一个国家都拥有选择国家制度和社会经济发展模式的主权"。③

---

① Комментарий Департамента информации и печати МИД России в связи с переговорами Министра иностранных дел Российской Федерации С. В. Лаврова с Министром иностранных дел Индонезии Р. Марсуди, http：//www. mid. ru/ru/foreign_ policy/news/-/asset_ publisher/cKNonkJE02Bw/content/id/3115555,最后访问日期：2018 年 3 月 12 日。

② Выступление Министра иностранных дел России С. В. Лаврова в ходе совместной пресс-конференции по итогам переговоров с Министром иностранных дел Индонезии Р. Марсуди, Москва, 13 марта 2018 года, https：//www. mid. ru/ru/foreign_ policy/news/-/asset_ publisher/cKNonkJE02Bw/content/id/3117994,最后访问日期：2018 年 3 月 13 日。

③ Интервью Посла России в Индонезии М. Ю. Галузина информагентству «ТАСС», 28 июня 2016 года, https：//www. mid. ru/ru/maps/id/-/asset_ publisher/zaMdV5V4XUmC/content/id/2337963,最后访问日期：2016 年 6 月 28 日。

第六章
俄罗斯的南亚政策

在历版《俄罗斯联邦外交政策构想》、其他官方文件以及俄罗斯官方领导人的谈话中,俄罗斯的亚太政策都涵盖包括印度在内的南亚地区。近年来,随着印度的快速发展,南亚及印度洋地区交通运输意义的日益凸显,世界及地区大国出于各自地缘政治考量竞相与印度发展战略关系特别是美国积极发展与印度的战略关系,并试图利用印度遏制中国,从而使南亚地区特别是印度在国际政治中的战略地位和重要性日益提升。此外,阿富汗的形势也发生了巨大变化。随着南亚形势的发展演变,俄罗斯自普京第三总统任期以来更加重视南亚地区,并对其南亚政策进行了一系列调整。[①]

一 俄罗斯南亚政策的总体框架

俄罗斯在南亚地区实施以印度为主要战略"支点"与合作对象,同时旨在使俄罗斯与南亚国家关系多样化,其中包括发展俄罗斯与巴基斯坦的关系,积极参与解决阿富汗问题,以维护地区安全和稳定,从而最终维护俄罗

[①] 本书中所探讨的俄罗斯南亚政策的对象不包括伊朗,但是需要清楚的是,俄罗斯外交部第二亚洲司主管的南亚事务涉及的国家包括阿富汗、孟加拉国、印度、伊朗、马尔代夫、尼泊尔、巴基斯坦和斯里兰卡等。

斯在南亚地区的战略利益，巩固并提高俄罗斯在南亚地区战略地位的次地区政策。

(一) 战略和政治领域

自普京第三总统任期以来，俄罗斯致力于全面发展与南亚国家的战略友好关系。在南亚国家中，印度实力最为强大，同时与俄罗斯保持着传统的友好关系，俄罗斯与印度在南亚、亚太或"印太"以及全球具有诸多共同的战略利益和目标，印度对俄罗斯的战略价值和重要性，是任何其他南亚国家所无法代替的，因此，俄罗斯在南亚地区奉行以印度为"战略支点"的政策。与此同时，出于一系列战略考量，主要出于对印度发展与美国关系的一种警告和牵制，以及解决阿富汗问题的需要，俄罗斯自普京第三总统任期以来开始加强与巴基斯坦的战略对话与合作。在很大程度上，这是梅德韦杰夫总统执政时期俄罗斯与巴基斯坦已经开始的和解进程的延续以及进一步强化和加速，这是俄罗斯南亚政策发生的最重大的变化之一。

在南亚以及整体亚太政策中，俄罗斯对中印战略矛盾其中包括领土争端保持实际中立的战略立场。俄罗斯不希望中印战略矛盾加深和激化，不愿意由于被迫在中印之间做出战略选择而失去其中任何一个重要伙伴，而是希望缓解中印战略紧张局面，减少中印战略矛盾，并努力将二者团结在自己身边。例如，俄罗斯外长拉夫罗夫于 2017 年 12 月就印度与中国（及巴基斯坦）的矛盾指出，"我们所有人（中俄印外长）都愿意解决所有的相互矛盾和分歧"。[1] 再如，在 2020 年 6 月中印两国军事人员于加勒万河谷地区发生肢体冲突后，俄罗斯外长拉夫罗夫指出，"印度和中国的军事代表已经进行沟通。他们正在讨论局势，探讨缓解紧张局势的措施。我们对此

---

[1] Выступление и ответы на вопросы Министра иностранных дел России С. В. Лаврова в Международном фонде им. Свами Вивекананды, Нью‐Дели, 11 декабря 2017 года, https://www.mid.ru/ru/foreign_policy/news/-/asset_publisher/cKNonkJE02Bw/content/id/2984577，最后访问日期：2017 年 12 月 11 日。

表示欢迎"。① 俄罗斯总统新闻秘书佩斯科夫指出,"在中印边境发生的事件无疑令人担忧,因为印度和中国是我们非常密切的盟友","所以,我们当然担忧这一事件","我们希望并相信,新德里和北京能够展现外交和政治智慧,在独立的、没有任何国家干预的情况下,能够找到未来避免局势升级的办法"。② 以上表明,俄罗斯在事实上保持了战略中立,没有站在中印任何一边,同时希望双方缓解紧张局势,并解决彼此矛盾与争端。

事实上,俄罗斯希望缓解或消除中印矛盾的根本战略目的在于,将中印两国团结在自己的周围,最终建立俄中印战略三角,以抗衡西方,反制以美国为首的西方维护世界霸权的图谋,并最终促进世界多极化的发展。俄罗斯外长拉夫罗夫于2019年2月指出,当普里马科夫提出这一构想的时候,他预见到了中国和印度实力的增强,以及俄罗斯克服20世纪90年代遭遇的诸多问题的能力,使这些国家成为建立新的国际关系体系——不是单极世界或两极世界,而是多极世界——不可分割的参与者。"极越多(中国、印度和俄罗斯是世界事务中的独立的极),就越是有更大的必要性来保障这一体系的稳定。建立这一三角形式的接触,成为建立多极体系许多其他部分的榜样。"③

因此,面对中印之间的战略矛盾,俄罗斯在保持中立战略立场的同时,希望中印两国能够缓解或消除彼此矛盾,从而使俄罗斯避免落入在中印之间进行战略选择的困境,并最终将中印两国团结在俄罗斯周围,从而为实现多

---

① Выступление и ответы на вопросы СМИ Министра иностранных дел Российской Федерации С. В. Лаврова в ходе пресс-конференции по итогам видеоконференции Россия – АСЕАН по вопросам борьбы с коронавирусом, Москва, 17 июня 2020 года, https://www.mid.ru/ru/foreign_policy/news/-/asset_publisher/cKNonkJE02Bw/content/id/4168016,最后访问日期:2020年6月17日。

② В Кремле обеспокоены ситуацией на границе Индии и Китая, сообщил Песков, https://ria.ru/20200620/1573238240.html,最后访问日期:2020年6月20日。

③ Интервью Министра иностранных дел России С. В. Лаврова «Вьетнамскому телевидению» и китайским телеканалам «ЦТВ» и «Феникс», Москва, 24 февраля 2019 года, http://www.mid.ru/ru/foreign_policy/news/-/asset_publisher/cKNonkJE02Bw/content/id/3540803,最后访问日期:2019年2月24日。

极世界的战略目标创造有利条件。

与此同时，在俄罗斯的南亚及亚太整体政策中，正如上文已经指出的，俄罗斯反对美国的"印太战略"，反对美国将印度纳入遏制中国的战略轨道及其拉拢印度加入美日澳印四国集团的图谋。因为，美国的上述举措不仅将损害中国的战略利益，也将使俄罗斯对印度的战略影响力受到排斥或削弱，从而损害俄印关系以及俄罗斯在南亚地区的战略利益，同时也将阻碍俄罗斯团结中印两国以共同建立多极世界目标的实现。

为了阻止美国的上述企图，牵制美国与印度战略关系的发展，维护和巩固俄罗斯与印度的战略关系，阻止南亚地区的分裂与对抗，俄罗斯在积极发展俄印双边关系的同时，大力支持印度加入上合组织，并积极推进中俄印战略三角合作。

面对印度和巴基斯坦的战略矛盾，尽管俄罗斯与巴基斯坦的关系远不如其与印度的关系，但是，俄罗斯不愿意看到印巴关系紧张。因为，印巴矛盾的激化以及双方冲突的爆发和升级，将破坏俄罗斯与南亚国家特别是俄罗斯与巴基斯坦在应对阿富汗的"三股势力"以及毒品犯罪方面的有效合作；此外，俄罗斯还担心印巴之间的矛盾和冲突有可能进一步导致印度与中国关系的紧张，从而破坏发展俄中印战略三角合作的战略目标。因此，俄罗斯不愿看到印巴之间出现对抗和冲突，并希望印巴改善双边关系。

在以上背景下，为了发展和提升与巴基斯坦的关系，促进阿富汗问题的解决，为印度和巴基斯坦的对话与合作创造新的平台和机遇，以及扩大俄罗斯及上合组织在南亚地区的战略影响，俄罗斯也同意并支持巴基斯坦加入上合组织。

（二）安全领域

南亚地区存在一系列复杂的边境问题、领土纠纷、民族矛盾和历史恩怨等，这使南亚地区具有爆发大规模战争和武装冲突的可能性。中国、印度和巴基斯坦是南亚地区矛盾的主要当事方，三国都是上合组织成员国，中国与印度还是金砖国家成员，两国与俄罗斯保持着密切的战略关系，是俄罗斯实现亚太或"印太"地区以及全球战略目标的主要战略伙伴,三者之间一旦爆发战争或激烈冲突,将给俄罗斯的地区和全球利益带来重大损害,因此,俄罗斯希望实现南亚地区的和平。为此,俄罗斯呼吁各方保持冷静,缓解紧张局势,并以和平方式,通过谈判解决彼此矛盾。俄罗斯外交部发言人扎哈洛娃就中印边界对峙事件指出,"我们正在密切关注中国和印度之间实际控制线(地区)的局势发展。我们希望这两个国家作为国际社会中负责任的成员,能够利用现有的双边对话机制,依据不使用武力的政治协议,找到相互接受的方式,以尽快解决已经出现的紧张局势"。① 俄罗斯希望各方遵循这一原则,避免地区爆发大规模战争或剧烈武装冲突,从而维护地区的和平与稳定,并为各方走向关系的正常化以及开展相关合作创造有利的条件和氛围。

印巴矛盾是影响南亚地区和平与稳定的另一个重要问题。俄罗斯并不愿意看到印度与巴基斯坦关系紧张,更不愿意看到双方爆发严重冲突。俄罗斯担心的是,一旦印巴发生严重冲突与对抗,势必造成地区形势的进一步动荡,影响俄罗斯与包括印巴在内的地区国家共同打击地区恐怖主义以及毒品犯罪的努力,从而为地区恐怖主义以及毒品犯罪行为的进一步扩张提供可乘之机。俄罗斯在印巴矛盾与冲突中秉持总体中立立场的同时,呼吁双方和平解决争端,防止事态升级。2016年9月,俄罗斯外交部就印巴边境冲突指出,俄罗斯"对近来一段时间印巴控制线地区局势的恶化表示关切。我们呼吁双方防止紧张局势升级,并以政治和外交手段通过谈判解决现有问题"。② 2017年6月,俄罗斯外交部就印巴克什米尔争端发表声明指出,"俄罗斯的立场是原则性的也是不变的:伊斯兰堡与新德里之间的分歧应该根据1972年《西姆拉协定》和1999年《拉合尔宣言》的规定,由他们在双边基础上解

---

① В МИД прокомментировали ситуацию на индийско‑китайской границе, https://ria.ru/20200617/1573079454.html, 最后访问日期: 2020年6月17日。
② Комментарий Департамента информации и печати МИД в связи с обострением ситуации вдоль Линии контроля между Индией и Пакистаном, http://www.mid.ru/ru/foreign_policy/news/-/asset_publisher/cKNonkJE02Bw/content/id/2481037, 最后访问日期: 2016年9月30日。

决"。"与整个国际社会一样,俄罗斯希望印度和巴基斯坦的关系能够是睦邻关系。这将直接促进地区稳定与安全的巩固,以及互利经贸关系的发展。"[1]

除了以上问题外,近期来自南亚地区特别是阿富汗的"三股势力",尤其是以"伊斯兰国"为代表的恐怖组织以及毒品问题,给作为俄罗斯盟友的中亚国家以及俄罗斯自身带来了严重的安全威胁和挑战。因此,俄罗斯南亚安全政策的重要目标和方向之一,就是有效遏制及打击南亚地区特别是阿富汗的"三股势力"及毒品威胁。为此,俄罗斯自普京第三总统任期以来,积极加强与印度、巴基斯坦等各方力量之间的安全合作,特别是在反恐和反毒方面的合作。同时俄罗斯积极调整了自身的阿富汗政策。第一,俄罗斯由奉行反塔利班政策,转变为与其对话及有限合作。第二,俄罗斯由支持美国及北约在阿富汗采取军事行动,转变为明确主张通过政治手段解决阿富汗问题,并支持美国与塔利班谈判及达成和平协议。第三,在推进阿富汗民族和解进程上,俄罗斯的态度日益积极、主动,突出以美国之外的重要国际力量的角色发挥独立作用,并积极促进塔利班参与这一进程。为推进阿富汗的民族和解,俄罗斯近年来在以下两方面进行了努力。一是在广泛参与阿富汗问题国际合作的基础上,重点推进自己主导的解决阿富汗问题的地区合作模式——"莫斯科进程"。2017年4月,俄罗斯在莫斯科举行了阿富汗问题莫斯科地区磋商会议,即第一次阿富汗问题莫斯科会议,由此开启了"莫斯科进程"。"莫斯科进程"的启动,标志着俄罗斯希望形成以自己为主导的、以阿富汗所有邻近国家共同参与的区域合作方式解决阿富汗问题的国际合作机制。二是俄罗斯致力于直接推动阿富汗国内各政治派别的对话与磋商。第四,在应对来自阿富汗的非传统安全威胁方面,俄罗斯不再寄希望于美国并公开督促美军撤离阿富汗,同时日益重视上海合作组织和集体安全条约组织以及与盟友的安全合作。例如,在俄倡议下,上合组织-阿富汗联络组于2017年10月恢复了

---

[1] Комментарий Департамента информации и печати МИД России в связи с сообщениями в пакистанских СМИ, https://www.mid.ru/ru/foreign_policy/news/-/asset_publisher/cKNonkJE02Bw/content/id/2784621,最后访问日期:2017年6月15日。

工作并在莫斯科召开第一次会议。俄罗斯还促进阿富汗政府参加上合组织地区反恐机构活动。此外，俄罗斯还推动上合组织地区反恐机构改革，使其不仅反恐，还增加反毒职能。①

（三）经济合作领域

俄罗斯与南亚国家的经济合作主要集中于俄罗斯与印度的经济合作。最近几年来，随着俄罗斯与巴基斯坦关系的加强，俄罗斯与巴基斯坦的经济合作关系也得到了发展。在与南亚国家的经济合作中，俄罗斯积极扩大与南亚国家的相互贸易与投资规模，促进贸易投资的便利化，改善贸易结构；积极开展俄罗斯与南亚国家在能源、高技术、基础设施建设、区域互联互通等领域的互利合作；俄罗斯还积极推进欧亚经济联盟与印度的经济合作及一体化进程。此外，俄罗斯还在上合组织框架内开展与南亚国家的经济合作。

二 俄罗斯与南亚国家的关系

在南亚地区，印度是俄罗斯的"战略支点"以及独一无二的战略伙伴。俄罗斯自普京第三总统任期以来，继续优先致力于发展与印度的战略伙伴关系；同时，俄罗斯也积极发展与巴基斯坦等南亚其他国家的友好合作关系。本书主要分析俄罗斯与南亚地区最重要的两个国家——印度、巴基斯坦的双边关系，对俄罗斯与南亚其他国家的双边关系加以省略处理。

（一）俄罗斯与印度

在俄罗斯的亚太政策中，印度不仅是俄罗斯在南亚地区独一无二的战略重点，同时也是俄罗斯在亚太地区除中国之外的又一战略"支点"。20世纪90年代初独立后，俄罗斯与印度在1993年签署了新的和平与合作条约。进

---

① 俄罗斯阿富汗政策的立足点和最终归宿是维护俄罗斯及其中亚盟友的安全和利益，这一问题与俄罗斯的中亚政策有着密切关联，因此，笔者将在有关俄罗斯中亚政策的另一本著作中详细论述俄罗斯的阿富汗政策，此处只作概述。

入 21 世纪以来，俄罗斯与印度的战略关系快速发展，不断重拾昔日苏联与印度的友谊，两国关系呈现日益密切的趋势。俄罗斯对印度奉行的政策是，不断深化与印度的战略伙伴关系，大力加强两国在各领域的双边互利合作以及在现实国际问题上的合作。① 2000 年 10 月，俄印签署了《战略伙伴关系联合宣言》，由此两国正式建立战略伙伴关系。2010 年 12 月，俄印签署了《联合声明：俄罗斯联邦与印度共和国战略伙伴关系十年与未来发展前景》，两国在该文件中宣布，"双方确认，在过去 10 年，我们两国的关系已经达到了特殊的特惠战略伙伴关系的水平"。② 这是俄印两国在官方文件中首次将两国关系定位于特殊的特惠战略伙伴关系，意味着俄印两国关系的战略水平实现了自 2000 年以来的重大提升。在俄印两国关系的发展中，双方 2000 年建立的领导人互访机制、20 世纪 90 年代成立的"俄印经贸、科技与文化合作政府间委员会"、2000 年成立的"军事技术合作政府间委员会"以及其他双边合作机构，对促进两国在相关领域的合作发挥了重要作用。俄印两国一直保持着密切的高层交往，双方每年定期举行国家领导人峰会。在至 2019 年的 12 年里，两国领导人共进行了 20 次领导人峰会。③ 两国议会之间的交流与合作也在逐步加强。

1. 俄罗斯与印度战略关系的巩固和发展

自普京第三总统任期以来，俄罗斯持续高度重视发展与印度的战略友谊与合作，着力于巩固、充实以及提高两国间特殊的特惠战略伙伴关系。俄罗斯总统普京于 2012 年撰文指出，"深化与印度的友谊与合作是俄罗斯外交政

---

① 参见 Концепция внешней политики Российской Федерации//Независимое военное обозрение. 14. 07. 2000；Концепция внешней политики Российской Федерации，http：//www. mid. ru/brp_ 4. nsf/0/357798BF3C69E1EAC3257487004AB10C，最后访问日期：2008 年 7 月 16 日；Концепция внешней политики Российской Федерации，http：//www. mid. ru/brp_ 4. nsf/0/6D84DDEDEDBF7DA644257B160051BF7F，最后访问日期：2013 年 2 月 16 日。

② Совместное заявление：Десятилетие стратегического партнёрства между Российской Федерацией и Республикой Индия и перспективы его развития，http：//kremlin. ru/supplement/825，最后访问日期：2010 年 12 月 21 日。

③ Начало российско‐индийских переговоров，http：//kremlin. ru/events/president/transcripts/61440，最后访问日期：2019 年 9 月 4 日。

第六章　俄罗斯的南亚政策

策的优先重点之一"。① 俄罗斯总统普京于 2019 年 9 月在会晤印度总理莫迪时指出，"印度是俄罗斯的关键伙伴之一。我们两国的关系具有真正的战略与特殊的特惠性质，并在友好与互利的基础上循序渐进地发展"。② 为了凸显俄印友好关系，2019 年 9 月，印度总理莫迪访俄期间，俄罗斯总统普京授予印度总理莫迪俄罗斯最高奖章——圣安德烈勋章。

印度也一直致力于加强与俄罗斯的传统友谊与合作。印度总理莫迪指出，"我们的政府致力于深化俄印关系"，③ "对我们而言，我们与俄罗斯的关系是最高的优先方向"。④ "俄罗斯至今仍是印度的关键战略伙伴，特别是国防领域"，"两国间牢固的伙伴关系成为全球秩序变化下和平与稳定的支柱"。⑤

在俄罗斯和印度的共同意愿和努力下，自普京第三总统任期以来，两国特殊的特惠战略伙伴关系不断得以充实、巩固和发展。2014 年 12 月，俄罗斯总统普京在莫迪政府上台执政后首次访问印度，这次访问对俄印两国关系的发展具有重要意义。在此次元首会晤中，双方发表的题为《巩固俄印伙伴关系十年计划》的联合声明指出，"俄印之间特殊的特惠战略伙伴关系的根基在于两国人民相互信任、相互理解以及特殊密切关系的牢固基础"，双方领导人强调，"两国将在未来十年巩固这一伙伴关系"。⑥

俄印两国特殊的特惠战略伙伴关系的突出特点在于双方高度认同的政治

---

① Россия и Индия: новые горизонты стратегического партнёрства в XXI веке, http://www.kremlin.ru/transcripts/17180, 最后访问日期：2012 年 12 月 24 日。
② Заявления для прессы по итогам российско-индийских переговоров, http://kremlin.ru/events/president/news/61442, 最后访问日期：2019 年 9 月 4 日。
③ Встреча с Премьер-министром Индии Нарендрой Моди, http://president.kremlin.ru/news/46230, 最后访问日期：2014 年 7 月 16 日。
④ Начало российско-индийских переговоров в расширенном составе, http://kremlin.ru/events/president/transcripts/47223, 最后访问日期：2014 年 12 月 11 日。
⑤ «Партнёрство ради мира и стабильности на планете». Совместное заявление по итогам визита Президента Российской Федерации В. В. Путина в Республику Индию, http://kremlin.ru/supplement/5137, 最后访问日期：2016 年 10 月 15 日。
⑥ Совместное заявление Дружба-Дости: план по укреплению российско-индийского партнерства в течение следующего десятилетия, http://kremlin.ru/supplement/4790, 最后访问日期：2014 年 12 月 11 日。

互信和牢固的战略关系。正如 2014 年 12 月俄罗斯总统普京指出的，"俄罗斯和印度的关系从未受到局势波动的影响。尽管历史时代、政治和国家领导人发生了变化，但我们两国仍然是深化多方面双边合作的可靠伙伴"。①
2014 年 7 月，印度总理莫迪在巴西与普京会晤时说，"如果询问任何一位印度人，谁是印度最好的朋友，每个人、每个孩子都会说，是俄罗斯。正是俄罗斯在任何艰难时刻都无条件地与印度肩并肩站在一起"。②

2. 俄罗斯与印度的经济务实合作

经贸与投资合作是俄罗斯与印度全面合作的重要组成部分，受到两国政府和领导人的高度重视。俄罗斯总统普京指出，"这一问题在传统上占据我们会谈的中心地位"，"牢固的、发展中的经济合作、经济接触是加深我们两国特殊的特惠战略伙伴关系的可靠基础"。③ 然而，在贸易领域，受到西方对俄制裁以及国际大宗商品价格波动等一系列因素的影响，俄印双边贸易额从 2012 年至 2016 年这 5 年间呈现持续下降趋势，据统计，2012 年至 2016 年，俄印双边贸易额分别为 110. 403 亿美元、100. 738 亿美元、95. 129 亿美元、78. 293 亿美元和 77. 100 亿美元。④ 为了扭转上述消极趋势，并促

---

① Интервью индийскому информационному агентству PTI, http：//kremlin. ru/events/president/news/47209，最后访问日期：2014 年 12 月 9 日。
② Встреча с Премьер – министром Индии Нарендрой Моди, http：//president. kremlin. ru/news/46230，最后访问日期：2014 年 7 月 16 日。
③ Российско-индийский деловой форум，http：//kremlin. ru/events/president/news/58734，最后访问日期：2018 年 10 月 5 日。
④ 2012 年的数据参见 Внешняя торговля Российской Федерации по основным странам и группам стран，http：//www. customs. ru/attachments/article/17091/WEB_ UTSA_ 09. xls，最后访问日期：2013 年 3 月 10 日；2013 年的数据参见 Торговля между Россией и Индией в 2013 г.，https：//russian-trade. com/reports-and-reviews/2016-03/torgovlya-mezhdu-rossiey-i-indiey-v-2013-g/，最后访问日期：2016 年 3 月 1 日；2014 年的数据参见 Торговля между Россией и Индией в 2014 г.，https：//russian-trade. com/reports-and-reviews/2016-04/torgovlya-mezhdu-rossiey-i-indiey-v-2014-g/，最后访问日期：2016 年 4 月 1 日；2015 年的数据参见 Торговля между Россией и Индией в 2015 г.，https：//russian – trade. com/reports – and – reviews/2016 – 05/torgovlya – mezhdu-rossiey-i-indiey-v-2015-g/，最后访问日期：2016 年 5 月 1 日；2016 年的数据参见 Торговля между Россией и Индией в 2016 г.，https：//russian – trade. com/reports – and – reviews/2017-02/torgovlya-mezhdu-rossiey-i-indiey-v-2016-g/，最后访问日期：2017 年 2 月 28 日。

进两国经贸合作的平稳、快速发展，俄罗斯和印度近年来采取了一系列措施促进双方经贸与投资合作。俄印两国政府大力拓展双方经济合作的规模与范围，特别是努力推进大项目的合作，改善商品与服务贸易结构，积极加强使用本币在贸易结算中的合作；印度还加入了俄罗斯银行金融信息系统以保障两国银行间业务的流畅；俄印还在两国经贸、科技与文化合作政府间委员会的框架下建立了优先投资项目联合工作组，以商定优先投资项目。2017 年 6 月，俄印双方就一份由 19 个项目构成的清单进行了协商，双方将建立相关联合企业，涉及运输基础设施、高技术（如制药、航空航天等）以及农业等领域。[①] 为加速俄印的贸易通关并加强海关监管，俄印两国海关于 2015 年 4 月签署了《关于实施交换预报信息合作备忘录》，此后，俄印解决了一系列复杂的技术问题，并开始成功实施交换预报信息制度，这一信息包括在出口报关单中，这为扩大双边贸易规模创造了先决条件。[②] 此外，俄远东吸引投资和出口支持署在印度孟买设立了代表处，以加强俄罗斯远东地区与印度之间的经贸与投资合作。俄罗斯和印度在 2018 年 11 月和 2019 年 7 月先后在俄罗斯圣彼得堡和印度新德里举办了第一轮和第二轮俄印战略经济对话，以促进两国政府部门及商界在经济合作方面的沟通与协调。两国还通过举办俄罗斯—印度商务论坛，以及俄罗斯邀请印度政府官员及商界人士参加圣彼得堡经济论坛与远东经济论坛等活动，促进两国的商业接触与合作。

在俄印政府的积极合作下，俄印两国贸易额在 2016 年触底后开始连续增长，据统计，2017 年至 2019 年，俄印双边贸易额分别为 93.579 亿美元、109.769 亿美元和 112.299 亿美元，同比增长 21.37%、17.30%

---

① Заявления для прессы по итогам российско-индийских переговоров, http://kremlin.ru/events/president/news/54660，最后访问日期：2017 年 6 月 1 日。
② «Партнёрство ради мира и стабильности на планете». Совместное заявление по итогам визита Президента Российской Федерации В. В. Путина в Республику Индию, http://kremlin.ru/supplement/5137，最后访问日期：2016 年 10 月 15 日。

和 2.30%。① 在投资方面，至 2017 年，俄罗斯对印度累计投资超过 40 亿美元，印度对俄罗斯累计投资达到 80 亿美元。②

在以往合作的基础上，俄印决定继续努力推进双方的经贸与投资合作。2018 年 10 月，俄印发表联合声明指出，"双方支持尽早启动绿色走廊项目，以简化印度和俄罗斯商品运输的海关业务。我们认为这是加强相互贸易的重要一步"。③ 2019 年两国商定，加快联合工作以消除贸易（包括保护措施）、海关与行政壁垒，并将继续研究削减限制措施的问题。双方于 2019 年 9 月批准的《俄印经贸与投资合作及计划行动战略》规定，取消投资障碍，推进优先领域的大规模互利联合项目，加强科技与创新合作。④ 双方还商定，"优化商品与服务贸易结构，改善企业活动与投资环境，协调和优化进出口结构，对技术、卫生防疫和植物检验的要求加以简化和标准化"。⑤ 2014 年 12 月，俄印领导人提出贸易与投资合作的未来目标，即 2025 年前使两国商品与服务贸易额提高到 300 亿美元，来自每一方的相互投资都要超过 150 亿美元。⑥

在务实合作领域，俄罗斯近年来积极响应印度提出的"印度制造"倡

---

① 2017 年的数据参见 Торговля между Россией и Индией в 2017 г., https://russian-trade.com/reports-and-reviews/2018-02/torgovlya-mezhdu-rossiey-i-indiey-v-2017-g/，最后访问日期：2018 年 2 月 15 日；2018 年的数据参见 Торговля между Россией и Индией в 2018 г., https://russian-trade.com/reports-and-reviews/2019-02/torgovlya-mezhdu-rossiey-i-indiey-v-2018-g/，最后访问日期：2019 年 2 月 9 日；2019 年的数据参见 Торговля между Россией и Индией в 2019 г., https://russian-trade.com/reports-and-reviews/2020-02/torgovlya-mezhdu-rossiey-i-indiey-v-2019-g/，最后访问日期：2020 年 2 月 13 日。

② Заявления для прессы по итогам российско-индийских переговоров, http://kremlin.ru/events/president/news/54660，最后访问日期：2017 年 6 月 1 日。

③ «Россия - Индия: надежное партнерство в меняющемся мире». Совместное заявление Президента Российской Федерации В. В. Путина и Премьер-министра Республики Индии Н. Моди, http://kremlin.ru/supplement/5343，最后访问日期：2018 年 10 月 5 日。

④ Заявления для прессы по итогам российско-индийских переговоров, http://kremlin.ru/events/president/news/61442，最后访问日期：2019 年 9 月 4 日。

⑤ Совместное заявление по итогам XX российско-индийского саммита «Через доверие и партнёрство - к новым вершинам сотрудничества», http://kremlin.ru/supplement/5438，最后访问日期：2019 年 9 月 4 日。

⑥ Совместное заявление Дружба - Дости: план по укреплению российско-индийского партнерства в течение следующего десятилетия, http://kremlin.ru/supplement/4790，最后访问日期：2014 年 12 月 11 日。

第六章　俄罗斯的南亚政策

议，并积极开展这一框架下的双边务实合作，主要涉及能源、民用核能和航空航天等高技术领域，以及基础设施建设等领域。为了推进两国经济合作更好开展，2018 年 3 月，时任俄罗斯经济发展部部长奥列什金与印度贸易和工业部部长普拉布在新德里签署了题为《俄印经济合作：前进之路》的联合声明，两国还在 2019 年共同批准并实施《俄印经贸与投资合作及计划行动战略》，以上文件为双方未来的经济合作指明了道路。

在能源合作领域，俄总统普京指出，"俄罗斯是印度能源市场可靠的能源资源提供者"。[1] 近年来，俄印两国不断加强能源合作，致力于建设"能源之桥"，积极开展各种能源合作。在油气领域，俄罗斯积极推进远东、西伯利亚和北极地区的油气资源向印度出口，同时大力吸引印度参与俄罗斯上述地区油气资源的联合勘探与开采。印度石油天然气公司（ONGC）的子公司 OVL 公司是印度在俄罗斯的最大投资者，该公司参与了"萨哈林-1"号项目，该项目每年向印度提供 100 多万吨石油。[2] 2014 年 5 月，俄罗斯石油公司与印度 OVL 公司签订了通过国际银团在俄罗斯北极大陆架合作的谅解备忘录。2016 年 7 月，俄罗斯石油公司向印度能源企业出售万科尔石油公司 23.9% 的股份，[3] 此外，2016 年印度的几家公司购买了在东西伯利亚地区开采油气田的俄罗斯"塔斯-尤里亚赫"石油天然气开采公司 29.9% 的股份。[4] 俄罗斯石油公司与印度埃萨尔石油集团 2015 年签署协议，俄罗斯石油公司将在 10 年内每年向印度炼油厂提供 1000 万吨石油。[5] 此后，双方加大了合作力度。2017 年，俄罗斯石油公司购买了印度埃萨尔石油集团，这是俄罗斯对印度最大的

---

[1] Заявления для прессы по итогам российско‐индийских переговоров，http：//kremlin. ru/events/president/news/61442，最后访问日期：2019 年 9 月 4 日。

[2] Интервью индийскому информационному агентству PTI，http：//kremlin. ru/events/president/news/47209，最后访问日期：2014 年 12 月 9 日。

[3] Интервью Владимира Путина МИА «Россия сегодня » и информагентству IANS，http：//kremlin. ru/events/president/news/53082，最后访问日期：2016 年 10 月 13 日。

[4] ООО «Таас-Юрях Нефтегазодобыча »，https：//tyngd. rosneft. ru/about/Glance/OperationalStructure/Dobicha_ i_ razrabotka/Vostochnaja_ Sibir/tyngd/，最后访问日期：2017 年 1 月 9 日。

[5] Заявления для прессы по итогам российско‐индийских переговоров，http：//kremlin. ru/events/president/news/51011，最后访问日期：2015 年 12 月 24 日。

一笔投资,总额达 126 亿美元。①

在天然气合作领域,俄罗斯向印度提供液化天然气是双方合作的主要形式。俄罗斯天然气工业公司与印度国营天然气公司在 2012 年签署长期供应液化天然气合同,合同期为 20 年,每年供应 250 万吨液化天然气。② 2018 年 1 月,双方对供应价格和规模做出了调整。根据新协议条款,印度国营天然气公司获得的液化天然气将比最初的合同多出 600 万吨,价格将与布伦特原油价格挂钩,此外,合同期限延长至 23 年。③ 2018 年 6 月,印度国营天然气公司收到了俄罗斯天然气工业公司发送的首批液化天然气。此外,两国还在煤炭领域密切合作,主要是俄罗斯向印度出口煤炭。根据统计,2018 年,俄罗斯向印度提供了约 230 万吨石油、55 万吨石油制品、450 万吨煤。④ 俄罗斯与印度在油气领域合作规模不断扩大的同时,还制定了这一领域的长期合作规划,双方于 2019 年 9 月签署了《2019~2023 年发展油气合作路线图》。两国就加强在远东和北极地区开采油气资源和发展液化天然气合作达成一致。⑤

近年来,俄印在高技术领域特别是核能领域开展了密切的合作,双方将和平利用核能领域的合作视为两国战略关系的突出特点之一。⑥ 2014 年 12 月,两国签署了《俄罗斯联邦与印度共和国关于加强和平利用核能合作的战略愿景》,对双方的核能合作进行了全面规划。在两国的核能合作中,库丹库拉姆核电站项目是俄印合作的重点。一期工程是一号和二号机组的建

---

① Российско-индийский деловой форум, http://kremlin.ru/events/president/news/58734,最后访问日期:2018 年 10 月 5 日。
② Интервью индийскому информационному агентству PTI, http://kremlin.ru/events/president/news/47209,最后访问日期:2014 年 12 月 9 日。
③ Индийская GAIL получила первый СПГ по контракту с «Газпромом», https://eadaily.com/ru/news/2018/06/04/indiyskaya-gail-poluchila-pervyy-spg-po-kontraktu-s-gazpromom,最后访问日期:2018 年 6 月 4 日。
④ Заявления для прессы по итогам российско-индийских переговоров, http://kremlin.ru/events/president/news/61442,最后访问日期:2019 年 9 月 4 日。
⑤ Заявления для прессы по итогам российско-индийских переговоров, http://kremlin.ru/events/president/news/61442,最后访问日期:2019 年 9 月 4 日。
⑥ Санкт-Петербургская Декларация Российской Федерации и Республики Индии: Взгляд в XXI век, http://kremlin.ru/supplement/5199,最后访问日期:2017 年 6 月 1 日。

设，2013 年，俄罗斯设计建造的该项目的核电站一号机组已经交付印度使用，目前已满功率工作，二号机组于 2016 年 10 月交付印度；① 作为二期工程的三号和四号机组分别于 2017 年 6 月和 10 月进入实质性建设阶段；三期工程是五号和六号机组的建设，其中五号机组已于 2021 年 6 月开始建设。根据 2014 年 12 月俄印双方签署的协议，双方还将在 20 年内另址建设另外 6 个核电机组。② 换言之，俄罗斯将在 20 年内在印度至少建设 12 个发电机组。③ 在这一项目中，俄罗斯为印度提供了 34 亿美元的国家贷款。④ 依据上述协议，2018 年 10 月，俄罗斯国家原子能集团公司与印度原子能委员会在新德里签署了关于就核能领域新项目开展合作的文件。根据该文件，双方打算在印度新址建设核电站，共 6 个机组，俄方提供 3 代+ВВЭР-1200 核反应堆。⑤

在航空领域，俄罗斯努力将苏霍伊超级 100 型客机和 MS-21 客机推向印度市场，并与印度研究在后者建立联合企业以联合研制和生产民用客机的可能性。在航天领域，俄印两国致力于加强在火箭制造、发动机制造、研制航天器，包括微卫星以及地球遥感、空间气象学和卫星导航等领域的合作。双方在 2015 年签署了《俄罗斯联邦航天局与印度空间研究组织关于扩大和平研究与利用太空合作相互谅解备忘录》，该文件对俄印两国和平研究与利用太空合作进行了全面规划。在俄印两国的航天合作中，

---

① Выступление заместителя Министра иностранных дел России И. В. Моргулова на конференции «Россия и Индия: стратегическое видение двусторонних отношений и меняющегося миропорядка», Москва, 12 октября 2017 года, https: //www. mid. ru/ru/foreign_ policy/news/-/asset_ publisher/cKNonkJE02Bw/content/id/2899078，最后访问日期：2017 年 10 月 12 日。

② Заявления для прессы по итогам российско-индийских переговоров, http: //kremlin. ru/events/president/news/51011，最后访问日期：2015 年 12 月 24 日。

③ Заявления для прессы по итогам российско-индийских переговоров, http: //kremlin. ru/events/president/news/54660，最后访问日期：2017 年 6 月 1 日。

④ Интервью Владимира Путина МИА «Россия сегодня» и информагентству IANS, http: //kremlin. ru/events/president/news/53082，最后访问日期：2016 年 10 月 13 日。

⑤ АЭС "Куданкулам": судьба и перспективы российского проекта в Индии, https: //lt. sputniknews. ru/20210705/aes-kudankulam-sudba-i-perspektivy-rossiyskogo-proekta-v-indii-17336315. html? ysclid=lbg90clxts53544336，最后访问日期：2022 年 12 月 1 日。

双方重点致力于加强在载人航天与卫星导航领域的合作。俄罗斯支持印度载人航天事业的发展，两国签署有《俄罗斯支持印度首个载人航天项目"加加尼亚"谅解备忘录》，2018 年 12 月，印度政府批准了该备忘录，俄罗斯将为印度宇航员提供训练。俄罗斯还致力于在印度领土上部署"格洛纳斯"导航系统地面观测站，而印度也将在俄罗斯领土上部署自己的地区导航系统的地面观测站。此外，双方还积极加强在火箭制造、卫星制造与回收等领域的合作。

为了加强在高科技与创新领域的合作，俄印两国建立了俄印科技合作高级别委员会，并签署了《印度科技部与俄罗斯联邦经济发展部创新合作相互谅解备忘录》。2019 年 9 月，俄印两国达成一致，加强在电子通信技术、机器人技术、人工智能、纳米技术和制药等领域的合作。[1]

俄印两国保持着传统领域的合作。例如，双方在金刚石领域一直进行密切的合作。俄罗斯是世界上最大的金刚石开采国，占世界产量的 27%，而印度是世界金刚石制品的领袖，占世界金刚石制品产量的 65%。俄罗斯有近一半的金刚石原料出口到印度。[2] 双方还在努力进一步加强合作。此外，两国还在木材加工业和农业等领域进行积极合作。

基础设施建设是两国合作的优先方向。印度邀请俄罗斯公司参加发展"工业走廊"，其中包括建设公路和铁路基础设施，实施"智慧城市"构想，车辆制造以及建立联合物流公司等。在印方邀请下，俄罗斯积极帮助印度建设国内基础设施。2015 年 12 月，俄罗斯铁路公司与印度铁道部签署了铁路领域技术合作的谅解备忘录。2016 年 10 月，俄罗斯铁路公司与印度铁道部签署了"高速铁路"计划的合作协议。2017 年 2 月，俄罗斯铁路国际公司（俄罗斯铁路公司的子公司）的办事处在新德里开设。该

---

[1] Совместное заявление по итогам XX российско‐индийского саммита «Через доверие и партнёрство‐к новым вершинам сотрудничества», http://kremlin.ru/supplement/5438，最后访问日期：2019 年 9 月 4 日。

[2] Заявления для прессы по итогам российско‐индийских переговоров, http://kremlin.ru/events/president/news/51011，最后访问日期：2015 年 12 月 24 日。

公司的领导层宣布，除了那格浦尔—塞康德拉巴德铁路改造外，该公司在印度还有与高铁干线建设、开发城市交通、培训人才以及提供各种技术相关的其他项目。①俄罗斯与印度于2019年9月就加强双方客运与货运航空往来，继续在运输教育、干部专业培训、实施运输基础设施项目的科学对接等方面进行合作达成一致。② 俄罗斯交通大学与印度国家铁路交通学院也进行了相关合作。此外，俄罗斯和印度还积极开展两国地方之间的合作。

3. 俄罗斯与印度的人文合作

俄罗斯和印度在人文领域开展了密切合作。两国文化与旅游联合工作组对推进双方文化及旅游合作发挥了积极作用。两国还制定并实施了一系列文化交流合作计划，例如，双方于2017年签署并实施了《2017～2019年文化交流计划》，以促进两国文化交流与合作。在文化交流的框架内，双方在印度举行俄罗斯文化节，并在俄罗斯举行印度文化节，例如，持续至2019年3月的印度文化节在俄罗斯22个城市举办了相关活动。此外，在俄罗斯还举办印度电影节，并在印度举办俄罗斯电影节。双方还组织并实施青年及作家之间的交流。同时，双方还在努力扩大文化交流的地理范围，有意加强地方之间的文化交流。

在旅游领域，俄罗斯联邦旅游署和印度旅游部为了促进双方旅游合作进行了积极协调，积极推进双方旅游组织之间的合作。两国还积极简化签证制度，延长签证有效期限。俄印两国在2015年发表的联合声明中确认，双方

---

① Дмитрий Бокарев. Роль России в создании евразийского экономического пространства, https://ru.journal-neo.org/2017/07/10/rol-rossii-v-sozdanii-evrazijskogo-e-konomicheskogo-prostranstva/，最后访问日期：2017年7月10日；Дмитрий Бокарев. Роль России в создании евразийского экономического пространства, https://ru.journal-neo.org/2017/07/10/rol-rossii-v-sozdanii-evrazijskogo-e-konomicheskogo-prostranstva/，最后访问日期：2017年7月10日。

② Совместное заявление по итогам XX российско-индийского саммита «Через доверие и партнёрство- к новым вершинам сотрудничества», http://kremlin.ru/supplement/5438，最后访问日期：2019年9月4日。

达成协议,给予对方公民有效期六个月的多次入境旅游签证。① 此后,签证时间进一步延长,俄罗斯公民赴印度的商务与旅游电子签证的有效期已经延长到一年。2017 年有 22 万名俄罗斯公民赴印度,有 9.4 万名印度人到访俄罗斯。② 两国还将 2018 年定为"俄罗斯和印度旅游年"。

在教育合作方面,2015 年 5 月俄印两国建立了大学联盟,至 2018 年 10 月已经举行了三次会议,双方高校会员数量达到了 42 个。③ 2018 年有 1 万名印度大学生在俄罗斯学习,俄罗斯每年向印度公民提供 100 个奖学金名额。④ 两国还积极致力于在本国推广对方语言的学习。

4. 俄罗斯与印度的军事及安全合作

近年来,俄罗斯与印度在军事及军事技术领域开展了密切合作,两国将该领域的合作视为两国间特殊的特惠战略伙伴关系的重要基础之一。俄罗斯外交部指出,两国在这一领域合作的"速度和深度证明了莫斯科和新德里之间的信任达到了前所未有的水平。我们还没有类似的其他合作"。⑤ 双方建立的军事技术合作政府间委员会在这一领域发挥着重要作用。

在军事技术合作领域,苏联(俄罗斯)在超过半个世纪的时间里一直向印度武装力量提供装备并对其加以现代化。自 1991 年以来,俄罗斯一直是印度的首要武器供应国。印度是唯一与俄罗斯有长期军事技术合作计划的

---

① Совместное российско-индийское заявление по итогам официального визита в Российскую Федерацию Премьер-министра Республики Индии Н. Моди «Через доверительные отношения к новым горизонтам сотрудничества» 24 декабря 2015 года, http://kremlin.ru/supplement/5050, 最后访问日期:2015 年 12 月 24 日。

② Заявления для прессы по итогам российско-индийских переговоров, http://kremlin.ru/events/president/news/58732, 最后访问日期:2018 年 10 月 5 日。

③ «Россия-Индия:надежное партнерство в меняющемся мире». Совместное заявление Президента Российской Федерации В. В. Путина и Премьер-министра Республики Индии Н. Моди, http://kremlin.ru/supplement/5343, 最后访问日期:2018 年 10 月 5 日。

④ Заявления для прессы по итогам российско-индийских переговоров, http://kremlin.ru/events/president/news/58732, 最后访问日期:2018 年 10 月 5 日。

⑤ Комментарий Департамента информации и печати МИД России к вопросу о ВТС России с государствами Южной Азии, http://www.mid.ru/foreign_policy/news/-/asset_publisher/cKNonkJE02Bw/content/id/1757040, 最后访问日期:2015 年 9 月 18 日。

国家。进入21世纪以来，俄印两国已经制定并执行了《2001~2010年军事技术合作计划》和《2011~2020年军事技术合作计划》。2021年12月，俄印两国又签署了《2021~2030年军事技术合作计划》。此外，双方还召开俄印军事—工业会议，以讨论和协商相关军事技术合作问题。俄印军事技术合作的范围涵盖了几乎所有军兵种的武器装备。自普京第三总统任期以来，俄罗斯致力于进一步加强与印度的军事技术合作。为此，双方在2018年12月签署了改变两国军事技术合作政府间委员会结构的协议，在该委员会框架内建立了独立的军事合作工作组。两国改组军事技术合作政府间委员会的目的，就是进一步加强并密切双方的军事技术合作。近年来，俄罗斯与印度的军事技术合作呈现以下三方面的特点。

第一，双方合作形式正在从过去俄印之间单向的出售新装备和升级改造旧装备的传统"买卖"方式，加速向联合研制及生产先进武器装备，以及成立合资企业和转让技术等新方式转变。例如，俄印于2010年12月签署了联合设计和开发第五代战机的合同，这是双方合作形式的重大突破。自普京第三总统任期以来，俄印两国联合研制及生产武器装备的趋势更加明显。近年来，双方联合研制或生产的武器装备包括多功能第5代战机、"布拉莫斯"高精度导弹、印度本地化生产卡-226T轻型多用途直升机、11356型护卫舰以及AK-203自动步枪等，至2021年，印度根据许可证已经生产了220多架苏-30MKI歼击机、约900辆T-90S坦克和1500辆T-72M1坦克。① 2019年9月，俄印双方签署了关于建立联合企业以及在印度生产俄制武器装备的备件、零件、组件和其他产品的相关协议。俄罗斯总统普京于2014年12月指出，"印度是久经考验的可靠伙伴"，"高水平的双边合作和互信使我们开始从'供货商—消费者'这一传统模式逐渐过渡为合作研制和生产现代化武器系统"。② 2018年12月，

---

① В "Рособоронэкспорте" рассказали о произведенном в Индии вооружении, https://ria.ru/20211207/vooruzhenie-1762495382.html?ysclid=lbghzb6msy586597215，最后访问日期：2022年12月1日。

② Интервью индийскому информационному агентству PTI, http://kremlin.ru/events/president/news/47209，最后访问日期：2014年12月9日。

时任印度驻俄罗斯大使卡特什·瓦尔马表示，俄印目前面临的任务是"将两国关系推向新高度"。"这指的是摆脱立足于'买家—卖家'原则的关系框架，上升到合作研发与合作生产，以及借助彼此的优势进行更加密切的合作……根据这一立场，我们将支持俄罗斯军事工业，使其成为'印度制造'计划的积极参与者和伙伴。"① 在这一方针指导下，俄印两国近年来在一系列武器装备特别是在海军和空军武器装备方面加大了联合研制和生产的力度。

第二，俄罗斯正在向印度提供越来越多的先进军事技术和武器装备及其生产技术。近年来俄罗斯为了能够在对印军事技术合作中获得与美国竞争的优势，在与印度的军事技术合作方面，除了继续大力推进传统的武器和军事技术装备的出口转让外，还有另外一个日益明显的特点及趋势，即俄罗斯向印度提供越来越多的先进军事技术和武器装备，以及现代化武器生产技术。正如俄罗斯国防部部长绍伊古指出的，"没有任何一个国家像俄罗斯一样在武器和军事技术装备生产技术转移领域与印度开展如此密切的协作"。"我们在最敏感的领域开展合作。"② 俄罗斯军事专家利托夫金指出，"新德里与莫斯科的合作有其特殊之处：俄罗斯是唯一与印度在国防领域分享高技术的国家。印度仅与俄罗斯合作生产武器装备。所有这些都表明俄印双方间极高的信任程度"。③

第三，俄罗斯致力于完善对印军事技术和武器装备的售后服务。长期以来，在俄罗斯对印军事技术和武器装备的售后服务方面一直存在一些令印度不满意的问题。为了双方军事技术合作的顺利开展，俄罗斯努力解决售后服务中存在的消极因素和问题。2017 年 9 月，俄罗斯国防出口公司总经理亚

---

① Алексей Заквасин, Надежда Алексеева. «Высокий уровень доверия»: как будет развиваться военно-техническое сотрудничество между Россией и Индией, https://russian.rt.com/world/article/582880-shoigu-vizit-indiya-vts, 最后访问日期：2018 年 12 月 13 日。

② Сергей Шойгу: уровень кооперации России и Индии в передаче технологий производства ВиВТ не имеет прецедентов, https://armstrade.org/includes/periodics/news/2018/1213/135050096/detail.shtml, 最后访问日期：2018 年 12 月 14 日。

③ Алексей Заквасин, Надежда Алексеева. «Высокий уровень доверия»: как будет развиваться военно-техническое сотрудничество между Россией и Индией, https://russian.rt.com/world/article/582880-shoigu-vizit-indiya-vts, 最后访问日期：2018 年 12 月 13 日。

历山大·米赫耶夫指出，俄罗斯与印度达成协议，对此前交付的俄罗斯军事装备在整个生命周期内进行维修保养，这项工作将由6家集团公司完成，这6家公司分别是俄罗斯联合航空制造集团公司、俄罗斯联合造船集团、俄罗斯联合发动机制造集团、俄罗斯直升机控股集团、阿尔马兹-安泰集团以及战术导弹武器集团。① 2018 年 12 月，在俄罗斯国防部部长绍伊古与时任印度国防部部长尼尔马拉·西塔拉曼共同主持召开的俄印军事技术合作政府间委员会第18次会议上，双方除了讨论军事技术装备合作领域的一系列新项目之外，还重点就俄罗斯在印度设立的俄制军事技术装备保养中心的运作问题进行了磋商和讨论，以进一步提高俄罗斯对售印军事技术和武器装备的售后服务水平。

  冷战后，俄罗斯与印度进行了大规模、范围广泛的军事技术合作。印度自2007年成为俄罗斯首要武器出口国，到2012年年底，总计向俄订购了110亿美元的武器装备，占俄罗斯同期350亿美元武器订单的1/3；② 根据俄罗斯联邦军事技术合作局2018年的信息，"近5年来，俄罗斯对印度的军品出口超过了120亿美元"。③ 据斯德哥尔摩国际和平研究所统计，2013年至2017年，俄产武器占印度武器进口总量的62%。④ 美国智库的研究显示，印度军队超过80%的军备都来自俄罗斯，对俄制武器依赖严重。自2014年以来，印度超过55%的国防进口来自俄罗斯。目前在印度军队服役的装备、武器和平台有86%来自俄罗斯。印度海军的这一比例超过41%，而印度空军有2/3的装备都是俄罗斯制造的。该国陆军的这一数字

---

① 《六家俄罗斯集团公司将向印度供应军事装备提供保养》，https：//sputniknews. cn/20170719/1023155927. html，最后访问日期：2017 年 7 月 19 日。

② Военно - техническое сотрудничество России с Индией, http：//vpk. name/news/81888 _ voennotehnicheskoe_ sotrudnichestvo_ rossii_ s_ indiei. html，最后访问日期：2013 年 1 月 9 日。

③ Владимир Мухин. Москва поставит Дели "встречный огонь"，https：//yandex. ru/turbo/ng. ru/s/politics/2018-12-13/1_ 7462_ india. html，最后访问日期：2018 年 12 月 13 日。

④ Алексей Заквасин, Надежда Алексеева. «Высокий уровень доверия»: как будет развиваться военно - техническое сотрудничество между Россией и Индией，https：//russian. rt. com/world/article/582880-shoigu-vizit - indiya-vts，最后访问日期：2018 年 12 月 13 日。

是惊人的 90%。① 俄罗斯是印度军队现代化武器装备的最主要提供者。正如印度前总理辛格指出的，"在我国以增强战备为目的而推进武装力量现代化的尝试中，俄罗斯是关键的伙伴"。②

在空军武器装备方面，印度一直向俄罗斯购买战机及零部件，是俄罗斯米格-29K/KUB、苏-27 和苏-30MKI 战机的最大外国买家。自 21 世纪初以来，印度在购买俄制战机方面花费了 200 多亿美元，其中采购 272 架苏-30MKI 组件的支出为 120 亿美元。印度还在使用俄罗斯米-17V 多用途直升机（出口型号是米-8）和卡-28 反潜机。③ 俄罗斯正在向印度提供越来越多的先进武器装备。例如，2018 年 10 月，俄罗斯与印度签署了莫斯科将向印度提供 10 个营的 S-400 防空导弹系统的合同，总价值达 50 亿美元，④ 这是俄印军事技术合作的一个重要里程碑。这批武器计划于 2025 年上半年交付完毕。俄罗斯工贸部部长丹尼斯·曼图罗夫于 2020 年 2 月指出，俄罗斯 "'阿尔马兹-安泰'（Almaz-Antey）空天防御康采恩已经着手为印度生产 S-400 系统，俄罗斯将按照合同的规定如期交付"。⑤ 在此顺便一提，美国曾千方百计阻挠这项交易，建议印度购买美国 "爱国者" PAC-3 型导弹，华盛顿还威胁要根据《以制裁反击美国敌人法》对印度实施制裁。但美国的这些举措没有能够最终阻止俄罗斯与印度达成这项武器交易。继双方签署 S-400 防空导

---

① 《美智库：印度军备超 8 成来自俄罗斯 对俄依赖严重》，http://www.cankaoxiaoxi.com/mil/20200724/2416493.shtml，最后访问日期：2020 年 7 月 24 日。

② Заявления для прессы по итогам переговоров с ремьер-министром Индии Манмоханом Сингхом, http://www.kremlin.ru/transcripts/17183，最后访问日期：2012 年 12 月 24 日。

③ Алексей Заквасин, Надежда Алексеева. «Высокий уровень доверия»: как будет развиваться военно-техническое сотрудничество между Россией и Индией, https://russian.rt.com/world/article/582880-shoigu-vizit-indiya-vts，最后访问日期：2018 年 12 月 13 日。

④ Алексей Заквасин, Надежда Алексеева. «Высокий уровень доверия»: как будет развиваться военно-техническое сотрудничество между Россией и Индией, https://russian.rt.com/world/article/582880-shoigu-vizit-indiya-vts，最后访问日期：2018 年 12 月 13 日。

⑤ 《俄罗斯工贸部长：开始为印度生产 S-400 防空导弹系统》，http://sputniknews.cn/politics/202002041030574747/，2020 年 2 月 4 日。

弹系统合同之后，2018年11月，俄罗斯"针"式便携式防空导弹又赢得印度15亿美元短程防空导弹系统招标。俄罗斯世界武器贸易分析中心主任伊戈尔·科罗特琴科对此指出，"列装该武器将显著加强印度军队的防空能力，该系统将有机融入已经调整好的体系，不需要对印度防空体系做出根本性改变，也无需巨额资金开支"。① 2020年前后，俄印关于供应和在印度本地化生产卡-226T轻型多用途直升机的谈判已在完成阶段，总计将生产200架该型飞机，其中40架由俄罗斯供应，其余160架在印度组装。② 俄罗斯还希望拿下印度100架多用途歼击机的招标。在招标过程中，俄米格飞机制造公司推荐的是米格-35超机动战机。此外，俄罗斯与印度还致力于推进联合设计和开发第五代战机。

在陆军武器装备上，俄罗斯向印度出售最多的是T-72坦克和T-90坦克。2001年，印度首次从俄罗斯采购310辆T-90S坦克，俄方按照合同约定还同时向印度提供生产T-90S坦克的全套技术并许可印度在其国内自行生产1000辆。然而，在之后的10年内，俄方一再拖延向印度提供有关T-90S坦克的部分先进技术，导致印度仅仅生产了150辆T-90S坦克。印度不得不在2007年签署了向俄购买第二批总共347辆T-90S坦克的合同。③ 2019年11月，印度又与俄罗斯签署了价值31.2亿美元的合同，以在本土生产464辆T-90MC主战坦克。④

在海军武器装备方面，俄印两国在联合研制海军武器装备方面取得了重要成果。双方成功联合研制出了拥有先进技术性能的舰载超音速反舰巡航导

---

① 《继S400导弹之后 俄又赢印15亿美元防空武器大单》，https：//mil.huanqiu.com/article/9CaKrnKf4lg，最后访问日期：2018年11月21日。
② 《俄工贸部长：俄罗斯与巴基斯坦的合作不会给印度造成损害》，http：//sputniknews.cn/economics/202002041030578546/，最后访问日期：2020年2月4日。
③ 《俄拖延T90S关键技术致印欲寻求其他武器来源》，https：//mil.huanqiu.com/article/9CaKrnJtkqo，最后访问日期：2016年12月8日。
④ ВТС России и Индии имеет характер стратегического партнерства，https：//oborona.ru/product/centr-analiza-mirovoj-torgovli-oruzhiem/vts-rossii-i-indii-imeet-harakter-strategicheskogo-partnerstva-41707.shtml?ysclid=lbghwtot9y705768782，最后访问日期：2022年12月2日。

弹——"布拉莫斯"导弹。此后，双方又在此基础上联合研制出了该型导弹的陆基型和空基型版本。2018年11月，俄罗斯与印度签署联合建造4艘11356型护卫舰协议。① 2018年，俄罗斯"琥珀"造船厂已经开始准备为印度建造两艘11356型护卫舰，而另外两艘护卫舰将在印度国内完成建造。② 此外，印度海军唯一现役航母"超日王"号及其唯一现役核攻击潜艇"查克拉-2"号都来自俄罗斯。

值得注意的是，在俄罗斯与印度的军事技术合作中，俄罗斯还在加大向印度提供战略武器的力度。2019年3月俄印双方签署总额达30亿美元的政府间协议，根据这一协议，俄罗斯将从2025年起租借给印度另一艘971《Щука-Б》（阿库拉级）型多功能核潜艇，为期10年。③ 需要注意的是，俄罗斯与印度共同研发的"布拉莫斯"战略导弹能够运载核武器，印度已经发展出这种导弹的潜射型号，从而使自身逐步具备从潜艇发射核导弹的能力。俄印相关的军事技术合作正在助力印度逐步拥有核三位一体的战略威慑力量。

除了军事技术合作之外，俄罗斯与印度还通过联演联训、军事教育合作等方式加强军事合作。在这些合作中，俄罗斯向印度军队传授俄罗斯军队的作战经验，印度军队引入俄罗斯军队的作战技法。此外，俄罗斯军事顾问还负责培训印度军人。这些措施对加强俄印战略友好关系以及提高印度军队的作战能力具有重要意义。

俄印自2003年以来开始举行代号为"因陀罗"的系列联合演习，现已成为俄印传统联合军事演练形式。近年来，在两国的海军、陆军和空军的同

---

① 《俄罗斯与印度签署联合建造11356型护卫舰协议》，http：//www.81.cn/jskj/2018-11/22/content_9367272.htm，最后访问日期：2018年11月22日。
② Владимир Мухин. Москва поставит Дели "встречный огонь"，https：//yandex.ru/turbo/ng.ru/s/politics/2018-12-13/1_7462_india.html，最后访问日期：2018年12月13日。
③ ВТС России и Индии имеет характер стратегического партнерства，https：//oborona.ru/product/centr-analiza-mirovoj-torgovli-oruzhiem/vts-rossii-i-indii-imeet-harakter-strategicheskogo-partnerstva-41707.shtml?ysclid=lbghwtot9y705768782，最后访问日期：2022年12月2日。

一军种之间每年都举行代号为"因陀罗"的联合军演。这一系列演习最初只包含人道主义救援和反恐性质的内容，近年来不断补充了一些传统战斗任务科目。不仅如此，这一军演还逐渐具有跨军种性质，2017年，两国在这一联合演练框架下首次举行了跨军种联合训练——"因陀罗-2017"。此外，2018年8月，印度部队首次参加在俄罗斯举行的代号为"和平使命-2018"的反恐演习。俄印上述联合演练意在向外界展示，双方在印度洋乃至整个亚洲地区有着共同利益，两国将在捍卫地区利益以及维护地区稳定方面进行合作。

俄罗斯与印度的军事合作，不仅大大巩固了俄罗斯对印度的政治影响力，使俄罗斯获得了大量收入，同时，也大大提高了印度军队武器装备的现代化水平、军事训练水平，从而提高了印度军队的作战能力，并加强了印度国防工业的生产能力。

从广义来讲，俄印军事合作属于两国安全合作的组成部分。除了以上合作之外，俄印两国的安全合作还涉及多个领域，例如反恐、反毒以及应对紧急情况等。在这一方面，两国领导人以及相关部门领导之间一直保持密切的磋商，此外，俄罗斯联邦安全会议与印度国家安全委员会秘书处就保障安全的相关问题进行沟通与协调。

在俄印两国的安全合作中，反恐合作是双方合作的重要方面之一。俄印两国在反恐方面的合作主要体现在三个方面：一是双方在反恐方面的外交立场协调；二是双方在阿富汗问题上的协作与配合；三是双方在上合组织框架内进行的反恐合作。俄印两国还在打击毒品犯罪方面进行积极合作，为此，2017年11月俄印两国签署了《俄罗斯联邦内务部与印度共和国内务部毒品管制局2018~2020年反毒合作联合行动计划》，以加大两国合作打击毒品犯罪的力度。此外，俄印两国还致力于加强在应对紧急情况方面的合作。2016年3月，时任俄罗斯紧急情况部部长普奇科夫访问印度，两国召开了预防与处置紧急情况合作联合委员会第一次会议并签署了2016~2017年工作计划。

5. 俄罗斯与印度的外交协作

自普京第三总统任期以来,俄罗斯与印度积极协调双方在国际事务中的立场,并加强在国际和地区事务中的合作。为此,俄印两国领导人和外交部门之间保持着密切的外交沟通与合作。例如,俄印制定并实施了《俄罗斯联邦外交部与印度共和国外交部 2017~2018 年协商议定书》,双方于 2018 年 10 月又签署了《俄罗斯联邦外交部与印度共和国外交部 2019~2023 年协商议定书》。

俄罗斯和印度在一系列重要的外交问题上相互支持。2015 年 12 月,俄罗斯总统普京指出,"俄罗斯赞成进一步加强印度在解决全球和地区问题中的作用"。① 印度总理莫迪指出,"印度和俄罗斯总是相互支持"。②

俄罗斯对印度的外交支持主要有以下几点。一是俄罗斯理解并响应印度关于联合国安理会改革并希望成为常任理事国的诉求,明确表态支持印度成为改革后的安理会常任理事国。2015 年 12 月,俄罗斯总统普京指出,"我们认为,印度作为大国奉行深思熟虑的和负责任的外交方针,是联合国安理会常任理事国最合适的候选国之一"。③ 2018 年 10 月,俄印两国发表联合声明指出,"双方认为必须改革联合国安理会,以使其更好地反映现代世界秩序,并在对抗正在形成的全球性挑战方面更加有效。俄罗斯确认始终不渝地支持印度成为扩大后的安理会常任理事国"。④ 二是俄罗斯大力支持印度加入上合组织。俄罗斯总统普京指出,"俄罗斯积极支持印度加入上合组织",⑤ 印度加入上合组织的进程实际是在 2015 年从俄罗斯乌法市开始的,

---

① Заявления для прессы по итогам российско-индийских переговоров, http://kremlin.ru/events/president/news/51011,最后访问日期：2015 年 12 月 24 日。
② Заявления для прессы по итогам российско-индийских переговоров, http://kremlin.ru/events/president/news/54660,最后访问日期：2017 年 6 月 1 日。
③ Заявления для прессы по итогам российско-индийских переговоров, http://kremlin.ru/events/president/news/51011,最后访问日期：2015 年 12 月 24 日。
④ «Россия – Индия: надежное партнерство в меняющемся мире». Совместное заявление Президента Российской Федерации В. В. Путина и Премьер-министра Республики Индии Н. Моди, http://kremlin.ru/supplement/5343,最后访问日期：2018 年 10 月 5 日。
⑤ Заявления для прессы по итогам российско-индийских переговоров, http://kremlin.ru/events/president/news/51011,最后访问日期：2015 年 12 月 24 日。

"俄罗斯一直支持这一进程，并竭力护航"。① 2016 年 6 月 24 日，俄罗斯总统普京指出，"真心高兴的是，今天在上合组织峰会上签署了印度获得该组织成员国地位的义务谅解备忘录"，"明年，我们将与作为该组织全权成员的印度一起工作"，"这给予我们如今在上合组织平台与我们的印度朋友开展更加富有成果的工作的机会"。② 印度总理莫迪对此回应说，"今天我们开始了印度成为上合组织全权成员国的进程"，"我知道，您发挥了巨大的建设性作用，我向您表示感谢。所有这一切证明了，印度的真正朋友意味着什么。我衷心向您表示感谢"。③ 事实上，正是在俄罗斯的支持下，印度才在 2017 年正式成为上合组织成员国。三是俄罗斯支持印度加入核供应国集团。俄罗斯在多个外交场所多次明确表达了上述立场，例如，2019 年 9 月俄印两国发表的联合声明指出，"俄罗斯表示坚决支持印度成为核供应国集团的成员"。④ 四是俄罗斯支持印度加入亚太经合组织。2016 年 10 月俄印两国发表的联合声明指出，"俄罗斯确认自己支持印度发表的加入亚太经合组织的声明"。⑤ 而印度对俄罗斯的外交支持，主要是印度明确反对西方对俄罗斯的孤立和制裁。2017 年俄印两国发表的联合声明指出，"我们认为，单方面采取政治和经济制裁，将其用作施压手段的实践是不能接受的"。⑥ 此外，印度在 2022 年 2 月俄乌

---

① Встреча с Премьер-министром Индии Нарендрой Моди, http://kremlin.ru/events/president/news/54654, 最后访问日期：2017 年 6 月 1 日。

② Встреча с Премьер-министром Индии Нарендрой Моди, http://kremlin.ru/events/president/news/52260, 最后访问日期：2016 年 6 月 24 日。

③ Встреча с Премьер-министром Индии Нарендрой Моди, http://kremlin.ru/events/president/news/52260, 最后访问日期：2016 年 6 月 24 日。

④ Совместное заявление по итогам XX российско-индийского саммита «Через доверие и партнёрство- к новым вершинам сотрудничества», http://kremlin.ru/supplement/5438, 最后访问日期：2019 年 9 月 4 日。

⑤ «Партнёрство ради мира и стабильности на планете». Совместное заявление по итогам визита Президента Российской Федерации В. В. Путина в Республику Индию, http://kremlin.ru/supplement/5137, 最后访问日期：2016 年 10 月 15 日。

⑥ Санкт-Петербургская Декларация Российской Федерации и Республики Индии: Взгляд в XXI век, http://kremlin.ru/supplement/5199, 最后访问日期：2017 年 6 月 1 日。

冲突爆发前的乌克兰问题和叙利亚问题上也展现出对俄罗斯支持的立场。

近年来，俄罗斯与印度在联合国、二十国集团、上合组织、金砖组织以及俄中印三边机制等组织或平台框架下开展了紧密的外交合作。在两国的外交合作中，以下两方面的内容具有突出的代表性。

第一，两国都主张建立多极世界，以及公正、民主的世界秩序。例如，2014年12月俄印两国发表的联合声明指出，"俄罗斯与印度将携手推动构建多中心的、民主的世界秩序，这种秩序应当建立在各国的共同利益基础上。两国致力于全球政治、经济、金融和社会制度民主化，使这种制度更好地表达国际社会所有成员的梦想和利益"。① 2018年10月俄印两国发表的联合声明指出，"两国关系是保障全球和平与稳定的重要因素"，作为大国，俄罗斯和印度"对维护全球和平与稳定共同承担责任"，"俄罗斯与印度的相互协作与合作对于建立多中心的世界秩序是重要的"。② 俄印于2017年6月发表的《俄罗斯联邦与印度共和国圣彼得堡联合声明：展望21世纪》指出，俄印两国关系"有助于促进两国国家利益并建立更加稳定和公正的世界秩序"。③

第二，俄印两国为了维护自己的安全与地缘政治利益，维护和巩固各自在亚洲、太平洋、印度洋地区乃至世界的战略地位和影响力，都希望维护亚太地区的和平与稳定，致力于加强在亚洲、太平洋和印度洋地区的安全合作，并一致赞成亚太地区安全架构的非结盟性质。

俄印两国于2016年10月发表的联合声明指出，"双方再次确认致力于开展合作与协调，从而保障亚太地区的长久和平与稳定"。④ 为保障亚洲、太平洋和

---

① Совместное заявление Дружба – Дости: план по укреплению российско – индийского партнерства в течение следующего десятилетия, http://kremlin.ru/supplement/4790, 最后访问日期：2014年12月11日。

② «Россия – Индия: надежное партнерство в меняющемся мире». Совместное заявление Президента Российской Федерации В. В. Путина и Премьер-министра Республики Индии Н. Моди, http://kremlin.ru/supplement/5343, 最后访问日期：2018年10月5日。

③ Санкт-Петербургская Декларация Российской Федерации и Республики Индии: Взгляд в XXI век, http://kremlin.ru/supplement/5199, 最后访问日期：2017年6月1日。

④ «Партнёрство ради мира и стабильности на планете». Совместное заявление по итогам визита Президента Российской Федерации В. В. Путина в Республику Индию, http://kremlin.ru/supplement/5137, 最后访问日期：2016年10月15日。

印度洋地区的和平与稳定，俄印两国主张建立以集体安全原则为基础的地区集体安全架构。俄印两国于 2014 年 12 月发表的联合声明指出，"双方支持在亚太地区建立以集体努力并顾及地区所有国家利益为基础的、平衡的、包容的安全架构"。① 俄印两国于 2018 年 5 月再次确认，在亚太地区必须要有非结盟性质的安全架构，两国领导人一致认为，"在当前的地缘政治情况下，新的地区安全与合作架构应该以开放、平等、安全不可分割原则为基础"。② 显然，这是俄罗斯对美国试图拉拢印度支持美国的"印太战略"构想的有力牵制。这不仅有利于维护俄罗斯在亚太地区的战略利益，而且有利于阻止印度完全倒向美国。

除了以上两个方面之外，俄罗斯和印度在许多国际和地区问题上存在广泛一致或近似的立场与观点。

在包括南亚在内的亚太地区事务中，俄印双方致力于维护亚洲、太平洋和印度洋地区的安全与稳定，加强在上述地区的安全合作以及在亚太地区建立非结盟性质的安全架构。与此同时，两国认为应重点通过对话方式和平解决地区争端，尊重地区政治制度多样性以及对发展道路的选择。为此，双方积极致力于加强在双边以及东盟地区安全论坛、东盟与对话伙伴国国防部长会议等亚太多边机构及平台中的合作。俄印两国还积极致力于加强在东亚峰会框架内的合作。双方认为，东亚峰会"应该是一个由国家领导人参加的论坛，就广泛的战略、政治和经济问题进行对话，以确保东亚的和平、稳定与经济繁荣"，"应进一步考虑将海洋合作主题纳入东亚峰会议程作为合作的优先领域"。③ 此外，俄印两国还高度重视在上合组织框架下就地区政治、安全和

---

① Совместное заявление Дружба – Дости: план по укреплению российско – индийского партнерства в течение следующего десятилетия, http: //kremlin.ru/supplement/4790, 最后访问日期: 2014 年 12 月 11 日。

② Путин-Моди: обеспечить безопасность в Индо-Тихоокеанской зоне без блоков, https: // rossaprimavera.ru/news/9744a933, 最后访问日期: 2018 年 5 月 23 日。

③ Совместное российско-индийское заявление по итогам официального визита в Российскую Федерацию Премьер – министра Республики Индии Н. Моди «Через доверительные отношения к новым горизонтам сотрудничества » 24 декабря 2015 года, http: // kremlin.ru/supplement/5050, 最后访问日期: 2015 年 12 月 24 日。

经济事务开展合作。俄罗斯还致力于推动与印度共同开展俄中印机制框架下的合作。

在俄印的地区合作中，双方高度重视阿富汗问题。俄印两国认为，"恐怖主义和极端主义是阿富汗、本地区及其之外安全与稳定的主要威胁"，俄印两国对"阿富汗连续不断的暴力和日益严峻的安全问题及其对地区局势造成的消极影响"感到不安，① 此外，双方高度重视阿富汗境内毒品非法生产与贩运带来的挑战。双方认为，"必须采取坚决措施应对恐怖主义以及同毒品非法生产与贩运相关的新威胁"，"双方呼吁开展建设性的合作，其中包括国际和地区合作，以帮助阿富汗解决国内安全问题，提高阿富汗国家安全力量的战斗准备程度，提高反毒潜力"。②

俄印两国认为，为了从根本上有效应对上述安全威胁与挑战，必须促进阿富汗国内的和解与重建。2016年10月，俄罗斯总统普京指出，"俄罗斯和印度一致认为，必须在国际法准则基础上支持（阿富汗）民族和解的努力，双方致力于深化建设性的多边合作以帮助阿富汗解决国内安全问题、提高反毒潜力、保障社会经济发展并扩展相互联系"。③ 2018年10月俄印发表的联合声明指出，双方"支持阿富汗伊斯兰共和国政府旨在实施由阿富汗人领导和参与下的民族和解进程的努力"。"双方声明，决心在莫斯科（阿富汗问题）会议、'上合组织-阿富汗'联络组和其他国际公认的机制内合作，从而尽快解决阿富汗的持续冲突，结束恐怖分子的暴力，消灭其'安静的港湾'与境外避难所，并解决该国日益严重的毒品生产问题。双方号召国际社会团结努力，以禁止外部干预阿富汗内部事务，恢复经济，维护和平与稳定，保障阿富汗政治与经济发展，从而使其成为稳定的、安全的、统

---

① Санкт-Петербургская Декларация Российской Федерации и Республики Индии: Взгляд в XXI век, http://kremlin.ru/supplement/5199, 最后访问日期：2017年6月1日。

② «Партнёрство ради мира и стабильности на планете». Совместное заявление по итогам визита Президента Российской Федерации В. В. Путина в Республику Индию, http://kremlin.ru/supplement/5137, 最后访问日期：2016年10月15日。

③ Интервью Владимира Путина МИА «Россия сегодня» и информагентству IANS, http://kremlin.ru/events/president/news/53082, 最后访问日期：2016年10月13日。

一的、繁荣的和独立的国家。"① 此外，俄印两国还鼓励阿富汗的国内改革。② 在上述思想指导下，俄罗斯和印度在阿富汗问题上积极合作，印度支持"莫斯科进程"的协商框架，双方还在"上合组织-阿富汗"联络组的框架内以及其他国际公认的政治平台开展合作。

6. 俄罗斯与印度的地区经济合作

俄印两国支持加强地区经济合作与一体化，其中包括亚太空间以及更加广泛的欧亚空间的经济合作与一体化。近年来，俄罗斯与印度致力于推进大欧亚伙伴关系建设方面的合作，2018 年 10 月俄印两国发表联合声明指出，"印度欢迎俄罗斯建立大欧亚伙伴关系的倡议"。③ 俄罗斯赞成并支持欧亚经济联盟与印度开展合作并建立自由贸易区，并将其视为俄罗斯推进大欧亚伙伴关系建设的一部分。

俄罗斯和印度将欧亚经济联盟与印度建立自贸区作为双方的共同目标。2015 年 7 月，就欧亚经济联盟与印度签署自由贸易协定的可能性进行研究的俄印研究小组在莫斯科召开了第一次会议，这意味着俄罗斯和印度就后者开展与欧亚经济联盟的合作进程正式启动。在 2016 年 12 月欧亚经济联盟最高理事会会议上，欧亚经济联盟各成员国领导人一致同意，就欧亚经济联盟与印度建立自由贸易区问题与印度开始谈判。2017 年 6 月，时任欧亚经济联盟贸易委员尼基申娜与印度工业和贸易部部长希特哈拉曼签署了欧亚经济联盟与印度启动自贸区协定谈判的声明。这标志着欧亚经济联盟与印度正式启动了双方建立自贸区的磋商。俄印两国在 2019 年 9 月的领导人会晤中宣布，欧亚经济联盟与印度很快将举行

---

① 《Россия – Индия： надежное партнерство в меняющемся мире》．Совместное заявление Президента Российской Федерации В. В. Путина и Премьер-министра Республики Индии Н. Моди，http：//kremlin. ru/supplement/5343，最后访问日期：2018 年 10 月 5 日。

② Санкт-Петербургская Декларация Российской Федерации и Республики Индии：Взгляд в XXI век，http：//kremlin. ru/supplement/5199，最后访问日期：2017 年 6 月 1 日。

③ 《Россия – Индия： надежное партнерство в меняющемся мире》．Совместное заявление Президента Российской Федерации В. В. Путина и Премьер-министра Республики Индии Н. Моди，http：//kremlin. ru/supplement/5343，最后访问日期：2018 年 10 月 5 日。

关于制定自由贸易协定的首轮谈判。

俄罗斯与印度还在探讨和推进交通领域的互联互通建设，主要是南北国际运输走廊项目。俄印两国赋予该项目以重要意义。2018年10月俄印两国发表联合声明指出，"双方强调加强俄罗斯和印度交通联系的重要性。它们呼吁发展'南北'国际运输走廊"。①

俄印两国之间缺乏一条有良好前景的贸易路线，是俄印双边商业关系发展的一个关键障碍。② 南北国际运输走廊项目有助于实现印度与俄罗斯欧洲部分之间的互联互通，并使俄印间的货物运输时间和费用大大减少。早在2000年9月，俄罗斯、印度和伊朗三国代表就在圣彼得堡签署了南北国际运输走廊协议。南北运输走廊是一条古老的路线，连接南亚和北欧几个世纪，它是一种基于历史上业已形成的货运和客运方向的各种运输方式（公路、铁路、水路和航空）所组成的系统。2007年1月，俄罗斯总统普京在会见印度商业界人士时指出，"制约印度和俄罗斯贸易发展的因素之一在于高昂的运输费用"，因此，为发展俄印双边贸易，普京赞成"提高'南北通道'交通走廊的效率"。③ 然而，这一倡议在提出后却在一段时间内没有得到积极推进和落实。自普京第三总统任期以来，特别是随着西方在2014年乌克兰危机爆发后对俄罗斯实施经济制裁，以及以"一带一路"倡议为代表的地区经济合作迅猛发展的背景下，俄罗斯为了促进本国经济发展，同时也为了进一步扩展自己与中东、里海以及南亚地区国家的经济合作，加强在上述地区的战略影响力，开始积极推动南北国际运输走廊计划。2012年，俄罗斯、伊朗、印度、阿塞拜疆、亚美尼亚、哈萨克斯坦、吉尔吉斯斯坦、塔吉克斯坦、土耳其、乌克兰、白俄罗斯、阿曼和叙利亚签

---

① 《Россия - Индия: надежное партнерство в меняющемся мире》. Совместное заявление Президента Российской Федерации В. В. Путина и Премьер - министра Республики Индии Н. Моди, http：//kremlin.ru/supplement/5343, 最后访问日期：2018年10月5日。
② 《印度商工部长：俄方将于近期提出北南国际交通走廊的运作方案》, http：//sputniknews.cn/economics/201805311025528008/, 最后访问日期：2018年5月31日。
③ 《普京赞成拓宽"南北通道"交通走廊》, http：//sputniknews.cn/russia/2007012641689448/, 最后访问日期：2007年1月26日。

署了南北国际运输走廊项目协议。

新项目涉及铁路运输和水路运输。商品将从印度运往伊朗波斯湾的阿巴斯港，然后再运往里海的安扎利港，从那里沿着海路运往俄罗斯的阿斯特拉罕市，然后再走铁路运往欧洲其他地区，运输走廊全长7200公里。这条走廊将成为替代苏伊士运河最便宜和最短的一条通道，货物运输的时间和运费减少了30%~40%。如果同苏伊士运河相比较，从印度孟买市到俄罗斯莫斯科的商品若沿着南北走廊运输，将比以往快20天。① 2014年，已开始沿着这条走廊运输货物。

然而，这一项目建设进展缓慢。俄印双方认为，推进这一项目不仅需要一系列深入、细致的双边谈判，而且需要这一项目所有相关国家积极努力以解决"停滞"问题。② 当前，这一项目的重点在于，建设公路和铁路基础设施，完善和提升运输与物流服务，协调海关服务，简化财政程序，简化文件流程并转变为电子形式，在运输过程中引入数字技术和卫星导航。③ 俄罗斯和印度正在积极推进这一项目的建设。例如，2017年3月，阿塞拜疆、伊朗和俄罗斯三国代表在莫斯科召开的会议上，专门就在南北国际运输走廊框架下通过阿塞拜疆境内进行货物运输、开发伊朗边境阿斯塔拉的运输潜力等问题交换了意见，并达成协议将铁路运费削减50%。④ 俄罗斯和印度还积极与伊朗协商，以推进该项目的建设。2018年10月俄印两国商定，"优先研

---

① 《俄印伊三国将打造替代苏伊士运河的运输走廊》，http://sputniknews.cn/economics/201811011026712996/，最后访问日期：2018年11月1日。

② «Россия－Индия：надежное партнерство в меняющемся мире». Совместное заявление Президента Российской Федерации В. В. Путина и Премьер－министра Республики Индии Н. Моди，http：//kremlin.ru/supplement/5343，最后访问日期：2018年10月5日。

③ 参见 «Россия-Индия：надежное партнерство в меняющемся мире». Совместное заявление Президента Российской Федерации В. В. Путина и Премьер－министра Республики Индии Н. Моди，http：//kremlin.ru/supplement/5343，最后访问日期：2018年10月5日；Совместное заявление по итогам XX российско－индийского саммита «Через доверие и партнёрство－к новым вершинам сотрудничества»，http：//kremlin.ru/supplement/5438，最后访问日期：2019年9月4日。

④ 《阿塞拜疆、伊朗和俄罗斯达成削减50%铁路运费的协议》，http：//www.cankaoxiaoxi.com/finance/20170313/1762053.shtml，最后访问日期：2017年3月13日。

究召开南北国际运输走廊部长级会议及其协调委员会会议"。①

俄印两国认为，依靠新的经济增长点以及共同的工业和基础设施，南北国际运输走廊项目将在从印度洋到波罗的海这一空间的经济一体化中发挥关键作用。② 该项目将强化俄罗斯与印度的经贸交往和战略纽带，使俄罗斯获得一条进入印度洋的最短运输线路，帮助俄罗斯加强对中东、南亚以及印度洋地区的战略影响力；另外，它将帮助印度顺利进入中亚、里海、高加索地区国家及俄罗斯和欧洲其他国家。中亚地区是印度加强周边战略影响力的重要地区，对印度具有重要的地缘战略价值。此前，由于巴基斯坦横亘于印度和中亚之间，印度难以将触角伸向中亚。而南北国际运输走廊项目的实施，将使印度克服上述障碍，加强其在中亚地区的战略影响力，印度和中亚的战略关系也将会由此加强。

需要指出的是，在俄印关系中也存在一系列问题，其中，最突出的问题是，莫迪政府近年来不断与美国战略靠近，引起了俄罗斯的战略疑虑、不安，甚至某些不满。2020 年 12 月，俄罗斯外长拉夫罗夫指出，"在推进'印太战略'（所谓'民主四边形'）过程中，印度现在是西方国家坚持不懈的、侵略性的、巧妙政策的目标，试图将其拖入反华游戏中，顺便大幅削弱我们与印度的密切的伙伴关系和特惠关系"。③

（二）俄罗斯与巴基斯坦的双边关系

在俄罗斯对外战略中，印度是俄罗斯在南亚地区以及整个亚太地区的

---

① «Россия – Индия: надежное партнерство в меняющемся мире». Совместное заявление Президента Российской Федерации В. В. Путина и Премьер-министра Республики Индии Н. Моди, http: //kremlin. ru/supplement/5343，最后访问日期：2018 年 10 月 5 日。

② Совместное российско-индийское заявление по итогам официального визита в Российскую Федерацию Премьер-министра Республики Индии Н. Моди «Через доверительные отношения к новым горизонтам сотрудничества»24 декабря 2015 года, http: //kremlin. ru/supplement/5050，最后访问日期：2015 年 12 月 24 日。

③ Выступление Министра иностранных дел Российской Федерации С. В. Лаврова на Общем собрании Российского совета по международным делам, Москва, 8 декабря 2020 года, https: //www. mid. ru/ru/foreign_policy/news/-/asset_publisher/cKNonkJE02Bw/content/id/4470074，最后访问日期：2020 年 12 月 8 日。

重要战略支点，也是俄罗斯最重要的战略伙伴之一，无论是从国家自身的战略重要性还是从与俄罗斯的双边关系上来看，巴基斯坦远远不能与印度相比。然而，自普京第三总统任期以来，出于一系列战略考量，俄罗斯开始加强和巴基斯坦的战略对话与合作，这是俄罗斯南亚政策发生的最重大的变化之一。

首先，近年来特别是在2014年国际安全援助部队撤出阿富汗之后，阿富汗的安全形势发生巨大变化，来自阿富汗的恐怖主义威胁以及毒品泛滥问题对中亚和俄罗斯的消极影响日益凸显。在此背景下，巴基斯坦作为对阿富汗具有重要传统影响并在阿富汗问题的解决中具有重要作用的阿富汗邻国，对俄罗斯的战略重要性有所提升。俄罗斯希望通过加强与巴基斯坦的合作，有效打击阿富汗及其周边地区的恐怖主义及毒品犯罪，改善阿富汗的安全形势，维护阿富汗及其周边地区的和平与稳定，并加强俄罗斯对阿富汗以及南亚地区的战略影响力。

其次，近年来，世界大国与南亚地区的主要国家——印度和巴基斯坦的政治关系正在发生重大的重新分化组合。在冷战时期，南亚地区的印度靠近苏联，而巴基斯坦靠近美国。印度和巴基斯坦分属不同阵营。然而，冷战结束后，特别是在最近几年，世界大国以及南亚地区的印度和巴基斯坦根据自身的战略利益和目标，大幅调整了相互关系。

美国出于遏制中国以及削弱俄罗斯的地缘政治考量，日益加强与印度的战略合作关系，而作为美国昔日盟友的巴基斯坦与印度的彼此仇视与根深蒂固的矛盾，在某种程度上成为美国加强与印度战略关系的累赘与索绊；与此同时，美国与巴基斯坦在反恐问题上的分歧逐渐导致两国矛盾日益加深和激化。美国在与印度走向亲密的同时，与巴基斯坦日益疏远，甚至是对其加以抛弃。因此，印度正在取代巴基斯坦成为美国在南亚地区的关键盟友。在此背景下，俄罗斯为了保持自己的地缘政治利益和战略影响力，竭力保持及加强与印度的战略关系以避免其倒向美国并疏远自己；与此同时，开始积极加强与巴基斯坦的关系，以增强自己对南亚地区国家以及南亚地区事务的影响力，同时削弱美国对巴基斯坦和南亚地区事务的影响力。

最后，近年来，美国与印度的关系尤其是军事安全合作关系日益密切，这使俄罗斯感到不安与不悦。近一段时间，在俄罗斯国内，有一部分精英呼吁俄罗斯发展与巴基斯坦的关系，其中包括开展军事技术合作。在他们看来，此举一方面可以增加俄罗斯的武器出口收入，另一方面也是对印度与美国关系日益亲密的不满与惩罚。例如，俄罗斯学者康斯坦丁·马基延科指出，"俄罗斯应改变与巴基斯坦的军事技术合作态度"，"放弃巴基斯坦的订单让莫斯科损失的不光是钱"，"俄罗斯必须从印度的压力中解放出来，在军事技术合作方面对印度和其他伙伴一视同仁。在印度对俄商业利益给予特殊照顾之前，不要只顾及印度的军事政治利益"。① 在以上背景下，俄罗斯适当加强与巴基斯坦的关系，是对印度发展与美国关系的一种警告与牵制。

当然，还应看到的是，随着 2017 年印度和巴基斯坦共同加入上合组织，俄罗斯与巴基斯坦在上合组织框架下发展双边合作关系，其中包括安全及军事合作关系，这也符合上合组织相关领域的合作宗旨与精神。需要指出的是，俄罗斯在发展与巴基斯坦关系的同时，也在努力打消印度的战略疑虑。2014 年 12 月，俄罗斯总统普京在访问印度前指出，"至于巴基斯坦，我们两国就俄方协助提高反恐以及反毒行动的有效性举行过谈判。我认为，这种合作符合包括印度在内这一地区所有国家的长远利益"。②

在俄罗斯希望加强与巴基斯坦关系的同时，巴基斯坦也希望不断改善和发展与俄罗斯的关系。巴基斯坦的战略动机在于以下几个方面。首先，巴基斯坦在与印度的力量对比中本来就处于弱势地位，国家安全受到印度的严重威胁。虽然巴基斯坦与印度都拥有核武器，但是，核武器只是起到威慑的作用，在实际的战争和武装冲突中无法使用。在常规战争中，鉴于在经济和人

---

① Константин Макиенко. Какие уроки Россия может извлечь из недавнего конфликта Индии и Пакистана, https://profile.ru/military/kakie-uroki-rossiya-mozhet-izvlech-iz-nedavnego-konflikta-indii-i-pakistana-132594/，最后访问日期：2019 年 3 月 12 日。

② Интервью индийскому информационному агентству PTI, http://kremlin.ru/events/president/news/47209，最后访问日期：2014 年 12 月 9 日。

口等方面与印度的巨大差距，巴基斯坦明显处于下风。这一实力对比状况，决定了作为弱者的巴基斯坦，希望通过发展与其他强大国家之间的盟友关系来牵制和平衡印度，以保障自身安全。在美国与巴基斯坦的同盟关系趋于瓦解的背景下，巴基斯坦在继续巩固和发展与中国关系的同时，开始致力于改善和发展与印度的亲密盟友——俄罗斯的关系。巴基斯坦希望通过发展巴俄关系来牵制印俄关系，以努力避免南亚地区力量失衡的加剧，并希望对印度具有重大影响力的俄罗斯能够调解巴印关系，以维护南亚地区的和平与稳定，并维护自己的安全。2019年6月，时任巴基斯坦总理伊姆兰·汗指出，"我们希望减少与印度的摩擦"，希望通过对话解决与印度之间的矛盾。对于巴基斯坦是否需要调解人，例如俄罗斯，以实现巴基斯坦与印度和解这一问题，伊姆兰·汗明确答复称，"巴基斯坦寻求任何调解"。①

其次，巴基斯坦希望通过开展与俄罗斯的贸易以及获得俄罗斯的投资，来弥补美国对巴基斯坦援助的减少。近年来，随着美国与巴基斯坦关系的逐步紧张与恶化，美国正在逐步减少对巴基斯坦的经济援助。美国政府于2018年1月4日宣布，在巴基斯坦承诺打击该地区所有恐怖分子之前，将停止对巴的全部安全援助。2018年11月，美国五角大楼表示，在美国总统特朗普发出指令后，美国已暂停向巴基斯坦提供16.6亿美元的安全援助。② 在此背景下，巴基斯坦希望与俄罗斯开展经贸和投资合作。一方面，这可以拉近与俄罗斯的关系；另一方面，巴基斯坦期望从贸易发展中获得更多利益并从俄罗斯获得投资援助，以弥补美国经济援助的减少。时任巴基斯坦总理伊姆兰·汗指出，"我们希望除了国防领域之外，在其他领域也能改善与俄罗斯的贸易"，"我们很乐于接受俄罗斯对巴基斯坦的投资"。③

---

① Имран Хан: Пакистан присматривается к российскому оружию, https://ria.ru/20190613/1555516499.html, 最后访问日期: 2019年6月13日。
② 《美国暂停对巴基斯坦提供16.6亿美元安全援助》, https://world.huanqiu.com/article/9CaKrnKf7pM, 最后访问日期: 2018年11月22日。
③ Имран Хан: Пакистан присматривается к российскому оружию, https://ria.ru/20190613/1555516499.html, 最后访问日期: 2019年6月13日。

最后，巴基斯坦希望与俄罗斯逐步发展密切的军事及军事技术合作关系。近年来，随着巴基斯坦与美国关系的逐步恶化，巴基斯坦担心美国随时可能切断对巴基斯坦武器及技术装备的供给。2017年10月，时任巴基斯坦总理阿巴西警告美国，"巴基斯坦不再依赖美国以满足本国的军事和其他需求"，"如果一个武器来源被切断了，我们将别无选择地去寻找新的来源"。① 对巴基斯坦而言，中国和俄罗斯是其武器装备可替代美国的来源。近年来，巴基斯坦已经与中国发展了密切的军事技术合作关系。在此背景下，巴基斯坦开展与俄罗斯的军事技术合作，将为其武器装备来源提供多样化的选择，而且，巴基斯坦期待从俄罗斯获得更为先进的武器装备。

在双方都有改善及发展与对方关系的愿望和动机的驱使下，自普京第三总统任期以来，俄罗斯与巴基斯坦的对话与合作开始积极开展起来。首先，俄罗斯与巴基斯坦的政治对话，其中包括高层政治对话日趋频繁。例如，2015年7月和2017年6月，俄罗斯总统普京与巴基斯坦总理纳瓦兹·谢里夫举行了两次会晤；2017年11月和2018年11月，俄罗斯总理梅德韦杰夫先后与巴基斯坦总理阿巴西以及新当选总理伊姆兰·汗举行了会晤。俄罗斯领导人向巴基斯坦领导人表达了明确的重视及发展俄巴关系的愿望。2015年7月和2017年6月，俄罗斯总统普京在两次会晤巴基斯坦总理纳瓦兹·谢里夫时指出，"巴基斯坦在俄罗斯外交政策中占有重要地位"，② "俄罗斯—巴基斯坦的关系具有建设性和互惠的性质。巴基斯坦是俄罗斯在南亚的重要伙伴"，"我们的关系正在发展，而且是在很多方面"。③ 2018年11月，俄罗斯总理梅德韦杰夫在与巴基斯坦总理伊姆兰·汗会晤时指出，"我要向您表示欢迎，总理先生，祝贺您当选总理。巴基斯坦是我国

---

① 《巴基斯坦总理：巴基斯坦不再在国防和其他问题上依赖美国》，https://world.huanqiu.com/article/9CaKrnK5vgo，最后访问日期：2017年10月11日。
② Встреча с Премьер-министром Пакистана Навазом Шарифом，http://kremlin.ru/events/president/news/49911，最后访问日期：2015年7月10日。
③ Встреча с Премьер-министром Пакистана Навазом Шарифом，http://kremlin.ru/events/president/news/54742，最后访问日期：2017年6月9日。

一个重要且极具前景的伙伴"。①

与此同时，巴基斯坦也明确表达了改善和发展与俄罗斯关系的愿望。2015 年 7 月，巴基斯坦总理纳瓦兹·谢里夫在会晤普京时指出，"非常高兴的是，我们两国的关系近年来在加速发展，这符合我对我们两国关系的观点和看法。我希望俄罗斯和巴基斯坦的关系是多维的，并在贸易、国防、基础设施、能源和文化联系等各个领域扩大"。② 2019 年 6 月 13 日，巴基斯坦总理伊姆兰·汗在接受俄罗斯媒体采访时指出，"我们已经与俄罗斯建立了联系，而且一直在发展"，"我很高兴，我们与俄罗斯相互接近，我们正在发展我们的关系。我们希望这些关系将继续改善"。③

在双方改善和加强彼此关系的共同意愿下，俄罗斯与巴基斯坦确立了加强国家间整体关系的方针。④ 2018 年是俄罗斯与巴基斯坦建立外交关系 70 周年，5 月 1 日，俄罗斯与巴基斯坦外长互致贺电。两国在贺电中表示，"双方致力于逐步深化双边政治对话，在反恐、经贸合作等有利于俄罗斯和巴基斯坦人民的现实领域开展多方面的合作"。⑤ 近年来，俄罗斯与巴基斯坦在反恐和打击贩毒、军事及经济等领域逐步开展了日趋密切的合作。

俄罗斯在发展与巴基斯坦的双边关系中，首先重视开展两国的反恐合作，特别是重视打击阿富汗及其周边地区的恐怖主义以及贩毒活动，以维护阿富汗及其周边地区的安全与稳定。俄罗斯外长拉夫罗夫就指出，"我们（俄罗斯

---

① 《俄总理在上海进博会期间会见巴基斯坦总理》，http://sputniknews.cn/politics/201811051026742932/，最后访问日期：2018 年 11 月 5 日。

② Встреча с Премьер-министром Пакистана Навазом Шарифом, http://kremlin.ru/events/president/news/49911, 最后访问日期：2015 年 7 月 10 日。

③ Имран Хан: Пакистан присматривается к российскому оружию, https://ria.ru/20190613/1555516499.html, 最后访问日期：2019 年 6 月 13 日。

④ Вступительное слово Министра иностранных дел С. В. Лаврова в ходе переговоров с Министром иностранных дел Пакистана Х. М. Асифом, Москва, 20 февраля 2018 года, https://www.mid.ru/ru/foreign_policy/news/-/asset_publisher/cKNonkJE02Bw/content/id/3086627, 最后访问日期：2018 年 2 月 20 日。

⑤ О 70-летии дипломатических отношений между Российской Федерацией и Исламской Республикой Пакистан, http://www.mid.ru/ru/foreign_policy/news/-/asset_publisher/cKNonkJE02Bw/content/id/3206126, 最后访问日期：2018 年 5 月 1 日。

与巴基斯坦）合作的优先领域之一是与恐怖主义斗争"。① 这一领域的合作在俄罗斯与巴基斯坦双边关系中占据首要地位。在 2014 年 11 月俄罗斯国防部部长绍伊古访问巴基斯坦期间，俄巴两国商定，在打击国际恐怖主义和贩毒方面协调努力。俄罗斯国防部部长绍伊古指出，我们对阿富汗局势的评价在很多方面是相近的或一致的。② 需要看到的是，俄国防部部长此次访问巴基斯坦，发生在以美国为首的北约拟于 2014 年底从阿富汗撤军这一背景下。俄罗斯推进与巴基斯坦的防务合作，主要是为了促进俄罗斯与巴基斯坦的安全合作，特别是反恐合作，以维护阿富汗及其周边地区的安全与稳定。在这一点上，巴基斯坦与俄罗斯具有高度的战略一致性。2014 年 11 月，巴基斯坦国防部发表声明指出，"俄联邦国防部长首次访巴，正值以美国为首的北约将于 2014 年底从阿富汗撤军这一关键时刻。除了推动两国防务关系，这次访问将使两国携手实现地区和平与稳定"。③ 巴基斯坦国防部部长赫瓦贾·穆罕默德·阿西夫指出，在北约即将从阿富汗撤军的余波中，"安全将成为阿富汗更大的挑战……而巴基斯坦希望俄罗斯参与阿富汗的和平进程"。④

在双方这一方面的合作中，俄罗斯致力于帮助巴基斯坦提高反恐潜力。2017 年 12 月和 2018 年 2 月，俄罗斯外长拉夫罗夫先后指出，恐怖组织在利用巴基斯坦的领土，俄方愿意在这一问题上支持巴基斯坦当局。⑤ "俄方愿

---

① Вступительное слово Министра иностранных дел С. В. Лаврова в ходе переговоров с Министром иностранных дел Пакистана Х. М. Асифом, Москва, 20 февраля 2018 года, https：//www. mid. ru/ru/foreign_ policy/news/-/asset_ publisher/cKNonkJE02Bw/content/id/3086627，最后访问日期：2018 年 2 月 20 日。

② Шойгу заключил военный союз с Пакистаном и обсудил продажу российского оружия, https：//www. newsru. com/russia/21nov2014/pakistan. html，最后访问日期：2014 年 11 月 21 日。

③ 《俄罗斯与巴基斯坦签军事合作协议》，http：//military. people. com. cn/n/2014/1121/c172467-26070590. html，最后访问日期：2014 年 11 月 21 日。

④ 《美媒：俄与巴基斯坦重归于好 或联手中印抗衡西方》，https：//mil. huanqiu. com/article/9CaKrnJG0jS，最后访问日期：2014 年 12 月 16 日。

⑤ Выступление и ответы на вопросы Министра иностранных дел России С. В. Лаврова в Международном фонде им. Свами Вивекананды, Нью – Дели, 11 декабря 2017 года, https：//www. mid. ru/ru/foreign_ policy/news/-/asset_ publisher/cKNonkJE02Bw/content/id/2984577，最后访问日期：2017 年 12 月 11 日。

意继续帮助提升巴基斯坦的反恐潜力,这符合整个地区的利益。"① 为了加强俄巴两国在反恐、反毒方面的合作以及提高巴基斯坦的反恐潜力,俄罗斯改变并加强了与巴基斯坦的安全与防务合作关系。近年来,俄罗斯对巴基斯坦防务政策发生重大变化的一个标志是,俄罗斯于2014年6月决定,解除对巴基斯坦的武器和军事技术禁运,并就向巴基斯坦提供米-35直升机事宜进行谈判。② 而在此前的2010年,俄罗斯总统普京就宣布,考虑到与印度的合作关系,俄罗斯将不再同巴基斯坦进行军事合作。显然,俄罗斯于2014年6月做出的上述决定,意味着俄罗斯对巴基斯坦防务政策发生了重大变化。

作为俄罗斯与巴基斯坦双边关系特别是安全与防务合作关系趋于活跃的重要标志之一,俄罗斯国防部部长绍伊古于2014年11月20日访问巴基斯坦,这是俄罗斯国防部部长自1969年以来,即45年内首次访问巴基斯坦。俄罗斯国防部部长绍伊古在此次访问巴基斯坦期间,与巴基斯坦国防部部长赫瓦贾·阿西夫签署了俄罗斯-巴基斯坦军事部门合作协议。该协议具有框架性的性质,它为双方国防部门的军事合作奠定了法律基础,并确定了合作的形式和方向。③ 绍伊古称,"该协议是加强莫斯科和伊斯兰堡在军事领域的关系的重要一步"。阿西夫宣布双方签署的军事合作协议"具有里程碑意义",旨在维护该地区的和平与稳定。④

在此次访问巴基斯坦期间,俄罗斯和巴基斯坦两国国防部部长还商定:

---

① Выступление и ответы на вопросы СМИ Министра иностранных дел России С. В. Лаврова в ходе совместной пресс-конференции по итогам переговоров с Министром иностранных дел Исламской Республики Пакистан Х. М. Асифом, Москва, 20 февраля 2018 года, https://www.mid.ru/ru/foreign_policy/news/-/asset_publisher/cKNonkJE02Bw/content/id/3086927,最后访问日期:2018年2月20日。

② Ростех: эмбарго на поставку российского оружия в Пакистан не было, https://ria.ru/20140603/1010536420.html? in=t,最后访问日期:2014年6月30日。

③ Шойгу посетит Пакистан, где подпишет договор о военном сотрудничестве, https://ria.ru/20141120/1034213111.html,最后访问日期:2014年11月20日。

④ Шойгу заключил военный союз с Пакистаном и обсудил продажу российского оружия, https://www.newsru.com/russia/21nov2014/pakistan.html,最后访问日期:2014年11月21日。

"两国军事合作应具有更强的现实指向,并有助于提高我们两国武装部队的战斗力。"① 双方还表示希望两国军队联演联训,实现两国海军互访,相互交换对方感兴趣的情报,在军官培训方面相互帮助,加强代表团交流,作为观察员参加训练,在维和、打击恐怖主义与海盗方面交流经验等。② 此外,双方还讨论了一系列具体措施。俄罗斯国防部部长此次访问巴基斯坦以及两国签署的防务合作协议,可以视为俄罗斯对巴基斯坦防务政策发生重大变化的另一标志。

  为了推进两国在安全和军事领域的合作,双方建立了俄罗斯与巴基斯坦关于国防与安全问题军事磋商委员会以讨论地区安全及双方军事合作问题。2018年8月,俄罗斯国防部副部长亚历山大·福明赴巴基斯坦出席了俄罗斯-巴基斯坦关于国防与安全问题军事磋商委员会第一次会议。双方详细讨论了地区安全、双边军事合作问题,其中包括各军兵种之间的合作问题,以及军事教育合作问题。这次会议的重要成果是,双方签署了《关于俄罗斯国防部军事学校接收巴基斯坦伊斯兰共和国军人学习》的框架性协议。这为巴基斯坦军人在俄罗斯军校学习奠定了法律基础。③ 2019年8月,俄罗斯-巴基斯坦关于国防与安全问题军事磋商委员会第二次会议在莫斯科召开,双方对近年来在军事领域互惠关系的发展表示满意,并确认继续致力于深化双方的军事合作。④ 除了这一新建的机制之外,在俄罗斯和巴基斯坦两国外交部之间还有副外长级别的俄罗斯-巴基斯坦战略稳定磋商小组,该机制主要是双方外交部门讨论及磋商军控和防止大规模杀伤性武器扩散,以及

---

① Шойгу заключил военный союз с Пакистаном и обсудил продажу российского оружия, https://www.newsru.com/russia/21nov2014/pakistan.html, 最后访问日期:2014年11月21日。

② Шойгу заключил военный союз с Пакистаном и обсудил продажу российского оружия, https://www.newsru.com/russia/21nov2014/pakistan.html, 最后访问日期:2014年11月21日。

③ Завершился визит заместителя Министра обороны РФ генерал-полковника Александра Фомина в Пакистан, https://pakistan-russia.ru/2018/08/15/visit/, 最后访问日期:2018年8月15日。

④ Россия и Пакистан намерены развивать военное сотрудничество, https://ria.ru/20190819/1557652286.html, 最后访问日期:2019年8月19日。

全球和地区安全问题。2016年11月，俄罗斯和巴基斯坦两国的副外长主持召开了该小组第11次会议。① 两国还有俄罗斯-巴基斯坦应对国际恐怖主义以及其他新的国际安全挑战联合工作小组，两国利用这一平台讨论全球及地区反恐问题，并就双方在这方面的合作以及采取的措施加以磋商和协调。2018年3月，该小组召开了第七次会议，双方确认在打击恐怖主义问题上继续合作。②

近年来，俄罗斯和巴基斯坦在相关协议的基础上逐步开展了军事技术合作。2017年，双方签署了俄罗斯与巴基斯坦政府间军事技术合作协议，"协议有效期为10年，并且如果合同到期后，双方无意退出，将自动延续10年"，该协议规定"将供应武器，并对此前供应的军事装备进行维修和升级，且将在该领域共同进行研发"。③ 在此基础上，俄巴两国建立了军事技术合作委员会。2017年，俄罗斯向巴基斯坦提供了4架米-35M战斗-运输直升机。④ 2018年4月，时任巴基斯坦国防部部长胡拉姆·达斯特吉尔·汗表示，巴基斯坦和俄罗斯近年内可能签署购买苏-35歼击机的协议。此外，巴基斯坦还希望签署一份采购俄制T-90坦克以及防空系统的长期协议。⑤ 2019年3月，时任巴基斯坦武装力量新闻处处长加福尔指出，"俄罗斯是我们的友邦，我们希望加强与俄罗斯的军事合作。我们非常期待"。他还指

---

① Об участии заместителя Министра иностранных дел России С. А. Рябкова в заседании российско－пакистанской Консультативной группы по стратегической стабильности，http：//www.mid.ru/ru/foreign_policy/news/-/asset_publisher/cKNonkJE02Bw/content/id/2532137，最后访问日期：2016年11月21日。

② В Исламабаде прошло заседание рабочей группы РФ и Пакистана по борьбе с терроризмом，https：//tass.ru/mezhdunarodnaya-panorama/5053947，最后访问日期：2018年3月22日。

③ 《俄罗斯和巴基斯坦签署有关军事技术合作的政府间协议》，http：//sputniknews.cn/military/201710251023888513/，最后访问日期：2017年10月25日。

④ Выступление и ответы на вопросы СМИ Министра иностранных дел России С. В. Лаврова в ходе совместной пресс-конференции по итогам переговоров с Министром иностранных дел Исламской Республики Пакистан Х. М. Асифом，Москва，20 февраля 2018 года，https：//www.mid.ru/ru/foreign_policy/news/-/asset_publisher/cKNonkJE02Bw/content/id/3086927，最后访问日期：2018年2月20日。

⑤ 《巴基斯坦与俄罗斯近年可能签署采购苏35战机协议》，http：//sputniknews.cn/russia/201804061025087879/，最后访问日期：2018年4月6日。

出，双方正在就航空、反坦克武器以及防空系统等领域的合作进行谈判。①时任俄罗斯战略与技术分析中心副主任马基延科指出，巴基斯坦需要的俄武器军备的价值可达80亿~90亿美元。②

除了军事技术合作之外，俄巴两军在联演联训方面也进行了合作。两国自2016年以来一直举行代号为"友谊"的联合作战训练，以加强双方在山地条件下执行反恐任务的作战能力与配合。2016年10月，两国在巴基斯坦举行了首次联合军事演习。2017年9月，俄巴两国在俄罗斯卡拉恰耶沃-切尔克斯举行了代号为"友谊-2017"的联合演习。参加开幕式的有200多名俄罗斯和巴基斯坦武装力量军人。③ 2018年10月，俄罗斯与巴基斯坦在伊斯兰堡附近举行了代号为"友谊-2018"的军事演习。④ 为了便于两军的联合演练，俄巴两国2018年8月签署了一项协议，该协议允许巴基斯坦军队在俄罗斯进行训练。

此外，两国军队高级官员、代表团互访日益频繁。除了双方国防部长以及总参谋长之间的会晤之外，两国各军种司令也经常往来。例如，2019年12月，俄罗斯海军总司令尼古拉·叶夫梅诺夫上将访问了巴基斯坦并与巴基斯坦国防部部长举行了会谈。双方讨论了俄巴海军合作问题，包括互派代表团，开展两国海军教育和文化领域的合作。双方还讨论了计划在2020年落实的活动。叶夫梅诺夫还访问了巴基斯坦海军总部和海军学院，并登上卡拉奇海军基地的巴基斯坦军舰。⑤

---

① 《巴基斯坦希望与俄罗斯扩大军事技术合作》，http：//sputniknews.cn/military/201903251028004610/，最后访问日期：2019年3月25日。
② 《巴基斯坦总理：巴方欲采购俄罗斯武器并在与俄军方接触》，http：//sputniknews.cn/military/201906131028739471/，最后访问日期：2019年6月13日。
③ 《俄巴"友谊-2017"演习在卡拉恰耶沃-切尔克斯开始》，http：//sputniknews.cn/military/201709241023667077/，最后访问日期：2017年9月24日。
④ Герасимов Валерий. «Кинжал» станет острее: В войска поступят новые образцы высокоточного оружия, беспилотных летательных аппаратов и роботизированных комплексов, https：//www.vpk-news.ru/articles/47234，最后访问日期：2018年12月26日。
⑤ 《俄海军司令访问巴基斯坦 讨论两国海军合作》，http：//sputniknews.cn/military/201912221030293493/，最后访问日期：2019年12月22日。

第六章　俄罗斯的南亚政策

俄巴两国在安全和防务领域的相关合作，对俄罗斯和巴基斯坦双边关系而言无疑是"巨大突破"。因为这意味着俄罗斯并没有完全按照印度的利益与愿望来处理俄罗斯与巴基斯坦的双边关系，俄巴关系的发展克服了来自印度的压力。从以上角度来看，俄罗斯与巴基斯坦双边关系的发展，无疑是近年来俄罗斯南亚政策的重大调整与变化之一。

俄罗斯还致力于在上合组织框架内加强与巴基斯坦的全面合作，特别是安全合作。俄罗斯外长拉夫罗夫于2018年2月指出，"我们（俄罗斯与巴基斯坦外长）商定，加强在上合组织框架内的合作"，"我们欢迎巴基斯坦加入上合组织地区反恐机构"。① 俄罗斯外长还与巴基斯坦外长于2018年2月详细讨论了关于在上合组织地区反恐中心的基础上建立应对现代威胁与挑战的综合中心的倡议，以应对现代威胁和挑战，包括打击直接用于支持恐怖主义的贩毒行为。

除了安全与防务合作外，俄罗斯与巴基斯坦还共同致力于开展经济合作。俄罗斯总统普京于2015年7月指出，"我认为，（我们两国）经贸合作的规模不大，不符合我们两国的潜力，我们应该做很多以改变状况"。② 时任巴基斯坦总理纳瓦兹·谢里夫指出，双方当前的经贸合作"与俄罗斯和巴基斯坦的潜力不符，贸易也没有达到我们说过的、应努力达到的水平"，巴方将努力开展两国的经济合作，"这是我未来努力及工作的方向"。③

在上述方针指导下，俄巴两国最近几年来致力于使双方贸易达到与两国关系潜力相适应的水平。为此，俄巴两国经贸与科技合作政府间委员会正在积极发挥作用。2017年11月，该委员会在莫斯科召开了第五次会议，并做出了加强两国经贸合作的一系列具体决定。近年来，能源合作是双方经济合

---

① Выступление и ответы на вопросы СМИ Министра иностранных дел России С. В. Лаврова в ходе совместной пресс-конференции по итогам переговоров с Министром иностранных дел Исламской Республики Пакистан Х. М. Асифом, Москва, 20 февраля 2018 года, https://www.mid.ru/ru/foreign_policy/news/-/asset_publisher/cKNonkJE02Bw/content/id/3086927，最后访问日期：2018年2月20日。

② Встреча с Премьер-министром Пакистана Навазом Шарифом, http://kremlin.ru/events/president/news/49911，最后访问日期：2015年7月10日。

③ Встреча с Премьер-министром Пакистана Навазом Шарифом, http://kremlin.ru/events/president/news/54742，最后访问日期：2017年6月9日。

作的优先方向。2019年6月,时任巴基斯坦总理伊姆兰·汗指出,"俄罗斯是一个拥有丰富能源资源的国家。巴基斯坦缺乏它们。我们期待着在这些领域的谈判,我们已经在进行谈判"。①

根据双方2015年达成的协定,建设从卡拉奇到拉合尔的南北天然气管道是双方在这方面合作的旗舰项目。2017年10月,俄罗斯与巴基斯坦签署了关于在液化天然气领域进行合作的协议,协议的目的在于,为将俄罗斯天然气公司的液化天然气向巴基斯坦再气化终端进行运输创造条件。② 近年来,双方还在研究建设伊朗—巴基斯坦—印度海洋天然气管道项目的可能性。③ 俄罗斯专家还准备参与到巴基斯坦能源设施的现代化中。

巴基斯坦为了开展与俄罗斯的经贸合作,特别是吸引俄罗斯对巴基斯坦的投资,积极解决拖欠苏联的债务问题。2019年12月,俄巴签署协议,以解决同苏联业务有关的相互间债权债务。根据这一协议,2020年2月,巴基斯坦向俄罗斯偿还了与苏联贸易有关的9350万美元债务。④ 这一举措解决了长期以来阻碍俄巴两国经贸关系发展的重要障碍之一,有利于促进双方贸易的发展,以及吸引俄罗斯对巴基斯坦进行更多的投资。

俄罗斯与巴基斯坦还在研究和推进区域互联互通方面的合作。各方对建设经由中亚连接俄罗斯和巴基斯坦的铁路表现出合作的意向和积极性。2018年12月4日,俄罗斯、哈萨克斯坦、乌兹别克斯坦、阿富汗和巴基斯坦五

---

① Имран Хан: Пакистан присматривается к российскому оружию, https://ria.ru/20190613/1555516499.html, 最后访问日期: 2019年6月13日。
② Комментарий Департамента информации и печати МИД России в связи с визитом в Российскую Федерацию Министра иностранных дел Пакистана Х. М. Асифа, http://www.mid.ru/ru/foreign_policy/news/-/asset_publisher/cKNonkJE02Bw/content/id/3084572, 最后访问日期: 2018年2月19日。
③ Выступление и ответы на вопросы СМИ Министра иностранных дел России С. В. Лаврова в ходе совместной пресс-конференции по итогам переговоров с Министром иностранных дел Исламской Республики Пакистан Х. М. Асифом, Москва, 20 февраля 2018 года, https://www.mid.ru/ru/foreign_policy/news/-/asset_publisher/cKNonkJE02Bw/content/id/3086927, 最后访问日期: 2018年2月20日。
④ 《媒体:巴基斯坦向俄罗斯偿还9350万美元的前苏联业务债务》, http://sputniknews.cn/economics/202002261030732350/, 最后访问日期: 2020年2月26日。

国代表组建了该项目金融财团的工作组。据专家估算，实施项目所需的投资额为50亿美元。① 巴基斯坦支持并欢迎这一项目。2019年6月，时任巴基斯坦总理伊姆兰·汗表示，"我认为，这是一个宏伟的项目……需要明白的是，从巴基斯坦可以直抵瓜达尔，这是通往海洋（印度洋）的最短途径"，"这对整个地区的未来而言是一个非常好的项目"。②

俄罗斯还致力于加强与巴基斯坦的外交协作。在双方确立改善和加强彼此关系的外交方针下，双方在外交领域进行了更多的相互支持与配合。自普京第三总统任期以来，俄罗斯在外交领域对巴基斯坦最大的支持，是同意并支持巴基斯坦加入上合组织。俄罗斯总统普京在2017年6月会晤时任巴基斯坦总理纳瓦兹·谢里夫时表示，"我想再次祝贺你们（巴基斯坦）完全并正式加入上海合作组织"。谢里夫对此回应称，"我们感谢您，总统先生，俄罗斯和您个人支持巴基斯坦成为上合组织的全权成员国"。③ 巴基斯坦加入上合组织为俄罗斯与巴基斯坦的外交协作创造了更加有利的条件和平台。

在双方的外交协作中，阿富汗问题是双方合作的重点。鉴于巴基斯坦对阿富汗塔利班拥有重要影响力，俄罗斯希望巴基斯坦在阿富汗问题上发挥积极作用，并与巴基斯坦开展积极合作。巴基斯坦也欢迎俄罗斯在阿富汗问题上发挥重要作用。时任巴基斯坦总理伊姆兰·汗指出，"俄罗斯已经采取了某些措施。在莫斯科，在俄罗斯当局的支持下，塔利班与阿富汗各个政党的代表进行了谈判。这是广泛的谈判，是非常积极的。我认为莫斯科可以在这方面发挥作用，莫斯科在阿富汗具有影响力。实际上，所有邻国都必须帮助确保在阿富汗实现和平与稳定"。④ 目前，俄罗斯和巴基斯坦在多个多边机

---

① 《巴基斯坦总理高度评价筹划中的巴阿乌哈俄铁路网建设项目》，http://sputniknews.cn/economics/201906131028739555/，最后访问日期：2019年6月13日。
② Имран Хан：Пакистан присматривается к российскому оружию，https://ria.ru/20190613/1555516499.html，最后访问日期：2019年6月13日。
③ Встреча с Премьер-министром Пакистана Навазом Шарифом，http://kremlin.ru/events/president/news/54742，最后访问日期：2017年6月9日。
④ Имран Хан：Пакистан присматривается к российскому оружию，https://ria.ru/20190613/1555516499.html，最后访问日期：2019年6月13日。

构或平台就阿富汗问题开展了积极协调与合作。除了阿富汗问题外，两国还就叙利亚问题、巴以冲突等其他更加广泛的国际及地区问题交换意见并开展合作。

俄罗斯与巴基斯坦还积极开展双方的人文合作。俄罗斯外长拉夫罗夫于2018年2月表示，俄罗斯希望有更多的巴基斯坦学生在俄罗斯高校学习，2018年，俄罗斯为巴基斯坦划拨了90个奖学金名额，未来还将增加数量。① 时任巴基斯坦总理伊姆兰·汗指出，希望巴基斯坦与俄罗斯两国"人民之间有更多的接触——俄罗斯居民将来到巴基斯坦。它是世界上最多样化的国家之一。我们正在开放巴基斯坦旅游业。因此，我们希望俄罗斯人到巴基斯坦来"。② 为了促进双方的经贸合作与人员往来，巴基斯坦简化了俄罗斯公民入境巴基斯坦的签证制度，俄罗斯公民可以直接在巴基斯坦机场办理签证。③

---

① Выступление и ответы на вопросы СМИ Министра иностранных дел России С. В. Лаврова в ходе совместной пресс-конференции по итогам переговоров с Министром иностранных дел Исламской Республики Пакистан Х. М. Асифом, Москва, 20 февраля 2018 года, https://www.mid.ru/ru/foreign_policy/news/-/asset_publisher/cKNonkJE02Bw/content/id/3086927，最后访问日期：2018年2月20日。
② Имран Хан: Пакистан присматривается к российскому оружию, https://ria.ru/20190613/1555516499.html, 最后访问日期：2019年6月13日。
③ Имран Хан: Пакистан присматривается к российскому оружию, https://ria.ru/20190613/1555516499.html, 最后访问日期：2019年6月13日。

第七章
俄罗斯与亚太地区多边对话与合作

自普京第三总统任期以来,俄罗斯在实施"向东转"政策中,不仅注重在双边框架内加强与亚太国家的战略关系与合作,还重视积极参与亚太地区多边组织、机构及平台的对话与合作,其中包括建立和发展小多边对话与合作机制,以进一步推进与亚太国家的交流与合作,使俄罗斯深度融入亚太事务,从而更好地维护俄罗斯在亚太地区的战略利益。①

一 俄罗斯与亚太经合组织

(一)俄罗斯开展与亚太经合组织合作的基本方针

1. 积极参与、全面合作的方针

俄罗斯自加入亚太经合组织(APEC)以来,一直高度重视与其开展经济合作,并将此列为本国亚太政策的一项重要内容。为了充分利用 APEC 的潜力,俄罗斯秉持"积极参与、全面合作"的方针。在普京第三总统任期,俄罗斯仍然坚持这一方针。2016 年版《俄罗斯联邦外交政策构想》指出,"俄罗斯主张在亚

---

① 上海合作组织是有俄罗斯参加的重要国际组织,该组织成员国的地理范围涵盖亚太地区。但是,作为该组织重要领导国和组织国的俄罗斯与中国,在该组织范围内重点致力于协调各方积极维护中亚、南亚地区的安全稳定,以及推进成员国之间多领域的密切合作。有鉴于此,本书这一章将不讨论上合组织的问题,这部分内容将在笔者后续出版的关于俄罗斯中亚政策的另一本著作中另行论述。

太地区开展广泛的互利经济合作,包括利用'亚太经济合作'论坛的机会"。①

2. 理性的实用主义方针

在与 APEC 的经济合作中,一方面,俄罗斯支持《茂物宣言》提出的在 APEC 区域内实现贸易与投资自由化的总目标;另一方面,俄罗斯依据 APEC 框架内的自愿原则,奉行理性的务实主义方针,积极维护自身利益。

依据这一方针,俄罗斯在与 APEC 的经济合作中采取有利于自己利益的灵活政策,避免承担将给自身脆弱的经济带来损失的硬性义务。因而,俄罗斯在确定本国加入 APEC 贸易与投资自由化"行动路线图"上,坚持选择在尽可能晚的时间实行贸易与投资自由化,以维护自身利益。出于这一考虑,在 2003 年曼谷 APEC 峰会上,俄罗斯坚决反对泰国提出的 2015 年前建立自由贸易区的建议。② 在关税方面,从 1989 年到 2008 年,APEC 内部进口关税平均从 17% 降低到 5%,而俄罗斯的进口关税则为 10%~13%,③ 明显高于其他经济体的关税水平。据独立机构"全球贸易警告"评估,2009~2010 年,在 APEC 经济体所采用的 246 项歧视和限制性贸易措施中,俄罗斯共使用 92 项,位居第一。④ 自 2008 年至 2014 年,APEC 经济体最惠国待遇的平均关税从 6.6% 降至 5.6%,税率在 10% 以上的商品种类占比从 16.3% 降至 13.8%。而 2014 年俄罗斯最惠国待遇的平均关税却只降到了 8.4%,是 APEC 中税率在 10% 以上的商品种类占比最高的国家之一。⑤

---

① Концепция внешней политики Российской Федерации (утверждена Президентом Российской Федерации В. В. Путиным 30 ноября 2016 г.), http://www.mid.ru/ru/foreig n_policy/news/-/asset_publisher/cKNonkJE02Bw/content/id/2542248,最后访问日期:2016 年 12 月 1 日。

② И. Троекурова. Россия и АТЭС: перспективы сотрудничества в новых условиях//Проблемы Дальнего Востока,№1,2004,с. 58.

③ М. Постапов. 20 лет АТЭС: промежуточные итоги на фоне мирового кризиса//Проблемы Дальнего Востока,№2,2010,с. 17.

④ Владивосток-2012:АТЭС и новые возможности России:［сборник］/МГУ имени М. В. Ломоносова, Ин-т стран Азии и Африки. М.:Университетская книга;МГУ им. М. В. Ломоносова;ИСАА, 2011, с. 178.

⑤ Россия в АТЭС, http://apec-center.ru/%D0%BE%D0%B1-%D0%B0%D1%82%D1%8D%D1%81/%D1%80 D0%BE%D1%81%D1%81 D0%B8%D1%8F-%D0%B2-%D0%B0%D1%82%D1%8D%D1%81/. 最后访问日期:2019 年 3 月 1 日。

3. 大力推进俄罗斯特别是远东地区加入 APEC 区域经济一体化进程的方针

加入 APEC 区域经济一体化进程，是俄罗斯与 APEC 经济合作的基本方针之一。在融入亚太区域经济一体化进程中，俄罗斯考虑到其远东地区与 APEC 国家和地区直接毗邻或隔海相望的地理特点、发展远东地区的战略任务，以及使远东地区成为俄罗斯通往亚太地区"窗口"等战略需要，将促进远东地区加入 APEC 区域经济一体化进程作为俄罗斯与 APEC 合作的优先方向。

（二）俄罗斯积极参与 APEC 的工作与活动

在上述方针指引下，俄罗斯在普京第三总统任期与 APEC 进行了积极合作。2012～2021 年，俄总统参加了除 2015 年和 2018 年之外的历届 APEC 领导人峰会，俄官方代表、学者和商人日益主动地参加高官会议、各工作组和专家组会议、商务磋商委员会、各类展览会和洽谈会等，而且积极承办 APEC 各类活动，例如，在 2012 年担任 APEC 主席国期间，俄罗斯举办了 100 多项活动，[1] 其中包括同年 9 月在符拉迪沃斯托克（海参崴）承办的 APEC 第二十次领导人非正式会议。

俄罗斯通过积极参与 APEC 的工作与活动，直接就地区经济合作与一体化提出自己的观点、立场和主张，并参与了地区经济合作与一体化相关计划、规则、条款的制定和实施，以及相关的研究工作。在 2012 年担任 APEC 主席国期间，俄罗斯提出了大约 60 份建议和方案并得以签署，[2] 这些建议和方案涉及贸易和投资自由化、地区经济一体化、增进粮食安全、完善

---

[1] Выступление и ответы Министра иностранных дел России С. В. Лаврова на вопросы СМИ в ходе брифинга «на полях» заседания министров иностранных дел и министров торговли экономик-участниц АТЭС, Владивосток, 5 сентября 2012 года, http：//www.mid.ru/brp_4.nsf/0/E173E3F80F0EFC9144257A70004EC4F5，最后访问日期：2012 年 9 月 9 日。

[2] Статья Министра иностранных дел России С. В. Лаврова «Историческая перспектива внешней политики России», опубликованная в журнале «Россия в глобальной политике» 3 марта 2016 года, http：//www.mid.ru/web/guest/foreign_policy/news/-/asset_publisher/cKNonkJE02Bw/content/id/2124391，最后访问日期：2016 年 3 月 3 日。

交通和物流体系、支持创新等。① 俄罗斯在 APEC 会议上多次明确表示，支持建立亚太自由贸易区的构想。俄罗斯反对在亚太空间推进封闭的、不透明的一体化计划，反对人为割裂亚太地区共同经济空间。俄罗斯主张，在亚太空间所实施的各种一体化计划，必须遵循开放、透明以及符合世贸组织规则的基本原则。俄罗斯总统普京就指出，"必须在开放和透明原则的基础上采取行动"，"同时各方应考虑彼此的利益和机遇"，"出发点在于，任何新的协议不应损害世贸组织多边贸易协议"。② 2012 年，俄罗斯作为 APEC 峰会主办国，在亚太经合组织第 24 届部长级会议上提出，应该在亚太经合组织框架内保持各经济体所签署自由贸易协定的透明度。在此次会议上，各方一致决定，将俄罗斯提出的"自由贸易协定透明度条款"作为当年"下一代"贸易投资议题。俄罗斯倡议加强创新合作，并提出一系列主张，例如，"统一数字经济和贸易规则，调整国家技术标准，协商建立高新技术市场战略，为数字空间创建统一的概念体系"。③ 2017 年，俄罗斯提出的关于克服亚太经合组织经济体边远地区发展差距及一体化的综合倡议被采纳实施。此外，俄罗斯还提出了一系列其他主张，例如，俄罗斯呼吁将中小企业纳入 APEC 框架内的经济一体化进程、支持妇女创业以及支持青年创业、主张加强人文合作、密切科学教育联系等。

俄罗斯还积极参与亚太经合组织重要文件的起草，以及相关经济合作与一体化规则及条款的撰写工作。例如，2016 年在秘鲁举行的亚太经合组织领导人非正式会议的一个重要成果是，评估了建立亚太自由贸易区的经济合理性，并完成了《亚太自贸区集体战略研究报告》。《利马宣言》中关于建立亚太自由贸易区的未来措施包括了上述报告的政策建议。俄罗斯参与了以

---

① Выступление и ответы Министра иностранных дел России С. В. Лаврова на вопросы СМИ в ходе брифинга «на полях» заседания министров иностранных дел и министров торговли экономик-участниц АТЭС, Владивосток, 5 сентября 2012 года, http://www.mid.ru/brp_4.nsf/0/E173E3F80F0EFC9144257A70004EC4F5，最后访问日期：2012 年 9 月 9 日。
② Рабочие заседания лидеров экономик форума АТЭС, http://kremlin.ru/events/president/news/46997，最后访问日期：2014 年 11 月 11 日。
③ 《亚太经合组织第二十五次领导人非正式会议：共同走向繁荣与和谐发展》，http://www.xinhuanet.com//world/2017-11/09/c_129736754.htm，最后访问日期：2017 年 11 月 9 日。

上研究报告中总计三章的拟定工作，即下一代投资与贸易问题（第 3 章）、影响贸易和投资的措施（第 4 章）、可能成为建立亚太自由贸易区基础的现有地区倡议（第 8 章）。俄罗斯参与上述工作的重要结果是，将透明性、电子商务和国家采购问题列入了第 3 章；巩固了欧亚经济联盟作为经济一体化组织的地位，并使其成为建立亚太自由贸易区的最好实际经验的源泉之一；确认在亚太自由贸易区的建设过程中必须与欧亚经济联盟、东盟这样的地区经济集团进行合作。

（三）俄罗斯与 APEC 成员在经济领域的务实合作

在普京第三总统任期以来，俄罗斯与 APEC 成员在贸易、投资、能源、交通、高科技以及人文等领域逐步开展了全面合作。

近年来，俄罗斯继续大力发展与亚太经合组织成员的贸易合作关系。2016 年，俄罗斯与亚太经合组织成员的贸易额为 1405 亿美元，占俄罗斯对外贸易总额的 30%（同期欧盟占 43%，独联体占 12.1%，欧亚经济联盟占 8.3%），亚太经合组织成员的市场在俄罗斯对外贸易中居第二位。[1] 从 2016 年至 2021 年，俄与亚太经合组织成员的贸易额从 1405 亿美元增加到 2614.51 亿美元，增幅达 86%，亚太经合组织成员在俄对外贸易中的比重从 30% 增加至 33.3%。[2]

面对"茂物目标"行动 2020 年到期，俄罗斯赞成亚太经合组织各经济体继续就贸易投资自由化展开讨论。俄罗斯认为在亚太经合组织 2020 年后的议事日程中应反映出安全、平衡、稳定、创新和包容性增长的问题。俄罗斯认为亚太经合组织应进一步吸收新的观察员，其中包括欧亚经济联盟，还

---

[1] Показатели внешней торговли между РФ и АТЭС в 2016 году росли только за счет увеличения импорта, http://www.rzd-partner.ru/logistics/news/pokazateli-vneshney-torgovli-mezhdu-rf-i-ates-v-2016-godu-rosli-tolko-za-schet-uvelicheniya-importa/，最后访问日期：2019 年 3 月 2 日。

[2] О внешней торговле в 2021 году, https://rosstat.gov.ru/storage/mediabank/26_23-02-2022.html，最后访问日期：2022 年 2 月 23 日；2016 年到 2021 年贸易额的增长幅度通过计算获得。

应吸收尚未加入亚太经合组织的亚太经济体加入这一组织。①

俄罗斯赞成继续推进亚太地区贸易便利化与自由化进程。俄罗斯已经批准了《贸易便利化协议》（至2017年1月已经有19个亚太经合组织经济体批准了这一协议）。此外，正如上文指出的，俄罗斯总统普京在2017年11月出席亚太经合组织会议前明确表态称，俄罗斯支持建立亚太自由贸易区。②

而将欧亚经济联盟加入亚太经合组织自由贸易区的实施过程，是俄罗斯在亚太经合组织议事日程框架内的优先方向。俄罗斯总统普京于2017年11月指出，"目前，我们的欧亚经济联盟发展迅速，我们也愿意与所有感兴趣的国家和联合体建立合作关系。主办本次会议的越南，是第一个与欧亚经济联盟签署《自由贸易区协定》的国家"。"就在不久前，欧亚经济联盟与中国实质性结束经贸合作协议谈判。此外，我们已经开始了与新加坡的谈判，并且正在研究与东南亚国家联盟签署自由贸易协议的可能性。"③

在与APEC的经济合作中，俄罗斯希望充分发挥自己在传统能源、交通、高科技、农业和粮食等领域的优势，并将这些领域作为合作重点。这不仅将为俄罗斯带来可观的经济收益，还将增强俄罗斯在亚太地区的地缘政治与地缘经济影响力。

俄罗斯与APEC在传统能源特别是在石油和天然气领域的合作，是双方经济合作的重要方向。

为了扩大向亚太地区的石油出口，俄罗斯于2004年批准了东西伯利亚—太平洋石油管道计划，该线路全长4130公里，设计运力为每年8000万吨石油。该管道在中俄边境的斯科沃罗季诺分为两支，一支向南通往中国大庆，

---

① Россия в АТЭС, http://apec-center.ru/%D0%BE%D0%B1-%D0%B0%D1%82%D1%8D%D1%81/%D1%80%D0%BE%D1%81%D1%81%D0%B8%D1%8F-%D0%B2-%D0%B0%D1%82%D1%8D%D1%81/, 最后访问日期：2019年3月1日。
② Путин: Москва поддерживает идею создания зоны свободной торговли в Азиатско-Тихоокеанском регионе, https://www.ntv.ru/novosti/1949626/, 最后访问日期：2017年11月9日。
③ 《亚太经合组织第二十五次领导人非正式会议：共同走向繁荣与和谐发展》, http://www.xinhuanet.com//world/2017-11/09/c_129736754.htm, 最后访问日期：2017年11月9日。

每年输送3000万吨石油;第二支通向纳霍德卡附近的科济米诺湾,年输油5000万吨。其一期工程,即"泰舍特—斯科沃罗季诺"石油管道工程于2009年竣工,年输油能力达3000万吨。斯科沃罗季诺到中国大庆的石油管道支线工程于2010年9月完工,年输油量达1500万吨,至2018年,供油量增加到3000万吨。① 2012年12月,其二期工程,即从斯科沃罗季诺到科济米诺湾的专用石油码头管线正式投入使用,年运力为3000万吨,随后将达到5000万吨。随着这一管线的启用,从科济米诺湾出口的石油35%将供给美国,28%给中国,30%给日本,还将出口到新加坡、马来西亚和韩国。② 该工程的竣工,为俄罗斯石油进入APEC市场,以及俄罗斯实现能源出口的多元化提供了现实基础。2016~2020年,俄罗斯向亚太地区出口的原油从7400万吨增加到9900万吨,亚太地区在俄石油出口中的比重从29%提升至41%,成品油年出口量稳定在2100万吨至2300万吨,亚太市场在俄成品油出口中的占比为22%~31%。③

在天然气方面,根据2007年批准的《在东西伯利亚和远东建设天然气运输、开采和供应统一体系,以及考虑向中国和亚太其他国家可能出口天然气的计划》,俄罗斯计划建立4个天然气开采中心,以及两条天然气管道系统——"萨哈林—哈巴罗夫斯克(伯力)—符拉迪沃斯托克(海参崴)""恰扬金斯克油气田—布拉戈维申斯克(海兰泡)—哈巴罗夫斯克(伯力)"。2011年8月,"萨哈林—哈巴罗夫斯克(伯力)—符拉迪沃斯托克(海参崴)"天然气运输系统投入使用,年运量达300亿立方米。④ 未来,这一线路可以经朝鲜或者海洋延伸至韩国,从哈巴罗夫斯克

---

① 《俄媒关注中俄原油管道二线工程正式运营:年供油量翻一番》,http://www.cankaoxiaoxi.com/china/20180103/2250212.shtml,最后访问日期:2019年1月6日。
② Труба для Азии,http://vz.ru/economy/2012/12/25/613661.html,最后访问日期:2012年12月25日。
③ Перспективы российских нефтяных компаний в АТР в условиях декарбонизации,https://www.imemo.ru/files/File/ru/articles/2021/Kopytin-ECO-092021.pdf,最后访问日期:2022年1月10日。
④ Н. С. ОСИНЦЕВА. РОССИЙСИЙ ДАЛЬНИЙ ВОСТОК—ПАРТНЁР СТРАН СВА В ТОПЛИВНО—ЭНЕРГЕТИЧЕСКОЙ СФЕРЕ//АЗИЯ И АФРИКА сегодня,№7,2012,с.61.

（伯力）将修建通往中国的天然气管道支线。俄罗斯在2019年"西伯利亚力量"天然气管道建成后，开始使用管道出口天然气，2025年前将达到年运量380亿立方米。俄罗斯还决定建设"西伯利亚力量-2"天然气管道，其设计能力为年运量500亿立方米。① 此外，俄罗斯还在努力增加向APEC地区出口液化天然气，2013年1月，时任俄能源部副部长先秋林指出，未来几年俄罗斯企业在远东地区生产的液化天然气将增加到2000万~2500万吨，② 主要销往亚太地区。从2017年12月起，俄罗斯亚马尔液化天然气工厂开始向包括中国在内的14个国家供应液化天然气。③ 在APEC中，俄罗斯重点发展与东北亚国家以及越南在石油和天然气领域的能源合作。近年来，俄罗斯还积极向APEC地区出口电力以及煤炭等能源产品。除了扩大能源供应外，俄罗斯还帮助亚太国家建设和改造能源基础设施，开发包括民用核能在内的新能源等。

俄罗斯希望大力开展与APEC经济体在运输领域的合作，以发挥自己作为欧亚"运输走廊"的巨大潜力，并加强自己与APEC国家和地区的经济联系。为此，2012年俄罗斯利用自己担任APEC主席国的身份，将"建立可靠的供应链条"作为当年APEC峰会的主要议题之一，以推动俄罗斯与APEC在该领域的合作。近年来，为了充分发挥俄罗斯作为"欧亚走廊"的运输潜力，俄罗斯付出了一系列努力。

一方面，在陆地运输线路上，俄罗斯积极对跨西伯利亚大铁路、贝加尔—阿穆尔铁路以及远东海港进行现代化改造。另一方面，俄罗斯积极与中国等亚太邻国开展跨境运输合作。在与中国的跨境运输合作方面，（中）黑河—（俄）布拉戈维申斯克（海兰泡）界河大桥于2019年5月正式合龙，标志

---

① Товарооборот со странами Азиатско-Тихоокеанского региона растет, https://rg.ru/2021/11/14/tovarooborot-so-stranami-aziatsko-tihookeanskogo-regiona-rastet.html, 最后访问日期：2021年11月14日。

② Россия будет производить на Дальнем Востоке до 25 миллионов тонн СПГ, http://www.rg.ru/2013/01/30/spg-anons.html, 最后访问日期：2014年8月9日。

③ Заявления для прессы по итогам переговоров с Председателем КНР Си Цзиньпином, http://kremlin.ru/events/president/news/58528, 最后访问日期：2018年9月11日。

着中俄之间首座跨黑龙江（俄称阿穆尔河）界河公路桥建设最终完成。中俄"同江—下列宁斯阔耶铁路界河桥"主体于2019年3月顺利合龙，这结束了中俄界河无跨江铁路桥梁的历史，形成又一个中国东北铁路网与俄罗斯西伯利亚铁路相互连通的国际大通道。近年来，俄罗斯与中国在中欧班列、中俄哈、中俄蒙等框架下的过境运输合作取得了积极成果。例如，2021年中欧班列开行量较2020年增长22%，达到1.5万列，运输146万个标准集装箱，同比增长29%。① 俄罗斯与中国还致力于推进"滨海1号"和"滨海2号"国际交通运输走廊合作，携手打造中俄陆海联运大通道。在中俄共同努力下，这一国际走廊的货物运输量快速增长。例如，与2018年相比，2019年通过"滨海1号"的货物运输量增长33%，达到3800个集装箱，通过"滨海2号"的货物运输量增长3.7倍，达到742个集装箱。② 这些措施不仅强化了中俄经济合作的纽带，而且有助于增强俄罗斯的"欧亚桥梁"作用。俄罗斯还积极推进西伯利亚大铁路与朝鲜半岛铁路相互连通，继2013年俄远东城市哈桑与朝鲜罗津港的铁路正式开通后，2018年12月朝鲜北南铁路实现对接，这使俄罗斯更加接近实现以上目标。此外，俄罗斯还努力与中、日、韩及东盟国家展开磋商与合作，积极提升"北方航线"的运输潜能。

俄罗斯积极致力于加强与APEC经济体在创新和高科技领域的合作。为此，俄罗斯成功将"推动创新增长合作"列为2012年APEC领导人峰会的四大议题之一；2012年，俄罗斯推动在APEC框架内建立了科技政策问题伙伴关系，并举行了技术问题前景对话会议；俄罗斯还呼吁APEC伙伴加强科研中心的协作。在加强实施"向东转"战略过程中，俄罗斯通过与亚太伙伴制定

---

① По маршруту Китай - Европа в 2021 году выполнено 15 тысяч рейсов контейнерных поездов, https://cfts.org.ua/news/2022/01/10/po_ marshrutu_ kitay_ evropa_ v_ 2021_ godu_ vypolneno_ 15_ tysyach_ reysov_ konteynernykh_ poezdov_ 68484, 最后访问日期：2022年1月10日。

② Россия отмечает рост объемов транзитных перевозок по международным транспортным коридорам через Приморье, https://www.interfax - russia.ru/far - east/news/rossiya - otmechaet - rost - obemov - tranzitnyh - perevozok - po - mezhdunarodnym - transportnym - koridoram - cherez-primore, 最后访问日期：2020年9月30日。

科技合作路线图、建立联合科技园、实施具体合作项目等措施，推进与包括中国在内的 APEC 伙伴在民用核能、航天、航空、电子及生物等领域的合作。例如，继《2017~2020 年中俄创新合作工作计划（路线图）》之后，中俄两国又在 2020 年 8 月签署并开始实施《2020~2025 年中俄科技创新合作路线图》，这类文件对推进俄罗斯与 APEC 伙伴的科技创新合作具有纲领性指导意义。近年来，俄罗斯与 APEC 伙伴在高科技领域的合作主要是在双边框架内进行的，并取得了一系列实际进展（具体内容前文已经指出，此处不再赘述）。这些合作使俄罗斯在亚太地区的高科技市场保持了一定的战略影响力。

俄罗斯还一直努力在农业与食品领域加大与亚太经合组织国家和地区的合作力度。俄罗斯希望充分利用自己在农业和粮食领域的潜力与优势，大力开展与 APEC 伙伴在上述领域的合作。2012 年，俄罗斯首次将粮食安全问题纳入亚太经合组织议事日程，俄总统普京在亚太经合组织领导人与工商咨询理事会代表对话会上指出，俄罗斯希望"更多地吸引资本来发展俄罗斯农业，我指我们具有竞争力的优势——大量农业用地，而且是还没有开垦的"。[1] 2017 年 11 月，普京专门为亚太经合组织第二十五次领导人非正式会议所发表的文章指出："俄罗斯在出口粮食、植物油、鱼类和其他商品方面，在全球处于领先水平。我们希望能够成为亚太邻国绿色环保食品的主要供应商，并为此正在采取扩大农业生产和提高生产效率的措施。"[2] 近年来，俄罗斯与 APEC 伙伴在这一领域的大规模合作处于刚起步阶段。俄罗斯期望 APEC 伙伴投资开垦俄罗斯东部地区的农业用地，在先进技术基础上实施农业项目，为亚太地区提供更多的粮食和生物燃料等产品。据统计，2020 年俄罗斯向亚太国家出口农产品的总额超过 70 亿美元，相比 2019 年增长 23%。[3]

---

[1] 《普京邀请外国投资者开发俄罗斯农业用地》，http://rusnews.cn/eguoxinwen/eluosi_caijing/20120908/43553186.html，最后访问日期：2012 年 9 月 8 日。

[2] 《亚太经合组织第二十五次领导人非正式会议：共同走向繁荣与和谐发展》，http://www.xinhuanet.com//world/2017-11/09/c_129736754.htm，最后访问日期：2017 年 11 月 9 日。

[3] 《俄罗斯农产品 2021 年对亚太地区的出口总额增长 11%》，https://sputniknews.cn/20210903/1034397425.html，最后访问日期：2021 年 1 月 26 日。

除了以上领域外，俄罗斯还重点希望在边远地区发展、数字经济与电子商务等方面加强与亚太经合组织的合作。2017 年，亚太经合组织其他各经济体批准了俄罗斯提出的关于发展偏远地区以及创新合作的倡议，俄罗斯的 4 项计划获得了亚太经合组织的拨款。①

此外，自普京第三总统任期以来，俄罗斯与亚太经合组织经济体还积极开展人文合作，其中，教育合作是最为优先的方面。俄罗斯呼吁打造亚太地区共同教育空间，希望远东联邦大学成为该空间的中心之一，并号召合作建设大型研究平台与中心。目前，每年在俄罗斯符拉迪沃斯托克（海参崴）远东联邦大学举办亚太经合组织高等教育合作大会。俄罗斯与秘鲁一起获得了 2016 年在利马举行的 APEC 教育部长会议的主持权。2017 年 9 月，时任俄罗斯教育部部长瓦西里耶娃作为重要嘉宾参加了亚太经合组织亚太地区高等教育第六次会议。② 此外，俄罗斯与 APEC 成员还广泛开展科技、艺术、传媒、医疗以及旅游等方面的人文合作，这些合作主要以双边形式开展。

二　俄罗斯与东亚峰会

俄罗斯非常重视东亚峰会在亚太安全格局构建中的重要作用。在东盟及中国等力量的支持下，俄罗斯于 2011 年成为东亚峰会的正式成员国，并参加了当年 11 月在印尼举行的第六届东亚峰会，这标志着俄罗斯已经参加了亚太地区所有重要的多边机构。一般而言，俄罗斯派遣部长级别的官员，主要是外长出席东亚峰会。自普京第三总统任期以来，俄罗斯逐步提高了出席东亚峰会的官员级别。俄罗斯总理梅德韦杰夫出席了 2015 年在马来西亚吉

---

① Россия в АТЭС，http：//apec-center. ru/%D0%BE%D0%B1-%D0%B0%D1%82%D1%8D%D1%81/%D1%80%D0%BE%D1%81　D1%81%D0%B8%D1%8F-%D0%B2-%D0%B0%D1%82%D1%8D%D1%81/. 最后访问日期：2019 年 3 月 1 日。
② Россия в АТЭС，http：//apec-center. ru/%D0%BE%D0%B1-%D0%B0%D1%82%D1%8D%D1%81/%D1%80%D0%BE%D1%81%D1%81%D0%B8%D1%8F-%D0%B2-%D0%B0%D1%82%D1%8D%D1%81/. 最后访问日期：2019 年 3 月 1 日。

隆坡、2016年在老挝万象、2017年在菲律宾马尼拉和2019年在泰国曼谷举办的东亚峰会；2018年11月，俄罗斯总统普京亲自参加东亚峰会，这是俄罗斯国家元首首次参加东亚峰会；2020年11月，普京以视频方式再次参加东亚峰会。这表明俄罗斯对东亚峰会重视程度的日益提高。

借助参加东亚峰会，俄罗斯更加深入而广泛地参与亚太地区的政治、安全与经济事务，在这一平台直接阐明自己对相关问题的观点与立场，并提出自己的主张与建议。俄罗斯总统普京于2020年11月在东亚峰会上就亚太地区安全、经济合作、抗击新冠疫情等广泛问题提出的俄罗斯观点和建议，可视作俄罗斯在东亚峰会表达相关立场的代表。

在亚太地区安全与合作问题上，俄罗斯认为，亚太地区面临的挑战和威胁不仅在数量上没有减少，而且长期存在的冲突还在发展和尖锐化，同时，新的冲突局势正在形成。[①] 俄罗斯在东亚峰会上长期呼吁建立以集体安全原则为基础的地区安全与合作架构，并提议启动关于在亚太地区建立新的安全与合作架构的对话。在2020年东亚峰会上，俄罗斯总统普京再次强调，为维护亚太地区安全需要共同工作，重要的是在尊重国际法、考虑彼此利益、保证平等和不可分割的安全的基础上采取行动。普京指出，"我同意《河内宣言》的主要想法：我们各国需要共同努力来维持亚太地区的和平与稳定。在广泛的政治和经济问题上加强合作"。"我们亚太地区的未来取决于在出现挑战和威胁时我们有多团结，在有利于普遍和可持续发展的合作中可以表现多少政治意愿。通过这种方法我们一定能取得成果。俄罗斯方面准备为这一共同的工作做出自己的贡献。"普京在此次东亚峰会上还批评美国退出《中导条约》的行为，他指出，"在美国提出退出《中导条约》后风险和威胁显著增加"。俄罗斯希望在《中导条约》所禁止的中短程导弹在亚太地区的部署问题上与包括美国在内的亚太地区国家进行磋商，并尽力避免亚太地区陷入军备竞赛。普京指出，"众所周知，为了稳定局势，防止新一轮军备

---

① Восточноазиатский саммит, http://kremlin.ru/events/president/news/67010, 最后访问日期：2021年10月27日。

竞赛，我们单方面宣布暂停在亚太地区和世界其他地区部署中短程导弹，只要我们的美国伙伴不采取此类措施。我们对于同所有相关国家就此问题进行认真对话持开放态度"。①

在促进亚太地区经济合作与发展方面，俄罗斯总统普京希望亚太国家采取保障经济增长措施，以促进地区经济的合作与发展。他指出，俄罗斯希望，"亚太地区国家通过保障地区经济稳步增长的声明，能够促进投资、贸易和技术交流"。普京还表示，俄罗斯愿意与亚太地区国家分享经济数字化的成果。俄罗斯还在此次东亚峰会上倡议各种一体化项目相互协作，同时号召包括东盟在内的亚太多边组织加入大欧亚伙伴关系的建设中。普京指出，"深入发展各种一体化项目有助于加强亚太地区的经济合作。我们相信，诸如东盟、欧亚经济联盟以及上海合作组织等区域和次区域组织能为整个地区而相互协作，和谐而有效地相互补充"。上合组织会议通过的领导人联合声明"赞同将各种一体化努力与俄罗斯提出的大欧亚伙伴关系倡议相对接的想法，后者被视为统一、广泛、开放的安全与互利的经济和人道主义合作空间"。②

针对新冠疫情对亚太地区经济造成的消极影响，俄罗斯呼吁各方加强经济合作。在 2021 年 10 月召开的第十六届东亚峰会上，俄罗斯指出工业、能源和金融等经济部门实现经济增长任务的迫切性，建议起草并在下一届东亚峰会上审议各成员国在所有经济领域合作的"路线图"。俄罗斯支持此次东亚峰会结束时通过一项关于稳定恢复的声明的建议，赞成在该文件中提到的应对气候变化、促进脱碳创新、发展技术和低排放产业等优先方面进行协调与合作。俄罗斯还特别呼吁，支持亚太地区旅游业的恢复与发展，提议东亚峰会通过支持旅游业的联合声明，同时还具体建议于 2022 年 1 月在柬埔寨东盟旅游论坛期间组织相关部门负责人会议，并在

---

① Восточноазиатский саммит, http://kremlin.ru/events/president/news/64417，最后访问日期：2020 年 11 月 14 日。
② Восточноазиатский саммит, http://kremlin.ru/events/president/news/64417，最后访问日期：2020 年 11 月 14 日。

未来定期进行此类接触。①

俄罗斯还在东亚峰会上表示，愿意在智慧城市、数字化技术等方面与亚太国家展开密切合作。

俄罗斯总统普京在东亚峰会上还呼吁各方合作抗击新冠疫情。为此，他在 2020 年 11 月东亚峰会上提议，"拟定由东亚峰会与会国领导人通过的抗击新冠疫情问题的联合声明"。② 俄罗斯的提议得到了峰会其他参加国的支持。俄罗斯还表示，愿意在与亚太国家合作应对新冠疫情方面，其中包括在医学科学交流、疫苗联合研制和生产以及专家培训等领域做出更大贡献。俄罗斯总统普京在 2020 年 11 月和 2021 年 10 月出席第十五届和第十六届东亚峰会时先后指出，"俄罗斯对于在流行病学领域更加积极开展集体工作持开放立场。在对抗疫情的科学、临床和生产经验方面，我们有很多东西可以提供"，"俄罗斯已经研制、采用并使用了世界上第一种对抗冠状病毒的疫苗'卫星 V'……数十个国家已经表示希望在供应和联合生产这些药物方面开展合作"，"我们准备继续向伙伴提供俄罗斯测试系统和冠状病毒诊断试剂，包括免费提供"。③ 俄罗斯愿意"在符拉迪沃斯托克（海参崴）亚太生物安全研究中心的基础上，扩大对东盟国家流行病学专家的培训"。俄罗斯致力于为确保所有国家的公民自由和不歧视地获得针对新冠病毒的疫苗而做出实际贡献。俄罗斯主张建立相互承认疫苗接种证书的程序，以确保各国公民在该地区的自由流动。此外，俄罗斯还建议在东亚峰会的领导下建立覆盖整个区域的抗疫合作机制。④

俄罗斯积极参加东亚峰会不仅有助于维护自己在亚太地区的安全和利

---

① Восточноазиатский саммит，http：//kremlin. ru/events/president/news/67010，最后访问日期：2021 年 10 月 27 日。
② Восточноазиатский саммит，http：//kremlin. ru/events/president/news/64417，最后访问日期：2020 年 11 月 14 日。
③ Восточноазиатский саммит，http：//kremlin. ru/events/president/news/64417，最后访问日期：2020 年 11 月 14 日。
④ Восточноазиатский саммит，http：//kremlin. ru/events/president/news/67010，最后访问日期：2021 年 10 月 27 日。

益，而且对于促进亚太地区的和平、稳定，牵制美国的霸权，保持相对美国力量的平衡具有积极意义。

此外，俄罗斯还积极参与东盟地区安全论坛、东盟与对话伙伴国国防部长会议等其他多边对话或论坛的活动。这些举措不仅可以维护俄罗斯在亚太地区的安全利益，而且使俄罗斯在亚太地区政治—安全新秩序的构建中成为一个具有牢固地位的重要参与者与塑造者。

三　中俄蒙三边对话与合作

（一）中俄蒙三边对话与合作机制的建立及其战略方针

俄罗斯与中国近年来在双方的共同毗邻区一道加强了与蒙古国的共同友好与合作关系。在中国、俄罗斯和蒙古国的共同努力下，2014年建立了中国—俄罗斯—蒙古国三国元首会晤机制，当年9月11日在杜尚别召开了三国领导人首次峰会，至2019年6月，中俄蒙三国元首已经举行了五次会晤。

中俄蒙三国共同确定了发展三边合作的基本战略方针。俄罗斯总统普京指出，"俄中蒙三国地理相邻，要加强交往、对话、协调。中方共建丝绸之路经济带的倡议为三国合作提供了新的重要机遇。三方要把各自发展计划结合起来，在能矿、交通基础设施建设等领域建立长期稳定合作关系。三国都主张世界多极化，应该共同努力，维护地区安全稳定"。① "俄方致力于在相互尊重、平等互利基础上深化俄中蒙三方关系，愿加强欧亚经济联盟同'一带一路'倡议以及蒙古国'草原之路'规划的对接合作。三方要加强交通运输互联互通，扩大共同贸易，加强能源、金融等领域合作。"② 2014年，

---

① 《习近平出席中俄蒙三国元首会晤》，https：//www.fmprc.gov.cn/web/gjhdq_676201/gj_676203/yz_676205/1206_676740/xgxw_676746/t1190336.shtml，最后访问日期：2014年9月11日。
② 《习近平出席中俄蒙元首第五次会晤》，https：//www.fmprc.gov.cn/web/gjhdq_676201/gj_676203/yz_676205/1206_676740/xgxw_676746/t1672394.shtml，最后访问日期：2019年6月14日。

时任蒙古国总统额勒贝格道尔吉表示，"蒙古国从战略高度重视同中国和俄罗斯发展更加紧密的睦邻友好合作关系"，"蒙方希望加强同中、俄的合作"，①"三国在铁路运输、物流、农产品和矿产品贸易便利化、基础设施等领域开展合作，将造福三国人民。蒙方希望推动三国合作深入发展"。② 2018年6月，时任蒙古国总统巴特图勒嘎表示，"与中、俄两个永远的邻国发展友好合作是蒙古国首要方针。蒙方愿同中、俄共同努力，落实三方合作共识"。③ 中国国家主席习近平指出，"中俄蒙互为邻国和战略伙伴，开展三方合作既有良好基础，也有巨大潜力。我们要从战略高度和长远角度出发，推动三方开展全面合作。政治上，要增进互信，打造命运共同体；经济上，要对接各自发展战略，推动区域经济合作进程；人文上，要密切民众交流和联系，巩固三方合作社会基础；在国际和地区事务中，要加强协调和配合，维护地区及世界和平稳定"。④

中俄蒙三国元首在会晤中达成的战略共识，以及中俄蒙三国于2015年7月签署的《中华人民共和国、俄罗斯联邦、蒙古国发展三方合作中期路线图》（以下简称"中俄蒙三方合作中期路线图"）以及其他文件，为中俄蒙三边合作指明了方向，并确定了合作的基本蓝图。

三国在"中俄蒙三方合作中期路线图"中共同确定，"将发展三国传统友好互惠关系作为本国外交政策的战略方向之一；愿在相互尊重、平等互助、睦邻友好、互不干涉内政原则基础上进一步扩大全面合作"，三国将扩

---

① 《习近平出席中俄蒙三国元首会晤》，https：//www.fmprc.gov.cn/web/gjhdq_676201/gj_676203/yz_676205/1206_676740/xgxw_676746/t1190336.shtml，最后访问日期：2014年9月11日。
② 《习近平出席中俄蒙三国元首第二次会晤》，https：//www.fmprc.gov.cn/web/gjhdq_676201/gj_676203/yz_676205/1206_676740/xgxw_676746/t1280222.shtml，最后访问日期：2015年7月10日。
③ 《习近平主持中俄蒙元首第四次会晤》，https：//www.fmprc.gov.cn/web/gjhdq_676201/gj_676203/yz_676205/1206_676740/xgxw_676746/t1567385.shtml，最后访问日期：2018年6月9日。
④ 《习近平出席中俄蒙三国元首第二次会晤》，https：//www.fmprc.gov.cn/web/gjhdq_676201/gj_676203/yz_676205/1206_676740/xgxw_676746/t1280222.shtml，最后访问日期：2015年7月10日。

大三方政治对话，开展在经贸、投资、人文等领域的三方合作，以及加强在国际和地区事务中的相互协调。① 中俄蒙三国决定建立三国副外长级磋商机制，统筹推进三国合作。在政治领域，三国共同商定，"保持广泛政治对话和高层定期交往，包括在各种国际和地区活动框架内举行会晤。发展并完善三方副外长磋商机制，并将有关部门和机构纳入进来。开展立法机关间的友好合作，扩大立法经验交流。推动政党、社会团体和非政府组织间发展交往。采取措施，反对否定二战成果，篡改历史的企图"。② 上述战略共识意味着，中国、俄罗斯和蒙古国已经将发展传统友好互惠关系确定为三国关系未来中期发展前景的主要战略方向，并确定了在各领域包括政治领域开展相互友好合作的基本措施。此外，中俄蒙三国还共同致力于加强三边经济合作，将各自发展战略对接。同时，中俄蒙三国还重视开展人文合作，三国在2015年制定的"中俄蒙三方合作中期路线图"中规划了三国开展人文合作的主要方面，并积极加以落实。

（二）中蒙俄经济走廊建设

在中国-俄罗斯-蒙古国三边对话与合作机制框架内，中俄蒙三国近年来积极推进经济合作。三国根据2015年7月签署的"中俄蒙三方合作中期路线图"和其他文件，在2016年6月签署了《建设中蒙俄经济走廊规划纲要》。这一协议将中国倡导的"一带一路"倡议、俄罗斯主导的欧亚经济联盟计划以及蒙古国提出的"草原之路"计划对接起来，为推进中蒙俄经济走廊建设提供了"指南"。中蒙俄经济走廊建设成为中俄蒙三国经济合作的核心项目，它是"一带一路"倡议框架下首条正式开建的多边经济走廊，也是中俄在共同毗邻的周边地区实施经济协作的

---

① 《中华人民共和国、俄罗斯联邦、蒙古国发展三方合作中期路线图》，https://www.fmprc.gov.cn/web/ziliao_674904/1179_674909/t1280229.shtml，最后访问日期：2015年7月10日。

② 《中华人民共和国、俄罗斯联邦、蒙古国发展三方合作中期路线图》，https://www.fmprc.gov.cn/web/ziliao_674904/1179_674909/t1280229.shtml，最后访问日期：2015年7月10日。

重要内容。

中俄蒙计划共同建设的经济走廊连通三国，涉及多种项目，合作主体多元化。三国制定的上述规划纲要植根于共同的发展需求，"以拓展合作空间、发挥潜力和优势、促进共同繁荣、提升联合竞争力为愿景，明确了三方合作具体内容、资金来源和实施机制，合作项目涵盖了基础设施互联互通、口岸建设、产能、投资、经贸、人文、生态环保等重点领域。走廊建设重视打造坚实的金融支撑和保障，充分利用国家投资、私营机构、国际金融机构投融资，鼓励公私合作伙伴参与其中"。"走廊聚焦基础设施骨干通道建设，打造便捷高效的互联互通网络。这一网络联通沿线重要节点城市，创建产业园区、经济合作区，形成互利合作的重要支撑。三国将以走廊为依托，加快区域合作步伐，提升区域合作水平，培育亚洲地区新的经济增长极。"该协议的签署"标志着'一带一路'首个多边经济合作走廊正式实施，中俄蒙三国互利合作迈入新的历史阶段"。①

目前，中俄蒙三国联合制定的上述计划正在推进落实。这首先体现在运输领域。正如《建设中蒙俄经济走廊规划纲要》已经指明的，促进交通基础设施发展及互联互通是中俄蒙三国合作的重点领域。在其指导下，中俄蒙三国于2016年12月签署了国际公路运输政府间协议。在此前的2016年8月，中俄蒙三国共同启动了试运行从中国天津港经蒙古国首都乌兰巴托至俄罗斯布里亚特共和国主要城市乌兰乌德的国际道路货运。这一线路可以代替现有的北京—外贝加尔斯克—伊尔库茨克线路。它比后者短1500公里。②理论上，中俄蒙线路很容易在伊尔库茨克与跨欧亚运输走廊发生交叉。未来，这一线路可能与更大规模的跨欧亚运输走廊实现一体化，成为后者的一部分。

---

① 《外交部国际经济司司长张军在〈人民日报〉发表署名文章：〈共绘中蒙俄合作新蓝图〉》，http://www.fmprc.gov.cn/web/ziliao_674904/zyjh_674906/t1375546.shtml，最后访问日期：2016年6月27日。

② Новый путь из Китая в Россию призван стать частью глобального маршрута, https://yandex.ru/turbo/vz.ru/s/economy/2016/8/18/827597.html，最后访问日期：2016年8月18日。

2018年4月，蒙古国国家大呼拉尔（议会）全会批准了国际公路运输中俄蒙三国政府间协议，标志着中蒙俄经济走廊框架内的中央公路通道项目已具备在蒙古国境内全面启动的法律基础。中央公路通道蒙古国段自东戈壁省扎门乌德县起，经首都乌兰巴托市，再到蒙俄边境的阿拉坦布拉格小镇，全长1000余公里。该高速公路项目中标单位为蒙古国成吉思汗集团公司，预计投资金额超过100亿美元。①

中蒙俄经济走廊计划同时有利于三国。首先，该计划对于蒙古国而言具有重要意义。蒙古国没有出海口，夹在中俄两个大国之间，它需要扩大对外贸易以及矿产资源出口。因此，蒙古国制定了自己的"草原之路"计划，计划不仅建设中国至俄罗斯的公路，而且建设全国的运输物流基础设施。蒙古国计划升级所有铁路干线，修建贯通该国南北长1000多公里的高速公路。中蒙俄三国经济走廊计划将使蒙古国获得更多的资金、技术与合作项目的支持，从而有利于蒙古国推进"草原之路"计划的落实。此外，三国合作计划还有利于加强蒙古国与中俄两国特别是与中国的经济联系，扩大蒙古国对中国的资源出口，并有利于带动蒙古国经济的发展与社会的进步。2019年12月，时任蒙古国外长朝格特巴特尔表示，与中国和俄罗斯联手打造经济走廊的项目实施后，蒙古国将成为连接亚太地区大型市场的重要交通枢纽。朝格特巴特尔指出，"古代丝绸之路和贩茶之路穿过蒙古国，而在现代俄中蒙经济走廊则应当谱写新的历史"。朝格特巴特尔在"俄罗斯-蒙古国：在欧亚经济联盟统一市场推进商务"论坛期间表示，"我们三国都在致力于实施这个项目，这预示着什么呢？预示着体量巨大的基础设施项目，包括穿越蒙古国的输电线路、公路干线、铁路交通和天然气管道，我们期待俄罗斯和中国能够在2020年之前把贸易额提高到2000亿美元的水平。如果这条走廊得以实现，那么没有出海口的蒙古就可能会成为我们亚太地区各大型市场之间的交通枢纽"。②

---

① 《蒙古国批准国际公路运输中俄蒙三国政府间协议》，http://world.people.com.cn/n1/2018/0414/c1002-29925820.html，最后访问日期：2018年4月14日。
② 《蒙古国外长：俄中经济走廊将使我国成为亚太交通枢纽》，http://sputniknews.cn/politics/201912041030165871/，最后访问日期：2019年12月4日。

这一计划对俄罗斯也具有重要意义。未来，中俄蒙三国运输线路将继续延伸至伊尔库茨克和新西伯利亚。这样一来，俄罗斯西伯利亚地区就能通过公路与中国和蒙古国相连。这将有利于推进俄罗斯布里亚特和西伯利亚南部地区的经济发展。原来，俄罗斯只有在中俄边境地区能够直接对中国进行双边运输，而中俄蒙三国合作计划的落实，将为并不与中国接壤的俄罗斯其他地区，例如西伯利亚地区提供这样的机会。上述计划，不仅将简化俄罗斯与中国之间双向货运流程、加快物流速度、降低运输成本，还将扩大俄罗斯布里亚特和毗邻的西伯利亚其他地区向中国供应煤炭、木材等资源和其他商品，同时也将增加进口工业设备、纺织品和其他商品。这将加强中国与俄罗斯上述地区之间的经济联系，从而推动俄罗斯布里亚特和西伯利亚南部地区的经济发展。正如俄罗斯运输部国际合作司司长罗曼·亚历山德罗夫指出的，"加强这条走廊的货运将拉动沿线各地区的发展"。①

另外，还需要看到的是，俄罗斯同意并推进中蒙俄经济合作走廊的计划，不仅仅是为了推动俄罗斯自身的经济发展，还有政治与外交方面的考虑。中俄蒙经济合作计划的落实，将避免俄罗斯在中国与蒙古国日益密切的经济合作中被边缘化，将有利于继续保持俄罗斯对蒙古国的战略影响力，从而维护俄罗斯在蒙古国的利益与势力范围。

对中国而言，它进一步加强了中国与蒙古国、俄罗斯的经济联系，有利于扩大从蒙古国和俄罗斯的资源进口，以及对上述两国的出口，同时，也使"丝绸之路经济带"项目得到延伸与发展，还增加了从中国通往欧洲的运输线路选择。

此外，中俄蒙在能源领域还将进行更密切的合作。俄罗斯和中国研究并探讨了蒙古国提出的关于修建过境蒙古国的天然气管道的建议。2019年9月，时任蒙古国总统巴特图勒嘎表示，"对于蒙古提出的经蒙古领土

---

① Новый путь из Китая в Россию призван стать частью глобального маршрута, https://yandex.ru/turbo/vz.ru/s/economy/2016/8/18/827597.html, 最后访问日期：2016年8月18日。

修建一条从俄罗斯到中国的天然气管道的建议,俄罗斯总统表示支持,中国国家主席承诺予以研究"。① 俄罗斯普京总统在 2018 年 6 月称这一提议是"好主意",并说俄罗斯总体上表示支持。② 此外,蒙古国还提出建立东北亚超级电网的倡议。时任蒙古国总统巴特图勒嘎指出,"在我们东北亚地区有四个电力消费大国。蒙古国有能力提供廉价、稳定的电力供应。这将对我们地区的经济竞争力产生积极影响,民众将有机会用上低价电"。③

中俄蒙三国还在积极推进经贸合作,为此,中俄蒙三国于 2015 年 7 月签署了《关于创建便利条件促进中俄蒙三国贸易发展的合作框架协定》以及《关于中俄蒙边境口岸发展领域合作的框架协定》,其中,前者旨在为促进三国经贸合作创造总体有利条件,而后者旨在促进三国边境地区的经贸合作。为了促进贸易发展,三国还积极采取措施促进贸易便利化,2016 年 6 月,中俄蒙三国签署了《中华人民共和国海关总署、蒙古国海关与税务总局和俄罗斯联邦海关署关于特定商品海关监管结果互认的协定》,此举对于促进中俄蒙经贸便利化具有积极意义,有助于中俄蒙三国开展彼此的经贸合作。

中俄蒙三边合作的开展,对于增进三国战略互信与政治友好、促进经济合作与优势互补、推动东北亚区域合作具有积极意义。中俄蒙三国合作正在推动三国向着命运共同体的方向发展,这使蒙古国成为与中俄两国共同友好的又一个共同毗邻区。中俄两国共同发展与蒙古国的友好关系,成为中俄两国共同塑造与第三方共同友好关系的范例。

---

① 《蒙古总统:中俄正在研究建设过境蒙古的天然气管道提议》,http://sputniknews.cn/economics/201909051029491711/,最后访问日期:2019 年 9 月 5 日。
② 《蒙古总统:中俄正在研究建设过境蒙古的天然气管道提议》,http://sputniknews.cn/economics/201909051029491711/,最后访问日期:2019 年 9 月 5 日。
③ 《蒙古总统:中俄正在研究建设过境蒙古的天然气管道提议》,http://sputniknews.cn/economics/201909051029491711/,最后访问日期:2019 年 9 月 5 日。

四 中俄印战略三角合作

自普京第三总统任期以来,俄罗斯积极推进与中国、印度的战略三角合作,这是俄罗斯亚太战略调整的重要内容之一。

(一)中俄印战略三角合作的起源与进展

在中俄印战略三角关系的发展中,俄罗斯发挥了重要的倡议者和组织者的作用。1996年至1998年担任俄罗斯联邦外交部部长的普里马科夫是建立这一"三角"关系的倡导者之一,"他建议在建立多极世界构想的框架内接触,实际是建立莫斯科-北京-新德里三角框架的合作模式",[1] 以抗衡西方霸权。2002年9月,中俄印三国外长举行首次非正式会晤,此后发展成定期会晤机制,至2019年2月,中俄印三国外长举行了16次会晤。中俄印三国外长会晤机制成为中俄印三国对话与合作的主要机制与平台。拉夫罗夫指出,"俄中印是有前景的合作形式。开启了当代世界政治的许多趋势……这一倡议最终在中俄印外长层面具有了实际轮廓"。[2] 中俄印模式被称为"大欧亚三角",联合了世界上3个重要的国家,人口总数占全球人口的40%,[3] GDP占全球的20%。中俄印三国按照购买力计算,占世界国内生产总值的30%。[4]

在普京第三总统任期,俄罗斯继续将发展中俄印三国战略合作明确列为俄

---

[1] Интервью Министра иностранных дел России С. В. Лаврова СМИ Монголии, Японии и КНР в преддверии визитов в эти страны, Москва, 12 апреля 2016 года, http://www.mid.ru/ru/foreign_policy/news/-/asset_publisher/cKNonkJE02Bw/content/id/2227965,最后访问日期:2016年4月12日。

[2] Интервью Министра иностранных дел России С. В. Лаврова «Вьетнамскому телевидению» и китайским телеканалам «ЦТВ» и «Феникс», Москва, 24 февраля 2019 года, http://www.mid.ru/ru/foreign_policy/news/-/asset_publisher/cKNonkJE02Bw/content/id/3540803,最后访问日期:2019年2月24日。

[3] 《俄中印模式促进三国互动,被称为"大欧亚三角"》,http://world.huanqiu.com/tsrus/2019-08/15350941.html?agt=15438,最后访问日期:2019年8月24日。

[4] Встреча в формате Россия-Индия-Китай, http://kremlin.ru/events/president/news/59278,最后访问日期:2018年12月1日。

罗斯外交的工作方针之一。2016 年版《俄罗斯联邦外交政策构想》指出，"俄罗斯认为必须进一步开展俄罗斯-印度-中国框架下有效和互利的外交与经济合作"。① 在这一思想指导下，俄罗斯总统普京提议举行中俄印三国领导人会晤。中国和印度积极回应了普京的提议。2018 年 12 月，举行了中俄印三国领导人时隔 12 年的第二次会晤。事实上，中俄印三国在 2006 年 7 月举行了领导人首次会晤。这一对话随后整合成金砖国家合作的基础。在 2018 年 12 月中俄印三国领导人会晤中，三方就定期会晤达成一致。此后，2019 年 6 月举行了中俄印领导人第三次会晤。中俄印三国领导人定期会晤机制的形成，使三国战略协作的层次由部长级提升至国家元首级，这是中俄印对三国战略合作关系的显著加强和发展。俄罗斯总统普京指出，"重要的是，俄罗斯、印度和中国在世界经济和政治议程的多数问题上立场接近或吻合"，"俄罗斯、印度和中国正在共同致力于加强全球稳定、打击恐怖主义威胁、极端主义、毒品和网络犯罪，从而为在欧亚大陆建立平等和整体安全体系奠定基础"。②他认为，中俄印模式前景广阔。

（二）中俄印战略合作的性质

中俄印三国合作并非为了结成同盟或者针对第三方。对此，中国国家主席习近平在 2018 年 12 月指出，"中俄印要倡导新型国际关系，不断巩固政治互信，结伴而不结盟，推进大国关系的良性循环、合作共赢"。③ 俄罗斯外长拉夫罗夫于 2019 年 2 月指出，"三国之中没有任何一国提出反对美国、

---

① Концепция внешней политики Российской Федерации（утверждена Президентом Российской Федерации В. В. Путиным 30 ноября 2016 г.），http：//www. mid. ru/ru/foreign_policy/news/-/asset_ publisher/cKNonkJE02Bw/content/id/2542248，最后访问日期：2016 年 12 月 1 日。
② 《俄中印模式促进三国互动，被称为"大欧亚三角"》，http：//world. huanqiu. com/tsrus/2019-08/15350941. html? agt = 15417，最后访问日期：2019 年 8 月 24 日。
③ 《习近平出席中俄印领导人非正式会晤》，https：//www. fmprc. gov. cn/web/zyxw/t1618021. shtml，最后访问日期：2018 年 12 月 1 日。

日本和其他任何国家的建议，我们只是看到了相互补充的潜力，其中包括在国际舞台上。在经济方面，我们是三大邻国"。①

（三）中俄印领导人会晤达成的战略共识

中俄印三国领导人在 2018 年和 2019 年举行的两次非正式会晤中，就以下战略及政治问题达成共识或确认了近似观点。②

第一，三国领导人同意加强三方协调，凝聚三方共识，增进三方合作，认为这是就一系列全球问题进行讨论以及协调立场的有效制度。

第二，各方赞同维护《联合国宪章》，维护多边主义，维护以国际法为基础的国际秩序和国际体系，共同坚持尊重国家主权、不干涉内政等国际关系基本准则。俄罗斯外长拉夫罗夫于 2018 年 12 月指出，"不允许破坏以《联合国宪章》及其内含的平等、尊重主权和不干涉内政原则为基础的多边机构的愿望"将三国联合在一起。③

第三，三方愿意在全球治理改革、地区安全、反恐等领域加强对话协调，并在联合国、二十国集团、金砖组织和上合组织等重要国际组织中加强沟通合作。

---

① Выступление и ответы на вопросы Министра иностранных дел России С. В. Лаврова на Российско‐вьетнамской конференции Международного дискуссионного клуба «Валдай», г. Хошимин, 25 февраля 2019 года, http：//www. mid. ru/ru/foreign_ policy/news/-/asset_ publisher/cKNonkJE02Bw/content/id/3541050，最后访问日期：2019 年 2 月 25 日。

② 综合参见《习近平出席中俄印领导人非正式会晤》，https：//www. fmprc. gov. cn/web/zyxw/t1618021. shtml，最后访问日期：2018 年 12 月 1 日；Выступление и ответы на вопросы Министра иностранных дел России С. В. Лаврова на Российско‐вьетнамской конференции Международного дискуссионного клуба «Валдай», г. Хошимин, 25 февраля 2019 года, http：//www. mid. ru/ru/foreign_ policy/news/-/asset_ publisher/cKNonkJE02Bw/content/id/3541050，最后访问日期：2019 年 2 月 25 日；Встреча в формате Россия‐Индия‐Китай, http：//kremlin. ru/events/president/news/59278，最后访问日期：2018 年 12 月 1 日；Встреча лидеров России, Индии и Китая, http：//kremlin. ru/events/president/news/60846，最后访问日期：2019 年 6 月 28 日。

③ Интервью и ответы на отдельные вопросы Министра иностранных дел России С. В. Лаврова для программы «Москва. Кремль. Путин» «на полях» саммита «Большой двадцатки», Буэнос‐Айрес, 2 декабря 2018 года, http：//www. mid. ru/ru/foreign_ policy/news/-/asset_ publisher/cKNonkJE02Bw/content/id/3425025，最后访问日期：2018 年 12 月 2 日。

（四）中俄印外长定期会晤达成的共识及其战略协作

除了中俄印领导人会晤之外，中俄印三国还有外长定期会晤机制，并在这一机制下达成了更为详尽的战略协作立场，并采取更多协调行动。2017 年 12 月，中俄印三国外长举行了第十五次会晤，这也是中印"洞朗对峙"事件后三国外长的首次会晤。这次会晤对推进三国合作具有重要意义，三方就战略及政治问题达成的共识有："一是支持联合国在国际事务中发挥重要作用，维护《联合国宪章》宗旨和原则，恪守国际关系基本准则，尊重各国自主选择发展道路和社会制度的权利。二是坚持政治解决热点难点问题，尊重当事国之间的对话协商，发挥联合国主渠道作用，反对动辄使用武力。三是反对霸权主义和强权政治，不赞成搞势力范围和小集团，推动国际关系民主化。……"①

2019 年 2 月，中国外交部部长王毅和俄罗斯外长拉夫罗夫、时任印度外长斯瓦拉吉共同举行中俄印外长第十六次会晤。在此次会晤中，中俄印外长达成了八点共识："第一，三方同意，在当前国际形势复杂演变背景下，中俄印作为三个世界性大国和主要新兴经济体，有必要加强协调合作，这将给世界带来更多稳定性和正能量。第二，三方同意，坚定维护多边主义，维护以联合国为核心的国际体系，维护不干涉内政等国际关系准则，这对应对当今的挑战具有重要现实意义。第三，三方同意，加强在二十国集团、亚欧会议、金砖国家、上海合作组织、东亚合作等多边框架内的沟通协调，这有利于确保这些机制保持正确的发展方向。第四，三方同意，共同打击一切形式的恐怖主义，加强反恐政策沟通和务实合作，特别是要努力消除恐怖主义和极端思潮滋生的土壤。第五，三方同意，坚决反对单边主义和保护主义，维护以规则为基础的多边贸易体制。世贸组织改革应坚持其核心价值和基本原则，尤其是'特殊与差别待遇'。在信息技术领域和网络安全问题上，应充分尊重公平竞争和非歧视原则。第六，三方同意，坚持通过包容性对话政

---

① 《王毅谈中俄印外长会晤的十大共同点》，https：//world.huanqiu.com/article/9CaKrnK60CX，最后访问日期：2017 年 12 月 12 日。

治解决热点问题。支持阿富汗政府和人民为推动'阿人主导，阿人所有'的和平和解进程所做努力，期待第二次朝美领导人会晤在实现半岛无核化、解决各方合理关切上取得新的进展。三方认为委内瑞拉问题应由委内瑞拉人民通过建设性对话解决分歧，不应诉诸暴力，反对军事干预。第七，三方同意，三国领导人会晤具有重要战略意义。建议年内在多边场合再次举行三国领导人会晤，为三方合作持续提供重要政治引领。第八，三方同意，继续巩固和拓展三方务实合作，研究适时设立三国防长会晤机制。继续办好阿富汗问题、亚太事务等专题磋商，开展三国学者、青年外交官交流活动。中方提议探讨'中俄印+'合作，不断提升三方合作的国际影响力"。①

在中俄印三边合作框架下，三国还就阿富汗问题、亚太地区事务等建立专门磋商机制。2014年1月，中俄印三国举行了首次副外长级阿富汗问题磋商，此后形成三方阿富汗问题副外长级磋商机制。根据中俄印外长第十四次会晤达成的共识，三方在2016年12月举行了首次中俄印亚太事务磋商，就地区形势、各自亚洲政策、亚太安全架构以及在地区多边机制中的合作、反恐和其他地区热点问题深入交换了意见。② 此外，中俄印三国之间的情报部门还进行了合作，2019年11月，中国、印度、俄罗斯三国情报部门领导人年度会晤在北京举行。与会方讨论了国际和地区安全问题、加强联合打击国际恐怖主义的途径，以及双边与多边合作的各个方面。③

中俄印战略三角框架下的对话与合作，不仅有助于进一步强化印度的战略自主性，巩固其不结盟、推进世界多极化等传统的政治立场和观点，也加固并拓展了中俄印三国的战略共识与利益交汇点。这有助于加深中俄印三国之间的相互理解与合作，有助于改善中印关系，有助于牵制印度向美国的靠拢以及加入美日澳印四国集团更深层次的战略合作特别是军事合作。时任俄

---

① 《王毅谈中俄印外长会晤八点共识》，https：//www.fmprc.gov.cn/web/wjbzhd/t1641453.shtml，最后访问日期：2019年2月27日。
② 林民旺：《中印关系的新趋势与新挑战》，《国际问题研究》2017年第4期，第126页。
③ 《俄对外情报局长与中印同事讨论安全问题》，http：//sputniknews.cn/russia/201911131030034751/，最后访问日期：2019年11月4日。

罗斯科学院世界经济和国际关系研究所首席研究员安德烈·沃洛金指出,"俄罗斯—印度—中国机制有助于缓和中印关系中的矛盾","如果没有俄罗斯的支持,没有持续运作的三边合作的维持,那么中印矛盾的解决将非常困难",虽然莫斯科并不干涉北京与新德里的关系,但它希望"中印关系能呈现明显的正常化迹象"。沃洛金强调:"中印双方都明白当前局势的严峻性,正在采取改善双边关系的措施。中印关系改善符合俄罗斯的战略利益。"①

---

① Эксперт: РИК помогает решать проблемы в отношениях Пекина и Дели, https://tass.ru/politika/4799619?ysclid=lcldy19xv1737376619,最后访问日期:2017 年 12 月 10 日。

结　语

　　自 2012 年 5 月普京开启第三总统任期至 2021 年年底，即 2022 年 2 月乌克兰危机爆发前，面对世界形势的深刻变化，特别是以美国为首的西方对俄罗斯实施的战略遏制不断加强和由此引发的俄罗斯与西方战略矛盾的日益尖锐，以及世界权力重心加速向亚太地区转移的趋势越发凸显，俄罗斯对亚太政策进行了积极调整，其核心方向在于：逐步加大实施"向东转"战略的决心和力度；使俄罗斯原来在中美亚太竞争中奉行的平衡政策向着有利于中国的方向倾斜；全面加强和深化与亚太国家的双边关系，同时更加积极和深入地参与亚太地区事务。

　　这一时期俄罗斯亚太政策的主要目标在于：积极参与亚太地区一体化进程，以促进俄罗斯西伯利亚和远东地区的发展；保护俄罗斯东部地区的安全；维护俄罗斯在亚太地区的战略地位和利益；促进亚太地区的和平、稳定与繁荣；力图在亚太地区构建平等的、均衡的、无排他性的、合作的地区体系；力图通过加强与亚太国家的合作，破解西方的遏制、孤立与制裁，从而最大限度降低西方反俄政策给俄罗斯造成的消极影响。为了实现以上亚太政策的主要目标，俄罗斯亚太政策采取的主要措施有：积极倡导和推动在亚太地区建立以"集体安全"或"安全不可分割"原则为基础的安全合作架构；反对美国在亚太地区巩固霸权的图谋及其以同盟体系主导地区安全与合作事务；提升东部地区的国防潜力与军事威慑力，积极应对俄罗斯远东地区面临的安全威胁，主要是来自美、日的安全威胁；与亚太国家积极开展军事技合作；积极开展与亚太国家的经济合作与一体化；全面发展与亚太国家的双边友好与合作关系，将中国视为亚太地区的头号战略支点与首要友好合作对象，同时也注重平衡发展与亚太其他国家的双边关系；积极广泛参与亚太地区的多边机构与对话平台，全面融入亚太事务，以此维护俄罗斯在亚太地区的国家利益、国际地位和战略影响。

作为亚太地区最重要的国际力量之一，俄罗斯的亚太政策对地区安全和稳定、地区力量对比、地区格局与地区秩序塑造，以及地区合作与发展都具有重要的战略影响。而正是这一时期，即2012年以来，亚太地区形势发生了一系列深刻变化，其中首要因素就是美国地区战略的调整。从奥巴马政府的"重返亚太"战略，到特朗普政府和拜登政府的"印太战略"，美国日益强化亚太或"印太"地区在其全球战略中的首要地位，在这一地区不断强化针对中国的地缘遏制，同时这一地区也是美国对俄罗斯实施全球地缘遏制的"东方阵线"，美国试图按照自己的意志塑造亚太地区，以期在战略竞争中"挫败"对手。美国的相关战略举措给中国、俄罗斯及整个地区造成了严重的消极影响。在这样的战略背景下，分析和认识俄罗斯的亚太政策，并在此基础上对中俄两国在亚太地区的战略协作问题加以研究和探讨，无疑具有重要战略价值。

俄罗斯的亚太政策与中国的亚太政策在诸多方面一致或相近，同时也有不同或分歧之处，但总体而言，前者多于后者，且在中俄亚太地区政策的相互关系中居于主导地位。这为中俄两国在亚太地区的战略协作提供了最根本的战略基础和前提条件。

应当看到的是，中俄两国在亚太地区的战略协作拥有巨大潜力和广阔空间。首先，中俄两国拥有高度友好的双边战略关系和相互友好合作的主流民意基础，这为中俄两国在亚太地区的战略协作提供了牢固的战略支撑。其次，中俄两国在亚太地区具有广泛而共同的政治、安全和经济利益以及对亚太地区一系列问题彼此契合的观点和立场，为双方在这一地区的战略协作提供了持久动力和战略保障。

中俄两国加强在亚太地区的战略协作具有重要意义。其一，中国与俄罗斯在亚太地区的战略协作是新时代中俄两国全面战略协作伙伴关系的重要组成部分，有助于巩固和深化中俄两国的战略友好与互信，这不仅将为中国在西部和北部提供安全、可靠的战略后方，而且在此前提下，中国可以投入更多力量经略海洋，集中更多力量应对当前中国面临的主要威胁和挑战——美国与日本及其他盟友在亚太地区从海洋方向对中国实施的威胁、遏制与挑衅。其二，有助于加强中俄在亚太地区对美国以及日本、韩国、澳大利亚等美国盟友的牵制与平衡，有利于遏制美国及其盟友进行军事威胁、讹诈以及使用武力的企图，从而有利于维护亚太地区的安全、和平与稳定。其三，中俄友好以及中俄在亚太地区的战略协作是美日在亚太地区孤立中国并建立针对中国"包围圈"图谋难以得逞的关键因素。其四，中俄加强在亚太地区的战略协作有利于牵制印度完全倒向美国主导的战略阵营，有利于牵制蒙古国和越南等亚太其他国家被纳入美国的战略轨道。其五，中俄在亚太地区的战略协作，有利于加强亚太地区"反分裂、反对抗"的正义声音与和平力量，有利于中俄和东盟国家共同赞成的亚太地区集体安全体系的构建，有利于继续发挥东盟在亚太地区事务中的中心作用，有利于在亚太地区构建更加平等、公正、合理的地区新秩序。

总之，俄罗斯亚太政策与中国亚太政策在诸多方面的契合及相似，为中俄两国在亚太地区的战略协作提供了重要战略基础。加强中俄在亚太地区的战略协作，不仅有利于牵引亚太地区形势向着有利于中国的方向发展，也有利于中国对周边整体格局的影响与塑造，从而最终为实现第二个百年奋斗目标以及中华民族伟大复兴创造有利的外部环境，同时也有利于保障亚太地区的和平与安全，阻遏地区"冷战"趋势的发展以及阵营对立，促进地区合作、发展与繁荣。

参考文献

一 俄文资料

（一）俄文图书

Лавров С. В. Между прошлым и будущем. Российская дипломатия в меняющемся мире. М.：ОЛМА Медила Групп. 2011.

Владивосток—2012：АТЭС и новые возможности России：［сборник］／МГУ имени М. В. Ломоносова, Ин－т стран Азии и Африки. М.：Университетская книга；МГУ им. М. В. Ломоносова；ИСАА, 2011.

Интересы и позиции России в Азии и Африке в начале ⅩⅪ века. М.：Издатель Воробьев А. В. , 2011.

Чудодеев Ю. В. Россия－Китай：стратегическое партнёрство на современном этапе（проблемы и перспективы）. М.：ИВ РАН, Крафт+, 2011.

Титаренко М. Л. Россия и её азиатские партнёры в глобализирующемся мире. Стратегическое сотрудничество：проблемы и перспективы. М.：«ФОРУМ», 2012.

Стратегия России в Центральной Азии и Шанхайская организация сотрудничества.／Под ред. А. В. Лукина. М.：МГТМО－университет, 2012.

Грачмков, Е. Н. Геополитика Китая：эгоцентризм и пространство сетей. М.：Издательство«Русайнс»，2015.

История российско-японских отношений：ⅩⅤⅢ-начало ⅩⅪ века/Под ред. С. В. Гришачева. М.：Издательство«Аспект Пресс»，2015.

Тавровский Ю. В. Ктиай，Россия и соседи. Новое тысячелетие. М.：Восточная кника，2015.

В. С. Поликарпов，Е. В. Поликармов. Красный дракон. Китай между Америкой и Россией. От Мао Цзэдуна до Си Цзиньпина. М.：ООО «ТД Алгоритм»，2016.

Титаренко М. Л.，Петровский В. Е. Россия，Китай и новый мировой порядок. Теория и практика. М.：Весь Мир，2016.

С. А. Кислицын，С. В. Петрова，О. В. Репинская. Проблемы прикладной геополитики ЕВРАЗИИ. М.：ЛЕНАНД，2016.

Лавров С. В. Мы-вежливые люди！Размышления о внешней политике. М.：Книжный мир，2017.

Шаклеина Т. А. Россия и США в мировой политике. М.：Издательство «Аспект Пресс»，2017.

Олег Матвейчев，Анатолий Беляков. Россия и Китай. Две твердыни. Прошлое，настоящее，перспективы. М.：Книжный мир，2017.

Внешняя политика России. 1991-2016. /Под общ. ред. и с предисл. акад. А. В. Торкунова. М.：МГИМО-Университет，2017.

А. Д. Богатуров. Международные отношения и внешняя политика России. М.：Издательство«Аспект Пресс»，2017.

Битва за лидерство в ⅩⅪ веке. Россия-США-Китай. Семь вариантов обозримого будущего. М.：Книжный мир，2017.

Примаков Е. М. Россия в современном мире. Прошлое，настоящее，будущее. М.：Центрполигпав，2018.

Новые международные отношения：основные тенденции и вызовы для России/Под ред. А. В. Лукина. М.：Международные отношения，2018.

（二）俄文期刊

1. Международная жизнь

2. Мировая экономика и международные отношения

3. Россия в глобальной политике

4. Проблемы Дальнего Востока

5. Центральная Азия и Кавказ

6. Дипломатический вестник

7. США и Канада：экономика-политика-культура

8. Полис. Политические исследования

9. Азия и Африка сегодня

10. Власть

11. Международная экономика

12. Зарубежное военное обозрение

（三）俄文报纸

1. Российская газета

2. Независимая газета

3. Московский комсомолец

4. Коммерсантъ

5. Время новостей

6. Вести

7. Взгляд

8. Комсомольская Правда

9. Правда

10. Красная звезда

二　中文译著

《普京文集：文章和讲话选集》，中国社会科学出版社，2002。

《普京文集（2002-2008）》，中国社会科学出版社，2008。

《普京文集（2012-2014）》，世界知识出版社、华东师范大学出版社，2014。

〔俄〕米·季塔连科、弗·彼得罗夫斯基：《俄罗斯、中国与世界秩序》，粟瑞雪译，人民出版社，2018。

〔俄〕尼古拉·别尔嘉耶夫：《俄罗斯的命运》，汪剑钊译，译林出版社，2013。

〔俄〕霍米亚科夫、赫尔岑等：《俄国思想的华章》，尚德强、孙芳译，人民出版社，2013。

〔俄〕尼古拉·斯瓦尼热：《大国思维：梅德韦杰夫总统访谈录》，外交学院俄罗斯研究中心译，法律出版社，2010。

〔俄〕瓦列里·列昂尼多维奇·彼得罗夫：《俄罗斯地缘政治——复兴还是灭亡》，于宝林、杨冰皓译，中国社会科学出版社，2008。

〔俄〕外交与国防政策委员会：《未来十年俄罗斯的周围世界：梅普组合的全球战略》，万成才译，新华出版社，2008。

〔俄〕库济克、季塔连科：《2050 年：中国—俄罗斯共同发展战略》，冯育民等译，社会科学文献出版社，2007。

〔塔〕拉希德·阿利莫夫：《上海合作组织的创建、发展和前景》，王宪举、胡昊、许涛译，人民出版社，2018。

〔美〕詹姆斯·M. 戈德盖尔、迈克尔·麦克福尔：《权力与意图：后冷战时期美国对俄罗斯政策》，徐洪峰译，社会科学文献出版社，2017。

〔美〕詹姆斯·费尔格里夫：《地理与世界霸权》，胡坚译，浙江人民出版社，2016。

〔美〕亨利·基辛格：《世界秩序》，胡利平等译，中信出版社，2015。

〔美〕罗伯特·D. 卡普兰：《即将到来的地缘战争》，涵朴译，广东省出版集团、广东人民出版社，2013。

〔美〕亨利·基辛格：《大外交》，顾淑馨、林添贵译，海南出版社，2012。

〔美〕兹比格纽·布热津斯基：《战略远见——美国与全球权力危机》，洪漫等译，新华出版社，2012。

〔英〕哈·麦金德：《历史的地理枢纽》，林尔蔚、陈江译，商务印书馆，2010。

〔美〕塞缪尔·亨廷顿：《文明的冲突与世界秩序的重建》，周琪等译，新华出版社，2009。

〔美〕兹比格纽·布热津斯基：《大棋局：美国的首要地位及其地缘战略》，中国国际问题研究所译，世纪出版集团、上海人民出版社，2007。

三　中文专著及报刊

（一）中文专著

学刚、姜毅主编《叶利钦时代的俄罗斯·外交卷》，人民出版社，2001。

冯绍雷、相蓝欣主编《普京外交》，上海人民出版社，2004。

冯绍雷、相蓝欣主编《转型中的俄罗斯对外战略》，上海人民出版社，2005。

冯绍雷、相蓝欣主编《俄罗斯与大国及周边关系》，上海人民出版社，2005。

郑羽主编《既非盟友，也非敌人：苏联解体后的俄美关系》（上、下卷），世界知识出版社，2006。

郑羽、柳丰华主编《普京八年：俄罗斯复兴之路（2000~2008）·外交卷》，经济管理出版社，2008。

李中海主编《普京八年：俄罗斯复兴之路（2000~2008）·经济卷》，经济管理出版社，2008。

邢广程、张建国主编《梅德韦杰夫和普京：最高权力的组合》，长春出版社，2008。

左凤荣：《重振俄罗斯——普京的对外战略与外交政策》，商务印书馆，2008。

柳丰华：《俄罗斯与中亚——独联体次地区一体化研究》，经济管理出版社，2010。

郑羽主编《新普京时代》，经济管理出版社，2012。

郑羽：《单极还是多极世界的博弈——21世纪的中俄美三角关系》，经济管理出版社，2012。

张昊琦：《俄罗斯帝国思想初探》，知识产权出版社，2012。

刘清才等：《21世纪初俄罗斯亚太政策研究》，社会科学文献出版社，2013。

李兴等：《亚欧中心地带：俄美欧博弈与中国战略研究》，北京师范大学出版社，2013。

左凤荣：《俄罗斯：走向新型现代化之路》，商务印书馆，2014。

粟瑞雪：《萨维茨基的欧亚主义思想研究》，社会科学文献出版社，2014。

孙静：《中俄在中亚的共同利益及其实现机制研究》，光明日报出版社，2014。

刘莹：《普京的国家理念与俄罗斯转型》，北京大学出版社，2014。

王海运：《新世纪的俄罗斯》，上海大学出版社，2015。

冯绍雷主编《让梦想照进现实："一带一路"的愿景与行动》，上海人民出版社，2016。

季志业、冯玉军主编《俄罗斯发展前景与中俄关系走向》，时事出版社，2016。

姚海主编《俄罗斯文明与外交》，社会科学文献出版社，2016。

庞大鹏主编《普京新时期的俄罗斯（2011~2015）：政治稳定与国家治

理》，社会科学文献出版社，2017。

李永全主编《丝绸之路经济带和欧亚经济联盟对接研究》，社会科学文献出版社，2017。

王晓泉：《"一带一路"建设中深化中俄战略协作研究》，中国社会科学出版社，2018。

冯玉军：《新欧亚秩序》（第一、第二、第三卷），中国社会科学出版社，2018。

谢晓光：《俄罗斯对外战略研究（2000~2016）》，社会科学文献出版社，2018。

孙壮志等：《中亚五国政治社会发展30年：走势与评估》，中国社会科学出版社，2020。

庞大鹏：《俄罗斯的发展道路：国内政治与国际社会》，社会科学文献出版社，2020。

孙壮志主编《俄罗斯发展报告》，社会科学文献出版社，2012~2020。

（二）中文期刊

1. 《世界经济与政治》
2. 《国际问题研究》
3. 《现代国际关系》
4. 《当代亚太》
5. 《俄罗斯东欧中亚研究》
6. 《俄罗斯研究》
7. 《俄罗斯学刊》
8. 《欧亚经济》
9. 《东北亚论坛》
10. 《南亚研究》
11. 《国际观察》
12. 《国际论坛》

13. 《外交评论》
14. 《国际政治研究》
15. 《美国研究》

（三）中文报纸

1. 《人民日报》
2. 《光明日报》
3. 《中国青年报》
4. 《参考消息》
5. 《环球时报》
6. 《解放军报》
7. 《南方周末》

图书在版编目(CIP)数据

俄罗斯的亚太政策：2012~2021 / 王海滨著. --
北京：社会科学文献出版社，2024.12. --ISBN 978-7-
5228-4740-5

Ⅰ. D851.20

中国国家版本馆 CIP 数据核字第 2024KJ0800 号

俄罗斯的亚太政策（2012~2021）

著　　者 / 王海滨

出 版 人 / 冀祥德
组稿编辑 / 张晓莉
责任编辑 / 叶　娟
文稿编辑 / 郭锡超
责任印制 / 王京美

出　　版 / 社会科学文献出版社·区域国别学分社（010）59367078
　　　　　地址：北京市北三环中路甲 29 号院华龙大厦　邮编：100029
　　　　　网址：www.ssap.com.cn
发　　行 / 社会科学文献出版社（010）59367028
印　　装 / 三河市龙林印务有限公司

规　　格 / 开　本：787mm×1092mm　1/16
　　　　　印　张：21.25　字　数：323 千字
版　　次 / 2024 年 12 月第 1 版　2024 年 12 月第 1 次印刷
书　　号 / ISBN 978-7-5228-4740-5
定　　价 / 148.00 元

读者服务电话：4008918866

版权所有 翻印必究